财务报告分析

FINANCIAL STATEMENT ANALYSIS

金融业

The financial industry

林秀香 编著

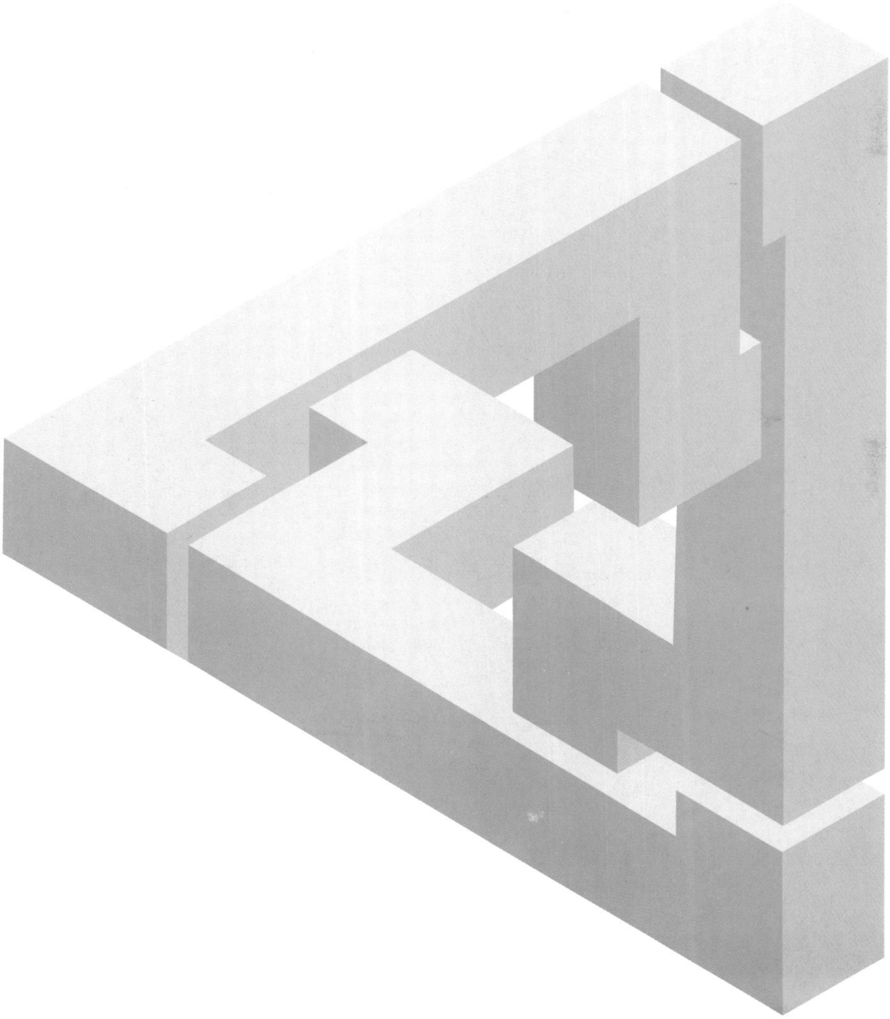

东北财经大学出版社·大连
Dongbei University of Finance & Economics Press

图书在版编目（CIP）数据

财务报告分析：金融业 / 林秀香编著. —大连：东北财经大学出版社，2019.3

（21世纪高等院校经管类经典书系）

ISBN 978-7-5654-3338-2

Ⅰ.财… Ⅱ.林… Ⅲ.会计报表-会计分析-高等学校-教材 Ⅳ.F231.5

中国版本图书馆CIP数据核字（2018）第222983号

东北财经大学出版社出版

（大连市黑石礁尖山街217号 邮政编码 116025）

网 址：http：//www.dufep.cn

读者信箱：dufep@dufe.edu.cn

大连雪莲彩印有限公司印刷 东北财经大学出版社发行

幅面尺寸：185mm×260mm 字数：588千字 印张：25.75 插页：1

2019年3月第1版 2019年3月第1次印刷

责任编辑：郭 洁 张晓鹏 责任校对：孙冰洁

曲以欢 石建华

封面设计：沈 冰 版式设计：钟福建

定价：55.00元

教学支持 售后服务 联系电话：（0411）84710309

前　言

随着经济全球化进程的进一步加快，金融业成为国际博弈的重要领域，同时也是国民经济发展不可或缺的强大动力。金融业的规模和发展水平正在成为衡量一个国家经济发展状况的重要标志。金融业的政策性、公众性及其涉及面的广泛性，使得提升其行业会计信息披露质量显得尤为重要。

现实中，一方面受限于专业分工，懂财务的人未必懂金融、懂金融的人也未必懂财务，所以市面上很少能见到独成体系的金融业财务报告分析类图书；另一方面，学术领域也有一个有趣的现象，就是当人们进行实证研究时，考虑到金融业的特殊性及其对研究结论的影响，会在大样本中毫不犹豫地剔除掉金融业，将很有价值的金融业信息忽略掉。本人利用自己的专业知识，以及在金融业的从业经验中对行业信息披露、会计核算以及监管制度的了解与分析，编写了这本金融业视角的财务报告分析，意在为众多想了解金融业和从事金融研究的学者提供来自金融业的财务报告分析方法和查找相关信息的路径。

金融是国家重要的核心竞争力，金融安全是国家安全的前提条件和关键保障，防范化解金融风险是国家当前工作的重中之重。截至2018年5月16日，我国金融业除了基金业外，有26家银行业上市公司、30家证券期货业上市公司、5家保险业上市公司、2家信托业上市公司和1家其他金融业上市公司。伴随着金融业的迅猛发展和监管体系改革的深化，我国已从“一行三会”转变为由人民银行统一领导，证监会、银保监会并存的“一行两会”监管格局。上市公司财务信息的公开透明，以及金融业严格的信息披露与监管要求，为我们获取金融业信息提供了极大的便利，也让我对完成金融业财务报告分析研究充满了信心。

本书共14章，按照以下思路进行写作：

首先，简述金融业财务报告及其信息作用，指出财务信息披露的基本内容以及财务报告分析的信息关注点。

其次，分别从银行、保险、证券、信托、期货和基金业的角度，梳理金融业信息披露及监管要求，之后再针对不同行业选择典型案例，说明金融业财务报告解读与分析的方法。

最后，在对行业总体情况以及分业制度的演变、监管要求和财务报告进行分析的基础上，结合金融业绩效评价的要求，阐述金融业绩效评价的方法。

金融业因其重要地位和高风险性，尚处于探索完善的发展进程中。行业内部的经营差异，导致细分行业的财务报告格式、内容和指标多有不同。在写作过程中，让我印象深刻的是，金融风险集聚倒逼金融监管体制改革，金融业的信息披露、监管指标经常处于修订之中，因此，了解其发展演变的历史绝非易事。这也提醒大家在对金融业进行财务报告分析时，需要时刻关注制度的变化。

本书在编写过程中得到了东北财经大学出版社、中央财经大学各位学者、辛佳燃等研究生同学的帮助，天天基金网、东方财富网、同花顺财经、Wind数据库的研究成果也对本书的写作起到了重要的帮助作用。

尽管本书作者期待着与读者分享金融业财务报告分析的方法，并抱着真诚的态度进行写作，但其中肯定存在着不足之处，希望在以后的持续改进中加以完善和提高。

林秀香

于中央财经大学会计学院

2018年12月

目　录

目 录

第一章

金融业财务报告及其分析依据

【导语】进行分析活动的第一步在于获取信息。本章的目的在于让大家了解金融业财务报告与信息披露的基本内容、相关制度规定以及约束性因素，以便为后期的金融业财务报告分析构建坚实的制度和法律基础，同时学会如何查找分析资料。

本章内容要点

第一节 财务报告及其作用

本节的目的在于了解金融业财务报告及其构成要素、编制财务报告的目的、财务信息质量的重要性以及财务报告对利益相关者的作用。

一、财务报告及其编制目的

（一）财务报告及其构成要素

财务报告分析（书中也简称财报分析、财务分析）是以财务报告为依据，运用一定的方法，对企业财务状况及经营成果进行分析评价，以便为企业、投资者、债权人、政府和其他报表使用者提供决策信息，最终实现企业价值增值和资源有效配置的目标。

“财务报告”是国际范围内较为通用的术语，一般的国际区域会计准则都对财务报告有专门的独立准则。目前，在我国现行的有关法律、行政法规中使用的是“财务会计报告”这一术语。为了保持法规体系的一致性，财政部颁布的基本准则仍然沿用“财务会计报告”，但同时又引入了“财务报告”的提法，并指出“财务会计报告”又称“财务报告”，从而较好地解决了立足国情和与国际趋同的问题。

关于什么是财务报告，我国分别从法律和行政法规的角度进行了界定，指出：财务会计报告是指企业对外提供的反映其某一特定日期的财务状况和某一会计期间的经营成果、现金流量等会计信息的文件。财务会计报告包括会计报表及其附注和其他应当在财务会计报告中披露的相关信息和资料。会计报表至少应当包括资产负债表、利润表、现金流量表等报表。[①]

从财务报告分析的角度，本教材定义的金融企业财务报告，是指金融企业对外提供的反映其在某一特定日期财务状况和某一会计期间经营成果、现金流量的文件，包括财务报表、财务报表附注和财务情况说明书。

1.财务报表

财务报表是财务报告的主要组成部分。财务报表是对金融企业财务状况、经营成果和现金流量的结构性表述。财务报表至少应当包括下列组成部分：资产负债表、利润表、现金流量表以及所有者权益（或股东权益，下同）变动表。财务报表上述组成部分具有同等的重要程度。其中：

资产负债表，是反映金融企业在某一特定日期（月末、季末、半年末、年末）财务状况的会计报表。它表明金融企业在某一特定日期所拥有或可控制的、预期能为金融企业带来利益的经济资源、所承担的现有义务和所有者对净资产的要求权。

利润表，是反映金融企业一定会计期间（如月度、季度、半年度或年度）生产经营成果的会计报表。

现金流量表，是以现金和现金等价物为基础编制的，反映金融企业在一定时期内的现金流入量、现金流出量及其净额情况的报表。

所有者权益（或股东权益，下同）变动表，是反映金融企业所有者权益的各组成部分当期增减变动情况的报表。它解释在某一特定时间内，股东权益如何因金融企业经营的盈亏及现金股利的发放等而发生的变化。

随着会计制度变革、金融业监管以及信息披露要求的变化，我国金融业财务报表的格式几经变化。2018年6月15日，财政部发布了《关于修订印发2018年度一般企业财务报表格式的通知》（财会〔2018〕15号），对财务报表的格式进行了较大的修订，并按照已执行新金融准则或新收入准则的企业、尚未执行新金融准则或新收入准则的企业，分别发布了一般企业的财务报表格式。

金融业财务报表的格式因金融业的细分行业差异有所区别，这将在后面的相关行业中进行讲解。

2.财务报表附注

财务报表附注是对金融企业在资产负债表、利润表、现金流量表和所有者权益变动表等报表中列示项目的文字描述或明细资料，以及对未能在这些报表中列示项目的说明等。附注是对财务报表的补充说明，也是财务报告的重要组成部分。附注主要包括两项内容：一是对财务报表各要素的补充说明；二是对财务报表中无法描述的其他财务信息的补充说明。财务报表附注信息详见本章第二节财务报表分析的目的与方法中关于财务报表附注的相关内容。

3.财务情况说明书

财务情况说明书是对金融企业一定会计期间内财务、成本等情况进行分析总结的书面

---

① 详见2000年6月21日国务院发布的第287号令《企业财务会计报告条例》，以及2006年2月15日财政部发布的第33号令《企业会计准则——基本准则》。

文字报告，是年度财务报告的重要组成部分。金融企业应以财务指标和相关统计指标为主要依据，对报告期资产质量、财务状况、经营成果等情况进行分析说明，客观反映金融企业运营特点及其发展趋势。财务情况说明书主要包括以下内容：金融企业基本情况、财务状况分析、经营成果分析、重大事项说明、面临的困难与挑战以及有关工作建议。①

（二）编制财务报告的目的

关于编制财务报告的目的，在国际会计准则和我国会计准则中都有说明。

1978年，美国财务会计准则委员会（FASB）在其《财务会计概念公告》中对财务报告的目标作出了阐述：（1）财务报告应提供对投资者、债权人以及其他使用者作出合理的投资、信贷及类似决策有用的信息；（2）财务报告应提供有助于投资者、债权人以及其他使用者评估来自销售、偿付到期证券或借款等的实得收入的金额、时间分布和不确定的信息；（3）财务报告应能提供关于企业的经济资源、对这些经济资源的要求权（企业把资源转移给其他主体的责任及业主权益）以及使资源和对这些资源要求权发生变动的交易、事项和情况影响的信息。②

2006年7月6日，国际会计准则理事会（IASB）与美国财务会计准则委员会联合发布了《财务报告概念框架：财务报告目标与决策有用的财务报告信息的质量特征》（初步意见），并于2008年5月发布了《改进的财务报告概念框架：财务报告目标与决策有用的财务报告信息的质量特征及约束条件（征求意见稿）》。该征求意见稿第1章指出："通用财务报告应提供关于主体的经济资源（即主体的资产）和对这些资源的要求权（即主体的负债和所有者权益）的信息。"同时"财务报告也应当提供有关主体的交易、事项和情况对其经济资源和要求权影响后的情况下的信息"。这表明财务报告的对象是主体本身，而不是其所有者或其他利益相关者。2010年，作为与美国财务会计准则委员会联合项目的一部分，国际会计准则理事会发布了概念框架修订的两个章节。这些章节涉及通用财务报告的目标和有用财务信息的质量特征。2012年重启概念框架项目的工作时，国际会计准则理事会决定不再从根本上重新考虑这些章节。然而，讨论稿的许多意见反馈者提出，国际会计准则理事会应该重新考虑这些章节的若干方面。2015年5月18日，国际会计准则理事会发布了《财务报告概念框架（征求意见稿）》，向全球公开征求意见。

金融企业也属企业范畴。我国《企业会计准则——基本准则》③规定，企业应当编制财务会计报告（又称财务报告，下同）。财务会计报告的目标是向财务会计报告使用者提供与企业财务状况、经营成果和现金流量等有关的会计信息，反映企业管理层受托责任履行情况，有助于财务会计报告使用者作出经济决策。财务会计报告使用者包括投资者、债权人、政府及其有关部门和社会公众等。

二、财务信息的质量要求

财务信息是指以货币形式的数据资料为主，结合其他资料，用来表明金融企业资金运

① 详细内容请参看财资〔2017〕76号《财政部关于印发2017年度企业财务会计决算报表的通知》。

② 财务会计准则委员会（FASB）是美国负责制定财务会计和报告准则的民间性职业组织，1973年6月30日成立。该委员会既不受美国政府管辖，也不隶属于美国注册会计师协会或其他任何利益集团，因而具有较强的独立性和权威性。

③ 2006年2月15日财政部令第33号。

动的状况及其特征的经济信息。相对于财务信息而言，非财务信息是指以非财务资料形式出现的与金融企业金融服务活动有着直接或间接联系的各种信息资料。

（一）财务信息质量

财务信息作为一种特殊的专业性语言，决定了财务报告中各要素的确定和分配方法，因此，必然影响到企业各相关者的利益以及公平与公正。随着资本市场的发展，投资主体的多元化，金融企业财务信息的使用者也越来越复杂，除了基于委托代理关系存在的投资者、高级管理人员外，还包括债权人以及诸多利益相关者和监管者。

财务信息质量是指财务信息服务及财务信息产品符合国家法律与会计准则等规定，满足各财务信息使用者需求的总和，是评价财务信息的重要标准。在市场经济活动中，信息不仅影响到相关者的利益而且影响到市场资源的有效配置。在信息不对称的条件下，对信息了解充分准确的一方往往在决策中处于有利位置。高质量的财务信息能够准确恰当地满足信息使用者的要求，引导资源高效配置，提高资本市场的运行效率。相反，低质量的财务信息将导致资源浪费，降低资本市场的运行效率。

（二）关于财务信息质量要求的理论

1.受托责任观

受托责任[①]是一种普遍的经济关系，也是一种普遍的、动态的社会关系。委托人将资财的经营管理权授予受托人，受托人接受托付后即应承担所托付的责任，这种责任就是受托责任。受托责任观可以追溯到会计产生之初，作为一种比较流行的学派则得益于公司制的产生和发展。从会计发展的历史看，随着工业革命的完成，以公司制为代表的企业形式开始出现并广泛流行，随之而来的便是企业所有权与经营权相分离，委托代理关系也得到了进一步发展，从而形成了以受托责任为目标取向的受托责任观。

受托责任观的主要理论观点有：（1）会计目标在于反映受托责任履行情况，强调对委托方的忠实性；（2）受托责任实际上是一种产权责任，产权必须如实反映、不偏不倚并可以验证，以维护产权主体的权益，因此更加强调可靠性；（3）在计量属性和计量模式的选择上，主张采用历史成本；（4）为了客观、有效地反映受托责任，会计信息应尽可能精确。

在受托责任观下，信息的使用者主要是财产的委托人、投资者、债权人以及其他需要了解和评价受托责任履行情况的利害关系人，并且这些使用者是现存的，而不是潜在的。由于是对受托责任的履行结果的评价，使用者所需的信息侧重于历史的、已发生的信息，因此，要求提供尽可能客观可靠的会计信息，资产计价倾向于采用历史成本计量方式。金融企业采用受托责任观，有助于外部投资者和债权人评价金融企业的经营管理责任和资源使用的有效性。

2.决策有用观

决策有用观认为会计是为企业各利害关系人进行决策提供有用信息的。财务信息的最终目标是向财务信息使用者提供用以进行投资、借贷等决策有用的信息，财务信息应当有

① 资料来源：MBA 智库百科。

助于信息使用者评价金融企业目前和未来的资源使用情况和发展情况。因此，提供高质量的财务信息是非常必要的。

1953年，斯多波斯（G. J. Staubus）率先提出了财务会计的目标是决策有用性的观点。20世纪70年代，美国注册会计师协会出资成立的特鲁彼拉特委员会（Trueblood）经过对会计信息使用者进行的大量实证调查，在1973年的研究报告中，明确提出了12项财务报表的目标，其基本目标是“提供据以进行经济决策所需的信息”。FASB在其发布的第1号会计概念公告《企业财务报告的目标》中正式表达了这一观点。

受托责任观和决策有用观两种理论的区别在于：

第一，会计目标不同。受托责任观的会计目标是向资源委托者提供信息；决策有用观的会计目标是向信息使用者提供有用的信息，不仅向资源委托者，而且还向债权人、政府等和金融企业有密切关系的信息使用者提供决策有用的信息。

第二，两者侧重的角度不同。受托责任观是从监督角度考虑，主要是监督受托者的受托责任；决策有用观侧重于信号角度，即会计信息能够传递信号，能向信息使用者提供决策有用的信息。

三、财务信息对金融企业利益相关者的作用

（一）对投资者的作用

财务信息对投资者的作用，可以通过对上市公司信息披露的影响加以说明。近年来，国内外学者从不同角度对信息披露质量的市场影响进行了实证研究。研究发现：(1) 信息披露水平越高的公司，其股票价格就越公平，也因此提高了公司股票的流动性。(2) 有效的信息披露有助于提高公司的透明度，减轻信息不对称对中小投资者利益的掠夺。(3) 有助于监管部门及时发现并遏制企业内部人员的掠夺行为。

上市公司信息披露质量高低，直接关系到证券市场效率、投资者保护等重要问题。财务信息对投资者的具体作用体现在：

1.降低代理成本，增强对管理层的约束

所有权和经营权的关系是最基本的企业财务关系。由于现代企业所有权与经营权的分离，股东和管理层通常不是同一方，从而引发非对称信息带来的委托代理问题。财务信息是外部股东监管企业管理层的重要依据。高质量的财务信息有助于外部股东通过阅读披露的财务信息了解金融企业的经营情况，分析金融企业的盈利能力、股利支付能力和风险状况，降低代理问题导致的信息不对称和代理成本，提高对管理层的约束。

2.正确进行投资决策

财务信息也是投资者进行投资决策的重要依据。在有效市场假说下，财务信息的质量越高，投资者越倾向于利用财务信息进行决策，对会计盈余的反映越大。对于投资者而言，高质量的财务信息能够降低信息不对称程度，减少股价与企业价值的偏离，从信息有用性的角度提高投资者决策的准确性。但是，相较于企业内部人员，投资者获取金融企业真实信息判断其价值的途径较少，这往往导致投资者受到舆论或从众效应的影响作出错误决策。

（二）对债权人的作用

金融业属于高负债行业。目前，债权债务关系是金融企业经常性的财务关系。财务信

息是债权人评判金融企业信用风险和偿债能力的依据。为降低信用风险，债权人在与金融企业建立债权债务关系之前，需要借助于财务信息分析了解金融企业的盈利能力、经营现金流、流动性风险以及偿债能力等情况。债权人比潜在投资者更关注金融企业经营的稳健性，在借贷决策时既希望金融企业维持较低的财务杠杆，又希望金融企业能够维持持续盈利。但是，如果发生金融企业虚构收入、利润和资产的行为，构造低财务风险假象，将影响债权人资产的安全性、收益性以及流动性。

（三）对金融企业管理者的作用

财务信息既是金融企业财务活动的结果，也是金融企业预测未来发展前景的依据。作为重要的决策支持信息，财务信息对金融企业的日常经营、战略制定和战略实施等具有至关重要的作用。金融企业通过对财务和非财务信息的综合应用，可以在政策环境分析、行业发展前景分析、竞争对手分析和自我分析的基础上，秉持社会责任理念，正确处理社会责任与企业局部利益的关系，正确进行市场预测和企业发展战略制定。财务信息在战略目标确定、战略实施和原因查找方面，都具有重要的作用。高质量的财务信息有助于金融企业正确分析自身的偿债能力、营运能力、盈利能力和成长性，同时也有助于提高企业的资信等级，管控金融风险，提升企业价值。

少数金融企业造假行为产生的财务信息，虽然粉饰了财务报表，但无助于其战略制定和经营决策，也会因此产生不利的经济后果，从而降低金融企业信誉，增加后续矫正成本，并最终为此付出代价。

（四）对政府监管部门的作用

财务信息是政府监管部门维护证券市场稳定、加强金融业风险监管的依据。虽然我国证券市场发展迅速，但是投资者的非理性投机行为并未得到明显改观。我国的投资者构成中个人投资者占多数，实证研究发现我国股票市场存在羊群效应、处置效应和过度自信问题，这些非理性行为问题扩大了股票价格与金融企业真实价值之间的偏离程度。为了维护我国证券市场的稳定和良好运行，除了需要加强对投资者的教育之外，政府监管部门应当为投资者提供更加详细更具价值的信息，提高财务信息的有用性，以减少非理性行为带来的市场异常波动。此外，定时报送给监管机构或向公众披露的财务信息也是监管机构执行监管的信息来源。通过分析金融企业的财务信息，有助于监管部门履行监管职责。

第二节 财务报告分析的目的与方法

作为财报分析的开篇，本节主要是在了解财务报告分析发展历程的基础上，明确财务报告分析的目的，知晓财务报告分析的依据和方法。

一、财务报告分析及其发展

分析是把事物分解成各个部分加以考察的方法。随着资本市场的建立、企业组织形式的改变和内部管理的需要，财务报告分析的用途、内容、方法也在不断地发展和完善。

一般认为，财务报告分析产生于19世纪末20世纪初期。早期财务报告分析的目的是为银行信贷提供服务，这是由于当时的企业融资渠道主要是银行信贷。随着借贷资本在企业资本总额中的比重不断上升，银行需要对借款人的信用状况进行评价，以判断借款人的资信和偿债能力，减少贷款风险。这一时期的财务报告分析主要侧重于偿债能力的分析。

资本市场的形成与发展，对财务报告分析产生了新的需求。此时财务报告不仅要为债权人提供信息服务，而且要为投资人提供投资服务。投资风险的客观存在，使投资人产生了对信息的更广泛需求。除了对偿债能力进行分析外，投资人更关心的是被投资方的资产管理能力、盈利能力和股利支付能力。出于服务目的的需要，此时财务报告分析的范围和内容更加广泛，分析体系更趋完善。

随着企业组织形式的变化、公司制的产生，投资人对公司产生了更高的获利要求。为提高公司的盈利能力和偿债能力，满足公司筹资需求，公司的管理层需要利用内部信息获取分析数据，为管理决策服务。因此，财务报告分析成为企业加强内部管理的重要依据，并使财务报告分析由外部分析发展到内部分析。

能否根据分析资料作出正确的投资、筹资和管理决策，取决于财务报告及其他相关资料的真实性，财务报告的失真将影响到分析的结果。在现代公司制度下，财产的所有权和使用权实现了分离，两权分离不可避免地带来了信息的不对称问题。为了消除股东和经营者的信息不对称，便产生了现代公司财务报告制度，即公司管理者定期向股东提交反映公司财务状况、经营成果、现金流量状况的财务会计报告及其文字说明。即便如此，公司管理者与股东之间的信息不对称问题依然存在，因为财务报告是由公司管理层编制的，管理层相对于外部投资者而言，具有信息知情上的优势，而且管理层为了自身利益有可能向投资者提供虚假的财务信息。因此，财务报告分析还包括对财务报告真实性的分析。

从微观意义上说，财务报告数据是一个企业财务状况的反映，但是微观意义上的财务报告数据却是处理国家与企业之间的财务关系、分析国民经济走向、制定宏观经济政策的重要依据。因此，政府也依赖于财务报告分析。

从财务报告产生和发展的历史看，财务报告的分析不仅包括外部分析，也包括内部分析；财务报告分析的内容不仅包括偿债能力分析，也包括资产管理能力分析和盈利能力分析等；财务报告分析的主体不仅包括企业自身，也包括企业的投资者、债权人、政府以及其他利益相关者。

二、财务报告分析的目的

财务报告具有信息价值。财务报告分析的目的，因财务报告使用者需要了解信息的不同而存异。概括来说，财务报告分析的目的如下：

（一）解读财务报告

从财务报告信息使用者的角度，了解财务报告的基本结构和内容，分析财务报告中所体现的企业管理思想、管理政策、战略动因及其实施效果。

（二）分析评价企业的财务状况和经营业绩

对企业财务状况的评价包括偿债能力、营运能力、盈利能力以及成长能力等方面的评价。企业的经营业绩体现为一定期间的利润、现金净流量以及资产增值额。良好的经营业绩反映出企业的资产管理水平高、偿债能力和股利支付能力强。对企业经营业绩的评价，可以通过企业经营的实际数与预算数或历史资料的对比进行。

（三）分析企业财务状况和经营成果产生的原因和隐含的风险

企业的财务状况和经营成果受到多种因素的影响。这种影响可能是由于收入方面的原因，也可能是由于成本费用管控方面的原因，还有可能是由于资产结构和资本结构不合理或者是由于会计方法改变等原因形成的。只有对影响因素进行客观分析，才能总结企业管理方面的好经验，发现经营管理中存在的问题，并在新的会计年度采取相应的管理对策。当然，通过财务报告分析，也可以发现企业面临的经营风险、财务风险与税收风险，以便加强风险管控。

（四）预测企业未来的发展趋势，并为预算管理服务

企业要在历史资料的基础上进行财务预测，并在财务预测的基础上进行财务决策和编制全面预算。财务报告分析结果是企业进行财务预测、编制全面预算的重要依据。如果没有对财务报告资料的分析利用，就会使企业的预测缺乏客观依据，不能通过有效的管理手段和方法实现预期的管理目标。

（五）通过财务分析进行企业盈利预测和价值评估

财务分析的目的不仅在于客观地评价过去，更要面向未来。利用财务数据及其变化规律，也可以进行企业盈利预测和企业估值等工作，为投资决策提供客观依据，从而延伸财务报告的应用领域和活动空间。

三、财务报告分析的依据

财务报告分析的主要依据是资产负债表、利润表以及现金流量表。除了财务报表之外，下列资料也构成了财务报告分析的依据：

（一）财务报表附注

财务报表附注是对财务报表信息的补充说明，目的是使财务报表信息对财务信息使用者的决策更加相关、有用。

（二）所采用的会计方法

会计方法是对收入、费用的确认，对资产、负债和所有者权益的计量所采用的处理依据。事实上，会计方法的变动是影响企业财务状况和经营成果变动的重要原因。如固定资产折旧方法的改变、权责发生制原则和收付实现制原则的交替使用等，都会因会计方法的变动引起财务状况和经营成果的变动。因此，在财务报告分析中要考虑会计方法的影响。如果不能排除会计方法的影响，不仅不能客观地评价企业的经营业绩，而且也不利于利用财务报告进行分析预测工作。因此，要对企业的财务状况和经营成果进行客观评价，必须在报表之外列明会计方法是否发生变化，如有变化，变化的原因是什么，会计方法的变更对企业财务状况和经营成果的影响有多大等。

（三）经营情况讨论与分析

通常，企业的高层管理者对自身的经营情况比较了解，因此，其对企业经营情况的把握与判断应是具有说服力的。企业管理者对财务成果的讨论和分析意见，反映了管理者对企业未来发展趋势的判断，而这种判断影响着企业未来的走向。因此，对财务报告的分析不能不借助于管理者对其自身情况的分析。

（四）审计报告

应该说，企业自身编制的财务报表受到人为因素的影响，从而有失真的可能。相对于企业自身编制的财务报表而言，审计报告能够比较客观真实地反映企业的财务状况和经营结果。但需要注意的是，由于审计抽样及其他因素的影响，审计报告的公正性也是有局限性的，不能认为审计报告就一定会准确无误。但在财务报告分析中，审计报告还是具有重要的参考价值的。

上市公司在年报中披露的财务报表，由上市公司自己编制，其真实性、准确性与完整性还需要会计师事务所作为独立方进行审计。审计后，事务所要出具审计报告。报告分为两大类：一种是标准无保留意见审计报告，另一种是非标准意见审计报告。前者表明，会计师认为财务报表质量合格。

非标准意见审计报告，表示会计师认为财务报表质量不合格。其分为四种：（1）带强调事项段的无保留意见审计报告。（2）保留意见的审计报告。（3）否定意见的审计报告。（4）无法表示意见的审计报告。通俗地讲，第一种，意味着会计师认为报表存在瑕疵；第二种，表示会计师认为报表存在错误；第三种和第四种，说明会计师认为报表问题严重。

有一点要注意，在“特别提示”中注册会计师只会列示审计报告的类型，而审计报告的具体内容则出现在年报“财务会计报告”的开始部分。标准意见审计报告的内容几乎完全一致，而非标准意见审计报告则会因为各公司不同的情况，区别很大，注册会计师会在其中明确阐述出具非标准意见审计报告的原因。

上市公司年报被出具非标准意见审计报告，可能会出现一系列连锁后果。

第一，再融资可能受阻。按照《上市公司证券发行管理办法》的规定，如果上市公司最近三年及最近一期的财务报表，被注册会计师出具保留意见、否定意见或无法表示意见的审计报告，就会失去公开增发、配股、发行可转换债券的资格。由此可见，一旦上市公司财务报表被出具非标准意见审计报告，其再融资（定向增发除外）的能力至少三年内将不复存在。这对上市公司健康、快速地发展肯定要造成较大的影响，对此，投资者要有充分估计。

第二，被从成分股中剔除。在沪深交易所推出的一系列指数里，其指数成分股的选择标准中，不少就将上市公司财务报表未被出具非标准意见审计报告作为前提条件，比较典型的如上证治理指数就是如此。由于一些投资基金将选股范围与指数成分股挂钩，因此，一旦上市公司从成分股中被剔除，必将导致机构投资者大规模地抛售股票，从而造成股价大跌。对此，投资者也要保持清醒头脑。

大家在阅读年报时，要注意上市公司是否更换了出具审计报告的会计师事务所。年报“重大事项”部分，对此应有详细说明。其原因在于，如果事务所要出具非标准意见审计报告，而上市公司对此无法接受，当这种矛盾极端激化无法调和时，上市公司就有可能采取更换会计师事务所的方式，以得到其希望的审计报告。因此，上市公司更换会计师事务所，特别是更换理由不充分时，投资者需要高度警惕。现实中的案例说明，进行财务造假的上市公司中，很多公司出现过更换会计师事务所的行为。

按照规定，上市公司解聘会计师事务所或者会计师事务所辞聘，上市公司与会计师事务所均应报告中国证监会和证券交易所且公开披露其原因，并对所披露信息的真实性负责。被解聘的会计师事务所对被解聘的理由如有异议，有权向上市公司股东大会申诉，同时可以要求公司进行披露，公司也有义务对此予以披露。

在分析时，为了对企业未来的发展趋势有总体把握，需要借助于若干年份的财务资料，以便进行趋势分析和结构分析。因此，若干年份的比较财务数据也是进行财务报告分析不可缺少的因素。

（五）金融业监管以及绩效评价的指标

与非金融业不同的是，金融业是个风险较高的行业，为此，监管机构如以银保监会、证监会等监管机构以及行业协会都对该行业的制度作出了规定，在分析金融业的监管指标时，必须了解对该行业的监管规定。从会计核算和绩效评价的角度，财政部对金融企业的会计核算有制度规定，对金融业的绩效评价也有相应的管理办法。因此，当我们对金融业进行分析时，必须了解相关法律、制度规定，以便作出客观评价。

（六）其他资料

财务报表之外的其他资料是对报表有关信息的验证和详细说明，它对于了解财务报表中有关资产、负债和所有者权益及其利润的状况是非常有用的。这些资料应该包括：公司的投资与被投资关系、税收优惠政策差异、业务往来、资金借贷等关系。主要是分析关联交易以及关联方关系对企业财务成果的影响。

四、财务报告分析的一般方法

了解财务报告的分析方法与步骤，是进行财报分析的基础环节。财务报告分析包括定量分析与定性分析，用于衡量企业之间、不同行业之间相对的财务状况。定性分析主要是根据主观判断所进行的分析；定量分析主要是依据客观数据从量的角度所进行的分析。

财务报告分析最主要的内容是财务报表分析。下面以财务报表为例说明其分析方法。

在财务报表分析中，最主要的分析方法是定量分析法。定量分析法主要有以下几种：

（一）趋势分析

趋势分析是将不同时间和空间的同质财务指标进行对比，直接观察其增减变动情况及变动幅度，考察其发展趋势，预测其发展前景的一种方法。各个时期的财务状况及经营成果处于不断变化之中，这种变化的结果，表现为同一指标在不同时期具有不同的结果。通过对同一指标不同时期的对比分析，就可以分析评价该项指标的变化趋势，而这种变化趋势对预测未来是非常有用的。如将不同时期的营业收入进行列示和对比，可以分析了解营业收入的发展趋势，为进行收入预测提供相关依据。在实际工作中，这种分析方法往往需要收集若干年度的财务资料，然后将某个年度的该项经济指标数据作为基数，其他各年度的数据与基数进行比较，分析该项经济指标的发展变化情况。趋势分析可以通过编制不同时期的对比分析表来进行。

（二）结构分析

在财务报表分析中，要了解某项经济指标对总体指标的影响程度，可以通过个别指标占总体指标比重的大小，分析个体对总体的影响程度，并根据影响程度采取不同的对策。以对收入的分析为例，金融企业的收入来源较多，通过对各项收入占全部营业收入比重的分析就可以了解金融企业收入管理的侧重点。同样道理，金融企业的成本费用也是由多个项目组成的，通过对各成本费用项目占总成本费用比重的分析，也可以找出成本费用控制的重点。将不同时期各项指标占总体指标的比重进行对比分析，了解工作重点的转向及变化情况，及时分析原因，采取相应对策。

（三）比率分析

财务报表中某些财务数据之间存在着某种联系。比率分析法就是将不同的相关经济指标进行比较，分析其相关关系，用以分析和评价企业的经营活动以及不同期间经营状况的一种方法。如将负债总额与资产总额进行对比，可以分析金融企业的资产负债比例；将流动资产与流动负债进行对比，可以分析企业的短期偿债能力；将营业收入与总资产均值进行比较，可以分析企业的总资产营运能力；将净利润与股东权益均值进行比较，可以衡量企业的股东回报率等。

在进行财务比率分析时，下列比率可用作比较对象：（1）前期比率；（2）竞争者的比率；（3）行业比率；（4）预定标准；（5）比率的变动趋势与变动性。

比率分析法是企业财务报表分析中应用最多的一种方法，它在分析金融企业的偿债能力、资产营运能力、资产盈利能力等方面具有广泛的用途。比率分析法也是财务分析方法的核心部分。关于财务比率的计算在个别项目的界定上不同教材存在着差异。

（四）因素分析法

因素分析法是依据分析指标与其影响因素的关系，从数量上确定各因素对分析指标影响方向和影响程度的一种方法。它在财务分析中的应用颇为广泛。在企业的经营管理中，影响财务状况和经营成果的因素是多方面的，当某种经济指标的实际数与预算数或历史数据产生差异时，需要分析造成这种差异的原因。如金融业营业总收入，受到营业收入、投资收益、营业外收入、企业竞争力等因素的影响。运用因素分析法，就是要分析各种因素的影响程度，以便在新的年度采取措施消除不利影响。

第三节　信息披露制度及其基本内容

从财务报告使用者的角度来说，希望信息越详细越好，但由于信息披露成本的存在会约束披露方尽量减少信息披露，这就导致了信息供求失衡。自英美两国信息披露制度产生以后，从便于报告使用者进行经济决策的角度，其他国家在完善信息披露制度方面也作出了不懈的努力。本部分的内容在于帮助读者了解信息披露制度的内涵、目的、特征、原则，并以我国为例说明信息披露制度的基本内容和披露成本及其影响因素。

一、信息披露制度的目的、特征与基本原则

（一）信息披露制度及其目的

信息披露制度也称公开披露制度或公示制度，是上市公司为保障投资者利益、接受社会公众的监督而依照法律规定必须将其自身的财务变化、经营状况等信息和资料向证券管理部门和证券交易所报告，并向社会公开或公告，以便使投资者充分了解情况的制度。

上市公司信息披露制度是证券市场发展到一定阶段，相互联系、相互作用的证券市场

特性与上市公司特性在证券法律制度上的反映。世界各国莫不将上市公司的各种信息披露作为其证券立法的重要内容。

信息披露制度源于英国和美国。

在英国，“南海泡沫事件”（South Sea Bubble）导致了1720年“诈欺防止法案”（Bubble Act of 1720）的出台，而后1844年英国合股公司法（The Joint Stock Companies Act 1844）中关于“招股说明书”（Prospectus）的规定，首次确立了强制性信息披露原则（The Principle of Compulsory Disclosure）。

在美国，关于信息披露的要求最初源于1911年堪萨斯州的《蓝天法》（Blue Sky Law）。1929年华尔街证券市场的大阵痛，以及阵痛前的非法投机、欺诈与操纵行为，促使美国联邦政府1933年的《证券法》和1934年的《证券交易法》的颁布。在1933年的《证券法》中美国首次规定实行财务公开制度，这被认为是世界上最早的信息披露制度。

信息披露制度是世界各国证券法确立的一项重要制度，作为证券监管的基石，它要求发行证券的上市公司依法将自己的财务、经营等情况向证券监管机构报告，并向社会公众和广大投资者公告。信息披露制度的目的在于：一是提高市场透明度和市场效率；二是保护投资者的利益；三是提高资源配置效率。而其最根本、最直接的目的是保障投资者的合法利益。因此，对于所披露的信息必须做到真实、完整、准确、及时和公平。然而，现实中上市公司违规披露的现象屡见不鲜，严重扰乱了证券市场的正常秩序，侵害了广大投资者的利益。

（二）信息披露制度的特征

上市公司的信息披露制度具有以下特征：

1.信息披露制度的强制性

有关市场主体在一定的条件下披露信息是一项法定义务，披露者没有丝毫变更的余地。

2.信息披露制度权利义务的单向性

信息披露制度在法律上的另一个特点是权利义务的单向性，即信息披露人只承担信息披露的义务和责任，投资者只享有获得信息的权利。

（三）信息披露制度的基本原则

1.真实、准确、完整原则

真实性是信息披露的首要原则，真实性要求发行人披露的信息必须是客观真实的，而且披露的信息必须与客观发生的事实相一致，发行人要确保所披露的重要事件和财务会计资料有充分的依据。

准确性要求发行人披露信息必须准确表达其含义，所引用的财务报告、盈利预测报告应由具有证券期货相关业务资格的会计师事务所审计或审核，引用的数据应当提供资料来源，事实应充分、客观、公正，信息披露文件不得刊载任何有祝贺性、广告性和恭维性的词句。

完整性又称充分性，要求所披露的信息在数量上和性质上能够保证投资者形成足够的投资判断意识。

2.及时原则

又称时效性原则，包括两个方面：一是定期报告的法定期间不能超越；二是重要事实的及时报告制度，当原有信息发生实质性变化时，信息披露责任主体应及时更改和补充，使投资者获得当前真实有效的信息。任何信息都存在时效性问题，不同的信息披露遵循不同的时间规则。

3.风险揭示原则

发行人在公开招股说明书、债券募集办法、上市公告书、持续信息披露过程中，对有关部分简要披露发行人及其所属行业、市场竞争和盈利等方面的现状及前景，并向投资者简述相关的风险。

4.保护商业秘密原则

这一原则针对不为公众所知悉、能为权利人带来经济利益、具有实用性并经权利人采取保密措施的技术信息和经验信息。由于商业秘密等特殊原因致使某些信息确实不便披露的，发行人可向中国证监会申请豁免。内幕信息在公开披露前也属于商业秘密，也应受到保护，发行人信息公开前，任何当事人不得违反规定泄露有关的信息，或利用这些信息谋取不正当利益。商业秘密不受信息披露真实性、准确性、完整性和及时性原则的约束。

二、我国上市公司信息披露制度的内容

财务信息由于受到政策和准则等因素的制约，其相关性和及时性有所欠缺，某些重要信息无法通过传统的财报资料传达给使用者。同时，随着利益相关者理论影响范围的扩张，信息需求者范围也逐渐加大，单纯的财务信息已经越来越难以满足需要，因此，越来越多的学者鼓励企业在披露财务信息时披露非财务信息。Amir和Lev（1996）研究发现，非财务信息有助于信息使用者理解财务信息，披露非财务信息的公司的财务指标的解释能力远高于未披露非财务信息的公司。

按照我国上市公司信息披露制度的规定，有关信息披露制度的内容包括财务信息和非财务信息，如表1-1所示。

表1-1 信息披露制度的内容

（一）财务信息	1.初次信息披露 （招股说明书或募集说明书、上市公告书等） 2.持续信息披露 （年度报告、中期报告、季度报告或临时公告）
（二）非财务信息	1.背景信息 2.经营业绩说明 3.经营情况讨论与分析 4.前瞻性信息（机会、风险、影响成功的关键因素） 5.社会责任（环境责任、人力资源信息等） 6.核心竞争力及可持续发展

注：后面将对信息披露制度的主要内容加以说明。

其中的财务信息包括初次信息披露和持续信息披露。非财务信息主要包括背景信息、经营业绩说明、经营情况讨论和分析、前瞻性信息（机会、风险、影响成功的关键因素）、社会责任（环境责任、人力资源信息等）和核心竞争力及可持续发展。

对于上市公司而言，编制年度报告、中期报告以及季度报告或临时报告时应及时查看证监会相关制度规定和要求。

对于非上市公司而言，国有金融企业或国有控股金融企业应参看国资委以及财政部关于金融企业的预决算以及绩效评价的信息披露的相关规定。非国有性质的金融企业则需要关注财政部的相关规定。

三、财务信息披露成本及其影响因素

影响企业财务信息披露的因素是多方面的，其中一个重要因素是信息披露可能引发的成本。

（一）财务信息披露成本

财务信息披露成本是指金融企业为进行财务信息披露而发生的一切支出项目。

1.获取与加工成本

它是指从建立财务信息系统到输出财务信息所发生的一系列支出。财务信息的获取与加工成本有两个特征：一是初始成本一般高于维持成本；二是维持成本不稳定。在财务会计制度发生变化时，对财会人员进行培训要发生相应的支出，这时的维持成本相对较高。

2.竞争劣势成本

它是指竞争对手或合作单位利用金融企业披露的财务信息，调整经营策略或谈判策略，从而使金融企业在竞争中处于不利地位所引起的成本。这种成本可以用金融企业市场份额的减少作为衡量标准。它所涉及的敏感性财务信息主要有重要客户信息、成本管理策略、对小微企业的贷款、人力资源状况以及薪酬水平等。在信息披露中，如何做到既能满足投资者分析决策信息的需求，同时又使金融企业不因此而泄露其商业秘密，是金融企业财务信息披露所面临的难题之一。

3.行为管束成本

它是指由于对未来财务状况的预测性披露而使管理者的行为在一定程度上受到限制所付出的代价。因企业未能实现预测目标而造成投资者及其他财务信息使用者对金融企业不信任，从而产生的失信成本，这可以用上市金融企业股票价格的下跌、债券信用评级下降等来衡量。

4.诉讼成本

它是指由于财务信息的披露给金融企业管理当局带来法律诉讼所产生的成本。由于诉讼成本的存在，企业管理当局在进行财务信息披露时会采取谨慎的态度，尽量较少披露企业的经营管理情况，这就会使得企业管理当局在财务信息的披露上采用一种消极的态度。

5.政治成本

假如某金融企业在会计报表上显示出其利润水平高于其他金融企业，政府往往会考虑其利润水平是否合理。如若政府认为该企业存在“超额利润”，他们通常会采用一些行政手段（例如税收征管）来将超额的部分进行平均化，让超额的部分在不同主体间进行分享。这样金融企业会因为财务信息的披露而承受“超额”的社会负担（如税收负担），这

种负担可被称为政治成本。政治成本的存在显然会使金融企业在披露财务信息时采取较为谨慎的态度，比如会倾向于减少有关财务信息的披露。

（二）影响财务信息披露成本的因素

1.市场运作效率

如果市场运作的效率很高，上市金融企业经营的任何信息都能及时地从股市的变化中反映出来，则对财务信息的披露要求可能不会太高。反之，如果市场的效率较低，为了减少财务信息在管理层和投资者之间的不均衡分布，以消除无效代理，则需要加大财务信息的披露。这样一来，披露成本自然也会提高。

2.企业角色转变

在传统微观经济学理论中，企业的唯一职能就是创造尽可能多的利润。但是，在现代产权经济学中，企业作为一个社会组织，它的职能是在不破坏他人产权的条件下寻求其利益的最大化。因此，有些非经济事项也需要在财务报告中予以揭示，如环保信息、社会责任信息等。这些信息看似与金融企业的业务无关，但对政府和其他社会组织却大有用处。

3.新兴经济业务

随着世界经济一体化的加强和互联网及金融的飞速发展，金融企业的经济业务也日趋复杂。目前，衍生金融工具信息、知识产权信息等都受到了前所未有的关注。这样，信息披露量的加大相应地也提高了信息披露成本。

第四节　财务报告及其信息关注点

由于信息的制约性，外部人不能随意利用金融企业的财务报告及其相关资料。这里主要是从上市金融企业的角度进行论述。定期报告包括年度报告、中期报告和季度报告。本节将就定期报告的基本内容和关注点进行说明，以帮助学习者了解相关内容，并为未来的信息查找打下基础。由于我国的现行制度一直在不断完善中，因此在学习中要随时了解证监会网站的相关信息发布和制度规定。

一、定期报告及其信息关注点

（一）年度报告

1.年度报告的重要性

年度报告是上市公司一年一度对其报告期内的经营概况、财务状况等信息进行披露的报告，是上市公司信息披露制度的核心。年度报告是进行财务分析最重要的资料，通过年度报告不仅可以评价金融企业过去的经营业绩及其成因，而且可以预估金融企业未来的可持续发展状况。

年报披露的内容是投资者完整了解上市金融企业所必要的、有用的信息。投资者对年报披露的信息进行认真阅读和分析，有利于捕捉年报中所包含的重大线索与信息，发掘年报信息中所隐含的投资机会。

根据笔者的经验，想要快速提高财务分析能力，大家最好事先下载自己所研究的金融行业的上市年报，并全面了解年度报告中披露的信息内容，这将有助于对财务报表的深度解读和分析。

2.年度报告的主要内容

一般而言，上市公司年报披露的基本内容相同，格式也有统一的规定。上市公司年报及其摘要的编制必须以证券市场监管当局制定的有关规范为依据。在我国证监会发布的《公开发行证券的公司信息披露内容与格式准则第2号——年度报告的内容与格式》（2016年修订）中，对上市公司年报披露的内容和年度报告摘要格式做了说明。

上市金融企业年度报告的主要内容扫码阅读：

3.年度报告信息的主要关注点

年度报告各部分都提供了有价值的信息，针对年报中披露的信息可以对上市金融企业进行不同角度的研究。在阅读上市公司年报和应用相关信息时，需要重点关注下列方面：

第一，对重要提示、目录和释义部分的关注点。

（1）关注审计报告的类型对财务分析的影响，对出具的非标准审计报告应加以特别关注。

（2）关注金融企业提示的需要投资者特别关注的重大风险，以便进行公司风险分析。

（3）关注金融企业经董事会审议的报告期利润分配预案或公积金转增股本预案情况。

第二，对公司简介和主要财务指标的关注点。

（1）关注保荐机构或财务顾问的信息，并通过网上查阅资料分析其执业能力与风险状况。

（2）关注金融企业近三年的主要会计数据和财务指标，以便从总体上了解其基本业绩状况。

（3）关注金融企业会计政策变更及会计差错更正等追溯调整或重述对以前年度会计数据的影响。

第三，对公司业务概要的关注点。

（1）关注报告期内上市金融企业所从事的主要业务、主要产品及其用途、经营模式、主要的业绩驱动因素等以及其报告期内发生的重大变化。

（2）关注报告期内金融企业所属行业的发展阶段、周期性特点以及企业所处的行业地位等。

（3）关注金融企业报告期内主要资产发生的重大变化，包括但不限于股权资产、固定资产、无形资产、在建工程等。境外资产占比较高的，应当披露境外资产的形成原因、资产规模、运营模式、收益状况等。

（4）关注金融企业报告期内核心竞争力（包括核心管理团队、关键技术人员、非专利技术、特许经营权、独特经营方式和盈利模式、允许他人使用自己所有的资源要素或作为被许可方使用他人资源要素等）的重要变化及对公司所产生的影响。

第四，经营情况讨论与分析的关注点。

经营情况讨论与分析是修订后的叫法，原来被称作管理层讨论与分析。按新规定，上市金融企业在经营情况讨论与分析中应当对财务报告数据与其他必要的统计数据，以及报告期内发生和未来将要发生的重大事项，进行讨论与分析，以有助于投资者了解其经营成果、财务状况及未来可能的变化。金融企业可以运用逐年比较、数据列表或其他方式对相关事项进行列示，以增进投资者的理解。对此部分的分析与关注点如下：

（1）关注金融企业披露的内容是否具有充分的可靠性。公司引用的数据、资料是否有充分的依据，如果引用第三方的数据、资料作为讨论与分析的依据，应当注明来源，并判断第三方的数据、资料是否具有足够的权威性。

（2）关注金融企业披露的内容是否具有充分的相关性。企业是否充分考虑并尊重投资者的投资需要，披露的内容应当能够帮助投资者更加充分地理解企业未来变化的趋势。企业是否重点讨论和分析了重大的投资项目、资产购买、兼并重组、人才培养和储备等诸方面在报告期内的执行情况和未来的计划。

（3）关注金融企业披露的内容是否具有充分的关联性。分析与讨论企业的外部环境、市场格局、风险因素等内容时，所述内容是否与企业的经营成果、财务状况具有足够的关联度，是否充分考虑企业的外部经营环境（包括但不限于经济环境、行业环境等）和内部资源条件（包括但不限于资产、专业人员、经营权等），结合企业的战略和营销等管理政策，以及企业所从事的业务特征，进行有针对性的讨论与分析，并且保持逻辑的连贯性。

（4）关注金融企业披露的管理层在经营管理活动中使用的关键业绩指标。关键业绩指标由企业根据行业、自身特点，选择对业绩敏感度较高且公司有一定控制能力的要素确定。在分析中，需要关注披露指标的假定条件和计算方法以及公司选择这些指标的依据，重点讨论与分析指标变化的原因和趋势。

（5）关注金融企业是否从业务层面充分解释了导致财务数据变动的根本原因及其反映的可能趋势，而不能只是重复财务报告的内容。

（6）关注金融企业在报告期内的主要经营情况。内容包括但不限于：主要经营业务、企业利润构成或利润来源的重大变化源自非主要经营业务涉及的金额、形成原因、是否具有可持续性。关注企业的资产及负债状况、投资状况、重大资产和股权出售、主要控股参股企业以及控制权的变化情况。

（7）关注金融企业对未来发展进行的展望。包括行业格局和趋势、企业发展战略、经营计划、可能面对的风险。

第五，重要事项的关注点。

（1）关注金融企业披露的报告期内普通股利润分配政策，特别是现金分红政策的制定、执行或调整情况，便于在进行股利分配政策分析中，探讨利润分配政策是否符合公司章程及审议程序的规定，是否充分保护中小投资者的合法权益，是否由独立董事发表意见，是否有明确的分红标准和分红比例；利润分配政策调整或变更的条件和程序是否合规、透明。

（2）关注金融企业是否披露报告期内履行完毕的，以及截至报告期末尚未履行完毕的，由企业实际控制人、股东、关联方、收购人以及公司等承诺相关方作出的承诺事项。

如企业资产或项目存在盈利预测，且报告期仍处在盈利预测期间内，董事会、相关股东和负责持续督导的中介机构是否就资产或项目达到原盈利预测及其原因作出说明。同时，企业是否提供原盈利预测的相关披露查询索引。

（3）关注金融企业发生的控股股东及其关联方非经营性占用资金情况，以便分析控股股东及其关联方对金融企业的操纵程度。

（4）关注金融企业年度财务报告被会计师事务所出具非标准意见审计报告的，企业是否就所涉及事项作出说明。

（5）关注金融企业披露的年度财务报告审计聘任、解聘会计师事务所、财务顾问或保荐人的情况，以便分析更换原因及对企业财务报告的影响。

（6）关注年度报告披露后面临暂停上市情形的金融企业，关注企业披露的导致暂停上市的原因以及拟采取的应对措施。

（7）关注金融企业披露的报告期内发生的破产重整相关事项，以便分析原因。

（8）关注金融企业披露的报告期内重大诉讼、仲裁事项，以便提高财务分析的警戒度。

（9）关注金融企业披露的违法违规事件，便于分析出现上述问题的原因，考察其对内部控制和财务报告的影响。

（10）关注金融企业披露的报告期内公司及其控股股东、实际控制人的诚信状况，以便分析财务报告数据的可信度。

（11）关注金融企业披露的股权激励计划、员工持股计划或其他员工激励措施在报告期的具体实施情况，以便分析其对企业业绩状况、股票价格和人力资源管理的影响。

（12）关注金融企业披露的报告期内发生的重大关联交易事项，以便进行关联交易分析。

（13）关注金融企业披露的重大合同及其履行情况，以便分析其对经营业绩的影响。

（14）关注金融企业披露的积极履行社会责任的工作情况，以便分析企业的社会责任承担与履行对客户满意度、业绩和股价的影响。

（15）关注金融企业披露的其他在报告期内发生的《证券法》《上市公司信息披露管理办法》所规定的重大事件，以及董事会判断为重大事件的事项，目的在于分析原因及其对财务状况、经营成果和现金流的影响。

第六，股份变动及股东情况的关注点。

（1）关注金融企业股东数量及持股情况，以便分析战略投资者和财务投资者对企业经营的影响。

（2）关注金融企业控股股东情况，以便分析控股股东的背景对上市金融企业的影响。

（3）关注金融企业实际控制人情况，以便分析公司与实际控制人之间的产权和控制关系，论述控制权对上市金融企业经营战略和财务成果的影响。

第七，优先股相关情况的关注点。

（1）关注金融企业披露的截至报告期末近三年优先股的发行与上市情况，以便分析优先股筹资的优缺点及其对利益相关者的影响。

（2）关注金融企业披露的报告期内优先股的利润分配情况、利润分配政策调整或变更情况。

（3）关注报告期内金融企业进行优先股回购或商业银行发行的优先股转换成普通股的情况及其原因。

（4）关注报告期内存在优先股表决权恢复的情况。

（5）关注金融企业披露的对优先股采取的会计政策及理由。

第八，董事、监事、高级管理人员和员工情况的分析关注点。

（1）关注金融企业披露的董事、监事和高级管理人员的情况，包括基本情况、现任董事、监事、高级管理人员专业背景、主要工作经历以及目前在公司的主要职责、年度报酬情况。可用于分析金融企业高管的政治背景、高管学历、高管薪酬与企业业绩的相关性，并进行行业比较。

（2）关注金融企业披露的母公司与主要子公司的员工情况，以便分析企业的创新能力、员工满意度，员工薪酬对企业业绩的影响，并进行行业对比。

第九，公司治理的关注点。

（1）关注金融企业治理的实际状况与中国证监会发布的有关上市公司治理的规范性文件是否存在重大差异，分析差异的原因及其影响。

（2）关注金融企业就其与控股股东在业务、人员、资产、机构、财务等方面存在不能保证独立性、不能保持自主经营能力的情况及其原因。

（3）关注金融企业披露的报告期内召开的年度股东大会、临时股东大会的有关情况，以便分析高管的履职情况。

（4）关注金融企业披露的报告期内每位独立董事履行职责的情况，分析独立董事的责任履行及其对企业经营、风险管控以及财务信息披露的影响。

（5）关注金融企业披露的董事会下设专门委员会在报告期内提出的重要意见和建议，分析其履职情况和对企业的贡献。

（6）关注金融企业监事会在报告期内的监督活动中发现的企业存在的风险及其意见，以便评价企业的内部控制制度。

（7）关注金融企业是否披露报告期内对高级管理人员的考评机制，以及激励机制的建立、实施情况。目的在于分析该考评机制对企业的激励与约束作用。

（8）关注报告期内金融企业披露的内部控制存在重大缺陷问题及其成因和影响。

（9）关注会计师事务所出具的非标准意见的内部控制审计报告与董事会的自我评价报告意见不一致的原因及其影响。

第十，公司债券相关情况的关注点。

对于公司债券，应关注金融企业披露的所有公开发行并在证券交易所上市，且在年度报告批准报出日未到期或到期未能全额兑付的公司债券情况，目的在于分析债券筹资的优缺点，以及债券筹资对企业资本结构、偿债能力和偿债风险的影响。

第十一，财务报告的关注点。

对于不同类别金融企业的财务报告的分析将在后面的章节中进行介绍，此处不加以说明。

（二）中期报告

1.编制中期报告的目的

中期报告是上市金融企业在每个会计年度的前6个月结束后60日内编制完成的财务报告。它是上市金融企业每年应当定期披露的法律公告，是反映企业半年度经营业绩和财务状况的重要文件。

对于中期财务报告的主要目的人们有着不同的认识。

一种观点认为，中期报告的目的与年报一样，是为了提供一个特定期间内企业的财务状况和经营成果。在这种认识下，中期财务报告信息着眼于过去，着重于如何真实反映企业过去的财务状况和经营成果，强调的是客观性、可靠性和反映经济现实。另外一种观点认为，中期财务报告的目的主要是为报表使用者提供决策有用的信息，帮助其预测企业年度内未来期间的财务状况和经营成果，因此中期财务报告信息应着眼于未来，着重于如何有助于投资者、债权人对企业的未来作出正确的分析，强调的是相关性和提供预测信息。

不管人们以什么样的观点来认识中期报告，至少说明中期报告可以向信息使用者提供企业较为完整的会计信息，帮助他们较为全面地评价企业的经营业绩，预测企业的发展前景，作出正确的经济决策。

国际会计准则委员会（IASC）于1998年2月发布了第34号国际会计准则（IAS）“中期财务报告”，这是IASC首次就中期财务报告问题发布准则。该准则是IASC与证券业国际组织为各国企业跨国上市会计信息披露的协调而进行的合作项目所设定的核心准则之一。

我国上市公司中期财务报告制度始自1994年证监会发布的《公开发行股票公司信息披露的内容与格式准则第三号〈中期报告的内容与格式〉（试行）》，此后该准则于1996年和1998年进行了两次修改。2001年底，我国将中期财务报告写入《企业会计准则》，并且采用国际上广泛使用的“独立观”约束中期报告的内容：上市公司在编制中期财务报告时采用的会计政策应当与年报相一致，避免出现操纵损益的情况。这标志着中期财务报告开始进入规范化阶段。

2.中期报告的要求

（1）为规范上市公司中期报告的编制及其信息披露行为，保护投资者合法权益，证监会发布了《公开发行证券的公司信息披露内容与格式准则第3号——半年度报告的内容与格式（2016年修订）》，对中期报告的内容与格式做了说明。证监会鼓励公司结合自身特点，以简明易懂的方式披露对投资者特别是中小投资者决策有用的信息，但披露的信息应当保持持续性，不得选择性披露。

（2）公司中期报告中的财务报告可以不经审计，但中国证监会和证券交易所另有规定的除外。主板（含中小企业板）公司应当在每个会计年度上半年度结束之日起2个月内将半年度报告全文刊登在中国证监会指定网站上；同时将中期报告摘要刊登在至少一种中国证监会指定的报纸上，刊登篇幅原则上不超过报纸的1/4版面，也可以刊登在中国证监会指定网站上。

（3）公司董事会、监事会及董事、监事、高级管理人员应当保证中期报告内容的真实、准确、完整，不存在虚假记载、误导性陈述或重大遗漏，并承担个别和连带的法律责任。

3.中期报告的主要内容

中期报告的内容与年度报告披露的项目一致，也是包括12部分的内容，只是中期报告披露的内容相对简单。

4.中期报告的信息关注点

中期报告的信息关注点可比照年度报告。

（三）季度报告

1.季度报告的要求

（1）为规范上市公司季度报告的编制及信息披露行为，保护投资者合法权益，证监会发布了《公开发行证券的公司信息披露编报规则第13号——季度报告的内容与格式（2016年修订）》，要求在我国境内公开发行股票并在证券交易所上市的股份有限公司（简称“公司”）按照规则的要求编制和披露季度报告。

（2）主板（含中小企业板）公司应当在会计年度前3个月、9个月结束后的1个月内将季度报告正文刊登于至少一种中国证监会指定的报纸上，并将季度报告全文（包括正文及附录）刊登于中国证监会指定网站上。季度报告正文应当按照规则第二章要求编制，并按照附件的格式披露。

创业板公司应在会计年度前3个月以及前9个月结束后的1个月内编制季度报告（包括正文及附录）并刊登于中国证监会指定的网站和公司网站上；同时在至少一种中国证监会指定的报纸上刊登“本公司××××年第×季度报告已于×年×月×日在中国证监会指定的创业板信息披露网站上披露，请投资者注意查阅”的提示性公告。

（3）第一季度报告的披露时间不得早于上一年度的年度报告。公司可以将季度报告刊登在其他媒体上，但不得早于在中国证监会指定的媒体上披露的时间。

由于我国的现行制度一直在不断完善中，在学习中要随时了解证监会网站的相关信息发布和制度规定。

2.季度报告的作用

季度报告对于规范信息披露和保护投资者合法权益具有重要的意义。对上市金融企业而言，虽然季度报告增加了其信息披露成本，但是却有利于提高企业投资、筹资经营以及资产重组等重要信息的透明度，规范金融企业的合法经营，抑制违规违法行为的发生，降低违规成本。

对于投资者而言，季度报告披露增加了投资者了解金融企业经营情况及重大信息的渠道，有利于有效地规避风险、保护投资利益。同时，季度报告规定的出台将引导投资者更加关注金融企业的基本面分析，进行理性投资，对于培养投资者的成熟投资理念具有积极意义。

3.季度报告的主要内容

季度报告正文的内容包括：重要提示、公司基本情况、重要事项三个部分。

4.季度报告的信息关注点

季度报告可以进行金融企业或行业的季度比较，因此主要应关注金融企业发布的季度信息变化情况，并分析其变化趋势和变化原因。

二、临时报告及其信息关注点

临时报告发生于上市金融企业发生重大事件的情形下，该临时报告对上市金融企业未来的股票价格走势、投资者以及其他相关者利益保护等都具有重要意义。从财务分析的角度，临时报告可能隐含着金融企业发展正常或不正常的重要信息。当后期进行财务分析时，要寻找影响金融企业财务成果的成因，也需要查看重大事件对金融企业财务报告及其结果的影响，从而得出正确的分析结论。

（一）临时报告及其公告目的

临时报告是指上市公司按有关法律法规及规则规定，在发生重大事项时向投资者和社会公众披露的信息，是上市公司持续信息披露义务的重要组成部分。由于定期报告存在信息滞后的缺陷，不能及时满足公司信息公开的最新性与迅速性需要，特别是在公司发生对证券投资判断有影响的特别事项时，定期报告书难以适应证券市场的变动，不利于进行投资判断，因此，临时报告就有其存在的必要性。

美国《证券交易法》（1934年）规定，在发生对证券投资判断有特殊影响的事项时，应将临时报告书提交美国证券交易委员会。

我国《证券法》第67条规定，发生可能对上市公司股票交易价格产生较大影响的重大事件，投资者未得知时，上市公司应当立即将有关该重大事件的情况向国务院证券监督管理机构和证券交易所报送临时报告，并予以公告，说明事件的起因、目前的状态和可能产生的法律后果。

2007年1月30日，我国发布的《上市公司信息披露管理办法》（中国证券监督管理委员会令第40号）第30条规定，发生可能对上市公司证券及其衍生品种交易价格产生较大影响的重大事件，投资者尚未得知时，上市公司应当立即披露，说明事件的起因、目前的状态和可能产生的影响。

（二）临时报告的披露标准

临时报告的披露标准主要有两个，一个是重要性标准，另一个是及时性标准。前者衡量的是上市公司在发生什么样的事项时须进行披露，后者解决的是上市公司在发生重大事项时应在什么时间进行披露。

1.重要性标准

第一，确定重要性标准的两种观点。

确定适宜并明确的重要性标准一直是各国或地区证券立法的理想，但是这一工作绝非易事。一方面，信息是否重要本身即具有相对性，一件具体事项的发生对于不同的主体，因其规模、利润、资产、商业运营性质及其他因素的不同，重要性的意义并不等同；另一方面，确定重要性标准还存在一个平衡问题，即重要性标准既要使上市公司披露一切投资者作出合理投资决策所需要的信息，又不能使市场充斥过多的噪音。从实践看，海外主要证券市场确定重要性的标准有两个：一是影响投资者决策标准，根据该标准，一件事项是否重要取决于其是否对投资者作出决策产生影响；二是股价敏感标准，根据该标准，一件事项是否重要取决于其是否会影响到上市证券的价格。

美国对重要性标准采用比较宽泛的双重标准制，即同时将“影响投资者决策”和“影响上市证券市场价格”并列作为判定信息重要性的标准，只要符合二者之一便构成重大事项，信息披露的义务即告产生。日本采用投资者决策标准来界定重要性，将重要信息定义为“上市公司任何关于管理、营运、财产的严重影响投资者决策的事实”。英国、德国、法国，以及我国的香港和台湾对于重要性采用的是股价敏感标准。

第二，我国对重要性标准的界定。

我国《证券法》第67条规定，下列情况即为所称重大事件：

（1）公司的经营方针和经营范围的重大变化。

（2）公司的重大投资行为和重大的购置财产的决定。

（3）公司订立重要合同，可能对公司的资产、负债、权益和经营成果产生重要影响。

（4）公司发生重大债务和未能清偿到期重大债务的违约情况。

（5）公司发生重大亏损或者重大损失。

（6）公司生产经营的外部条件发生重大变化。

（7）公司的董事、1/3以上监事或者经理发生变动。

（8）持有公司5%以上股份的股东或实际控制人，其持有股份或者控制公司的情况发生重大变化。

（9）公司减资、合并、分立、解散及申请破产决定。

（10）涉及公司的重大诉讼，股东大会、董事会决议被依法撤销或者宣告无效。

（11）公司涉嫌犯罪被司法机关立案调查，公司董事、监事、高级管理人员涉嫌犯罪被司法机关采取强制措施。

（12）国务院证券监督管理机构规定的其他事项。

《上市公司信息披露管理办法》第30条规定，所称重大事件包括：

（1）公司的经营方针和经营范围的重大变化。

（2）公司的重大投资行为和重大的购置财产的决定。

（3）公司订立重要合同，可能对公司的资产、负债、权益和经营成果产生重要影响。

（4）公司发生重大债务和未能清偿到期重大债务的违约情况，或者发生大额赔偿责任。

（5）公司发生重大亏损或者重大损失。

（6）公司生产经营的外部条件发生重大变化。

（7）公司的董事、1/3以上监事或者经理发生变动；董事长或者经理无法履行职责。

（8）持有公司5%以上股份的股东或者实际控制人，其持有股份或者控制公司的情况发生较大变化。

（9）公司减资、合并、分立、解散及申请破产的决定；或者依法进入破产程序、被责令关闭。

（10）涉及公司的重大诉讼、仲裁，股东大会、董事会决议被依法撤销或者宣告无效。

（11）公司涉嫌违法违规被有权机关调查，或者受到刑事处罚、重大行政处罚；公司董事、监事、高级管理人员涉嫌违法违纪被有权机关调查或者采取强制措施。

（12）新公布的法律、法规、规章、行业政策可能对公司产生重大影响。

（13）董事会就发行新股或者其他再融资方案、股权激励方案形成相关决议。

（14）法院裁决禁止控股股东转让其所持股份；任一股东所持公司5%以上股份被质押、冻结、司法拍卖、托管、设定信托或者被依法限制表决权。

（15）主要资产被查封、扣押、冻结或者被抵押、质押。

（16）主要或者全部业务陷入停顿。

（17）对外提供重大担保。

（18）获得大额政府补贴等可能对公司资产、负债、权益或者经营成果产生重大影响的额外收益。

（19）变更会计政策、会计估计。

（20）因前期已披露的信息存在差错、未按规定披露或者虚假记载，被有关机关责令改正或者经董事会决定进行更正。

（21）中国证监会规定的其他情形。

2. 及时性标准

及时性是指上市公司应毫不迟疑地依法披露有关重要信息。从上市公司的角度来看，及时披露重要信息，可使公司发生的重大事项和变化及时传达到市场，使公司股价及时依据新的信息作出调整，以保证证券市场的连续和有效；从投资者来看，及时披露可使投资者依据最新信息及时作出理性投资决策，避免因信息不畅而遭受损失；从社会监管的角度来看，及时披露可缩短信息处于未公开阶段的时间，缩短内幕人士可能进行内幕交易的时间，减少监管的难度和成本。

关于上市公司在发生重大事项时应在什么时间进行披露，我国《上市公司信息披露管理办法》第31条规定，上市公司应当在最先发生的以下任一时点，及时履行重大事件的信息披露义务：

（1）董事会或者监事会就该重大事件形成决议时。

（2）有关各方就该重大事件签署意向书或者协议时。

（3）董事、监事或者高级管理人员知悉该重大事件发生并报告时。

（三）临时报告财务分析的关注点

在对临时报告的分析中，要注意以下几点：

一是要关注信息的及时性和重要性。根据有效市场理论，证券价格的波动主要是由信息所驱动，市场越有效、证券价格中包含的信息就越多，股票价格反映公司特质信息的能力，是衡量资本市场好坏的重要标志，如果临时报告披露的内容不充分，就不足以使投资者有效地利用信息进行决策。

与定期报告相比，临时报告更加注重信息的及时性和重要性。信息披露是证券市场有效运行的基础，上市公司披露的临时性报告，必然影响到投资者的投资决策，并最终使信息在股价中得以反映。临时报告可以使投资者获得重大信息，有利于投资者在不断变化的投资环境中作出重大决策。临时报告的及时公开发布可以在一定程度上消除投资者的信息不对称，防止内部交易。

二是关注该信息对上市公司以及自己切身利益可能产生的影响。例如，2017年10月27日，中国平安保险（集团）股份有限公司发布了《关于会计估计变更的公告》，中国平安保险（集团）股份有限公司（简称“本公司”）董事会及全体董事，保证本公告内容不存在任何虚假记载、误导性陈述或者重大遗漏，并对其内容的真实性、准确性和完整性承担个别及连带责任。

在重要内容提示中，平安保险公司指出，《中国平安保险（集团）股份有限公司2017年第三季度报告》中因执行财政部《企业会计准则解释第2号》的有关规定所涉及的保险合同准备金会计估计变更（简称“本项会计估计变更”），对本公司截至2017年9月30日止9个月期间税前利润的影响为减少税前利润人民币18 205百万元。

重要概念

财务报告　会计报表附注　财务情况说明书　财务信息披露　信息披露制度　年度报告

复习思考

1. 财务报告及其构成要素有哪些？
2. 财务报告的目标是什么？
3. 按照受托责任观和决策有用观的观点，财务报告应分别披露哪些信息？
4. 什么是财务报告信息披露成本？有哪些影响因素？
5. 年度报告需要披露哪些内容？
6. 临时公告一般需要公告哪些内容？

操作练习

1. 查看中国人民银行网站，了解可以从网站获得的信息内容。
2. 查看中国证券监督管理委员会网站，了解可以从网站获得的信息内容。
3. 查看中国银保监会网站，了解可以从网站获得的信息内容。
4. 查找银行、证券、保险、信托、期货以及基金业协会的网站，了解协会的职责范围和权限以及能查看到的信息内容。
5. 查看财政部官网，了解可以从网站获得的信息内容。

第二章

银行业信息披露与监管要求

【导语】本章的目的是对银行业有总括性的了解，主要包括银行业的基本业务与发展情况，银保监会[1]、证监会关于信息披露与监管的规定。这有助于我们对银行业财务报告及其信息披露的理解与分析。

本章内容要点

第一节　银行业的业务与发展

本节将通过对银行业的业务以及发展情况的概述，从总体上了解行业基本情况，以便为后期的学习和分类研究打下基础。

一、银行业的分类

银行业是一个历史悠久的行业。从公元前2000年伴随巴比伦寺庙“强制性捐款”而来的信贷合约，到16世纪近代最早的威尼斯银行的成立；从宋代纸币、明清钱庄票号，到1897年诞生的中国通商银行，银行的传统模式传承了千百年。[2]

由于统计口径和研究角度的不同，目前我国对银行业的分类有所不同。如中国人民银行官网和中国银保监会官网的统计口径就有差异。这里以中国银保监会官网的分类口径加以说明。

按照原中国银监会官网的口径，将我国银行业分为以下类别：

第一类是银行业金融机构：包括政策性银行、大型商业银行、股份制商业银行、邮政储蓄银行、外资银行、金融资产管理公司、城市商业银行、民营银行、农商行、农合行、农信社、三类新型农村金融机构、信托公司、财务公司、金融租赁公司、汽车金融公司、货币经纪公司、消费金融公司。

---

① 银保监会是中国银行保险监督管理委员会的简称，成立于2018年，是国务院直属事业单位。其主要职责是依照法律、法规统一监督管理银行业和保险业，维护银行业和保险业合法、稳健运行，防范和化解金融风险，保护金融消费者的合法权益，维护金融稳定。

② 招商银行2017年度报告。

第二类是政策性银行：包括国家开发银行、中国进出口银行、中国农业发展银行。

第三类是商业银行：包括大型商业银行、股份制商业银行、城市商业银行、农商行。

第四类是大型商业银行：包括中国工商银行、中国农业银行、中国银行、中国建设银行、交通银行。

第五类是股份制商业银行：包括中信银行、中国光大银行、华夏银行、中国民生银行、招商银行、兴业银行、广发银行、平安银行、上海浦东发展银行、恒丰银行、浙商银行、渤海银行。

第六类是农村金融机构：包括农商行、农合行、农信社、三类新型农村金融机构。

第七类是非银行金融机构：包括信托公司、财务公司、金融租赁公司、汽车金融公司、货币经纪公司、消费金融公司。

从财务报告分析的角度，了解银行业职责的目的在于将来从哪里获得与财务报告分析相关的信息。

二、银行业的基本业务

（一）商业银行及其基本业务

商业银行是指依照《中华人民共和国商业银行法》（2015年修正）和《中华人民共和国公司法》设立的吸收公众存款、发放贷款、办理结算等业务的企业法人。按照规定，商业银行可以经营下列部分或者全部业务：（1）吸收公众存款；（2）发放短期、中期和长期贷款；（3）办理国内外结算；（4）办理票据承兑与贴现；（5）发行金融债券；（6）代理发行、代理兑付、承销政府债券；（7）买卖政府债券、金融债券；（8）从事同业拆借；（9）买卖、代理买卖外汇；（10）从事银行卡业务；（11）提供信用证服务及担保；（12）代理收付款项及代理保险业务；（13）提供保管箱服务；（14）经国务院银行业监督管理机构批准的其他业务。

商业银行应当按照国家有关规定，真实记录并全面反映其业务活动和财务状况，编制年度财务会计报告，及时向国务院银行业监督管理机构、中国人民银行和国务院财政部门报送。商业银行不得在法定的会计账册外另立会计账册。

（二）政策性银行

政策性银行是指由政府发起、出资成立，为贯彻和配合政府特定经济政策和意图而进行融资和信用活动的机构。政策性银行不以营利为目的，专门为贯彻、配合政府特定经济政策或意图，在特定的业务领域内，直接或间接地开展政策性融资活动，充当政府发展经济、促进社会进步、进行宏观经济管理的工具。国家政策性银行包括国家开发银行、中国进出口银行和中国农业发展银行。自1994年三家政策性银行设立以来，银监会一直参照商业银行相关的监管规则要求对其进行管理。2017年11月15日，银监会发布了《国家开发银行监督管理办法》《中国进出口银行监督管理办法》《中国农业发展银行监督管理办法》，分别从市场定位、公司治理、风险管理等九个方面对国开行、进出口银行和农发行的监管作出管理安排；同时，根据三家银行职能定位、经营管理的不同特点，提出了一些个性化的监管要求。

1.国家开发银行

国家开发银行成立于1994年，是直属国务院领导的政策性金融机构。2008年12月改制为国家开发银行股份有限公司。2015年3月，国务院明确将国开行定位为开发性金融机构。国开行是全球最大的开发性金融机构，中国最大的对外投融资合作银行、中长期信贷银行和债券银行。国开行的业务范围包括规划业务、信贷业务、中间业务、资金业务、营运业务以及综合金融业务。

2.中国进出口银行

中国进出口银行是由国家出资设立、直属国务院领导、支持中国对外经济贸易发展与国际经济合作、具有独立法人地位的国有政策性银行。中国进出口银行的经营宗旨是紧紧围绕服务国家战略，建设定位明确、业务清晰、功能突出、资本充足、治理规范、内控严密、运营安全、服务良好、具备可持续发展能力的政策性银行。中国进出口银行的支持领域主要包括外经贸发展和跨境投资，“一带一路”建设，国际产能和装备制造合作，科技、文化以及中小企业“走出去”和开放型经济建设等。

3.中国农业发展银行

中国农业发展银行直属国务院领导，是我国唯一一家农业政策性银行。其主要任务是以国家信用为基础，以市场为依托，筹集支农资金，支持“三农”事业发展，发挥国家战略支撑作用。其经营宗旨是紧紧围绕服务国家战略，建设定位明确、功能突出、业务清晰、资本充足、治理规范、内控严密、运营安全、服务良好、具备可持续发展能力的农业政策性银行。

三、我国银行业的发展概况

（一）银行的数量

2018年2月9日，中国银监会对外公布了截至2017年12月31日中国银行业4 549家金融机构法人名单。其中，开发性金融机构1家、政策性银行2家、国有大型商业银行5家、邮储银行1家、股份制商业银行12家、金融资产管理公司4家、城市商业银行134家、住房储蓄银行1家、民营银行17家、农村商业银行1 262家、农村合作银行33家、农村信用社965家、村镇银行1 562家、贷款公司13家、农村资金互助社48家、外资法人银行39家、信托公司68家、金融租赁公司69家、企业集团财务公司247家、汽车金融公司25家、消费金融公司22家、货币经纪公司5家、其他金融机构14家。由此可见，银行业为就职者提供了广阔的发展空间，但同时银行业内部细分类型众多，监管机构需要多头管理。这也为研究者提供了不同的研究视角。

（二）银行业的资产负债概况

银监会发布的2017年四季度主要监管指标数据显示，截至2017年年底，我国银行业金融机构本外币资产252万亿元，同比增长8.7%，增速较2016年年末下降7.1个百分点；总负债233万亿元，同比增长8.4%；总体的资产负债率92.26%。其详情见表2-1。

（三）银行业的资金来源和资金运用情况

表2-2是中国人民银行官网发布的金融机构本外币信贷收支表。从表中数据可见，截至2017年12月，我国金融机构的本外币资金来源和运用总计为178.13万亿元。在资金来

表2-1　　不同类别银行业金融机构2017年第四季度资产负债情况　　单位：亿元

金融机构分类	总资产	总负债	占总资产的比例（%）	占总负债的比例（%）	资产负债率（%）
银行业金融机构合计	2 524 040	2 328 704	100.00	100.00	92.26
其中：商业银行	1 967 834	1 820 610	77.96	78.18	92.52
大型商业银行	928 145	855 636	36.77	36.74	92.19
股份制商业银行	449 620	419 047	17.81	17.99	93.20
城市商业银行	312 217	295 342	12.37	12.68	94.60
农村金融机构	328 208	303 953	13.00	13.05	92.61
其他类金融机构	500 851	454 726	19.84	19.53	90.79

资料来源：根据中国银监会官网银行业监管统计指标季度情况表（2017）分析填列。

注：表中农村金融机构包括农村商业银行、农村合作银行、农村信用社和新型农村金融机构；其他类金融机构包括政策性及国家开发银行、民营银行、外资银行、非银行业金融机构、资产管理公司和邮政储蓄银行。

源中，各项存款占比95.03%，金融债券融资占比2.84%，对国际金融机构负债占比为0，其他资金来源占比2.13%；在资金运用中，各项贷款占比70.52%，债券投资占比17.01%，股权及其他投资占比12.40%，在国际金融机构资产占比0.07%。与2016年相比，这种资金来源和运用的格局基本没变。

表2-2　　金融机构本外币信贷收支表

Sources & Uses of Credit Funds of Financial Institutions

（in RMB and Foreign Currency）

单位：亿元人民币

Unit：RMB 100 Million Yuan

项　目（Item）	2017.12	2016.12	2017年结构（%）	2016年结构（%）	绝对数增减幅度（%）
来源方项目（Funds Sources）					
一、各项存款（Total Deposits）	1 692 727.15	1 555 247.07	95.03	97.10	8.84
（一）境内存款（Domestic Deposits）	1 670 756.08	1 537 872.46	93.80	96.01	8.64
1.住户存款（Deposits of Households）	651 983.38	606 522.23	36.60	37.87	7.50
（1）活期存款（Demand Deposits）	252 607.48	236 656.51	14.18	14.78	6.74
（2）定期及其他存款（Time & Other Deposits）	399 375.91	369 865.72	22.42	23.09	7.98
2.非金融企业存款（Deposits of Non-financial Enterprises）	571 640.83	530 895.41	32.09	33.15	7.67
（1）活期存款（Demand Deposits）	250 154.09	227 275.07	14.04	14.19	10.07
（2）定期及其他存款（Time & Other Deposits）	321 486.75	303 620.34	18.05	18.96	5.88
3.政府存款（Deposits of Government）	305 564.20	271 064.47	17.15	16.92	12.73
（1）财政性存款（Fiscal Deposits）	41 134.78	35 292.87	2.31	2.20	16.55

续表

项　　目（Item）	2017.12	2016.12	2017年结构（%）	2016年结构（%）	绝对数增减幅度（%）
（2）机关团体存款（Deposits of Government Departments & Organizations）	264 429.42	235 771.60	14.84	14.72	12.15
4.非存款类金融机构存款（Deposits of Non-depository Financial Institutions）	141 567.66	129 390.35	7.95	8.08	9.41
（二）境外存款（Overseas Deposits）	21 971.08	17 374.61	1.23	1.08	26.46
二、金融债券（Financial Bonds）	50 548.39	32 912.80	2.84	2.05	53.58
三、对国际金融机构负债（Liabilities to International Financial Institutions）	9.47	2 406.79	0	0.15	−99.61
四、其他（Other Items）	37 990.23	11 136.35	2.13	0.70	241.14
资金来源总计（Total Funds Sources）	1 781 275.24	1 601 703.00	100	100	11.21
运用方项目（Funds Uses）					
一、各项贷款（Total Loans）	1 256 073.74	1 120 551.79	70.52	69.96	12.09
（一）境内贷款（Domestic Loans）	1 221 745.93	1 088 020.78	68.59	67.93	12.29
1.住户贷款（Loans to Households）	405 150.18	333 729.46	22.74	20.84	21.40
（1）短期贷款（Short-term Loans）	113 977.40	95 616.12	6.40	5.97	19.20
消费贷款（Consumption Loans）	68 123.00	49 406.65	3.82	3.08	37.88
经营贷款（Operating Loans）	45 854.40	46 209.47	2.57	2.89	−0.77
（2）中长期贷款（Mid & Long-term Loans）	291 172.78	238 113.34	16.35	14.87	22.28
消费贷款（Consumption Loans）	247 173.30	201 178.31	13.88	12.56	22.86
经营贷款（Operating Loans）	43 999.48	36 935.03	2.47	2.31	19.13
2.非金融企业及机关团体贷款（Loans to Non-financial Enterprises and Government Departments & Organizations）	810 171.19	744 715.66	45.48	46.5	8.79
（1）短期贷款（Short-term Loans）	291 514.76	275 670.24	16.37	17.21	5.75
（2）中长期贷款（Mid & Long-term Loans）	458 957.34	396 096.53	25.77	24.73	15.87
（3）票据融资（Paper Financing）	38 882.82	54 778.78	2.18	3.42	−29.02
（4）融资租赁（Financial Leases）	19 341.30	16 285.62	1.09	1.02	18.76
（5）各项垫款（Total Advances）	1 474.96	1 884.49	0.08	0.12	−21.73
3.非存款类金融机构贷款（Loans to Non-depository Financial Institutions）	6 424.56	9 575.66	0.36	0.60	−32.91
（二）境外贷款（Overseas Loans）	34 327.82	32 531.02	1.93	2.03	5.52

续表

项 目（Item）	2017.12	2016.12	2017年结构（%）	2016年结构（%）	绝对数增减幅度（%）
二、债券投资（Portfolio Investments）	303 045.15	253 612.91	17.01	15.83	19.49
三、股权及其他投资（Shares and Other Investments）	220 843.02	224 017.41	12.40	13.99	-1.42
四、在国际金融机构资产（Assets with International Financial Institutions）	1 313.32	3 520.89	0.07	0.22	-62.70
资金运用总计（Total Funds Uses）	1 781 275.24	1 601 703.00	100	100	11.21

资料来源：中国人民银行官网——统计数据与标准。

注：1.本表机构包括中国人民银行、银行业存款类金融机构、银行业非存款类金融机构。

2.银行业存款类金融机构包括银行、信用社和财务公司。银行业非存款类金融机构包括信托投资公司、金融租赁公司、汽车金融公司和贷款公司等。

3.自2015年起，“各项存款”含非银行业金融机构存放款项，“各项贷款”含拆放给非银行业金融机构款项。

4.自2017年起，对国际金融组织相关本币账户以净头寸反映。

当然对表2-2中的数据也可以进行更加细致的分析。本节提供此表的意义在于让读者更好地了解我国银行业信贷资金来源的基本概况，明确其主要的投资动向。

第二节 银行业的信息披露

本节的目的，一是了解银保监会和证监会关于商业银行信息披露的要求；二是为需要从事银行业案例研究和实证研究的学员提供来自银保监会和证监会的查找信息的路径。由于政策性银行的经营目标有别于商业银行，考虑到数据的可获取性，本章主要以商业银行为例进行相关内容的梳理。

一、银保监会关于银行业信息披露的规定

信息是市场的基础，没有信息，市场将不复存在；信息越充分，市场效率越高，越有利于发挥资源的有效配置作用。商业银行是经营特殊业务的金融企业，与社会各界有着广泛的债权债务和契约关系，因此人们自然关心商业银行的经营和风险状况。商业银行的信息披露具有信息价值，有助于信息使用者了解和评价商业银行的经营状况，作出投资决策。商业银行信息披露，符合其公众企业的属性和高负债的特征。商业银行信息透明度的提高，将在一定程度上强化对商业银行的市场约束，促进商业银行安全、健康、稳定的发展。

2002年5月15日，为加强对商业银行的市场约束，规范商业银行的信息披露行为，促进商业银行安全、稳健、高效的运行，依据《中华人民共和国中国人民银行法》《中华人民共和国商业银行法》等法律、法规，中国人民银行制定了《商业银行信息披露暂行办法》。

2003年4月，中国银行业监督管理委员会成立（以后均简称银监会）。银监会成立后，于2007年7月3日发布了《商业银行信息披露办法》[①]。

2015年1月30日，为有效控制商业银行的杠杆化程度，维护商业银行安全、稳健地运行，银监会发布了《商业银行杠杆率管理办法（修订）》，并自当年4月1日起施行，同时废止了2011年银监会发布的《商业银行杠杆率管理办法》（银监会2011年第3号令）。

按照修订的办法的规定，境内外已经上市的商业银行以及未上市但上一年年末并表总资产超过1万亿元人民币的其他商业银行应当披露杠杆率相关信息：

（1）在半年度和年度财务报告中按照本办法附件3的模板一和模板二披露杠杆率相关信息，或在半年度和年度财务报告中提供查阅上述信息的网址链接。

（2）在季度财务报告中至少披露杠杆率水平、一级资本净额和调整后的表内外资产余额等信息。除披露当期数据外，商业银行应当同时披露前3个季度的数据。

（3）对杠杆率的各期变化、影响杠杆率变化的主要因素、相关资产负债表项目与本办法规定的杠杆率相关项目之间的差异等作出说明。

除规定的商业银行外，其他商业银行应当至少按照发布财务报告的频率，在财务报告中或银行网站披露杠杆率信息，应当至少披露杠杆率水平、一级资本净额和调整后的表内外资产余额等信息。商业银行因特殊原因不能按时披露的，应当至少提前15个工作日向银监会或其派出机构申请延迟。

这次修订的背景是：2010年12月，巴塞尔委员会发布了《第三版巴塞尔协议》，引入杠杆率指标，作为风险加权的资本充足率的有益补充。据此，银监会于2011年6月发布了《商业银行杠杆率管理办法》（以下简称《办法》），确立了我国银行业杠杆率监管政策的总体框架。为解决由于各国会计准则存在差异，对杠杆率框架下衍生产品、证券融资交易等敞口的计量方法存在不同理解，影响杠杆率指标全球实施一致性的问题，巴塞尔委员会于2014年1月发布了《第三版巴塞尔协议杠杆率框架和披露要求》，对杠杆率国际规则进行了修订。银监会根据巴塞尔委员会的杠杆率新规则，结合近年来《办法》在我国的实施情况，在广泛调研、充分论证、认真测算的基础上，对《办法》进行了修订。修订后的《办法》保持了原有的基本框架和监管标准，规定了杠杆率监管的基本原则、杠杆率的计算方法、披露要求和监督管理等。

2015年12月17日，为强化市场约束、提高商业银行流动性风险管理水平，根据《中华人民共和国银行业监督管理法》《中华人民共和国商业银行法》等法律、法规和《商业银行流动性风险管理办法（试行）》《商业银行信息披露办法》，银监会发布了《关于印发〈商业银行流动性覆盖率信息披露办法〉[②]的通知》，要求各银监局、各大型银行、股份制银行、邮储银行、外资银行实行此办法。商业银行应当按照规定披露流动性覆盖率信息。

对于采用资本管理高级方法的商业银行，还应当披露与流动性覆盖率有关的定性

① 中国银行业监督管理委员会令2007年第7号。
② 银监发〔2015〕52号。

信息。

资本管理高级方法包括信用风险内部评级法、市场风险内部模型法和操作风险高级计量法等，是商业银行选择使用内部模型来计量风险和监管资本的方法。高级方法的本质是基于数据挖掘的精细化风险管理和资本管理工具。根据相关性和重要性原则，采用资本管理高级方法的银行可以披露以下信息：（1）流动性覆盖率的季内及跨季变化情况；（2）流动性覆盖率计算中的各构成要素对流动性覆盖率的影响及其变化情况；（3）合格优质流动性资产的构成情况；（4）融资来源集中度情况；（5）衍生产品头寸和潜在的抵（质）押品需求情况；（6）流动性覆盖率中的币种错配情况；（7）本行流动性管理的集中程度；（8）集团内各机构间流动性的相互影响情况；（9）其他对本行流动性有重要影响的现金流入和流出情况。

二、证监会对上市银行信息披露的要求

（一）制度变迁

2003年3月19日，为规范公开发行证券并上市的商业银行的信息披露行为，保护投资者的合法权益，证监会发布了《公开发行证券的公司信息披露编报规则第26号——商业银行信息披露特别规定》。[①]

2008年7月25日，证监会发布《公开发行证券的公司信息披露编报规则第26号——商业银行信息披露特别规定》[②]，要求商业银行除应遵循上市公司的信息披露要求外，还应在定期报告中披露其主要财务指标、贷款资产质量、表外项目、风险管理等相关信息。该规定自2008年修订以来，在提高上市银行的信息披露质量方面发挥了重要作用，但在实践中也存在一些问题亟待再次修订，如关联自然人披露标准过低、部分指标口径不统一、规定适用范围不明等。

近年来，随着商业银行传统信贷业务和新兴表外业务的扩张，跨业、跨境业务的日益复杂以及对市场约束的依赖，各国在加强银行业信息披露透明度方面已逐步达成共识。尤其是2008年金融危机的爆发暴露了银行体系的脆弱性和信息不对称问题，客观上要求监管机构加强监管，督促银行进一步强化信息披露，增强抗风险意识；与此同时，上市商业银行作为特殊行业的企业，其信息披露文件通常具有较高的专业性，篇幅长、专业指标多、复杂程度高，一般中小投资者难以理解，需要根据报表使用者的需求简化信息披露内容，提高信息披露有效性。

2014年1月6日，为完善上市商业银行的信息披露制度，证监会对银行类上市公司的信息披露现状及规则执行情况开展了调研和评估，结合监管实践，证监会再次修订了《公开发行证券的公司信息披露编报规则第26号——商业银行信息披露特别规定》，重点从以下三个方面进一步提高上市商业银行的信息披露质量：

一是加强高风险领域的信息披露监管，提高披露质量。为加强和细化商业银行的理财产品、财富管理等高风险领域的信息披露，更好地与国际会计准则接轨，增加了对信托、财富管理等创新业务的信息披露要求。另外，增加了对信用风险、市场风险等相关风险的

---

① 证监会计字〔2003〕3号。
② 证监会公告〔2008〕33号。

计量方法、风险计量体系的重大变更和相应资本要求变化的披露内容。

二是统一信息披露标准，加强各规定之间的衔接性。鉴于银行业监督管理机构主要负责规范银行业监管指标，因此明确相关监管指标的计算口径遵照银行业监督管理机构的相关标准；涉及资本及资本充足率的指标，按巴塞尔协议等国际标准进行规范统一；明确本规定的适用范围包括年报和半年报，以降低信息披露成本，提高有效性。

三是简化信息披露内容，提高信息披露的针对性和有效性。删除关于银行内控制度的重复规定，简化银行各层级分支机构名称、地址的披露，赋予银行根据自身经营、管理的特点按地区分布等形式进行披露的自主性。豁免银行日常经营范围内对外担保的披露要求。修改上市银行与关联自然人30万元关联交易的披露上限，要求披露关联交易的余额和风险敞口，同时简化关联交易的决策和披露程序。鼓励金融业务创新，适当简化创新业务的披露流程。

（二）在定期报告中需要披露的信息

《公开发行证券的公司信息披露编报规则第26号——商业银行信息披露特别规定》指出，商业银行除应遵循证监会有关定期报告和临时报告等信息披露的一般规定外，还应遵循商业银行信息披露特别规定的要求[①]。

1. 商业银行应在定期报告中披露截至报告期末前三年的主要会计数据，包括资产总额及结构、负债总额及结构、股东权益、存款总额及结构、贷款总额及结构、资本净额及结构（包括核心一级资本、其他一级资本和二级资本）、加权风险资产净额、贷款损失准备。

2. 商业银行应在定期报告中披露截至报告期末前三年合并财务报表口径的主要财务指标，包括营业收入、利润总额、归属于本行股东的净利润、归属于本行股东的扣除非经常性损益后的净利润、资本充足率、一级资本充足率、核心一级资本充足率、不良贷款率、存贷比、流动性比例、单一最大客户贷款比率、最大十家客户贷款比率、正常类贷款迁徙率、关注类贷款迁徙率、次级类贷款迁徙率、可疑类贷款迁徙率、拨备覆盖率、拨贷比、成本收入比。

3. 商业银行应根据自身的经营、管理特点在定期报告中合理确定并披露分级管理情况及各层级分支机构的数量和地区分布，包括名称、地址、职员数、资产规模等。

4. 商业银行应在定期报告中披露报告期的信贷资产质量情况，包括五级分类中的正常类贷款、关注类贷款、次级类贷款、可疑类贷款和损失类贷款的数额和占比，以及与上年年末相比的增减变动情况。此外，还应披露报告期公司重组贷款、逾期贷款的期初、期末余额以及占比情况。商业银行应对上述增减变动情况进行分析。

5. 商业银行应在定期报告中披露报告期内贷款损失准备的计提和核销情况，包括贷款损失准备的计提方法、贷款损失准备的期初余额、本期计提、本期转出、本期核销、期末余额以及回收以前年度已核销贷款损失准备的数额。

6. 商业银行应在定期报告中披露报告期应收利息的增减变动情况，包括期初余额、本期增加数额、本期收回数额和期末余额，应收利息坏账准备的提取情况，坏账核销程序与

① 中国证券监督管理委员会公告〔2014〕3号。

政策。商业银行应对应收利息和坏账准备的增减变动情况进行分析。

7. 商业银行应在定期报告中披露报告期营业收入中贷款利息净收入、拆放同业利息收入、存放中央银行款项利息收入、存放同业利息收入、债券投资利息收入、手续费及佣金净收入以及其他项目的数额、占比及同比变动情况并予以分析。

8. 商业银行应在定期报告中披露贷款投放的前十个行业和主要地区分布情况、贷款担保方式分布情况、金额及占比，前十大贷款客户的贷款余额以及占贷款总额的比例。

9. 商业银行应在定期报告中披露截至报告期末的抵债资产情况（包括抵债资产金额）、计提减值准备情况等。

10. 商业银行应在定期报告中分类披露计息负债的平均余额和平均利率、生息资产的平均余额和平均利率，包括但不限于企业活期存款、企业定期存款、储蓄活期存款、储蓄定期存款的平均余额和利率以及合计数；企业贷款、零售贷款；一般性短期贷款利率、中长期贷款利率；存放中央银行款项、存放同业款项、债券投资的平均余额和平均利率；同业拆入、已发行债券平均成本。

11. 商业银行应在定期报告中披露持有的金融债券的类别和金额，面值最大的十只金融债券的面值、年利率及到期日，计提减值准备情况。

12. 商业银行应在定期报告中披露报告期理财、资产证券化、托管、信托、财富管理等业务的开展和损益情况，包括但不限于披露为开展该业务而设立的载体的性质、目的、融资方式以及是否将该载体纳入合并范围的判断原则，并区分是否纳入合并财务报表的合并范围和业务类型，披露所涉及业务的规模。对于未纳入合并范围的载体，还应披露在该载体中权益的最大损失敞口及其确定方法。

13. 商业银行应在定期报告中披露对财务状况和经营成果造成重大影响的表外项目余额，包括但不限于信贷承诺（不可撤销的贷款承诺、银行承兑汇票、开出保函、开出信用证）、租赁承诺、资本性支出承诺等项目的具体情况。

14. 商业银行应在定期报告中披露下列各类风险的计量方法、风险计量体系的重大变更以及相应的资本要求变化：

（1）信用风险状况。商业银行应披露信用风险管理、信用风险暴露、逾期贷款总额、信用风险资产组合缓释后风险暴露余额、信贷资产质量和收益的情况，包括产生信用风险的业务活动、信用风险管理和控制政策、信用风险管理的组织结构和职责划分、资产风险分类的程序和方法、信用风险分布情况、信用风险集中程度、不良贷款分析、贷款重组、不良贷款的地区分布和行业分布等。

（2）流动性风险状况。商业银行应披露能反映其流动性状况的有关指标，分析资产与负债在期限、结构上的匹配情况，分析影响流动性的因素，说明本行流动性管理策略。

（3）市场风险状况。商业银行应披露其市场风险状况的定量和定性信息，包括所承担市场风险的类别、总体市场风险水平及不同类别市场风险的风险头寸和风险水平；所承担各类市场风险的识别、计量和控制方法；有关市场风险的敏感性分析，包括利率、汇率、股票及其他价格变动对商业银行经济价值或财务状况和盈利能力的影响；市场风险管理的政策和程序；市场风险资本状况等。

（4）操作风险状况。商业银行应披露由于内部程序、人员、系统的不完善或失误或外部事件造成损失的风险。

（5）其他风险状况，即其他可能对本行造成严重不利影响的风险因素。

下面以招商银行为例，说明其2017年度定期报告的基本内容。此处列示其目录的目的在于让大家明白，银行业年度报告会披露相关信息，如果要查找相关信息，应该查看年报哪部分的内容。相对于非金融业而言，金融业的业务比较复杂，因此，在阅读金融业的财务报表时，首先必须熟悉和了解年报中披露的合并报表、母公司报表、会计报表附注说明等具体内容。

招商银行2017年度报告（A股）目录扫码阅读：

（三）*在临时报告中需要披露的信息*

临时报告是指上市公司按有关法律、法规及规则的规定，在发生重大事项时需向投资者和社会公众披露的信息，是上市公司持续信息披露义务的重要组成部分。商业银行在临时报告中需要公告的情形如下：

1. 商业银行涉及的诉讼事项，单笔金额超过经审计的上一年度合并财务报表中归属于本行股东的净资产金额1%的，公司应及时公告。

2. 商业银行发生的股权投资、收购和出售资产等事项，单笔金额超过经审计的上一年度合并财务报表中归属于本行股东的净资产金额5%或单笔金额超过20亿元的，公司应及时公告。商业银行发生的资产和设备采购事项，单笔金额超过经审计的上一年度合并财务报表中归属于本行股东的净资产金额1%的，公司应及时公告。

3. 商业银行发生重大突发事件（包括但不限于银行挤兑、重大诈骗、分支机构和个人的重大违规事件），涉及金额达到最近一期经审计的合并财务报表中归属于本行股东的净利润1%以上的，公司应按要求及时进行公告。

4. 商业银行的关联交易包括与关联方之间发生的各类贷款、信贷承诺、证券回购、拆借、担保、债券投资等表内、外业务，以及资产转移和向商业银行提供服务等交易。

商业银行应在定期报告中披露与关联自然人发生关联交易的余额及其风险敞口，还应当及时披露与关联法人发生的交易金额占商业银行最近一期经审计净资产0.5%以上的关联交易。交易金额在3 000万元以上且占最近一期经审计净资产1%以上的关联交易，除应当及时披露外，还应当提交董事会审议。交易金额占商业银行最近一期经审计净资产5%以上的关联交易，除应当及时披露外，还应当将该交易提交股东大会审议。商业银行的独立董事应当对关联交易的公允性和内部审批程序的履行情况发表书面意见。如商业银行根据相关规则，对日常发生的关联交易进行了合理预计，并履行了相应的董事会或股东大会审批和披露程序，则在预计范围内无须重复履行董事会和股东大会审批和披露程序。

5. 商业银行的信用风险状况、流动性风险状况、市场风险状况、操作风险状况和其他风险状况发生变动，对公司的经营或盈利能力造成重大影响的，商业银行应及时进行公告。

6. 商业银行进行业务创新、推出新的业务品种或开展衍生金融业务的，自得到有关部门批准之日起，应在两个工作日内按要求进行公告。

7. 利率、汇率、税率发生变化以及新的政策、法规对商业银行的经营业务和盈利能力产生重大影响的，商业银行应按要求及时公告。

（四）其他

1. 本规定要求披露的部分内容与财务报表附注相同的，在不影响信息披露完整性和不妨碍阅读的情况下，公司可采取相互印证的方法对年度报告进行合理的技术处理，以避免不必要的重复。

2. 本规定所提及的监管指标和该等指标的计算口径，如中国银行业监督管理机构有相应规定规范的，按照中国银行业监督管理机构的标准执行。

3. 商业银行信息披露违反本规定的，依照《中华人民共和国证券法》第一百九十三条、《上市公司信息披露管理办法》第六章的有关规定，依法追究法律责任。

所以对银行业上市公司进行分析时，要随时了解证监会的信息披露制度、规定及其变化。

第三节　银行业的风险与监管

本节将在梳理银行业风险种类的基础上，按照银行业监管的历史脉络，了解银行业监管的发展、演变过程。这不仅有助于对银行业监管指标的持续优化研究，同时也为后期银行业财务报告及其指标的分析提供了依据。

一、银行业的风险

近年来，我国银行业的发展面临着诸多冲击与挑战，经济增长压力增大、金融去杠杆步伐加快、监管环境趋严趋紧等因素正在以前所未有的方式和速度影响着传统商业银行的经营模式。国际经验表明，利率市场化后，银行利差将会收窄、盈利能力将会下降；同时，宏观经济下行将冲击银行的资产质量，并进一步增加拨备压力。银行经营效益、资产质量面临双向挤压。风险的客观存在要求商业银行必须加强风险管理。

一般来说，商业银行的风险包括流动性风险、市场风险、操作风险、法律风险、声誉风险和国别风险六大类。也有人认为，商业银行的风险还应包括货币政策变动风险以及金融监管政策变化风险等。

（一）流动性风险

流动性风险是指商业银行无法以合理成本及时获得充足资金，用于偿付到期债务、履行其他支付义务和满足正常业务开展的其他资金需求的风险。引起流动性风险的事件或因素包括：存款客户支取存款、贷款客户提款、债务人延期支付、资产负债结构不匹配、资产变现困难、经营损失、衍生品交易风险和附属机构相关风险等。

流动性风险管理的目标是：通过建立健全流动性风险管理体系，实现对集团和法人层面、各附属机构、各分支机构、各业务条线的流动性风险充分识别、准确计量、持续监测和有效控制，确保在正常经营条件及压力状态下，流动性需求能够及时以合理成本得到满足。

（二）市场风险

市场风险是指因市场价格（利率、汇率、商品价格和股票价格等）发生不利变动而使银行表内外业务发生损失的风险，其主要包括利率风险和汇率风险。

利率风险是指利率水平、期限结构等要素发生不利变动导致银行账户整体收益和经济价值遭受损失的风险。利率风险管理的总体目标是：根据风险偏好和风险管理水平，在可承受的利率风险容忍度范围内，使利率变动引起的净利息收入降低额最小。

汇率风险是指汇率不利变动使银行财务状况受到影响而导致的风险。汇率风险主要源于商业银行持有的非人民币计价的资产负债在币种间的错配以及金融市场做市而持有的头寸。商业银行应主要通过资产和负债匹配、限额控制、对冲手段等规避汇率风险。

总之，商业银行应围绕交易产品、交易业务、交易流程、交易系统、交易对手、交易员六个方面，加强市场风险和交易业务风险管控，有效防范风险交叉传染。

（三）操作风险

操作风险是指由不完善或有问题的内部程序、员工和信息科技系统以及外部事件所造成损失的可能性，包括法律风险，但不包括策略风险和声誉风险。

商业银行应严格遵照中国银监会《商业银行操作风险管理指引》的要求，采取“综合管理、分类控制”的操作风险管控模式，以提升内部管理水平、满足外部监管要求为目标，管控操作风险，持续推进标准法实施。

（四）法律风险

法律风险是指由于商业银行的经营管理行为不符合有关法律、法规、行政规章、监管规定及其他相关规则的要求，提供的产品、服务、信息或从事的交易以及签署的合同和协议等文件存在不利的法律缺陷，与客户、交易对手及利益相关方发生法律纠纷（诉讼或仲裁），有关法律、法规、行政规章、监管规定及其他相关法律规则发生重大变化，以及由于内部和外部发生其他有关法律事件而可能导致法律制裁、监管处罚、财务损失或声誉损失等不利后果的风险。

商业银行应基于依法合规经营管理的目标，始终重视建立健全法律风险管理体系，构建事前、事中和事后法律风险全程防控机制，支持和保障业务发展创新与市场竞争，防范和化解各种潜在或现实的法律风险。

（五）声誉风险

良好的声誉对商业银行的经营管理至关重要。声誉风险是指由商业银行经营、管理及其他行为或外部事件导致利益相关方对商业银行负面评价的风险。

声誉风险可能产生于银行经营管理的任何环节，通常与信用风险、市场风险、操作风险和流动性风险等交叉存在、相互作用。商业银行应高度重视自身的声誉，根据声誉风险管理的目标和规划，将声誉风险管理纳入公司治理及全面风险管理体系，通过日常声誉风险管理和对声誉事件的妥善处置，为实现声誉风险管理的总体目标提供保证。

（六）国别风险

国别风险是指由于某一国家或地区的经济、政治、社会变化及事件，导致该国或该地区的借款人或债务人没有能力或者拒绝偿付银行债务，或使银行在该国或该地区的商业存在遭受损失，或使银行遭受其他损失的风险。

国别风险可能由一国或地区的经济状况恶化、政治和社会动荡、资产被国有化或被征用、政府拒付对外债务、外汇管制或货币贬值等情况引发。商业银行应严格遵照中国银监会《银行业金融机构国别风险管理指引》等监管要求，董事会应承担监控国别风险管理有效性的最终责任，高级管理层应负责执行董事会批准的国别风险管理政策，总行风险管理委员会应负责国别风险管理相关事项的集体审议。商业银行应通过一系列管理工具来管理和控制国别风险，包括国别风险评估与评级、国别风险限额、国别风险敞口统计与监测以及压力测试等。

（七）货币政策变动风险

货币政策是中央银行为实现既定目标，运用各种工具调节货币供应量，从而调节市场利率，通过市场利率的变化来影响民间的资本投资，并通过影响总需求来影响宏观经济运行的各种方针、措施。法定准备金率、公开市场业务和贴现政策是货币政策的三大工具。

货币政策的变化会对商业银行的存贷款和债券投资等业务产生直接影响。随着我国金融改革的深化，货币政策对国民经济的调控作用越来越明显，从而要求商业银行能够及时预测和应对货币政策的变化，否则将对商业银行的业绩提升和价值增长产生负面作用。

（八）金融监管政策变化风险

金融监管是国家法律授权的部门（往往授予中央银行或者特定的金融监管当局）为了维护金融机构的安全和信誉，保护银行安全、稳健地运行，维护公平竞争的市场环境，依法对银行实行监管和管理的行政行为。

金融监管的改进有利于银行业的长期发展，但银行如果不能及时适应监管政策的变化，或未完全遵守有关政策及法律、法规，将对其业务产生不利影响。

二、银行业的监管体制

银行业在我国受到严格的监管，监管内容包括市场准入、业务监管、产品与服务定价、审慎性经营、公司治理与风险管理以及对外资银行的监管等。银保监会和人民银行是主要监管机构。银保监会负责监管银行业和保险业等金融机构，而人民银行作为我国的中央银行，负责制定和实施货币政策。我国银行业适用的监管法律、法规主要包括《中国人民银行法》《商业银行法》《银行业监督管理法》等。

（一）中国人民银行

作为我国的中央银行，中国人民银行负责制定和实施货币政策和维持金融市场稳定。根据《中国人民银行法》[①]及相关法规，人民银行的主要职责包括：发布与履行其职责有关的命令和规章；依法制定和执行货币政策；发行人民币，管理人民币流通；监督管理银行间同业拆借市场和银行间债券市场；实施外汇管理，监督管理银行间外汇市场；监督管理黄金市场；持有、管理、经营国家外汇储备、黄金储备；经理国库；维护支付、清算系统的正常运行；指导、部署金融业反洗钱工作，负责反洗钱的资金监测；负责金融业的统计、调查、分析和预测；作为国家的中央银行，从事有关的国际金融活动；国务院规定的

① 1995年3月18日第八届全国人民代表大会第三次会议通过，根据2003年12月27日第十届全国人民代表大会常务委员会第六次会议《关于修改〈中华人民共和国中国人民银行法〉的决定》修正。

其他职责。

（二）中国银行保险监督管理委员会

2018年3月，第十三届全国人民代表大会第一次会议通过了《国务院机构改革方案》，根据该方案，我国将组建中国银行保险监督管理委员会：（1）将中国银行业监督管理委员会和中国保险监督管理委员会的职责整合，组建中国银行保险监督管理委员会，作为国务院直属事业单位；（2）将中国银行业监督管理委员会和中国保险监督管理委员会拟订银行业、保险业重要法律、法规草案和审慎监管基本制度的职责划入中国人民银行；（3）不再保留中国银行业监督管理委员会、中国保险监督管理委员会。2018年4月8日，中国银行保险监督管理委员会正式挂牌。中国银行保险监督管理委员会的主要职责是依照法律、法规统一监督管理银行业和保险业，维护银行业和保险业合法、稳健运行，防范和化解金融风险，保护金融消费者的合法权益，维护金融稳定。

（三）其他监管机构

除中国银保监会和中国人民银行外，我国商业银行亦需受其他监管机关的监管，包括（但不限于）国家外汇管理局、证监会等。例如，在从事外汇结算业务时，需受国家外汇管理局的监管并遵从《银行外汇业务管理规定》的有关要求；在从事基金托管业务时，需受证监会的监管并遵从《中华人民共和国证券投资基金法》和《证券投资基金托管资格管理办法》的有关要求。

三、银行业监管的制度变迁

在我国银行业的监管史上，监管指标集中于1996年12月12日由中国人民银行发布实施的《商业银行资产负债比例管理监控、监测指标和考核办法》。

资产负债比例管理是商业银行资产负债管理的一种方法。其基本含义是，通过对资产和负债的合理组合，正确处理风险与增加收益的关系，在保证资金使用安全性、流动性的前提下获得尽可能多的盈利。资产负债比例管理已成为西方国家商业银行平衡其资产负债表项目、协调其资产负债业务的重要操作方法。依据西方国家商业银行资产负债管理的实践，在巴塞尔委员会、各国政府和中央银行的高度重视和积极推动下，资产负债比例管理成为全球银行界的共识，并得到进一步的发展。

《中国人民银行关于印发〈商业银行资产负债比例管理监控、监测指标和考核办法〉的通知》指出，为切实加强银行业的监管，督促商业银行稳健经营，根据我国商业银行的实际情况和现行的财务会计制度，并参照国际惯例，中国人民银行对1994年制定的商业银行资产负债比例管理指标及有关规定[①]进行了修订。新的指标分为监控性指标和监测性指标，并把外币业务、表外项目纳入考核体系，以期真实、完整地反映商业银行所面临的经营风险。资产负债比例管理是我国《商业银行法》的核心内容之一，它既是中央银行监管商业银行的基本方法，也是商业银行自律的措施。

2003年中国银监会成立。为了依法履行《银行业监督管理法》规定的职责，更好地实施审慎性风险监管，提高我国银行业监管水平，2005年2月6日，中国银监会发布了

① 银发〔1994〕38、171号文。

《商业银行风险监管核心指标（征求意见稿）》。2005年12月31日，中国银监会发布《商业银行风险监管核心指标（试行）》，并决定自2006年1月1日起试行。

《商业银行风险监管核心指标（试行）》包括了风险水平、风险迁徙和风险抵补的三大类指标及指标值，覆盖了中国银行业最为重要的信用、市场、操作和流动性四种风险。

与中国人民银行发布的资产负债比例管理规定相比，《商业银行风险监管核心指标（试行）》的特点体现在三个方面。

第一，指标设计方面。

一是与1996年施行的《商业银行资产负债比例管理监控、监测指标和考核办法》相比，它不仅新增了核心负债依存度、流动性缺口率、外汇敞口头寸比例、利率风险敏感度、操作风险损失率以及所有迁徙类指标等13个指标，而且修改了授信集中度、授信关联度、不良资产率、不良贷款率、资本充足率、核心资本充足率6个指标。二是体现了风险监管的内在逻辑。首先衡量风险水平，其次分析风险迁徙，最后评估银行的风险抵补能力。三是覆盖了商业银行的主要风险领域和风险点。其既覆盖了信贷资产风险，也覆盖了非信贷资产风险；既反映了流动性风险和信用风险，也反映了市场风险和操作风险；既反映了各类风险的总体水平，也反映了风险结构与波动性。四是引入了“风险迁徙”的概念，反映了风险的动态变化。从技术层面看，这种技术以五级分类为基础，同时弥补了五级分类只能衡量风险静态水平的不足；从应用价值层面看，这类指标不仅可用于风险水平的评价，也可用于对风险变化的预警。此外，《商业银行风险监管核心指标（试行）》还体现了对风险的抵补能力及两道防线，并兼顾操作性和前瞻性。

第二，指标值确定依据方面。

指标值的确定依据包括三个方面：一是现行法律、法规和部门规章，根据《商业银行法》《商业银行与内部人和股东关联交易管理办法》等确定了流动性比率、不良资产率、单一集团客户授信集中度、全部关联度、成本收入比等指标值；二是国际同业标准，参考英国、韩国等国家的监管标准，确定了流动性缺口率、累计外汇敞口头寸比例和资产损失准备充足率等指标值；三是实际测试结果，根据对国有商业银行和股份制商业银行的测试结果，确定了核心负债依存度等指标值。

第三，核心指标的监管方面。

一是更好地履行监管职责。《银行业监督管理法》第27条规定，要建立评级体系和风险预警机制。从技术角度看，这需要首先确立一套指标与标准值，否则评级体系和风险预警就无从谈起。从覆盖面、科学性和操作性等方面看，《商业银行风险监管核心指标（试行）》能够达到这个目的。

二是银行业监管正在从合规监管向合规与风险监管并重转变，《商业银行风险监管核心指标（试行）》是根据这一思路设计指标的，能够提高我国银行业审慎监管和风险监管水平。

三是适应了当前的监管发展趋势。在监管实践中，银行监管内容逐步从过去单一的信用风险监管扩展到流动性、信用、市场和操作风险监管，即全面风险监管，《商业银行风险监管核心指标（试行）》针对这四类风险分别设计了监管指标。

四是《商业银行风险监管核心指标（试行）》有助于监管技术逐步与国际惯例接轨，

其中的一些指标体现了国际银行业监管的最新技术，如风险迁徙、新资本协议中预期损失（EL）与非预期损失（UL）的概念。

中国银监会也高度重视商业银行流动性风险监管工作。2014年，银监会发布了《商业银行流动性风险管理办法（试行）》（以下简称《流动性办法（试行）》）。银行流动性合规监管指标包括流动性覆盖率、存贷比、流动性比例。《流动性办法（试行）》自2014年3月实施以来，对加强商业银行流动性风险管理、维护银行体系安全稳健运行起到了积极作用。

2015年9月2日，中国银监会令2015年第9号公布修改后的《商业银行流动性风险管理办法（试行）》，并决定自当年10月1日起施行。流动性风险监管指标包括流动性覆盖率和流动性比例，将存贷比由监管指标调整为监测指标。

2017年12月6日，银监会就《商业银行流动性风险管理办法（修订征求意见稿）》向社会公开征求意见，修订后的办法已于2018年5月23日公布，自2018年7月1日起生效。原办法同时废止。

修订后的办法是监管机构继2015年对《流动性办法（试行）》进行修订后的重要补充和完善，在流动性比例和流动性覆盖率指标的基础上新引入净稳定资金比例、优质流动性资产充足率和流动性匹配率三个量化指标，在强化对国有大型商业银行、股份制商业银行和大型城市商业银行流动性风险管理要求的同时，将监管范围扩大至全部商业银行，并对期限错配程度提出明确要求；加强对同业存单的监管，将同业存单发行纳入同业融入进行统一管理，引导商业银行调整、优化资产负债结构，在金融去杠杆的背景下有助于降低银行体系面临的流动性风险。

四、银行业监管指标

（一）商业银行风险监管核心指标

2006年1月1日，商业银行开始试行商业银行风险监管核心指标。其基本格式见表2-3。

表2-3中涉及的一级指标的计算公式见表2-4。

表2-3　　商业银行风险监管核心指标一览表

<table>
<tr><th colspan="2">指标类别</th><th>一级指标</th><th>二级指标</th><th>指标值</th></tr>
<tr><td rowspan="11">风险水平</td><td rowspan="3">流动性风险</td><td>1.流动性比例</td><td rowspan="3"></td><td>大于等于25%</td></tr>
<tr><td>2.核心负债依存度</td><td>大于等于60%</td></tr>
<tr><td>3.流动性缺口率</td><td>大于等于-10%</td></tr>
<tr><td rowspan="3">信用风险</td><td>4.不良资产率</td><td>4.1不良贷款率</td><td>小于等于4%
小于等于5%</td></tr>
<tr><td>5.单一集团客户授信集中度</td><td>5.1单一客户贷款集中度</td><td>小于等于15%
小于等于10%</td></tr>
<tr><td>6.全部关联度</td><td></td><td>小于等于50%</td></tr>
<tr><td rowspan="2">市场风险</td><td>7.累计外汇敞口头寸比例</td><td></td><td>小于等于20%</td></tr>
<tr><td>8.利率风险敏感度</td><td></td><td></td></tr>
<tr><td>操作风险</td><td>9.操作风险损失率</td><td></td><td></td></tr>
</table>

续表

指标类别		一级指标	二级指标	指标值
风险迁徙	正常类贷款	10. 正常贷款迁徙率	10.1 正常类贷款迁徙率 10.2 关注类贷款迁徙率	
	不良贷款	11. 不良贷款迁徙率	11.1 次级类贷款迁徙率 11.2 可疑类贷款迁徙率	
风险抵补	盈利能力	12. 成本收入比		小于等于35%
		13. 资产利润率		大于等于0.6%
		14. 资本利润率		大于等于11%
	准备金充足程度	15. 资产损失准备充足率	15.1 贷款损失准备充足率	大于100% 大于100%
	资本充足程度	16. 资本充足率	16.1 核心资本充足率	大于等于8% 大于等于4%

表2-4　　**商业银行风险监管核心指标计算公式与口径说明**

指标类别		一级指标	计算公式
风险水平	流动性风险	1. 流动性比例	流动性资产/流动性负债×100%
		2. 核心负债依存度	核心负债/总负债×100%
		3. 流动性缺口率	流动性缺口/90天内到期表内外资产×100%
	信用风险	4. 不良资产率	不良信用风险资产/信用风险资产×100%
		4.1 不良贷款率	（次级类贷款＋可疑类贷款＋损失类贷款）／各项贷款×100%
		5. 单一集团客户授信集中度	最大一家集团客户授信总额/资本净额×100%
		6. 全部关联度	全部关联方授信总额/资本净额×100%
	市场风险	7. 累计外汇敞口头寸比例	累计外汇敞口头寸/资本净额×100%
		8. 利率风险敏感度	利率上升200个基点对银行净值的影响/资本净额×100%
	操作风险	9. 操作风险损失率	

续表

指标类别		一级指标	计算公式
风险迁徙	正常类贷款	10.正常贷款迁徙率	（期初正常类贷款中转为不良贷款的金额+期初关注类贷款中转为不良贷款的金额）/（期初正常类贷款余额-期初正常类贷款期间减少金额+期初关注类贷款余额-期初关注类贷款期间减少金额）×100%
		10.1正常类贷款迁徙率	期初正常类贷款向下迁徙金额/（期初正常类贷款余额-期初正常类贷款期间减少金额）×100%
		10.2关注类贷款迁徙率	期初关注类贷款向下迁徙金额/（期初关注类贷款余额-期初关注类贷款期间减少金额）×100%
	不良贷款	11.不良贷款迁徙率	
		11.1次级类贷款迁徙率	期初次级类贷款向下迁徙金额/（期初次级类贷款余额-期初次级类贷款期间减少金额）×100%
		11.2可疑类贷款迁徙率	期初可疑类贷款向下迁徙金额/（期初可疑类贷款余额-期初可疑类贷款期间减少金额）×100%
风险抵补	盈利能力	12.成本收入比	营业费用/营业收入×100%
		13.资产利润率	净利润/资产平均余额×100%
		14.资本利润率	净利润/所有者权益平均余额×100%
	准备金充足程度	15.资产损失准备充足率	信用风险资产实际计提准备/信用风险资产应提准备×100%
		15.1贷款损失准备充足率	贷款实际计提准备/贷款应提准备×100%
	资本充足程度	16.资本充足率	资本净额/（风险加权资产＋12.5倍的市场风险资本）×100%
		16.1核心资本充足率	核心资本净额/（风险加权资产＋12.5倍的市场风险资本）×100%

表2-4中的指标解释如下：

1.流动性比例

流动性资产包括：现金、黄金、超额准备金存款、一个月内到期的同业往来款项轧差后资产方净额、一个月内到期的应收利息及其他应收款、一个月内到期的合格贷款、一个月内到期的债券投资、在国内外二级市场上可随时变现的债券投资、其他一个月内到期可变现的资产（剔除其中的不良资产）。

流动性负债包括：活期存款（不含财政性存款）、一个月内到期的定期存款（不含财政性存款）、一个月内到期的同业往来款项轧差后负债方净额、一个月内到期的已发行的债券、一个月内到期的应付利息及各项应付款、一个月内到期的中央银行借款、其他一个月内到期的负债。

2.核心负债依存度

核心负债包括距到期日三个月以上（含）的定期存款和发行债券以及活期存款的50%。总负债是指按照金融企业会计制度编制的资产负债表中负债总计的余额。

3. 流动性缺口率

流动性缺口为90天内到期的表内外资产减去90天内到期的表内外负债的差额。

4. 不良资产率

不良资产率为不良资产与资产总额之比。该项指标为一级指标，包括不良贷款率一个二级指标。

4.1 不良贷款率

不良贷款率为不良贷款与贷款总额之比。

贷款五级分类标准按照《贷款风险分类指导原则》（银发〔2001〕416号）及《关于推进和完善贷款风险分类工作的通知》（银监发〔2003〕22号）等文件及相关法规的要求执行。

正常类贷款定义为借款人能够履行合同，没有足够理由怀疑贷款本息不能按时足额偿还。

关注类贷款定义为尽管借款人目前有能力偿还贷款本息，但存在一些可能对偿还产生不利影响的因素。

次级类贷款定义为借款人的还款能力出现明显问题，完全依靠其正常营业收入无法足额偿还贷款本息，即使执行担保，也可能会造成一定的损失。

可疑类贷款定义为借款人无法足额偿还贷款本息，即使执行担保，也肯定要造成较大损失。

损失类贷款定义为在采取所有可能的措施或一切必要的法律程序之后，本息仍然无法收回，或只能收回极少部分。

后三类贷款合计为不良贷款。

各项贷款指银行业金融机构对借款人融出货币资金形成的资产，主要包括贷款、贸易融资、票据融资、融资租赁、从非金融机构买入返售资产、透支、各项垫款等。

5. 单一集团客户授信集中度

最大一家集团客户授信总额是指报告期期末授信总额最高的一家集团客户的授信总额。授信是指商业银行向非金融机构客户直接提供的资金，或者对客户在有关经济活动中可能产生的赔偿、支付责任作出的保证，包括贷款、贸易融资、票据融资、融资租赁、透支、各项垫款等表内业务，以及票据承兑、开出信用证、保函、备用信用证、信用证保兑、债券发行担保、借款担保、有追索权的资产销售、未使用的不可撤销的贷款承诺等表外业务。

集团客户按照《商业银行集团客户授信业务风险管理指引》（中国银行业监督管理委员会令2010年第4号）及相关法规的要求定义。

最大一家客户贷款总额是指报告期期末各项贷款余额最高的一家客户的各项贷款的总额。客户是指取得贷款的法人、其他经济组织、个体工商户和自然人。各项贷款的定义与不良贷款率指标中的定义一致。

资本净额的定义与资本充足率指标中的定义一致。

6. 全部关联度

全部关联方授信总额是指商业银行全部关联方的授信余额，扣除授信时关联方提供的保证金存款以及质押的银行存单和国债金额。本指标中关联方的定义按照《商业银行与内部人和股东关联交易管理办法》（中国银行业监督管理委员会令2004年第3号）及相关法规的要求执行。关联方包括关联自然人、法人或其他组织。授信的定义及集团客户的定义均与单一客户授信集中度指标中的定义一致。资本净额的定义与资本充足率指标中的定义一致。

7.累计外汇敞口头寸比例

累计外汇敞口头寸为银行汇率敏感性外汇资产减去汇率敏感性外汇负债的余额。资本净额的定义与资本充足率指标中的定义一致。

8.利率风险敏感度

本指标在假定利率平行上升200个基点的情况下，计量利率变化对银行经济价值的影响。指标计量基于久期分析，将银行的所有生息资产和付息负债按照重新定价的期限划分到不同的时间段，在每个时间段内，以利率敏感性资产减去利率敏感性负债，再加上表外业务头寸，得到该时间段内的重新定价“缺口”。对各时段的缺口赋予相应的敏感性权重，得到加权缺口后，对所有时段的加权缺口进行汇总，以此估算给定的利率变动可能会对银行经济价值产生的影响。利率上升200个基点对银行净值的影响是指在给定利率上升200个基点的条件下，估计其对经济价值产生的影响。其中，时段的划分及各个时段的敏感性权重参照巴塞尔委员会《利率风险管理与监管原则》的标准框架确定。资本净额的定义与资本充足率指标中的定义一致。

9.操作风险损失率

根据我国银监会制定的《商业银行风险监管核心指标（试行）》，操作风险损失率是指操作造成的损失与前三期净利息收入加上非利息收入的平均值之比。

10.正常贷款迁徙率

正常贷款迁徙率为正常贷款中变为不良贷款的金额与正常贷款之比。正常贷款包括正常类和关注类贷款。该项指标为一级指标，包括正常类贷款迁徙率和关注类贷款迁徙率两个二级指标。

10.1正常类贷款迁徙率

正常类贷款迁徙率为正常类贷款中变为后四类贷款的金额与正常类贷款之比。

10.2关注类贷款迁徙率

关注类贷款迁徙率为关注类贷款中变为不良贷款的金额与关注类贷款之比。

11.不良贷款迁徙率

不良贷款迁徙率包括次级类贷款迁徙率和可疑类贷款迁徙率。

11.1次级类贷款迁徙率

次级类贷款迁徙率为次级类贷款中变为可疑类贷款和损失类贷款的金额与次级类贷款之比。

11.2可疑类贷款迁徙率

可疑类贷款迁徙率为可疑类贷款中变为损失类贷款的金额与可疑类贷款之比。

12.成本收入比

营业费用是指按金融企业会计制度要求编制的利润表中的营业费用。营业收入是指按金融企业会计制度要求编制的利润表中的利息净收入与其他各项营业收入之和。

13.资产利润率

净利润是指按照金融企业会计制度编制的利润表中的净利润。资产是指按照金融企业会计制度编制的资产负债表中的资产总计余额。

14.资本利润率

所有者权益平均余额是指按照金融企业会计制度编制的资产负债表中的所有者权益平均余额。净利润的定义与资产利润率指标中的定义一致。

15.资产损失准备充足率

信用风险资产实际计提准备指银行根据信用风险资产预计损失而实际计提的准备。信用风险资产应提准备是指依据信用风险资产的风险分类情况应提取准备的金额。其中，贷款应提准备依据《银行贷款损失准备计提指引》（银发〔2002〕98号）及相关法规确定；贷款以外信用风险资产的应提准备标准由银监会另行制定。信用风险资产的定义与不良资产率指标中的定义一致。

15.1贷款损失准备充足率

贷款实际计提准备指银行根据贷款预计损失而实际计提的准备。贷款应提准备按照《银行贷款损失准备计提指引》（银发〔2002〕98号）及相关法规确定。

16.资本充足率

资本充足率为核心资本加附属资本与风险加权资产之比。

16.1核心资本充足率

核心资本充足率为核心资本与风险加权资产之比。

附注说明：以上指标中项目的详细定义及填报要求依据银监会非现场监管报表的填报说明执行。

（二）商业银行流动性风险监管指标

根据2018年5月23日中国银保监会发布的《商业银行流动性风险管理办法》，商业银行流动性风险监管指标包括流动性覆盖率、净稳定资金比例、流动性比例、流动性匹配率和优质流动性资产充足率（见表2-5）。

表2-5　**商业银行流动性风险监管指标**

流动性风险监管指标	计算公式	要求
1.流动性覆盖率	流动性覆盖率 =合格优质流动性资产÷未来30天现金净流出量	商业银行的流动性覆盖率应当不低于100%。除办法第六十条第二款规定的情形外，商业银行的流动性覆盖率应当不低于最低监管标准
2.净稳定资金比例	净稳定资金比例 =可用的稳定资金÷所需的稳定资金	净稳定资金比例应当不低于100%
3.流动性比例	流动性比例 =流动性资产余额÷流动性负债余额	流动性比例应当不低于25%
4.流动性匹配率	流动性匹配率 =加权资金来源÷加权资金运用	流动性匹配率应当不低于100%
5.优质流动性资产充足率	优质流动性资产充足率 =优质流动性资产÷短期现金净流出	优质流动性资产充足率应当不低于100%

表中项目说明如下：

1.流动性覆盖率旨在确保商业银行有充足的合格优质流动性资产，能够在规定的流动性压力情景下，通过变现这些资产满足未来至少30天的流动性需求。

2.净稳定资金比例旨在确保商业银行有充足的稳定资金来源，以满足各类资产和表外风险敞口对稳定资金的需求。

3.流动性比例是流动性资产余额和流动性负债余额的比值。在运用流动性比例指标进行经营状况评价时，债权人大多认为流动性比例越高越好；但从管理的角度来看，该指标应该有一个上限，流动性比例过高，有可能表明公司资金的运用效率不高。

4.流动性匹配率衡量商业银行主要资产与负债的期限配置结构，旨在引导商业银行合理配置长期稳定负债、高流动性或短期资产，避免过度依赖短期资金支持长期业务发展，提高流动性风险抵御能力。

5.优质流动性资产充足率旨在确保商业银行保持充足的、无变现障碍的优质流动性资产，在有压力的情况下，银行可通过变现这些资产来满足未来30天内的流动性需求。

按照办法的规定，资产规模不小于2 000亿元人民币的商业银行应当持续达到流动性覆盖率、净稳定资金比例、流动性比例和流动性匹配率的最低监管标准；资产规模小于2 000亿元人民币的商业银行应当持续达到优质流动性资产充足率、流动性比例和流动性匹配率的最低监管标准。商业银行应当持续达到办法规定的流动性风险监管指标最低监管标准。

商业银行应当在法人和集团层面，分别计算未并表和并表的流动性风险监管指标，并表范围按照银行业监督管理机构关于商业银行资本监管的相关规定执行。在计算并表流动性覆盖率时，若集团内部存在跨境或跨机构的流动性转移限制，相关附属机构满足自身流动性覆盖率最低监管标准之外的合格优质流动性资产，不能计入集团的合格优质流动性资产。

商业银行应当按照规定向银行业监督管理机构报送与流动性风险有关的财务报告、统计报表和其他报告。委托社会中介机构对其流动性风险水平及流动性风险管理体系进行审计的，还应当报送相关的外部审计报告。流动性风险监管指标应当按月报送，银行业监督管理机构另行规定的除外。

银行业监督管理机构可以根据商业银行的业务规模、性质、复杂程度、管理模式和流动性风险特点，确定商业银行报送流动性风险报表和报告的内容和频率。

通过对上述银行监管历程和监管指标的阐述可以看出，熟悉银行业的监管规定需要费很大力气，因为无论是哪个角度的监管指标，对非金融业人士而言他们都会感到陌生和费解，需要结合对银行业相关业务和指标的应用加以理解。

当然，除了监管部门之外，大家也可以查看行业协会和一些研究机构的研究报告。如为充分反映中国银行业高管人员对中国银行业转型发展背景下总体经营情况的看法和意见，中国银行业协会与普华永道会计师事务所已连续十年开展中国银行家调查报告项目，旨在透过银行家的视角反映银行业经营管理中存在的机遇和挑战。《中国银行家调查报告》自2009年推出以来，得到了社会各界的广泛关注和肯定。大家可以通过查看问卷调查信息加深对银行业的了解。

重要概念

不良贷款余额　不良贷款率　资产利润率　拨备覆盖率　资本充足率　流动性比例　净息差　资产负债比例管理　流动性风险管理　正常类贷款　关注类贷款　次级类贷款　可疑类贷款　损失类贷款

复习思考

1. 我国银行业是如何分类的？商业银行和政策性银行各自承担哪些职责？
2. 我国《商业银行法》对商业信息披露有哪些要求？
3. 证监会对上市银行有哪些信息披露要求？
4. 我国商业银行的风险管理和流动性风险管理经历了怎样的发展历程？最新的监管指标有哪些？

操作练习

请登录中国银行保险监督管理委员会官网，了解银行业监管信息和政策法规。

第三章

银行业财务报告解读与分析

【导语】本章将依据选定的银行案例，说明银行业财务报告的基本格式与内容，梳理财务报告以及主要财务与监管指标的分析方法。

本章内容要点

第一节 财务报告格式与项目解释

本节的目的在于了解银行业财务报告格式的发展和演变过程、现行财务报告的基本格式以及熟悉报表项目的内涵。

一、银行业财务报告格式的演变

伴随着银行业的产生与发展，其财务报告格式经历了系列变化才形成今天的范式，而这一切改变都源自于金融企业会计确认、计量与披露的变化。追寻历史的脚步，我们会更深刻地体会变迁轨迹及其后续影响。本教材不去追溯更多的历史，只待说明20世纪90年代后对银行业财务报告产生影响的事件。

1993年3月17日，为了适应社会主义市场经济发展的需要，规范和加强金融企业的会计核算工作，财政部、中国人民银行根据《企业会计准则》，统一制定了《金融企业会计制度》①。当时银行业需要提供的财务报表包括资产负债表、损益表、财务状况变动表以及利润分配表。

2001年8月30日，为规范金融企业的会计核算、提高会计信息质量，财政部发布了《金融企业会计制度（征求意见稿）》，并于同年11月27日发布《金融企业会计制度》，要求自2002年1月1日起暂在上市的金融企业范围内实施。同时，也鼓励其他股份制金融企业实施《金融企业会计制度》②。其中，第139条规定金融企业向外提供的会计报表包括：

① 〔93〕财会字第11号。
② 财会〔2001〕49号。

资产负债表、利润表、现金流量表、利润分配表、所有者权益变动表、分部报表、信托资产管理会计报表以及其他有关附表。

随着国际经济一体化、信息技术的广泛应用和金融工具的不断创新，作为国际通用语言的会计面临着新挑战。在此背景下，为规范企业会计确认、计量和报告行为，保证会计信息质量，2006年2月15日财政部发布了《企业会计准则——基本准则》，要求自2007年1月1日起施行[①]。在财务报表的列报方面，按照2006年新基本准则的要求，在首次执行日后，企业应当按照《企业会计准则第30号——财务报表列报》、《企业会计准则第31号——现金流量表》和《企业会计准则第33号——合并财务报表》的规定，列报资产负债表、利润表、所有者权益变动表和现金流量表以及附注。2007年9月29日，为提高会计信息质量的可比性，完善风险管理，提高经营水平，加强银行业监管，促进我国银行业快速、健康发展，中国银监会决定银行业金融机构全面执行新会计准则[②]。

2017年3月31日，财政部正式发布了参照IFRS9修订后的金融工具相关会计准则，包括《企业会计准则第22号——金融工具确认和计量》（财会〔2017〕7号）、《企业会计准则第23号——金融资产转移》（财会〔2017〕8号）和《企业会计准则第24号——套期会计》（财会〔2017〕9号），上述准则取代了2006年财政部发布的相关规定。此外，作为上述准则的配套准则，2017年5月2日，财政部印发了《企业会计准则第37号——金融工具列报》（财会〔2017〕14号），取代2014年印发的相关规定。从2018年1月1日开始，我国企业将逐步开始采用上述新准则。

2017年12月25日，为解决执行企业会计准则的企业在财务报告编制中的实际问题，规范企业财务报表列报，提高会计信息质量，针对2017年施行的《企业会计准则第42号——持有待售的非流动资产、处置组和终止经营》（财会〔2017〕13号）和《企业会计准则第16号——政府补助》（财会〔2017〕15号）的相关规定，财政部印发了《财政部关于修订印发一般企业财务报表格式的通知》，对一般企业财务报表格式进行了修订，要求执行企业会计准则的非金融企业按照企业会计准则和本通知的要求编制2017年度及以后期间的财务报表；金融企业应当根据其经营活动的性质和要求，比照一般企业的财务报表格式进行相应调整。

这说明，随着会计改革的变化，金融业的财务报告格式也随之变化。对作为金融业组成部分的银行业来说，同样，其财务报告的格式与内容也会相应变化。

二、银行业财务报告的格式与项目解释

银行分为政策性银行和商业银行，由于政策性银行的信息披露和监管有特殊规定，本节主要以招商银行2017年度报告为例，说明银行业财务报告的基本格式与内容。之所以选择招商银行，除了欣赏招商银行持续为社会各方创造价值的经营理念外，重在借用财务报告本身达到学习的目的，在学习中大家也可以借用其他上市和非上市银行的财务报告加以理解和应用。

招商银行成立于1987年，是中国境内第一家完全由企业法人持股的股份制商业银行。

---

① 财政部令第33号。
② 银监通〔2007〕22号。

2002年4月，招商银行在上海证券交易所上市。2006年9月，招商银行在香港联交所上市。成立30多年来，招商银行始终坚持“因您而变”的经营服务理念，已成长为中国境内最具品牌影响力的商业银行之一。截至2017年年末，招商银行总市值超过7 100亿元，较年初提升64%，全年无论是A股还是H股的股价涨幅、估值均位列国内大、中型上市银行首位，资本市场表现亮眼，为股东实现了丰厚的回报。

招商银行2017年度报告披露的合并资产负债表、利润表、现金流量表以及所有者权益变动表的格式分别见表3–1、表3–2、表3–3和表3–4。

（一）资产负债表及其项目解释

资产负债表是依据“资产=负债+所有者权益”的原理编制的，反映商业银行在某一特定期末的资产、负债和所有者权益变动情况的报表。资产负债表的格式一般有两种：报告式资产负债表和账户式资产负债表。报告式资产负债表是上下结构，上半部列示资产，下半部列示负债和所有者权益。账户式资产负债表是左右结构，左边列示资产，右边列示负债和所有者权益。不管采取什么格式，资产各项目的合计等于负债和所有者权益各项目的合计这一等式不变。

资产负债表的作用主要体现在以下几个方面：

（1）可以了解某一时点上商业银行各类资产、负债和所有者权益的规模、结构及其数量对应关系。

（2）明确商业银行应承担的责任和义务。

（3）作出优化资产结构、降低风险和提高运营效率的判断和决策。

（4）与利润表和现金流量表结合，全方位分析商业银行的各项能力以及监管信息。

要看懂资产负债表，必须先了解银行业报表项目的内涵。

资产负债表中有关项目解释如下：

1.资产端

（1）“现金”项目，反映银行在报告时点的库存现金。

（2）“贵金属”项目，反映银行持有的黄金、白银等贵金属存货的成本，银行为上市交易而持有的贵金属也在此项目填列。

（3）“存放中央银行款项”项目，反映银行存放于中国人民银行的各种款项，包括业务资金的调拨、办理同城票据交换和异地跨系统资金汇划、提取或缴存现金等。

（4）“存放同业和其他金融机构款项”项目，反映银行存放于境内外其他金融机构的各种款项。

（5）“拆出资金”项目，反映银行拆借给境内、境外其他金融机构的款项。

（6）“买入返售金融资产”项目，反映银行按照返售协议约定先买入再按固定价格返售的票据、证券、贷款等金融资产所融出资金。

（7）“发放贷款和垫款”项目，反映银行发放的贷款和贴现资产扣除贷款损失准备期末余额后的金额。

（8）“应收利息”项目，反映银行交易性金融资产、持有至到期投资、可供出售金融资产、发放贷款、存放中央银行款项、拆出资金、买入返售金融资产等应收取的利息。

表3-1

招商银行合并资产负债表

2017年度

金额单位：人民币百万元

项　　目	2017年12月31日	2016年12月31日	项　　目	2017年12月31日	2016年12月31日
资产：			负债：		
现金	16 412	16 373	向中央银行借款	414 838	330 108
贵金属	9 309	2 981	同业和其他金融机构存放款项	439 118	555 607
存放中央银行款项	600 007	581 156	拆入资金	272 734	248 876
存放同业和其他金融机构款项	76 918	103 013	卖出回购金融资产款	125 620	162 942
拆出资金	154 628	200 251	客户存款	4 064 345	3 802 049
买入返售金融资产	252 550	278 699	应付利息	36 501	36 246
发放贷款和垫款	3 414 612	3 151 649	以公允价值计量且其变动计入当期损益的金融负债	26 619	23 576
应收利息	28 726	26 251	衍生金融负债	21 857	11 152
以公允价值计量且其变动计入当期损益的金融资产	64 796	55 972	应付债券	296 477	275 082
衍生金融资产	18 916	8 688	应付职工薪酬	8 020	7 048
可供出售金融资产	383 101	389 138	应交税费	26 701	19 523
长期股权投资	5 079	3 712	递延所得税负债	1 070	897
持有至到期投资	558 218	477 064	其他负债	80 346	65 843
应收款项类投资	572 241	528 748	负债合计	5 814 246	5 538 949
固定资产	49 181	43 068	股东权益		
投资性房地产	1 612	1 701	股本	25 220	25 220
无形资产	7 255	3 914	其他权益工具	34 065	
商誉	9 954	9 954	其中：优先股	34 065	
递延所得税资产	50 120	31 010	资本公积	67 523	67 523
其他资产	24 003	28 969	其他综合收益	（4 741）	2 951
			盈余公积	46 159	39 708
			一般风险准备	70 921	67 838
			未分配利润	241 063	199 110
			其中：建议分配利润	21 185	18 663
			归属于本行股东权益合计	480 210	402 350
			少数股东权益	3 182	1 012
			其中：普通少数股东权益	2 012	
			永久性债务资本	1 170	
			股东权益合计	483 392	403 362
资产合计	6 297 638	5 942 311	股东权益及负债总计	6 297 638	5 942 311

资料来源：招商银行2017年度报告。

（9）“以公允价值计量且其变动计入当期损益的金融资产”项目，反映银行直接指定的以公允价值计量且其变动计入当期损益的金融资产和交易性金融资产，但衍生金融资产除外。

（10）“衍生金融资产”项目，反映银行期末持有的衍生工具、套期工具、被套期项目中属于衍生金融资产的金额，应根据“衍生工具”“套期工具”“被套期项目”等科目的期末余额分析计算填列。

（11）“可供出售金融资产”项目，反映银行持有的以公允价值计量的可供出售股票投资、债券投资等金融资产。本项目应根据“可供出售金融资产”科目的期末余额减去“可供出售金融资产减值准备”科目期末余额后的金额填列。

（12）“长期股权投资”项目，反映银行持有的对子公司、联营企业和合营企业的长期股权投资。本项目应根据“长期股权投资”科目的期末余额减去“长期股权投资减值准备”科目期末余额后的金额填列。

（13）“持有至到期投资“项目，反映到期日固定、回收金额固定或可确定，且银行有明确意图和能力持有至到期的非衍生金融资产。本项目应根据“持有至到期投资”科目的期末余额减去“持有至到期投资减值准备”科目余额后的金额填列。

（14）“应收款项类投资”项目，反映银行持有的非上市凭证式国债及其他债权投资，此类资产在境内外没有公开市价，具体可分为标准类债权投资和非标准类债权投资两大类。其中，标准类债权投资主要包括政府债券、金融机构债券和公司债券等的投资；非标准类债权投资又可分为信贷类和非信贷类，主要包括信托受益权、券商资产管理计划、保险资产管理计划等。

（15）“固定资产”项目，反映银行持有固定资产的账面价值扣减累计折旧、减值准备后的余额。

（16）“投资性房地产”项目，反映银行持有的投资性房地产。采用成本模式计量投资性房地产的，本项目应根据“投资性房地产”科目的期末余额，减去“投资性房地产累计折旧（摊销）”“投资性房地产减值准备”科目期末余额后的金额填列；采用公允价值模式计量投资性房地产的，本项目应根据“投资性房地产”科目的期末余额填列。

（17）“无形资产”项目，反映银行持有无形资产（包括专利权、非专利技术、商标权、著作权、土地使用权等）的成本扣减累计摊销、无形资产减值准备后的账面余额。

（18）“商誉”项目，反映银行合并中形成的商誉的价值。本项目应根据“商誉”科目的期末余额减去相应减值准备后的金额填列。

（19）“递延所得税资产”项目，反映银行确认的可抵扣暂时性差异产生的递延所得税资产。

（20）“其他资产”项目，反映银行除以上资产外的其他资产。其主要包括应收股利、存出保证金、融资租赁出租方的“长期应收款”扣减累计减值准备、未实现融资收益后的净额以及其他未列示的资产。

2. 负债端

（1）“向中央银行借款”项目，反映银行向中国人民银行借入的款项。农信社“央行拨付专项票据”也在本项目核算。

（2）“同业和其他金融机构存放款项”项目，反映银行吸收的境内、境外金融机构的存款。

（3）“拆入资金”项目，反映银行从境内、境外金融机构拆入的款项。

（4）“卖出回购金融资产款”项目，反映银行按照回购协议先卖出再按固定价格买入的票据、证券、贷款等金融资产所融入的资金。

（5）“客户存款”项目，反映银行吸收的除同业存放款项以外的其他各种存款，包括单位（企业、事业单位、机关、社会团体等）存款、个人存款、信用卡存款、特种存款、转贷款资金和财政性存款等，企业收到的存入保证金也在本项目填列。

（6）“应付利息”项目，核算银行按照合同约定应支付的利息，包括吸收存款、分期付息到期还本的长期借款、企业债券等应支付的利息。银行发行的一次还本付息债券的利息费用在“应付债券”项目列示。

（7）“以公允价值计量且其变动计入当期损益的金融负债”项目，反映银行承担的以公允价值计量且其变动计入当期损益的金融负债和交易性金融负债，但衍生金融负债除外。

（8）“衍生金融负债”项目，反映衍生工具、套期项目、被套期项目中属于衍生金融负债的金额。本项目应根据“衍生工具”“套期项目”“被套期项目”等科目的期末贷方余额分析填列。本项目年初数应以负债年初的公允价值填列，同时调整年初留存收益等。

（9）“应付债券”项目，反映银行为筹集（长期）资金而发行债券的本金和利息。

（10）“应付职工薪酬”项目，反映银行根据有关规定应付给职工的各种薪酬。

（11）“应交税费”项目，反映银行按照税法等的规定计算应交纳的各种税费。银行代扣代缴的个人所得税等也通过本项目反映。

（12）“递延所得税负债”项目，反映银行确认的由应纳税暂时性差异产生的所得税负债。

（13）“其他负债”项目，反映除以上负债以外的其他负债。

3.权益端

（1）“股本”项目，反映银行接受投资者投入的股本。

（2）“其他权益工具”项目，反映银行发行的除普通股以外的归类为权益工具的各种金融工具的账面价值，如优先股等。

（3）“资本公积”项目，反映银行收到的投资者处置额超出其在注册资本或股本中所占份额的部分。

（4）“其他综合收益”项目，反映银行根据会计准则规定未在损益中确认的各项利得和损失的余额。

（5）“盈余公积”项目，反映银行从净利润中提取的公积金。

（6）“一般风险准备”项目，反映银行按规定从净利润中提取的一般风险准备。

（7）“未分配利润”项目，反映银行尚未分配的利润。未弥补的亏损在本项目内通常以“–”号填列。其中，对建议分配利润项目应单独列示。

（8）“归属于本行股东权益合计”项目，反映在合并报表中归属于母公司股东的权益部分。

（9）“少数股东权益”项目，反映编制合并报表时，子公司所有者权益中由母公司以外的其他投资者所拥有的权益份额，包括普通少数股东权益以及永久性债务资本。

（二）利润表及其项目解释

利润表是反映商业银行一定会计期间（如月度、季度、半年度或年度）经营成果的会计报表。其遵循的原则是权责发生制。它全面揭示了商业银行在某一特定时期实现的各种收入、发生的各种费用，以及实现的利润或发生的亏损情况。利润表是根据“收入-费用=利润”的基本关系来编制的，其具体内容取决于收入、费用、利润等会计要素的构成。

利润表的作用主要体现在以下几个方面：

（1）可以了解商业银行本期取得的收入、发生的费用和纳税情况。

（2）可以了解商业银行的盈利总水平、利润来源及其结构。

（3）可以分析商业银行盈亏产生的原因。

（4）与资产负债表和现金流量表结合分析银行的各种能力。

表3-2 **招商银行合并利润表**

2017年度 单位：人民币百万元

项　　目	2017年	2016年
营业收入		
利息收入	242 005	215 481
利息支出	（97 153）	（80 886）
净利息收入	**144 852**	**134 595**
手续费及佣金收入	69 908	66 003
手续费及佣金支出	（5 890）	（5 138）
净手续费及佣金收入	**64 018**	**60 865**
公允价值变动收益	375	（2 511）
投资收益	6 205	11 953
其中：对联营公司的投资收益	3	29
对合营公司的投资收益	995	292
汇兑净收益	1 934	2 857
其他业务净收入	3 513	1 961
其他净收入小计	**12 027**	**14 260**
营业收入合计	**220 897**	**209 720**
营业支出		
税金及附加	（2 152）	（6 362）
业务及管理费	（66 772）	（58 036）
其他业务成本	（1 507）	（750）
资产减值损失	（59 926）	（66 159）
营业支出合计	**（130 357）**	**（131 307）**

续表

项　　目	2017年	2016年
营业利润	**90 540**	**78 413**
加：营业外收入	343	686
减：营业外支出	（203）	（136）
利润总额	**90 680**	**78 963**
减：所得税费用	（20 042）	（16 583）
净利润	**70 638**	**62 380**
归属于：		
本行股东的净利润	70 150	62 081
少数股东的净利润	488	299
每股收益		
基本及稀释每股收益（人民币元）	2.78	2.46
其他综合收益的税后净额		
以后将重分类进损益的项目：		
权益法下在被投资单位以后将重分类进损益的其他综合收益中享有的份额	44	（141）
可供出售金融资产公允价值变动	（5 369）	（4 620）
现金流量套期损益的有效部分	（67）	（260）
外币财务报表折算差额	（2 359）	1 859
以后不能重分类进损益的项目：		
重新计量设定受益计划净负债或净资产的变动	60	31
本年其他综合收益的税后净额	**（7 691）**	**（3 131）**
归属于：		
本行股东的其他综合收益的税后净额	（7 692）	（3 135）
少数股东的其他综合收益的税后净额	1	4
综合收益总额	**62 947**	**59 249**
归属于：		
本行股东的综合收益总额	62 458	58 946
少数股东的综合收益总额	489	303

资料来源：招商银行2017年度报告。

利润表中有关项目解释如下：

1.“营业收入”项目，反映银行“利息净收入”“手续费及佣金净收入”“公允价值变动收益”“投资收益”“汇兑收益”“其他业务收入”等项目的合计金额。

2.“净利息收入”项目，反映银行“利息收入”项目金额减去“利息支出”项目金额后的余额。

3.“利息收入”项目，反映银行发放各类贷款、与其他金融机构之间发生资金往来业务、买入返售金融资产等实现的利息收入。

4.“利息支出”项目，反映银行吸收各种存款、与其他金融机构之间发生资金往来业务、卖出回购金融资产等产生的利息支出。

5.“净手续费及佣金收入”项目，反映银行“手续费及佣金收入”项目金额减去“手续费及佣金支出”项目金额后的余额。

6.“手续费及佣金收入”项目，反映银行确认的手续费及佣金收入，包括办理结算业务、咨询业务、担保业务、代保管等代理业务以及办理受托贷款及投资业务等取得的手续费及佣金，如结算手续费收入、佣金收入、业务代办手续费收入、基金托管业务收入、咨询服务收入、担保收入、受托贷款手续费收入、代保管收入、代理保险业务等代理业务以及其他相关服务实现的手续费及佣金收入等。

7.“手续费及佣金支出”项目，反映银行确认的与其经营活动相关的各项手续费、佣金等的支出。

8.“公允价值变动收益”项目，反映银行应当计入当期损益的资产或负债公允价值的变动收益。本项目应根据“公允价值变动收益”科目的发生额分析填列，如为净损失，本项目以“-”号填列。

9.“投资收益”项目，反映银行以各种方式对外投资所取得的收益。本项目应根据“投资收益”科目的发生额分析填列。如为投资损失，本项目以“-”号填列。其中，对联营企业和合营企业的投资收益应单独列示。

10.“汇兑净收益”项目，反映银行外币货币性项目因汇率变动形成的净收益。本项目应根据“汇兑损益”科目的发生额填列。如为净损失，以“-”号填列。

11.“其他业务净收入”项目，反映银行确认的除主营业务活动以外的其他经营活动实现的净收入。

12.“营业支出”项目，反映“税金及附加”“业务及管理费”“其他业务成本”“资产减值损失”等项目的金额合计。

13.“税金及附加”项目，反映银行经营业务应负担的消费税、城市维护建设税、资源税和教育费附加等。

14.“业务及管理费”项目，反映银行在业务经营和管理过程中所发生的电子设备运转费、安全防范费、物业管理费等费用。本项目应根据“业务及管理费”科目的发生额分析填列。

15.“其他业务成本”项目，反映银行“税金及附加”、“业务及管理费”和“资产减值损失”之外的其他业务成本。

16.“资产减值损失”项目，反映银行计提（或恢复后转回）各项资产减值准备所形成的损失。本项目如为恢复后转回的金额，以“-”号填列。

17.“营业利润”项目，反映银行营业收入和营业支出相抵后的经营利润。

18.“营业外收入”项目，反映银行发生的与经营业务无直接关系的各项收入，包括非流动资产处置所得、非货币性资产交换利得、债务重组利得、政府补助、盘盈利得、捐赠利得。

19.“营业外支出”项目，反映银行发生的与经营业务无直接关系的各项支出，包括非流动资产处置损失、非货币性资产交换损失、债务重组损失、公益性捐赠支出、非常损失、盘亏损失等。

20.“所得税费用”项目，反映银行确认的应当从当期利润总额中扣除的所得税费用。

21.“净利润”项目，反映银行实现的净利润。

22.“归属于本行股东的净利润”项目，反映银行编制合并报表时净利润中归属于母公司所有者的部分。

23.“少数股东的净利润”项目，反映银行编制合并报表时净利润中归属于母公司以外的其他投资者的部分。

24.“基本及稀释每股收益”项目，反映银行按照每股收益准则的规定计算的金额。本项目仅有普通股或潜在普通股已公开交易的银行，以及正处于公开发行普通股或潜在普通股过程中的银行填报。

25.“其他综合收益的税后净额”项目，反映银行根据企业会计准则规定未在当期损益中确认的各项利得和损失扣除所得税影响后的净额。其按照归属于本行股东和归属于少数股东的其他综合收益的税后净额分别统计。其中：

（1）以后将重分类进损益的其他综合收益，包括按照权益法在被投资单位以后会计期间在满足条件时将重分类进损益的其他综合收益中所享有的份额、可供出售金融资产公允价值变动形成的利得或损失、持有至到期投资重分类为可供出售的金融资产形成的利得或损失、现金流量套期工具产生的利得或损失中属于有效套期的部分、外币财务报表折算差额等。

（2）以后不能重分类进损益的其他综合收益，包括重新计量设定收益计划净负债或净资产导致的变动、按照权益法核算的在被投资单位以后会计期间不能重分类进损益的其他综合收益中所享有的份额等。

26.“综合收益总额”项目，反映银行净利润与其他综合收益的合计金额。本项目也分别按照归属于本行股东的综合收益和少数股东的综合收益填列。

（三）现金流量表及其项目解释

现金流量表是以现金和现金等价物为基础编制、提供商业银行在某一特定期间内有关现金和现金等价物的流入和流出信息的报表。其遵循的会计原则是收付实现制。这里的现金包括库存现金、银行存款和其他货币资金。现金等价物是银行持有的期限短、流动性强、易于转换为已知金额的现金，价值变动风险很小的投资，一般指银行购买的期限为3个月以内的国库券。

现金流量表的作用主要体现在以下几个方面：

（1）了解商业银行净利润的质量。

（2）了解商业银行取得和运用现金的能力。

（3）了解商业银行偿还债务本息和支付股利的能力。

（4）预测商业银行未来的现金流量。

（5）与资产负债表结合分析商业银行的偿付能力，与利润表结合分析企业净利润的质量。

表3-3　　招商银行合并现金流量表

2017年度　　单位：人民币百万元

项　目	2017年	2016年
一、经营活动产生的现金流量		
客户存款净增加额	262 296	230 351
向中央银行借款净增加额	84 730	267 508
拆出资金及买入返售金融资产净减少额	19 070	
存放同业和其他金融机构款项净减少额	11 527	
拆入资金及卖出回购金融资产净增加额		47 395
收取利息、手续费及佣金的现金	257 953	234 993
收到其他与经营活动有关的现金	41 941	18 229
经营活动现金流入小计	677 517	798 476
贷款和垫款净增加额	(322 105)	(470 444)
存放中央银行款项净增加额	(25 205)	(40 633)
存放同业和其他金融机构款项净增加额		(21 855)
拆出资金及买入返售金融资产净增加额		(29 577)
同业和其他金融机构存放款项净减少额	(116 489)	(155 954)
拆入资金及卖出回购金融资产净减少额	(13 464)	
支付利息、手续费及佣金的现金	(89 759)	(78 941)
支付给职工以及为职工支付的现金	(34 540)	(32 287)
支付的各项税费	(44 617)	(41 626)
支付其他与经营活动有关的现金	(36 998)	(47 774)
经营活动现金流出小计	(683 177)	(919 091)
经营活动产生的现金流量净额	(5 660)	(120 615)
二、投资活动产生的现金流量		
收回投资收到的现金	803 283	765 069
取得投资收益收到的现金	52 205	60 509
收回合营公司贷款收到的现金		5
处置子公司及其他营业单位收取的现金净额	67	
出售固定资产和其他资产收到的现金	191	561
投资活动现金流入小计	855 746	826 144
购建固定资产和其他资产所支付的现金	(16 336)	(17 504)
投资支付的现金	(923 275)	(794 146)
取得子公司及其他营业单位支付的现金净额	(606)	(774)
投资活动现金流出小计	(940 217)	(812 424)
投资活动产生的现金流量净额	(84 471)	13 720

续表

项　　目	2017年	2016年
三、筹资活动产生的现金流量		
吸收投资收到的现金	495	
其中：子公司吸收少数股东投资收到的现金	495	
发行优先股筹集的资金	34 065	
发行永续债筹集的资金	1 170	
发行债券收到的现金	52 449	12 432
发行存款证收到的现金	19 086	14 740
发行同业存单收到的现金	559 795	545 430
筹资活动现金流入小计	667 060	572 602
偿还已发行存款证支付的现金	（11 916）	（8 019）
偿还已到期债券支付的现金	（30 186）	（5 227）
偿还已到期同业存单支付的现金	（569 088）	（533 210）
派发股利支付的现金	（18 692）	（17 402）
发行债券支付的利息	（14 483）	（12 574）
赎回少数股东权益支付的现金	（32）	（166）
筹资活动现金流出小计	（644 397）	（576 598）
筹资活动产生的现金流量净额	22 663	（3 996）
四、汇率变动对现金的影响额	（4 219）	7 160
五、现金及现金等价物净增加	（71 687）	（103 731）
加：期初现金及现金等价物	532 112	635 843
六、期末现金及现金等价物	460 425	532 112

资料来源：招商银行2017年度报告。

表3-3中投资活动所产生的现金流量是企业购建长期资产以及不包括在现金等价物范围内的投资及其处置活动所产生的现金流量；筹资活动所产生的现金流量是导致企业的资本、债务规模及构成和结构发生变化的活动所产生的现金流量；经营活动所产生的现金流量是指除投资活动和筹资活动以外的所有交易或事项产生的现金流量。

我国现行的现金流量表是按直接法编制的反映商业银行经营活动、投资活动和筹资活动的现金流量以及汇率变动所产生的现金流量的财务报表。如果想了解按间接法编制的将净利润调整为经营活动现金流量净额的信息，就需要查找各家银行年度报告附注部分披露的相关内容。

（四）所有者权益变动表及其项目解释

所有者权益变动表是反映商业银行年末所有者权益增减变动情况的报表，包括期初所有者权益金额、本期增减变动金额和期末所有者权益金额等信息。

表3-4　　**招商银行所有者权益变动表**　　单位：人民币百万元

项目	2017年											
	归属于母公司股东权益									少数股东权益		股东权益合计
	股本	其他权益工具——优先股	资本公积	其他综合收益	盈余公积	一般风险准备	未分配利润	其中：建议分派股利	小计	永久性债务资本	普通少数股东权益	
2017年1月1日	25 220		67 523	2 951	39 708	67 838	199 110	18 663	402 350		1 012	403 362
本年增减变动金额		34 065		(7 692)	6 451	3 083	41 953	2 522	77 860	1 170	1 000	80 030
(一) 净利润							70 150		70 150	29	459	70 638
(二) 其他综合收益总额				(7 692)					(7 692)		1	(7 691)
本年综合收益总额				(7 692)			70 150		62 458	29	460	62 947
(三) 股东投入和减少的资本		34 065							34 065	1 170	463	35 698
1.少数股东投入资本											495	495
2.少数股东权益减少											(32)	(32)
3.优先股股东投入资本		34 065							34 065			34 065
4.子公司发行永久性债务资本										1 170		1 170
(四) 利润分配					6 451	3 083	(28 197)	2 522	(18 663)	(29)	77	(18 615)
1.提取法定盈余公积					6 451		(6 451)					
2.提取一般风险准备						3 083	(3 083)					
3.分派2016年度股利							(18 663)	(18 663)	(18 663)		77	(18 586)
4.子公司永久性债务资本分配										(29)		(29)
5.建议分派2017年度股利								21 185				
2017年12月31日	25 220	34 065	67 523	(4 741)	46 159	70 921	241 063	21 185	480 210	1 170	2 012	483 392

资料来源：招商银行2017年度报告。

表3-4各项目的内容及填列方法说明如下：

1.“本年年初余额”项目，反映银行为体现会计政策变更和前期差错更正等的影响，而在上年年末所有者权益余额的基础上进行调整得出的本年年初所有者权益余额。本项目应根据“盈余公积”“一般风险准备”“利润分配”“以前年度损益调整”等科目的发生额分析填列。其中：

（1）“会计政策变更”项目，反映银行采用追溯调整法处理的会计政策变更的累积影响金额。

（2）“前期差错更正”项目，反映银行采用追溯重述法处理的会计政策变更的累积影响金额。

2.本年增减变动金额。

（1）“本年综合收益总额”项目，反映银行当年的综合收益总额。本项目应根据当年利润表中“净利润”和“其他综合收益的税后净额”填列，并对应列在“未分配利润”和“其他综合收益”栏。

（2）“股东投入和减少的资本”项目，反映银行当年股东投入和减少的资本。该项目因各家银行影响股东投入和减少资本的因素不同有所差异。招商银行本项目受到四个因素的影响。

（3）“利润分配”项目，反映银行当年按照规定提取的盈余公积。一般风险准备金额和对所有者（或股东）分配的利润（或股利）金额，对应列在“资本公积”、“一般风险准备”和“未分配利润”栏。其中：

①提取法定盈余公积：反映银行按照规定提取的法定盈余公积。

②提取一般风险准备：反映银行按照规定提取的一般风险准备。

③分派股利：反映银行对所有者（或股东）分配的利润（或股利）金额，包括对其他权益工具持有者的股利分配。

3.“本年年末余额”项目，反映银行本年资产负债表中“股本”“其他权益工具”“资本公积”“其他综合收益”“盈余公积”“一般风险准备”“利润分配”等科目的年末余额。

第二节　银行业财务报告分析

本节将依据招商银行的合并资产负债表、利润表和现金流量表以及附注信息，说明银行业财务报告的分析方法。

一、资产负债表分析

对资产负债表的分析包括对总体情况、资产结构与变动趋势、资金来源结构与变动趋势的分析。

总体情况分析是对银行总体的资产、负债及其权益性情况的说明。

进行资产结构与变动趋势分析的目的，一是了解银行的资产分布结构及其面临的风险；二是通过对资产的对比分析，了解资产的增减变动趋势。

进行资金来源结构与变动趋势分析的目的，一是通过对负债、权益结构的分析，了解银行的资金来源分布及其利用情况；二是通过对资本结构的分析，了解银行资本成本的高低以及银行面临的偿债风险。

根据笔者的经验，当你对一家公司陌生时，了解该公司最好的方式就是先了解该公司的基本情况，然后对其资产负债表进行结构和趋势分析的初步加工，最后再根据每个项目的信息指向以及变化情况，作出自己的专业判断。借助招商银行合并资产负债表编制的资产以及资金来源的结构及趋势分析表分别见表3-5和表3-6。

（一）总体情况分析

从招商银行合并资产负债表中可以看到，截止到2017年年末，公司的资产总额为62 976.38亿元，负债总额为58 142.46亿元，股东权益总额为4 833.92亿元。这意味着招商银行资产总额的92.32%来自负债、7.68%来自股东权益。

（二）资产端分析：贷款、证券投资与存放中央银行款项资产三足鼎立

表3-5中的数据显示，招商银行2017年资产分布结构中占比较高的前三位项目是：贷款和垫款占比54.22%、存放中央银行款项占比9.53%、应收款项类投资占比9.09%。

表3-5　　招商银行合并资产结构及其变动趋势分析表

2017年12月31日　　单位：人民币百万元

项　　目	2017年12月31日	2016年12月31日	2017年年末结构（%）	2016年年末结构（%）	绝对数增减变动趋势（%）
资产：					
现金	16 412	16 373	0.26	0.28	0.24
贵金属	9 309	2 981	0.15	0.05	212.28
存放中央银行款项	600 007	581 156	9.53	9.78	3.24
存放同业和其他金融机构款项	76 918	103 013	1.22	1.73	−25.33
拆出资金	154 628	200 251	2.46	3.37	−22.78
买入返售金融资产	252 550	278 699	4.01	4.69	−9.38
贷款和垫款	3 414 612	3 151 649	54.22	53.04	8.34
应收利息	28 726	26 251	0.46	0.44	9.43
以公允价值计量且其变动计入当期损益的金融资产	64 796	55 972	1.03	0.94	15.77
衍生金融资产	18 916	8 688	0.30	0.15	117.73
可供出售金融资产	383 101	389 138	6.08	6.55	−1.55
长期股权投资	5 079	3 712	0.08	0.06	36.83
持有至到期投资	558 218	477 064	8.86	8.03	17.01
应收款项类投资	572 241	528 748	9.09	8.90	8.23
固定资产	49 181	43 068	0.78	0.72	14.19
投资性房地产	1 612	1 701	0.03	0.03	−5.23
无形资产	7 255	3 914	0.12	0.07	85.36
商誉	9 954	9 954	0.16	0.17	0
递延所得税资产	50 120	31 010	0.80	0.52	61.63
其他资产	24 003	28 969	0.38	0.49	−17.14
资产合计	**6 297 638**	**5 942 311**	**100.00**	**100.00**	**5.98**

如果对银行资产项目进行归类分析（见表3-7），就可以明显地发现招商银行的资产呈现出贷款、投资证券及其他金融资产、存放中央银行款项三足鼎立的局面。其中，贷款和垫款净额占比为54.22%，投资证券及其他金融资产占比为25.44%（包括以公允价值计量且其变动计入当期损益的金融资产1.03%、衍生金融资产0.30%、可供出售金融资产6.08%、长期股权投资0.08%、持有至到期投资8.86%、应收款项类投资9.09%），现金、贵金属及存放中央银行款项占比为9.94%，这种资产结构与2016年度相比没有明显变化。

表3-6　　招商银行合并资金来源结构及其变动趋势分析表

2017年12月31日　　单位：人民币百万元

项　目	2017年12月31日	2016年12月31日	2017年年末结构（%）	2016年年末结构（%）	绝对数增减变动趋势（%）
负债：					
向中央银行借款	414 838	330 108	6.59	5.56	25.67
同业和其他金融机构存放款项	439 118	555 607	6.97	9.35	-20.97
拆入资金	272 734	248 876	4.33	4.19	9.59
卖出回购金融资产款	125 620	162 942	1.99	2.74	-22.91
客户存款	4 064 345	3 802 049	64.54	63.98	6.90
应付利息	36 501	36 246	0.58	0.61	0.70
以公允价值计量且其变动计入当期损益的金融负债	26 619	23 576	0.42	0.40	12.91
衍生金融负债	21 857	11 152	0.35	0.19	95.99
应付债券	296 477	275 082	4.71	4.63	7.78
应付职工薪酬	8 020	7 048	0.13	0.12	13.79
应交税费	26 701	19 523	0.42	0.33	36.77
递延所得税负债	1 070	897	0.02	0.02	19.29
其他负债	80 346	65 843	1.28	1.11	22.03
负债合计	**5 814 246**	**5 538 949**	**92.32**	**93.21**	**4.97**
股东权益					
股本	25 220	25 220	0.40	0.42	0
其他权益工具	34 065		0.54	0	不适用
其中：优先股	34 065		0.54	0	不适用
资本公积	67 523	67 523	1.07	1.14	0
其他综合收益	（4 741）	2 951	-0.08	0.05	-260.66
盈余公积	46 159	39 708	0.73	0.67	16.25
一般风险准备	70 921	67 838	1.13	1.14	4.54
未分配利润	241 063	199 110	3.83	3.35	21.07
其中：建议分配利润	21 185	18 663	0.34	0.31	13.51
归属于本行股东权益合计	480 210	402 350	7.63	6.77	19.35
少数股东权益	3 182	1 012	0.05	0.02	214.43
其中：普通少数股东权益	2 012	1 012	0.03	0.02	98.81
永久性债务资本	1 170		0.02	0	不适用
股东权益合计	**483 392**	**403 362**	**7.68**	**6.79**	**19.84**
股东权益及负债总计	**6 297 638**	**5 942 311**	**100.00**	**100.00**	**5.98**

表3-7　**招商银行资产总额及其构成**　单位：人民币百万元

项　　目	2017年12月31日		2016年12月31日	
	金额	占总额百分比（%）	金额	占总额百分比（%）
贷款和垫款总额	3 565 044	56.61	3 261 681	54.89
贷款减值准备	（150 432）	（2.39）	（110 032）	（1.85）
贷款和垫款净额	3 414 612	54.22	3 151 649	53.04
投资证券及其他金融资产	1 602 351	25.44	1 463 322	24.63
现金、贵金属及存放中央银行款项	625 728	9.94	600 510	10.11
存放同业和其他金融机构款项	76 918	1.22	103 013	1.73
拆出资金及买入返售金融资产	407 178	6.47	478 950	8.06
商誉	9 954	0.16	9 954	0.17
其他*	160 897	2.55	134 913	2.27
资产总额	**6 297 638**	**100.00**	**5 942 311**	**100.00**

资料来源：招商银行2017年度报告。*包括应收利息、固定资产、无形资产、投资性房地产、递延所得税资产和其他资产。

由于银行最主要的资产是贷款和垫款、投资证券及其他金融资产，因此，在分析时，可对这两项资产进行进一步的深度分析，以了解其内部结构变化，并分析变化的原因，有针对性地解决问题。

1.对贷款和垫款总额的进一步分析

对于银行贷款和垫款，可从以下几个角度进行细化分析：

（1）按贷款质量划分的贷款及不良贷款分布情况

商业银行贷款按照贷款质量，可分为正常类贷款、关注类贷款、次级类贷款、可疑类贷款和损失类贷款五个类别，简称五级分类法。招商银行按贷款质量分类的情况见表3-8。数据显示，2017年招商银行正常类贷款依然坚挺，不良贷款率呈现下降趋势，为1.61%。

表3-8　**招商银行按贷款质量分类的情况**　单位：人民币百万元

贷款类别	2017年12月31日		2016年12月31日	
	金额	占总额百分比（%）	金额	占总额百分比（%）
正常类贷款	3 450 450	96.79	3 132 460	96.04
关注类贷款	57 201	1.60	68 100	2.09
次级类贷款	17 100	0.48	24 309	0.74
可疑类贷款	21 577	0.61	22 296	0.68
损失类贷款	18 716	0.52	14 516	0.45
客户贷款总额	3 565 044	100.00	3 261 681	100.00
不良贷款总额	57 393	1.61	61 121	1.87

资料来源：招商银行2017年度报告。

（2）按产品类型划分的贷款及不良贷款分布情况

按产品类型，商业银行贷款分为公司贷款、票据贴现和零售贷款，每类贷款及其细分情况见表3-9。从贷款总额占比观察，招商银行的公司贷款和零售贷款几乎平分秋色、分别占46.67%和50.08%；从绝对数增减变动趋势看，零售贷款和公司贷款分别增长了15.88%和6.21%，而票据贴现业务下降了25%；从不良贷款率观察，除小微企业不良贷款率上升外，其他各类贷款的不良贷款率都有所下降。公司需要关注小微企业不良贷款率上升的原因，并采取相应的对策。

表3-9　**招商银行按产品类型划分的贷款及不良贷款分布情况**　单位：人民币百万元

项　目	2017年12月31日			2016年12月31日			绝对数增减变动趋势（%）
	贷款金额	占总额百分比（%）	不良贷款率（%）	贷款金额	占总额百分比（%）	不良贷款率（%）	
公司贷款	1 663 861	46.67	2.50	1 566 570	48.03	2.92	6.21
流动资金贷款	868 844	24.37	3.14	794 577	24.36	3.66	9.35
固定资产贷款	397 807	11.16	1.45	363 802	11.15	1.46	9.35
贸易融资	159 090	4.46	0.95	192 801	5.91	1.78	-17.48
其他*	238 120	6.68	2.91	215 390	6.61	3.68	10.55
票据贴现**	115 888	3.25		154 517	4.74		-25.00
零售贷款	1 785 295	50.08	0.89	1 540 594	47.23	1.00	15.88
小微贷款	312 716	8.77	1.77	283 502	8.69	1.63	10.30
个人住房贷款	833 410	23.38	0.33	728 328	22.32	0.42	14.43
信用卡贷款	491 383	13.78	1.11	409 198	12.55	1.40	20.08
其他***	147 786	4.15	1.43	119 566	3.67	1.70	23.60
客户贷款总额	3 565 044	100.00	1.61	3 261 681	100.00	1.87	9.30

资料来源：招商银行2017年度报告以及作者的计算。*公司贷款主要包括融资租赁、并购贷款及对公按揭等其他公司贷款。**票据贴现逾期后转入公司贷款核算。***其他主要包括综合消费贷款、商用房贷款、汽车贷款、住房装修贷款、教育贷款及以货币资金质押的其他个人贷款。

对商业银行贷款也可以按行业细分角度进行展示，招商银行按行业划分的贷款及不良贷款分布情况见表3-10。从表3-10中可见，2017年制造业，房地产业，交通运输、仓储和邮政业，租赁和商务服务业，信息传输、软件和信息技术服务业，其他业务不良贷款率上升，尤其是信息传输、软件和信息技术服务业不良贷款率上升明显，公司应注重挖掘优质信贷资源，制定客户差异化战略，防控产能过剩行业、房地产业、地方政府融资平台业务等重点领域的风险，优化信贷资源配置，实现风险、收益、成本的综合平衡。

表3-10　　招商银行按行业划分的贷款及不良贷款分布情况　　单位：人民币百万元

项　　目	2017年12月31日			2016年12月31日			绝对数增减变动趋势（%）
	贷款金额	占总额百分比（%）	不良贷款率（%）	贷款金额	占总额百分比（%）	不良贷款率（%）	
公司贷款	1 663 861	46.67	2.50	1 566 570	48.03	2.92	6.21
制造业	266 072	7.46	6.53	297 442	9.12	6.38	-10.55
房地产业	260 991	7.32	1.23	227 564	6.98	1.01	14.69
交通运输、仓储和邮政业	230 635	6.47	0.97	193 829	5.94	0.82	18.99
批发和零售业	220 907	6.20	4.13	228 751	7.01	4.63	-3.43
租赁和商务服务业	137 852	3.87	0.14	102 469	3.14	0.13	34.53
电力、热力、燃气及水生产和供应业	128 889	3.62	0.66	108 669	3.33	1.00	18.61
金融业	91 579	2.57	0.02	80 380	2.46	0.05	13.93
建筑业	85 370	2.39	1.72	84 673	2.60	1.97	0.82
信息传输、软件和信息技术服务业	79 368	2.23	1.75	77 492	2.38	0.29	2.42
水利、环境和公共设施管理业	44 320	1.24	0.57	35 243	1.08	0.61	25.76
采矿业	43 297	1.21	10.68	49 479	1.52	16.50	-12.49
其他*	74 581	20.90	1.01	80 579	2.47	0.93	-7.44
票据贴现	115 888	3.25		154 517	4.74		-25.00
零售贷款	1 785 295	50.08	0.89	1 540 594	47.23	1.00	15.88
客户贷款总额	3 565 044	100.00	1.61	3 261 681	100.00	1.87	9.30

资料来源：招商银行2017年度报告和作者的计算。*其他主要包括农、林、牧、渔，住宿和餐饮，卫生和社会工作等行业。

（3）按地区划分的贷款及不良贷款分布情况

对银行贷款也可以按区域表现进行分析，招商银行按地区划分的贷款及不良贷款分布情况见表3-11。在区域表现方面，招商银行2017年贷款占比没有明显的变化；从规模增长趋势上看，总行、中部地区和境外增长趋势明显；从不良贷款率看，环渤海地区、珠江三角洲及海西地区、东北地区和附属机构有上升趋势。以上信息表明，招商银行要针对区域经济特点及客户群差异，对各地分支行实行差异化分类督导管理。

（4）按担保方式划分的贷款及不良贷款分布情况

对商业银行贷款也可以按担保方式进行划分。表3-12显示，抵押贷款依然是招商银行最主要的信贷方式，两年均在43%以上。从绝对数变动幅度看，信用贷款和抵押贷款规模上升，分别增长28.08%和8.58%。而其他类贷款规模下降，尤其是票据贴现降幅最大，为25%。根据公告，招商银行信用贷款规模的上升主要是信用卡贷款的增长。

表3-11　　招商银行按地区划分的贷款及不良贷款分布情况　　单位：人民币百万元

项　目	2017年12月31日			2016年12月31日			绝对数增减变动趋势（%）
	贷款金额	占总额百分比（%）	不良贷款率（%）	贷款金额	占总额百分比（%）	不良贷款率（%）	
总行	596 631	16.74	0.94	499 102	15.30	1.20	19.54
长江三角洲地区	735 044	20.62	1.48	674 209	20.67	1.65	9.02
环渤海地区	425 602	11.94	1.71	398 961	12.23	1.61	6.68
珠江三角洲及海西地区	598 374	16.78	1.45	561 539	17.21	1.26	6.56
东北地区	145 204	4.07	2.93	137 171	4.21	2.18	5.86
中部地区	343 343	9.63	1.86	311 713	9.56	3.25	10.15
西部地区	350 991	9.85	3.42	332 342	10.19	4.81	5.61
境外	109 508	3.07	0.19	99 149	3.04		10.45
附属机构	260 347	7.30	0.79	247 495	7.59	0.55	5.19
客户贷款总额	3 565 044	100.00	1.61	3 261 681	100.00	1.87	9.30

资料来源：招商银行2017年度报告和作者的计算。

表3-12　　招商银行按担保方式划分的贷款及不良贷款分布情况　　单位：人民币百万元

项　目	2017年12月31日			2016年12月31日			绝对数增减变动趋势（%）
	贷款金额	占总额百分比（%）	不良贷款率（%）	贷款金额	占总额百分比（%）	不良贷款率（%）	
信用贷款	1 089 261	30.55	0.72	850 482	26.07	1.08	28.08
保证贷款	418 769	11.75	5.11	430 410	13.20	5.35	−2.70
抵押贷款	1 550 904	43.50	1.48	1 428 313	43.79	1.54	8.58
质押贷款	390 222	10.95	1.33	397 959	12.20	1.73	−1.94
票据贴现	115 888	3.25		154 517	4.74		−25.00
客户贷款总额	3 565 044	100.00	1.61	3 261 681	100.00	1.87	9.30

资料来源：招商银行2017年度报告和作者的计算。

此外，商业银行贷款也可以按照按逾期期限划分的贷款分布情况进行分析。

上述对商业银行贷款的不同分类分析，有助于从银行的视角观察各行各业的表现，发挥银行国民经济晴雨表的作用。

2. 对投资证券及其他金融资产的分析

从表3-13中既可以观察银行业的资产内部组合，也可以观察其变化趋势。从规模上看，2017年招商银行衍生金融资产增幅最大，为117.73%；其次为长期股权投资。从结构上看，公司的配置结构除了衍生金融资产外都相对稳定。

表3-13　**招商银行投资证券及其他金融资产分析**　单位：人民币百万元

项　　目	2017年12月31日		2016年12月31日		绝对数增减变动百分比（%）
	金额	占总额百分比（%）	金额	占总额百分比（%）	
以公允价值计量且其变动计入当期损益的金融资产	64 796	4.04	55 972	3.82	15.77
可供出售金融资产	383 101	23.91	389 138	26.59	-1.55
持有至到期投资	558 218	34.84	477 064	32.60	17.01
应收款项类投资	572 241	35.71	528 748	36.13	8.23
长期股权投资	5 079	0.32	3 712	0.27	36.83
衍生金融资产	18 916	1.18	8 688	0.59	117.73
投资证券及其他金融资产总额	1 602 351	100.00	1 463 322	100.00	9.50

资料来源：招商银行2017年度报告和作者的计算。

（三）负债端：吸收存款、同业和其他金融机构存放款项与向中央银行借款鼎足三分

1.负债总额构成分析

招商银行负债总额构成见表3-14。2017年，在负债内部，客户存款、同业和其他金融机构存放款项以及向中央银行借款位居前列，分别占比69.90%、7.55%和7.13%。从绝对数增减变动幅度看，衍生金融负债增幅最大，为95.99%；其次是向中央银行借款，增长25.67%，而同业和其他金融机构存放款项以及卖出回购金融资产款双降20%以上。

表3-14　**招商银行负债总额构成**　单位：人民币百万元

项　　目	2017年12月31日		2016年12月31日		绝对数增减变动百分比（%）
	金额	占总额百分比（%）	金额	占总额百分比（%）	
客户存款	4 064 345	69.90	3 802 049	68.64	6.90
同业和其他金融机构存放款项	439 118	7.55	555 607	10.03	-20.97
向中央银行借款	414 838	7.13	330 108	5.96	25.67
拆入资金	272 734	4.69	248 876	4.49	9.59
以公允价值计量且其变动计入当期损益的金融负债	26 619	0.46	23 576	0.43	12.91
衍生金融负债	21 857	0.38	11 152	0.20	95.99
卖出回购金融资产款	125 620	2.16	162 942	2.94	-22.91
应付债券	296 477	5.10	275 082	4.97	7.78
其他*	152 638	2.63	129 557	2.34	17.82
负债总额	5 814 246	100.00	5 538 949	100.00	4.97

资料来源：招商银行2017年度报告和作者的计算。*其他包括应付职工薪酬、应交税费、应付利息、递延所得税负债和其他负债。

2. 客户存款分析

对于占银行资金比重最大的客户存款，也可以按资金期限长短分析活期与定期存款的变化趋势。招商银行按产品类型和客户类型划分的客户存款见表3-15。按客户区分，2017年公司客户存款和零售客户存款占比分别为67.07%和32.93%，总体格局与2016年接近；两类客户内部都是以活期存款为主；从变动趋势上看，公司客户存款上升幅度为8.28%，零售客户存款上升幅度为4.20%。

表3-15　**招商银行按产品类型和客户类型划分的客户存款**　单位：人民币百万元

项　目	2017年12月31日		2016年12月31日		绝对数增减变动百分比（%）
	金额	占总额百分比（%）	金额	占总额百分比（%）	
公司客户存款					
活期	1 581 802	38.92	1 441 225	37.91	9.75
定期	1 144 021	28.15	1 076 266	28.31	6.30
小计	2 725 823	67.07	2 517 491	66.21	8.28
零售客户存款					
活期	972 291	23.92	951 615	25.03	2.17
定期	366 231	9.01	332 943	8.76	10.00
小计	1 338 522	32.93	1 284 558	33.79	4.20
客户存款总额	4 064 345	100.00	3 802 049	100.00	6.90

资料来源：招商银行2017年度报告和作者的计算。

由于商业银行的权益占比较少，故不作分析。

二、利润表分析

对利润表的分析包括趋势分析和结构性分析，目的在于挖掘银行净利润及综合收益项目变化的原因。

为了解银行业的利润状况及其影响因素，同样需要在分析之前进行初步加工：一是以营业收入为基础，分析各成本费用项目所占的比重；二是分析利润表各个项目的增减变动趋势。然后再根据每个项目的信息指向以及变化情况，作出自己的专业判断。借助招商银行的合并利润表所作的营业收入结构与变动趋势分析见表3-16。

（一）总体情况分析

数据显示，2017年招商银行实现营业收入2 208.97亿元，同比增长5.33%；实现净利润706.38亿元，同比增长13.24%；实现归属于本行股东净利润701.50亿元，同比增长13.00%。

（二）营业收入结构与变动趋势分析

在营业收入内部，净利息收入依然高企，2017年占比65.57%；净手续费及佣金收入排在第二位，占比28.98%，总体趋势、结构与2016年相同。

在营业支出方面，2017年业务及管理费占营业收入的30.23%，2016年为27.67%，这个比例就是银行业通常所说的成本收入比。2017年，由于“营改增”的缘故，该行的税金

表3-16　**招商银行营业收入结构与变动趋势分析表**　单位：人民币百万元

项　　目	2017年	2016年	2017年结构（%）	2016年结构（%）	绝对数增减变动百分比（%）
营业收入	220 897	209 720	100.00	100.00	5.33
净利息收入	144 852	134 595	65.57	64.18	7.62
净手续费及佣金收入	64 018	60 865	28.98	29.02	5.18
其他净收入	12 027	14 260	5.44	6.80	−15.66
业务及管理费	66 772	58 036	30.23	27.67	15.05
税金及附加	2 152	6 362	0.97	3.03	−66.17
资产减值损失	59 926	66 159	27.13	31.55	−9.42
其他业务成本	1 507	750	0.68	0.36	100.93
营业外收支净额	140	550	0.06	0.26	−74.55
税前利润	90 680	78 963	41.05	37.65	14.84
所得税	20 042	16 583	9.07	7.91	20.86
净利润	70 638	62 380	31.98	29.74	13.24
归属于本行股东净利润	70 150	62 081	31.76	29.60	13.00

注：根据财政部于2017年12月25日发布的《关于修订印发一般企业财务报表格式的通知》（财会〔2017〕30号），本集团将原记入“营业外收入”和“营业外支出”的相关资产处置利得或损失记入“其他业务收入”中的“资产处置收益”项目。同时，本年将投资性房地产租金收入由“营业外收入”调整至“其他业务收入”。2016年度，单季度数据和成本收入比已同口径调整，对招商银行利润总额和净利润无影响。2016年“营业收入”重述前为2 090.25亿元，重述后为2 097.20亿元；“营业利润”重述前为777.18亿元，重述后为784.13亿元。

及附加占营业收入的比重从2016年的3.03%降为0.97%。资产减值损失问题仍不容忽视，两年均值在29%左右。从盈利能力看，税前利润、净利润占比分别为41.05%和31.98%，均高于2016年的数据，是向好的趋势。

（三）对净利息收入和非利息净收入的分析

1.对净利息收入的分析

为进一步了解净利息收入情况及其原因，可以利用银行提供的净利息收入表加以分析（见表3-17）。

招商银行2017年度净利息收入为1 448.52亿元，受“营改增”价税分离及负债端市场利率上升的影响，生息资产收益率增幅低于计息负债成本率增幅，导致净利息收益率小幅下降，其生息资产平均收益率为4.06%，而计息负债平均成本率为1.77%，二者相抵其净利差为2.29%，净利息收益率为2.43%，同比分别下降8和7个基点。

2.对非利息净收入的分析

表3-18反映了招商银行非利息净收入的情况。2017年，招商银行实现非利息净收入760.45亿元，同口径较上年增长2.17%。从结构上看，手续费及佣金净收入占比最高，2017年和2016年分别为84.18%和81.77%，均在80%以上，绝对数增长5.18%；而其他非利息净收入下降10.01%。

表3-17　**招商银行净利息收入及其成因分析**　单位：人民币百万元

项　　目	2017年			2016年		
生息资产	平均余额	利息收入	平均收益率（%）	平均余额	利息收入	平均收益率（%）
贷款和垫款	3 508 470	168 858	4.81	3 075 611	151 236	4.92
投资	1 432 408	52 042	3.63	1 300 604	45 721	3.52
存放中央银行款项	566 594	8 679	1.53	557 347	8 170	1.47
存放同业和其他金融机构款项	459 129	12 426	2.71	451 820	10 354	2.29
合计	5 966 601	242 005	4.06	5 385 382	215 481	4.00
计息负债	平均余额	利息支出	平均成本率（%）	平均余额	利息支出	平均成本率（%）
客户存款	3 965 462	50 329	1.27	3 619 703	46 000	1.27
同业和其他金融机构存放款项	880 787	24 138	2.74	873 695	20 168	2.31
应付债券	339 320	13 436	3.96	301 430	9 925	3.29
向中央银行借款	305 886	9 250	3.02	177 449	4 793	2.70
合计	5 491 455	97 153	1.77	4 972 277	80 886	1.63
净利息收入		144 852			134 595	
净利差			2.29			2.37
净利息收益率			2.43			2.50

资料来源：招商银行2017年度报告。

注：表中生息资产及计息负债项目平均余额为日均余额。

表3-18　**招商银行非利息净收入的主要组成部分**　单位：人民币百万元

项　　目	2017年	2016年	2017年占比（%）	2016年占比（%）	绝对数增减变动幅度（%）
手续费及佣金收入	69 908	66 003	91.93	88.68	5.92
——银行卡手续费	14 011	11 083	18.42	14.89	26.42
——结算与清算手续费	10 273	6 526	13.51	8.77	57.42
——代理服务手续费	12 627	13 121	16.60	17.63	−3.76
——信贷承诺及贷款业务佣金	3 712	4 038	4.88	5.43	−8.07
——托管及其他受托业务佣金	22 788	23 358	29.97	31.38	−2.44
——其他	6 497	7 877	8.54	10.58	−17.52
减：手续费及佣金支出	5 890	−5 138	7.75	−6.90	−214.64
手续费及佣金净收入	64 018	60 865	84.18	81.77	5.18
其他非利息净收入	12 207	13 565	16.05	18.23	−10.01
——公允价值变动净收益	375	−2 511	0.49	−3.37	−114.93
——投资收益	6 205	11 953	8.16	16.06	−48.09
——汇兑净收益	1 934	2 857	2.54	3.84	−32.31
——其他业务净收入	3 513	1 266	4.62	1.70	177.49
非利息净收入总额	76 045	74 430	100.00	100.00	2.17

三、现金流量表分析

从现金流量表中可以了解如下信息：一是企业现金流入和流出项目的变动趋势；二是企业的现金流入和流出结构；三是企业的现金偿债能力、股利支付能力和纳税能力。

同资产负债表和利润表一样，对现金流量表也要进行初步加工，然后依据分析方法进行必要的分析。为了便于对现金流量表的分析，依据招商银行的合并现金流量表，我们作出了合并现金流量项目增减变动趋势分析表以及现金流入结构分析表和现金流出结构分析表（分别见表3-19、表3-20和表3-21）。

表3-19　　招商银行合并现金流量项目增减变动趋势分析表

2017年度　　单位：人民币百万元

项　目	2017年	2016年	绝对数增减变动趋势分析（%）
一、经营活动产生的现金流量净额	（5 660）	（120 615）	-95.31
二、投资活动产生的现金流量净额	（84 471）	13 720	-715.68
三、筹资活动产生的现金流量净额	22 663	（3 996）	-667.14
四、汇率变动对现金的影响额	（4 219）	7 160	-158.92
五、现金及现金等价物净增加额	（71 687）	（103 731）	-30.89
加：期初现金及现金等价物	532 112	635 843	-16.31
六、期末现金及现金等价物	460 425	532 112	-13.47

注：为减少篇幅，此处只列出主要项目加以示范。

（一）总体情况分析

表3-19中的数据显示，招商银行2017年度经营活动和投资活动的现金流量净额皆为负值，而筹资活动的现金流量净额为正值。从趋势上看，两个年度比较，招商银行三大主要活动的现金流量净额均出现下降趋势。其中，经营活动、投资活动和筹资活动产生的现金流量净额分别下降95.31%、715.68%和667.14%。招商银行需要关注以下问题：一是要关心经营活动、投资活动和筹资活动三大活动总体变化趋势对银行管理的启示；二是要关注那些具体项目变动幅度比较大的原因及其后续影响。

（二）现金流入和流出结构分析

现金流入方面：就三大活动而言，2017年，招商银行三大活动的现金流入基本上呈现出三分天下的局面。其中，经营活动和筹资活动现金流入占比差距不大，分别为30.79%和30.32%，而投资活动的现金流入占比为38.89%。与2016年相比，招商银行的现金流入发生了明显的变化。其中，经营活动的现金流入占比下降，由2016年的36.34%降为30.79%；而投资活动的现金流入占比上升，由2016年的37.60%升达38.89%；筹资活动的现金流入占比2017年较2016年上升4.26个百分点。

就现金流入结构的单一项目而言，2017年收回投资收到的现金、发行同业存单收到的现金、客户存款净增加额是主要的现金流入源，分别占比36.51%、25.44%和11.92%。

现金流出方面：就三大活动而言，2017年投资活动产生的现金流出依然是主要项目，占比41.38%，经营活动和筹资活动的现金流出占比分别为30.07%和28.36%。

表3-20　**招商银行合并现金流入结构分析表**

2017年度　单位：人民币百万元

项　目	2017年	2016年	2017年结构（%）	2016年结构（%）	绝对数增减变动趋势分析（%）
一、经营活动产生的现金流量					
客户存款净增加额	262 296	230 351	11.92	10.48	13.87
向中央银行借款净增加额	84 730	267 508	3.85	12.17	-68.33
拆出资金及买入返售金融资产净减少额	19 070		0.87	0	
存放同业和其他金融机构款项净减少额	11 527		0.52		不适用
拆入资金及卖出回购金融资产净增加额		47 395	0	2.16	-100.00
收取利息、手续费及佣金的现金	257 953	234 993	11.72	10.70	9.77
收到其他与经营活动有关的现金	41 941	18 229	1.91	0.83	130.08
经营活动现金流入小计	677 517	798 476	30.79	36.34	-15.15
二、投资活动产生的现金流量					
收回投资收到的现金	803 283	765 069	36.51	34.82	4.99
取得投资收益收到的现金	52 205	60 509	2.37	2.75	-13.72
收回合营公司贷款收到的现金		5	0	0	-100.00
处置子公司及其他营业单位收取的现金净额	67		0	0	
出售固定资产和其他资产收到的现金	191	561	0.01	0.03	-65.95
投资活动现金流入小计	855 746	826 144	38.89	37.60	3.58
三、筹资活动产生的现金流量					
吸收投资收到的现金	495		0.02	0	
其中：子公司吸收少数股东投资收到的现金	495		0.02	0	
发行优先股筹集的资金	34 065		1.55	0	
发行永续债筹集的资金	1 170		0.05	0	
发行债券收到的现金	52 449	12 432	2.38	0.57	321.89
发行存款证收到的现金	19 086	14 740	0.87	0.67	29.48
发行同业存单收到的现金	559 795	545 430	25.44	24.82	2.63
筹资活动现金流入小计	667 060	572 602	30.32	26.06	16.50
现金流入合计	2 200 323	2 197 222	100.00	100.00	0.14

表3-21　　　　**招商银行合并现金流出结构分析表**

2017年度　　　　单位：人民币百万元

项　目	2017年	2016年	2017年结构（%）	2016年结构（%）	绝对数增减变动趋势分析（%）
一、经营活动产生的现金流量					
贷款和垫款净增加额	322 105	470 444	14.18	20.45	-31.53
存放中央银行款项净增加额	25 205	40 633	1.11	1.77	-37.97
存放同业和其他金融机构款项净增加额		21 855	0	0.95	-100.00
拆出资金及买入返售金融资产净增加额		29 577	0	1.29	-100.00
同业和其他金融机构存放款项净减少额	116 489	155 954	5.13	6.78	-25.31
拆入资金及卖出回购金融资产净减少额	13 464		0.59	0	
支付利息、手续费及佣金的现金	89 759	78 941	3.95	3.43	13.70
支付给职工以及为职工支付的现金	34 540	32 287	1.52	1.40	6.98
支付的各项税费	44 617	41 626	1.96	1.81	7.19
支付的其他与经营活动有关的现金	36 998	47 774	1.63	2.08	-22.56
经营活动现金流出小计	683 177	919 091	30.07	39.94	-25.67
二、投资活动产生的现金流量					
购建固定资产和其他资产所支付的现金	16 336	17 504	0.72	0.76	-6.67
投资支付的现金	923 275	794 146	40.64	34.51	16.26
取得子公司及其他营业单位支付的现金净额	606	774	0.03	0.03	-21.71
投资活动现金流出小计	940 217	812 424	41.38	35.31	15.73
三、筹资活动产生的现金流量					
偿还已发行存款证支付的现金	11 916	8 019	0.52	0.35	48.60
偿还已到期债券支付的现金	30 186	5 227	1.33	0.23	477.50
偿还已到期同业存单支付的现金	569 088	533 210	25.05	23.17	6.73
派发股利支付的现金	18 692	17 402	0.82	0.76	7.41
发行债券支付的利息	14 483	12 574	0.64	0.55	15.18
赎回少数股东权益支付的现金	32	166	0	0.01	-80.72
筹资活动现金流出小计	644 397	576 598	28.36	25.06	11.76
四、汇率变动对现金的影响额	4 219	-7 160	0.19	-0.31	-158.92
现金流出合计	2 272 010	2 300 953	100.00	100.00	-1.26

就现金流出结构的单一项目而言，2017年投资支付的现金、偿还已到期同业存单支付的现金、贷款和垫款净增加额位居前三，分别占比40.64%、25.05%和14.18%。

就银行而言，需要关注现金流的变化对银行资金流动性以及偿付能力的影响。

第三节　主要财务与监管指标分析

本节主要依据证监会以及行业监管的要求，从银行业的特点出发，分析财务与监管指标的变化趋势以及对商业银行管理的意义。

一、盈利能力指标分析

商业银行的盈利能力可以通过净利差、净利息收益率、成本收入比、资产收益率、每股收益等指标加以反映（见表3-22）。

表3-22　　**招商银行盈利能力指标**　　单位：%

财务比率	2017年	2016年	本年比上年增减	2015年
净利差(1)	2.29	2.37	减少0.08个百分点	2.61
净利息收益率(2)	2.43	2.50	减少0.07个百分点	2.77
成本收入比(3)	30.23	27.67	增加2.56个百分点	27.67
资产收益率以及股东回报率(4)：				
归属于本行股东的平均总资产收益率	1.15	1.09	增加0.06个百分点	1.13
归属于本行股东的平均净资产收益率	16.54	16.27	增加0.27个百分点	17.09
归属于本行股东的加权平均净资产收益率	16.54	16.27	增加0.27个百分点	17.09
扣除非经常性损益后归属于本行股东的加权平均净资产收益率	16.45	16.02	增加0.43个百分点	16.90
每股收益指标(5)：				
归属于本行股东的基本每股收益	2.78	2.46	13.01	2.29
归属于本行股东的稀释每股收益	2.78	2.46	13.01	2.29
扣除非经常性损益后归属于本行股东的基本每股收益	2.77	2.42	14.46	2.26

资料来源：招商银行2017年度报告。

注：（1）净利差为总生息资产平均收益率与总计息负债平均成本率两者的差额。

（2）净利息收益率=净利息收入/总生息资产平均余额

（3）成本收入比=业务及管理费/营业收入

（4）净资产收益率和每股收益指标根据《公开发行证券的公司信息披露内容与格式准则第2号——年度报告的内容与格式》及《公开发行证券的公司信息披露编报规则第9号——净资产收益率和每股收益的计算及披露》的规定计算。本行2017年发行了非累积型优先股，但并无发行优先股股息，因此，在计算基本每股收益、平均净资产收益率和每股净资产时，“归属于本行股东的净利润”无须扣除优先股股息，“平均净资产”和“净资产”扣除了优先股股息。

（5）根据《公开发行证券的公司信息披露解释性公告第1号——非经常性损益》的规定，本集团的非经常性损益，包括处置固定资产净损益、其他净损益以及所得税后为3.81亿元人民币。从2017年起，集团将物业租赁收入认定为经常性损益。

招商银行盈利能力指标数据显示，招商银行的三年盈利能力指标不稳定，净利差和净利息收益率2015年后双双下降；反映银行成本管理能力的指标成本收入比自2016年后上升，需要加强业务管理费管控，使其创造更多的营业收入。资产收益率以及股东回报数据显示，无论是总资产收益率还是净资产收益率，2017年相较于2016年都呈现出上升趋势，说明招商银行的资产收益率以及股东回报率均在提高，但其中除了归属于本行股东的平均总资产收益率比2015年略有提高外，其他指标均低于2015年。每股收益指标自2015年后呈现出逐年增长的态势。

二、资产质量指标分析

商业银行的资产质量可以用不良贷款率、拨备覆盖率、流动性比例和风险迁徙率指标等加以衡量。

（一）不良贷款率、拨备覆盖率分析

资产质量一直是商业银行非常关注的指标，不良贷款率反映了银行贷款的风险程度，从2015—2017年的数据可以观察到，招商银行的不良贷款率自2016年后呈现出下降的趋势；同时，招商银行也提高了不良贷款拨备覆盖率和贷款拨备率的计提，以应对可能出现的风险（见表3-23）。

表3-23 招商银行资产质量指标

资产质量指标（%）	2017年12月31日	2016年12月31日	本年年末比上年年末增减	2015年12月31日
不良贷款率	1.61	1.87	下降0.26个百分点	1.68
不良贷款拨备覆盖率[1]	262.11	180.02	提高82.09个百分点	178.95
贷款拨备率[2]	4.22	3.37	提高0.85个百分点	3.00

资料来源：招商银行2017年度报告。

注：（1）不良贷款拨备覆盖率=贷款减值准备/不良贷款余额

（2）贷款拨备率=贷款减值准备/贷款和垫款总额

（二）流动性比例分析

流动性比例信息（见表3-24）显示，招商银行的流动性指标都远高于标准值，但三年比较，流动性指标本外币均呈现出下降的态势。在贷款和垫款比例方面，单一最大贷款和垫款比例上升，最大十家贷款和垫款比例下降，公司需要防范流动性风险。

表3-24 招商银行流动性指标

主要指标（%）	标准值	2017年	2016年	2015年
流动性比例——人民币	≥25	40.68	59.42	65.67
——外币	≥25	54.78	70.75	75.57
单一最大贷款和垫款比例	≤10	3.58	2.46	2.33
最大十家贷款和垫款比例	—	13.95	16.42	12.67

资料来源：招商银行2017年度报告。

注：以上数据均为本行口径，根据银监会的监管口径计算。

（三）风险迁徙率分析

风险迁徙类指标是衡量商业银行风险变化程度的动态指标，表示资产质量从前期到本期变化的比率。根据银监会的《贷款风险分类指引》，银行将信贷资产分为正常、关注、次级、可疑、损失五类，其中后三类贷款被视为不良贷款。招商银行迁徙率指标（见表

3–25）显示，其正常类贷款迁徙率指标逐年递减，这是好消息；而其他类指标的表现不稳定，隐含着一定的风险性。

表3–25　招商银行迁徙率指标

迁徙率指标（%）	2017年	2016年	2015年
正常类贷款迁徙率	1.73	3.65	5.07
关注类贷款迁徙率	26.58	42.42	42.17
次级类贷款迁徙率	69.28	75.86	55.61
可疑类贷款迁徙率	28.78	49.08	30.12

资料来源：招商银行2017年度报告。

注：迁徙率为本公司口径，根据中国银监会的相关规定计算。

$$正常类贷款迁徙率=\frac{期初正常类贷款期末转为后四类贷款的余额}{期初正常类贷款期末仍为贷款的部分}\times 100\%$$

$$关注类贷款迁徙率=\frac{期初关注类贷款期末转为不良贷款的余额}{期初关注类贷款期末仍为贷款的部分}\times 100\%$$

$$次级类贷款迁徙率=\frac{期初次级类贷款期末转为可疑类和损失类贷款余额}{期初次级类贷款期末仍为贷款的部分}\times 100\%$$

$$可疑类贷款迁徙率=\frac{期初可疑类贷款期末转为损失类贷款余额}{期初可疑类贷款期末仍为贷款的部分}\times 100\%$$

三、偿付能力监管指标分析

商业银行的偿付能力可以通过资本充足率和杠杆率指标加以分析。

（一）资本充足率

商业银行的资本充足率分为高级法和权重法两种计量方法。招商银行按高级法和权重法分别披露的资本充足率情况分别见表3–26和表3–27。

高级法下的数据显示，截至2017年12月31日，招商银行（集团口径）按照中国银监会2012年6月颁布的《商业银行资本管理办法（试行）》中的高级计量方法计算的本集团资本充足率为15.48%，一级资本充足率为13.02%，均超过标准要求，且2017年各项资本充足率指标均呈现出上升趋势。

权重法下资本充足率指标的信息显示，招商银行的核心一级资本充足率略降，而一级资本充足率和资本充足率都呈现出上升态势，说明总体的资本能力在增强。

（二）杠杆率

杠杆率是商业银行一级资本与调整后的表内外资产余额的比率。杠杆率水平越高，表明商业银行的资本越充足，抵御风险的能力越强。杠杆率指标具有简单、透明、不具有风险敏感性的特点。实施杠杆率监管，既有利于防止商业银行资产负债表过度扩张和承担风险、控制金融体系的杠杆化程度，也有利于防止银行使用内部模型进行监管套利，确保银行体系维持一定水平的合格资本。

总体来看，招商银行的杠杆率超过了商业银行并表和未并表的杠杆率均不得低于4%的底线。年度比较来看，招商银行2017年的杠杆率为6.29%，较2016年的杠杆率5.75%提高0.54个百分点，说明其资本充足率在提高，抗风险能力在增强。

表3-26　**招商银行高级法下[1]资本充足率情况**　单位：人民币百万元

本集团	2017年12月31日	2016年12月31日	本年年末比上年年末增减百分比（%）
高级法下资本充足率情况			
1.核心一级资本净额	425 689	388 762	9.50
2.一级资本净额	459 782	388 780	18.26
3.资本净额	546 534	449 116	21.69
4.风险加权资产（不考虑并行期底线要求）	3 291 816	3 209 980	2.55
其中：信用风险加权资产	2 848 064	2 813 611	1.22
市场风险加权资产	57 560	38 073	51.18
操作风险加权资产	386 192	358 296	7.79
5.风险加权资产（考虑并行期底线要求）	3 530 745	3 368 990	4.80
6.核心一级资本充足率	12.06%	11.54%	提高0.52个百分点
7.一级资本充足率	13.02%	11.54%	提高1.48个百分点
8.资本充足率	15.48%	13.33%	提高2.15个百分点
杠杆率情况[2]			
9.调整后的表内外资产余额	7 309 756	6 758 093	8.16
10.杠杆率	6.29%	5.75%	提高0.54个百分点

资料来源：招商银行2017年度报告。

注：（1）“高级法”指2012年6月7日银监会发布的《商业银行资本管理办法（试行）》中的高级计量方法。按该办法的规定，招商银行（集团口径）资本充足率的计算范围包括招商银行及其附属公司。本公司资本充足率的计算范围包括招商银行境内外所有分支机构。截至2017年12月31日，招商银行（集团口径）符合资本充足率并表范围的附属公司包括：永隆银行、招银国际、招银租赁和招商基金。商业银行在实施资本计量高级方法的并行期内，应当通过资本底线调整系数对银行风险加权资产乘以最低资本要求与储备资本要求之和的金额、资本扣减项总额、可计入资本的超额贷款损失准备进行调整。资本底线要求调整系数在并行期第一年为95%，第二年为90%，第三年及以后为80%，2017年为并行期实施的第三年。

（2）自2015年起使用2015年2月12日银监会发布的《商业银行杠杆率管理办法（修订）》计算杠杆率。

商业银行杠杆率的计算公式为：

$$杠杆率=\frac{一级资本-一级资本扣减项}{调整后的表内外资产余额}\times 100\%$$

一级资本和一级资本扣减项为《商业银行资本管理办法（试行）》所定义的一级资本和一级资本扣减项。从调整后的表内外资产余额中扣除的一级资本扣减项不包括商业银行因自身信用风险变化导致其负债公允价值变化带来的未实现损益。商业银行在计算调整后的表内外资产余额时，除本办法另有规定外，不考虑抵质押品、保证和信用衍生产品等信用风险缓释因素。调整后的表内资产余额为扣减针对相关资产计提的准备或会计估值调整后的表内资产余额。

调整后的表内外资产余额的计算公式为：

$$\begin{matrix}调整后的表内外\\资产余额\end{matrix}=\begin{matrix}调整后的表内资产余额(不包括\\表内衍生产品和证券融资交易)\end{matrix}+\begin{matrix}衍生产品\\资产余额\end{matrix}+\begin{matrix}证券融资交易\\资产余额\end{matrix}+\begin{matrix}调整后的表外\\项目余额\end{matrix}-\begin{matrix}一级资本\\扣减项\end{matrix}$$

表3-27　**招商银行权重法下*资本充足率情况**　单位：人民币百万元

本集团	2017年12月31日	2016年12月31日	本年年末比上年年末增减百分比（%）
权重法下资本充足率情况			
1.核心一级资本净额	371 416	339 976	9.25
2.一级资本净额	402 869	339 976	18.50
3.资本净额	475 774	408 962	16.34
4.风险加权资产	3 911 286	3 529 142	10.83
5.核心一级资本充足率	9.50%	9.63%	下降0.13个百分点
6.一级资本充足率	10.30%	9.63%	提高0.67个百分点
7.资本充足率	12.16%	11.59%	提高0.57个百分点

资料来源：招商银行2017年度报告。* "权重法"是指按照2012年6月7日银监会发布的《商业银行资本管理办法（试行）》中的相关规定进行资本充足率计算的方法。

四、成长能力指标分析

成长能力指标主要是反映银行总资产、净资产、营业收入、营业利润、净利润增长情况的指标，通过该指标能了解趋势性信息。由于其分析方法在前面已讲过，此处略。

五、现金分红与股利支付率情况

该股票自上市以来累计分红17次，累计分红金额为1 079.86亿元。从2015—2017年3年的分红情况看，公司的现金分红率已达30%，符合国家分红政策的有关规定（见表3-28）。

表3-28　**招商银行现金分红情况**

年度	每股送红股数	每股派息数（人民币元）（含税）	每股转增数（股）	现金分红的数额（含税）（人民币百万元）	分红年度合并报表中归属于本行股东的净利润（人民币百万元）	现金分红占合并报表中归属于本行股东的净利润的比率（%）
2017年	—	0.84	—	21 185	70 150	30.20
2016年	—	0.74	—	18 663	62 081	30.06
2015年	—	0.69	—	17 402	57 696	30.16

资料来源：招商银行2017年度报告中经营情况讨论与分析（本公司近三年利润分配情况）的说明。

分红能力也可以与其他上市银行进行比较。

六、市场表现与未来的业绩预测

1.市场表现

对上市公司而言，不仅要创造价值，而且要看重其股票在资本市场上的表现，寻找偏离其内在价值的原因，投资者可从中发现投资价值。衡量上市公司市场表现的指标主要包括市盈率和市净率。

招商银行市场表现指标显示（见表3-29），受股本规模变动、创收能力、盈利能力和资本市场等因素的影响，招商银行的市盈率指标变动较大，而市净率指标相对稳定，不似市盈率指标的波动幅度那样大。

表3-29 招商银行各期期末市场表现指标

项目＼年份	2017.9.30	2016	2015	2014	2013
市盈率（PE）	9.3934	7.1545	7.8559	7.4730	4.7348
市净率（PB）	1.4709	1.1034	1.2575	1.3304	1.0346

资料来源：凤凰网财经公告的招商银行财务指标。

为分析、了解银行业的总体情况，招商银行可与同期的股份制商业银行以及其他上市银行进行比较，这样就更能看出银行业的市场表现规律，并用于将来对银行业的盈利预测与估值。

2.对招商银行未来业绩的预测

截至2018年4月6日，6个月内共有25家机构对招商银行2018年度的业绩作出了预测：预计2018年每股收益为3.20元，较2017年同比增长15.11%；预计2018年净利润为807.75亿元，较2017年同比增长15.15%。具体分别见表3-30、表3-31。

表3-30 招商银行未来业绩预测 单位：人民币亿元

年　份	2011	2012	2013	2014	2015	2016	2017	2018	2019
净利润（或预测净利润）	361.29	452.68	517.43	559.11	576.96	620.81	701.50	807.75	930.16

资料来源：同花顺财经。

表3-31 机构对招商银行未来的盈利预测分布情况 单位：人民币亿元

汇总——预测年报净利润					
年度	预测机构数	最小值	均值	最大值	行业平均数
2018	25	758.05	807.75	865.04	1 170.60
2019	22	831.01	930.16	1 008.80	1 241.55
2020	12	1 003.91	1 102.16	1 278.93	1 494.40

资料来源：同花顺财经。

以上分析表明，银行的财务报告分析内容和分析指标都有别于非金融企业，相对而言也复杂和较难，这需要通过多家银行的比较来熟练和提高。

重要概念

资产负债表　利润表　现金流量表　现金和现金等价物　经营活动产生的现金流量　投资活动产生的现金流量　筹资活动产生的现金流量

复习思考

1. 资产负债表能提供哪些价值信息？
2. 利润表能提供哪些价值信息？
3. 现金流量表能提供哪些价值信息？

操作练习

目的：了解财务报表信息解读的基本方法。

要求：利用上市银行披露的2017年度报告，选取任意一家上市银行比照招商银行的财务报表分析方法解读其基本信息，说明所选定银行的资产、负债和所有者权益、营业收入、净利润以及现金流量的变化趋势和变化原因，并进行银行自身及其与同业财务指标的比较。

第四章

保险业的信息披露与监管要求

【导语】本章的主要目的是对保险业有总括性的了解，主要包括保险业的业务与发展情况，银保监会、证监会关于信息披露与监管的规定。这有助于我们对保险业财务报告及其信息披露的理解与分析。

本章内容要点

第一节 保险业的业务与发展

本节的目的在于了解保险业的业务和发展概况，以便从总体上加深对行业的了解，为后期的学习和分类研究打下基础。

一、保险业的分类

风险无处不在。研究保险业，首先要明确什么是保险。对于保险的定义，人们分别从不同角度加以解释。从风险管理角度看，保险可以看作是一种风险管理的方法，或是一种风险转移的机制。从经济角度看，保险可以看作是分摊意外事故损失和提供经济保障的一种非常有效的财务安排。我们这里要讲的保险是法律层面的定义：《中华人民共和国保险法》（以下简称《保险法》）第二条规定，保险是指投保人根据合同约定，向保险人支付保险费，保险人对于合同约定的可能发生的事故因其发生所造成的财产损失承担赔偿保险金责任，或者当被保险人死亡、伤残、疾病或者达到合同约定的年龄、期限等条件时承担给付保险金责任的商业保险行为。

保险所具有的保障、资金融通和社会管理功能决定了保险成为社会生活中不可或缺的组成部分。社会保险和商业保险是社会保障体系框架的两大支柱，两者相互促进、共同发展，才能为民众提供更好的保障。2014年8月13日，《国务院关于加快发展现代保险服务业的若干意见》[①]提出，保险要成为政府、企业、居民风险管理和财富管理的基本手段，

① 国发〔2014〕29号。

成为提高保障水平和保障质量的重要渠道。服务经济社会发展是保险业在国民经济中的战略地位所决定的，也是建成现代保险服务业的重要支柱。

为了便于对保险业的分类管理，我国对保险业也有不同的分类。按照银保监会网站的普及知识，通常可以将保险业进行如下分类：

1.按保险业务的不同分类，保险业分为从事人寿保险、财产保险和再保险业务的公司。

2.按照经营类型分类，保险业分为政策性保险公司、保险集团公司、人身保险公司、财产保险公司、再保险公司、保险资产管理公司、保险经纪公司、保险代理公司、保险公估公司、企业年金以及其他类型的保险公司。

3.按照分类定级分类，保险业分为A类、B类、C类和D类保险公司。

4.按组织形式分类，保险业分为上市股份有限公司、非上市股份有限公司、有限责任公司和其他类型的保险公司。

5.按经济类型分类，保险业分为国有绝对控股、国有相对控股、国有参股和其他类型的保险公司。

二、保险业的基本业务

我国《保险法》规定，保险公司的业务范围包括：

1.人身保险业务，包括人寿保险、健康保险、意外伤害保险等保险业务；

2.财产保险业务，包括财产损失保险、责任保险、信用保险、保证保险等保险业务；

3.国务院保险监督管理机构批准的与保险有关的其他业务。

保险人不得兼营人身保险业务和财产保险业务。但是，经营财产保险业务的保险公司经国务院保险监督管理机构批准，可以经营短期健康保险业务和意外伤害保险业务。保险公司应当在国务院保险监督管理机构依法批准的业务范围内从事保险经营活动。

经国务院保险监督管理机构批准，保险公司可以经营《保险法》第九十五条规定的保险业务的下列再保险业务：1.分出保险；2.分入保险。①

三、保险业的发展情况

从机构数量看，原中国保监会的数据信息显示：截至2017年年底，我国共有保险公司170家，其中财产保险公司85家，人身保险公司85家（见表4-1）。

表4-1　**保险公司2017年按资本结构分布的原保险保费收入等信息**　金额单位：万元

项　　目	资本结构	家数	原保险保费收入	保户投资款新增交费	投连险独立账户新增交费
财产保险公司	中资公司数量	63	103 349 876.98		
	外资数量	22	2 063 937.69		
	小计	85	105 413 814.67		
人身保险公司	中资公司数量	57	241 058 872.31	56 002 561.30	4 382 572.11
	外资数量	28	19 336 616.36	2 921 078.43	321 603.86
	小计	85	260 395 488.67	58 923 639.73	4 704 175.97
原保险保费收入合计		170	365 809 303.34	58 923 639.73	4 704 175.97

资料来源：根据原保监会网站统计信息整理。

① 《中华人民共和国保险法》(2015年修正本)。

在85家财产保险公司中，中资公司数量63家，占比74.12%，外资公司22家，占比25.88%；63家中资公司原保险保费收入10 334.99亿元，占比98.04%，其余为外资占比。

在85家人身保险公司中，中资公司数量57家，占比67.06%，外资公司28家，占比32.94%；57家中资公司原保险保费收入24 105.89亿元，占比92.57%，其余为外资占比。

原保监会网站公布的《2017年保险业经营情况表》统计数据显示（见表4-2），2017年我国原保险保费收入36 581.01亿元，比2016年增长18.16%。其中两大险种中人身险占比为73.12%，财产险占比为26.88%。2017年原保险赔付支出相当于原保费收入的30.56%，业务及管理费相当于原保险保费收入的11.72%。2017年投资总额和资产总额分别达到129 932.14亿元和109 066.46亿元，分别比2016年增长了19.13%和10.80%。

表4-2 2017年保险业经营情况表 单位：万元

项　　目	2017年	2016年	绝对数增减变动趋势（%）	2017年占原保费收入的比例（%）	2016年占原保费收入的比例（%）
原保险保费收入	365 810 073.85	309 591 008.90	18.16	100.00	100.00
1.财产险	98 346 579.05	87 244 981.36	12.72	26.88	28.18
2.人身险	267 463 494.80	222 346 027.54	20.29	73.12	71.82
（1）寿险	214 555 650.29	174 422 166.77	23.01	58.65	56.34
（2）健康险	43 894 603.83	40 424 967.91	8.58	12.00	13.06
（3）人身意外伤害险	9 013 240.68	7 498 892.86	20.19	2.46	2.42
人身保险公司保户投资款新增交费	58 923 639.73	118 601 615.29	−50.32		
人身保险公司投连险独立账户新增交费	4 704 175.97	9 389 744.45	−49.90		
原保险赔付支出	111 807 932.57	105 128 899.84	6.35	30.56	33.96
1.财产险	50 874 495.97	47 261 838.89	7.64		
2.人身险	60 933 436.60	57 867 060.95	5.30		
（1）寿险	45 748 906.94	46 029 461.77	−0.61		
（2）健康险	12 947 670.22	10 007 522.22	29.38		
（3）人身意外伤害险	2 236 859.45	1 830 076.96	22.23		
业务及管理费	42 880 643.40	38 955 248.72	10.08	11.72	12.58
银行存款	192 740 725.29	248 442 107.31	−22.42		
投资	1 299 321 408.14	1 090 664 619.03	19.13		
资产总额	1 674 893 735.07	1 511 691 649.52	10.80		

注：表4-2中的原保险保费收入与表4-1有统计误差，此处不便更改。

资料来源：中国银行保险监督管理委员会原保监会网站，比例由作者计算。

第二节 保险业的信息披露

本节的目的，一是了解银保监会关于保险业信息披露的要求；二是为需要从事保险业案例研究和实证研究的学员提供从银保监会和证监会查找信息的路径。

一、保险业信息披露的目的

信息披露，是指保险公司向社会公众公开其经营管理相关信息的行为。保险市场是典型的信息不对称市场之一。保险市场的信息不对称主要表现在保险标的、保险知识、保险技术和保险监管等方面。保险市场中存在保险人与投保人之间的信息不对称、保险人与保险中介之间的信息不对称以及保险人与监管部门之间的信息不对称。这些信息不对称使得投保人的利益经常遭受损害，公众对保险失去信心。解决这一问题的措施之一，就是进行信息披露。

信息披露是解决市场信息不对称、提高市场运转效率和透明度的重要措施。由于保险业是经营风险的行业，与社会公众利益相关性很强，市场要求保险公司比其他公司披露更多的信息。因此，保险业信息披露的目的在于：一是保障投保人、被保险人和受益人的合法权益；二是进一步完善保险公司治理结构；三是进一步完善保险监管体系；四是提高保险市场效率，维护保险业平稳健康发展。

二、保险业的信息披露

（一）银保监会对保险业信息披露的要求

保监会对保险业信息披露的要求始于2010年的《保险公司信息披露管理办法》。

2010年5月12日，中国保险监督管理委员会发布了2010年第7号令《保险公司信息披露管理办法》，要求保险公司应当披露包括基本信息、财务会计信息、风险管理状况信息、保险产品经营信息、偿付能力信息、重大关联交易信息以及重大事项信息在内的信息。

2016年6月30日，为进一步加强保险公司关联交易信息披露工作，保护保险消费者合法权益，保监会发布了《中国保监会关于进一步加强保险公司关联交易信息披露工作有关问题的通知》，要求保险公司就规定范围内的关联交易逐笔报告和披露。

2016年7月15日，为加强保险公司股权管理，发布了《保险公司股权管理办法》，要求进一步强化社会监督和提高审核工作透明度，规范保险公司筹建及股权变更行为，确保资金来源真实、合法、有效。

2017年8月16日，根据保险业出现的新问题及新情况，为进一步规范保险公司信息披露工作，提高保险公司信息披露的及时性、可比性、有效性，保障投保人、被保险人、受益人以及相关当事人的合法权益，中国保监会发布了《保险公司信息披露管理办法》的征求意见稿。征求意见稿从披露内容、披露方式、披露时间以及披露管理等方面作出更为详细的规定。

2018年4月18日，中国银保监会发布2018年第2号令《保险公司信息披露管理办法》，在其第七条中，明确了保险公司应当披露下列信息：基本信息、财务会计信息、保险责任准备金信息、风险管理状况信息、保险产品经营信息、偿付能力信息、重大关联交易信息、重大事项信息、银保监会规定的其他信息。

1.基本信息

保险公司披露的基本信息应当包括公司概况、公司治理概要和产品基本信息。

2.财务会计信息

保险公司披露的上一年度财务会计信息应当与经审计的年度财务会计报告保持一致，并包括下列内容：

（1）财务报表，包括资产负债表、利润表、现金流量表、所有者权益变动表和附注。财务报表附注，包括财务报表的编制基础，重要会计政策和会计估计的说明，重要会计政策和会计估计变更的说明，或有事项、资产负债表日后事项和表外业务的说明，对公司财务状况有重大影响的再保险安排说明，企业合并、分立的说明，以及财务报表中重要项目的明细。

（2）审计报告的主要审计意见，审计意见中存在带强调事项段的无保留意见、保留意见、否定意见或者无法表示意见的，保险公司还应当就此作出说明。实际经营期未超过3个月的保险公司年度财务会计报告可以不经审计。

3.保险责任准备金信息

保险公司披露的上一年度保险责任准备金信息包括准备金评估方面的定性信息和定量信息。保险公司应当按照准备金的类别提供以下说明：

（1）未来现金流假设、主要精算假设方法及其结果等。

（2）保险公司应当按照准备金的类别列示准备金评估结果以及与前一年度评估结果的对比分析。

（3）保险公司披露的保险责任准备金信息应当与财务会计报告相关信息保持一致。

4.风险管理状况信息

保险公司披露的风险管理状况信息应当与经董事会审议的年度风险评估报告保持一致，并包括下列内容：

（1）风险评估，包括保险风险、市场风险和信用风险等风险的敞口及其简要说明，以及操作风险、战略风险、声誉风险、流动性风险等的简要说明。

（2）风险控制，包括风险管理组织体系简要介绍、风险管理总体策略及其执行情况。

5.保险产品经营信息

人身保险公司披露的产品经营信息应当包括下列内容：

（1）上一年度原保险保费收入居前5位的保险产品的名称、主要销售渠道、原保险保费收入和退保金。

（2）上一年度保户投资款新增交费居前3位的保险产品的名称、主要销售渠道、保户投资款新增交费和保户投资款本年退保。

（3）上一年度投连险独立账户新增交费居前3位的投连险产品的名称、主要销售渠道、投连险独立账户新增交费和投连险独立账户本年退保。

财产保险公司披露的产品经营信息是指上一年度原保险保费收入居前5位的商业保险

险种经营情况，包括险种名称、保险金额、原保险保费收入、赔款支出、准备金、承保利润。

6. 偿付能力信息

保险公司披露的上一年度偿付能力信息是指经审计的第四季度偿付能力信息，至少包括核心偿付能力充足率、综合偿付能力充足率、实际资本和最低资本等内容。

7. 重大关联交易信息

保险公司披露的重大关联交易信息应当包括下列内容：交易概述以及交易标的的基本情况；交易对手情况；交易的主要内容和定价政策；独立董事的意见；中国银行保险监督管理委员会规定的其他事项。重大关联交易的认定和计算，应当符合中国银行保险监督管理委员会的有关规定。

8. 重大事项信息

保险公司有下列重大事项之一的，应当披露相关信息并作出简要说明：

（1）控股股东或者实际控制人发生变更。

（2）更换董事长或者总经理。

（3）当年董事会累计变更人数超过董事会成员人数的三分之一。

（4）公司名称、注册资本、公司住所或者营业场所发生变更。

（5）经营范围发生变化。

（6）合并、分立、解散或者申请破产。

（7）撤销省级分公司。

（8）对被投资企业实施控制的重大股权投资。

（9）发生单项投资实际投资损失金额超过公司上季度末净资产总额5%的重大投资损失，如果净资产为负值则按照公司注册资本5%计算。

（10）发生单笔赔案或者同一保险事故涉及的所有赔案实际赔付支出金额超过公司上季度末净资产总额5%的重大赔付，如果净资产为负值则按照公司注册资本5%计算。

（11）发生对公司净资产和实际营运造成重要影响或者判决公司赔偿金额超过5 000万元人民币的重大诉讼案件。

（12）发生对公司净资产和实际营运造成重要影响或者裁决公司赔偿金额超过5 000万元人民币的重大仲裁事项。

（13）保险公司或者其董事长、总经理受到刑事处罚。

（14）保险公司或者其省级分公司受到中国银行保险监督管理委员会或者其派出机构的行政处罚。

（15）更换或者提前解聘会计师事务所。

（16）中国银行保险监督管理委员会规定的其他事项。

（二）证监会对保险业信息披露的要求

向投资者及时、真实、准确、完整地披露信息是上市公司的法定义务。针对保险业上市公司情况，证监会对保险业上市公司的信息披露也有监管规定。

1999年以来，证监会发布了一系列有关文件，对公开发行股票的上市公司信息披露提出了监管要求。

2000年，中国证监会颁布的《公开发行证券的公司信息披露编报规则第3号——保险公司招股说明书内容与格式特别规定》和《公开发行证券的公司信息披露编报规则第4号——保险公司财务报表附注特别规定》，对保险公司首次公开发行股票信息披露作出过规定。①

2006年5月6日，针对我国上市公司存在的信息披露不实等问题，在认真总结既往上市公司信息披露监管经验的基础上，中国证监会发布了《上市公司证券发行管理办法》(证监会令第30号)。《上市公司证券发行管理办法》全面、系统地对上市公司履行信息披露义务的形式、内容、标准和规则以及相关的监管要求作出了明确规定，对于进一步加强上市公司信息披露制度的建设和监管、强化上市公司信息披露、提高上市公司透明度、保护投资者合法权益、促进股票市场健康发展具有重要意义。

2006年12月8日，中国证监会发布了《公开发行证券的公司信息披露编报规则第3号——保险公司招股说明书内容与格式特别规定》(2006年修订)，并自发布之日起实施②。其指出，保险公司为首次公开发行股票编制招股说明书时，除应遵循中国证监会有关招股说明书、财务报告的一般规定外，还应遵循本规定的要求。

2007年8月28日，为规范公开发行证券并上市的保险公司的信息披露行为，保护投资者的合法权益，中国证监会经修订发布了《公开发行证券的公司信息披露编报规则第4号——保险公司信息披露特别规定》。③其对定期报告信息披露的要求如下：公开发行证券并上市的保险公司除应遵循中国证监会有关定期报告和临时公告等信息披露的一般规定外，还应遵循本规定的要求。上市公司的控股子公司是保险公司的，上市公司保险业务的信息披露也应当遵循本规定的要求。

1.保险公司在定期报告中披露会计数据、财务指标时，应当包括以下内容：已赚保费、投资资产、未决赔款准备金（非寿险）、未到期责任准备金（非寿险）、赔付支出；已赚保费增长率、投资收益率、综合成本率（非寿险）、综合赔付率（非寿险）及退保率(寿险)。

2.保险公司在披露董事、监事及高级管理人员的信息时，应当同时披露总精算师的信息。

总精算师应当对公司定期报告签署书面确认意见，保证上市公司所披露的信息真实、准确、完整。

3.保险公司在按照有关定期报告的内容与格式准则及编报规则的要求对相关经营情况进行回顾时，应当包括以下内容：

（1）经营状况与成果分析。包括但不限于以下内容：区分寿险业务与非寿险业务，并按主要险种类别分析其经营状况与成果，其中寿险业务应区分个人与团体业务。

---

① 证监发〔2000〕76号。
② 证监发行字〔2006〕151号。
③ 证监公司字〔2007〕139号。

（2）赔付支出、手续费及佣金支出情况。按主要险种类别披露赔付支出、手续费及佣金支出的构成，并分析其增减变动情况及原因。

（3）准备金计提情况。按主要险种类别披露各项准备金余额，分析其变动情况及原因，并披露准备金充足性测试情况。

（4）投资资产情况。披露公司投资政策、投资资产构成，并分析其变动情况及原因。投资资产应按投资对象和持有目的进行分类，根据投资对象分类时，应分为现金及现金等价物、定期存款、债券、基金、股票、基础设施投资、贷款及其他资金运用方式；根据持有目的分类时，应分为以公允价值计量且其变动计入当期损益的金融资产、持有至到期投资、可供出售金融资产、长期股权投资、贷款及其他。

（5）再保险业务情况。按主要险种类别披露分出保费、分入保费及分保准备金等增减变动情况及原因；再保险业务的相关政策及主要业务伙伴、主要分保类型；尚处有效期的重大分保事项的有关情况。再保险公司应按主要险种类别披露分保费收入、转分保分出保费等。

财产保险公司应披露报告期末承担重大保险责任的保单情况及其分保安排。

（6）偿付能力状况。分析本期末偿付能力情况，包括但不限于实际偿付能力额度、最低偿付能力额度及偿付能力充足率。实际偿付能力额度低于最低偿付能力额度时，应予相应说明并提出解决措施。

4.保险公司应在年度报告正文中披露内部控制制度的建立健全及其执行情况，包括但不限于以下控制环节：

（1）销售、核保、核赔、再保险等业务控制。

（2）预算、费用管理、财务报告等财务控制。

（3）资金调度、投资决策、投资风险管理等资金控制。

（4）信息技术、信息安全管理等信息技术控制。

5.保险公司应当在年度报告正文中从定性和定量的角度披露风险管理状况，包括风险管理组织框架与工作模式、风险类别（如承保风险、资产负债不匹配风险、市场风险、利率风险、信用风险及经营风险等）、风险管理流程与手段、风险管理效果评估与说明。

6.保险公司在定期报告中披露会计政策和会计估计时，应当包括以下内容：

（1）主要保险业务类别保费收入（含分保费收入）确认和计量的具体方法。

（2）提取各项准备金及进行准备金充足性测试的主要精算假设和方法。

再保险公司应重点披露各项分保准备金的核算方法。

7.保险公司应当按主要险种类别及账龄披露报告期末应收保费构成。应收保费中如有持有保险公司5%及以上股份的股东单位欠款，应予以说明。

8.保险公司应当按主要分保公司及账龄披露报告期末应收、应付分保账款金额。应收分保账款中如有持保险公司5%及以上股份的股东单位欠款，应予以说明。

9.保险公司应当披露报告期内应付手续费及佣金、保单质押贷款及抵债物资的变化情况，并对增减变动原因予以说明。

10. 保险公司应当披露存出资本保证金、保险保障基金的计提依据及金额。

11. 保险公司应当聘请拥有专业精算人员的审计机构对年度报告进行审计。

12. 保险公司发生特定项目或股权投资时，如间接投资基础设施项目、商业银行等，应当及时进行信息披露。

13. 保险公司发生与保险经营相关的重大财产保险合同、重大人寿保险合同、重大分保合同、重大赔付事项、重大退保事项等重大合同或事项时，应当按照有关规定及时进行信息披露。

14. 保险公司与关联方发生委托资金运用、保险、赔付、分保等关联交易时，应当按照有关规定履行关联方回避表决等决策程序并及时进行信息披露。

保监会对临时报告的信息披露要求如下：

保险公司出现下列情形之一的，应当及时进行信息披露：

（1）总精算师发生变动。

（2）偿付能力不足。

（3）设立、撤销、合并省级或计划单列市一级的分支机构，设立、撤销、合并国外分支机构。

（4）险种费率发生重大变化。

（5）中国保监会对保险公司出具有关监管处罚意见。

（6）国家、政府主管部门颁布有关保险行业的重要政策、法律、法规，可能对保险公司的市场环境、财务状况、经营成果产生影响的，包括但不限于利率、汇率、资金运用限额、市场准入等政策。

（7）中国证监会认为可能会对保险公司财务状况、经营成果产生重大影响的其他事项。

为了更好地理解证监会对上市保险公司信息披露的要求，请大家下载中国人寿（股票代码601628）2017年度报告、半年度报告、季度报告资料，了解其披露的信息内容。

第三节 保险业的监管指标

本节的目的在于梳理保险业的监管制度演变历程以及针对保险业的监管指标。

一、保险业监管制度的演变历程

我国对保险公司的监管在管理体制上经历了从人民银行监管到保监会监管的过程。1998年9月11日为反映各保险公司的经营业绩、财务状况，预测各保险公司发展趋势，及时对保险公司的风险程度作出判断，人民银行制定了《保险业监管指标》。之后随着保监会的成立，保监会担负起对保险公司的监管责任。保监会对保险公司的监管经历了流动性风险监管、偿付能力风险管理以及最新的ABCD四档分类监管的过程。按照2015年2月13日保监会发布的《保险公司偿付能力监管规则（1—17号）》（保监发〔2015〕22号）的规定，流动性风险监管归并到偿付能力监管规则中，因此，下文先介绍偿付能力风险监管，后介绍流动性风险监管。

二、保险公司偿付能力风险监管

（一）偿付能力风险监管制度的演变

偿付能力是指保险公司未来履行赔偿或给付责任的能力，偿付能力监管作为现代保险监管的核心，是对消费者利益的根本保障，是注重风险防范和价值创造的重要途径，可以促进投融资渠道市场化，进而推动保险资金运用的市场化改革。

资本监管的“三支柱”体系是国际公认的成熟金融监管模式，充分体现了以风险为基础的定量监管与定性监管相结合的监管思路。国际保险监督官协会、欧盟偿付能力Ⅱ、巴塞尔资本协议Ⅱ和巴塞尔资本协议Ⅲ均采用了“三支柱”的整体框架，而且巴塞尔资本协议Ⅱ还经历了实践检验。在“三支柱”框架中，第一支柱是定量资本要求，体现了外部监管约束；第二支柱是定性风险管理要求，体现了公司内部资本约束；第三支柱是信息披露要求，体现了市场约束。三个支柱形成了外部监管、内部管理和市场约束有机结合的偿付能力监管机制。

在我国，2003年保监会开始建设第一代偿付能力监管制度。2003年3月24日，为加强对保险公司的监督管理，维护被保险人的利益，促进保险事业健康、稳定、持续发展，保监会发布《保险公司偿付能力额度及监管指标管理规定》[①]，保险公司应当根据保障被保险人利益、保证偿付能力的原则，稳健经营，确保实际偿付能力额度随时不低于应具备的最低偿付能力额度。在该管理规定中，对保险企业的偿付能力额度及监管指标做出了规定。其中，对财产保险公司提出了11项监管指标；对人寿保险公司提出了12项监管指标以及计算公式和指标值范围。

2008年7月10日，为贯彻落实科学发展观，增强保险监管的科学性、针对性和有效性，切实防范、化解风险，保监会对现行保险公司分类监管制度进行了修改完善，发布了《保险公司偿付能力管理规定》[②]。修改后的分类监管制度自2009年1月1日起正式运行，保监会将根据公司2008年年末的信息进行首次分类评价。

2012年3月，保监会启动偿二代建设工程；2015年2月，保监会发布偿二代主干技术标准共17项监管规则并试运行，行业进入新旧体系并行的过渡期；2016年偿二代正式施行。偿二代建成实施以来，在推进保险监管现代化建设、提升行业风险防控能力、促进行业转型升级、增强我国保险市场的国际影响力等方面取得了显著成绩。

偿二代体系采用三支柱的整体框架，第一支柱是定量资本要求，包括资产负债评估标准、实际资本标准、最低资本标准等。第二支柱是风险管理要求，包括公司全面风险管理要求、风险综合评级、偿付能力风险管理要求与评估等。第三支柱是信息披露要求，包括与偿付能力相关的透明度监管要求及对社会公众的信息公开披露要求等。偿二代监管体系共有17项监管规则[③]，形成了定量资本要求，定性监管要求，以及市场约束机制的三支柱监管体系。新体系的发布实施标志着我国保险业的监管全面转向风险导向，提高了保险公司对风险的监控力度及敏感度，是行业不断提升风险管理能力的革命式里程碑。保险公司偿付能力监管规则见表4-3。

---

① 保监会令2003年第1号。
② 保监会令2008年第1号。
③ 见表4-3。

表4-3　保险公司偿付能力监管规则（第1号—第17号）

序　号	名　称
第1号	实际资本
第2号	最低资本
第3号	寿险合同负债评估
第4号	保险最低资本（非寿险业务）
第5号	保险最低资本（寿险业务）
第6号	保险最低资本（再保险公司）
第7号	市场风险最低资本
第8号	信用风险最低资本
第9号	压力测试
第10号	风险综合评级（分类监管）
第11号	偿付能力风险管理要求与评估
第12号	流动性风险
第13号	偿付能力信息公开披露
第14号	偿付能力信息交流
第15号	保险公司信用评级
第16号	偿付能力报告
第17号	保险集团

偿二代17项监管规则中对定量资本做了如下要求：

保险公司应当按照偿二代监管规则第1号—第9号的要求评估实际资本和最低资本，计算核心偿付能力充足率和综合偿付能力充足率，并开展压力测试。

偿二代17项监管规则中对定性监管做了如下要求：

保险公司应当按照偿二代监管规则第10号—第12号的要求，建立健全自身的偿付能力风险管理体系，加强各类风险的识别、评估与管理。保监会通过偿二代风险综合评级（IRR）、偿付能力风险管理要求与评估（SARMRA）、监管分析与检查等工具，对保险公司风险进行定性监管。

2017年8月4日，为进一步提高偿付能力监管的科学性和有效性，更好地适应我国保险业发展改革和风险防范要求，保监会决定启动偿二代二期工程[①]。其指导思想是：围绕服务实体经济、防控金融风险、深化金融改革三项任务，紧密结合金融工作新要求、保险监管新问题、科技发展新趋势，进一步加强和改进偿二代监管制度体系，增强偿付能力监管规则的科学性和执行的有效性，不断补齐监管短板，全面提升保险业的风险管理和风险抵御能力，提高保险业对经济社会发展的服务能力。

（二）偿付能力报告

为规范保险公司偿付能力报告的编制和报告，《保险公司偿付能力监管规则第16号：偿付能力报告》的要求，保险公司应向保监会报送的偿付能力报告包括偿付能力季度报告、偿付能力季度快报和偿付能力临时报告。

季度报告涉及的会计政策和会计估计应当采用“一体观”，即将报告季度视为年度会计期间的一部分，以对整个年度经营状况和财务状况的判断来决定季度末的会计估计、成本分配、递延和应计等项目。保监会特别规定的除外。保险公司董事会和管理层对所报送的偿付能力报告的真实性、准确性、完整性和合规性负责。保险公司应当建立健全偿付能

① 中国保监会办公厅关于征求《偿二代二期工程建设方案（征求意见稿）》意见的函。

力报告的编制、审批、报送等内控流程，确保及时、完整、准确报送。

季度报告包括以下部分：（1）公司信息；（2）董事会和管理层声明；（3）基本情况；（4）主要指标；（5）风险管理能力；（6）风险综合评级（分类监管）；（7）重大事项；（8）管理层分析与讨论；（9）外部机构意见；（10）实际资本；（11）最低资本；（12）现金流压力测试。

保险公司应当列报偿付能力充足率指标、流动性风险监管指标、风险综合评级结果和主要经营指标。下面将对其中与财务报告分析直接相关的内容加以说明。

1. 保险公司应当列报以下偿付能力充足率指标的本季度数、上季度可比数和下季度预测数：

（1）认可资产、认可负债、实际资本。

（2）核心一级资本、核心二级资本、附属一级资本、附属二级资本。

（3）量化风险最低资本、控制风险最低资本、附加资本、最低资本。

（4）核心偿付能力溢额、综合偿付能力溢额。

（5）核心偿付能力充足率、综合偿付能力充足率。

上述披露的内容解释见表4-4。

表4-4　**偿付能力充足率指标相关要素**

序号	内容解释	
（1）	认可资产	是指处置不受限制，并可用于履行对保单持有人赔付义务的资产。不符合前述条件的资产，为非认可资产
	认可负债	是指保险公司无论在持续经营状态还是破产清算状态下均需要偿还的债务，以及超过监管限额的资本工具。不符合前述条件的负债，为非认可负债
	实际资本	是指保险公司在持续经营或破产清算状态下可以吸收损失的财务资源。实际资本等于认可资产减去认可负债后的余额
（2）	核心一级资本	
	核心二级资本	
	附属一级资本	
	附属二级资本	
（3）	量化风险最低资本	即保险风险、市场风险、信用风险对应的最低资本
	控制风险最低资本	即控制风险对应的最低资本
	附加资本	包括逆周期附加资本、国内系统重要性保险机构的附加资本、全球系统重要性保险机构的附加资本以及其他附加资本
	最低资本	是指基于审慎监管目的，为使保险公司具有适当的财务资源，以应对各类可量化为资本要求的风险对偿付能力的不利影响，保监会要求保险公司应当具有的资本数额
（4）	核心偿付能力溢额	
	综合偿付能力溢额	
（5）	核心偿付能力充足率	
	综合偿付能力充足率	

保险公司应当列报流动性风险监管指标的本季度数和上季度可比数，包括净现金流、综合流动比率、流动性覆盖率，以及投资连结产品独立账户的流动性覆盖率。保险公司应当以母公司财务报表（而不是合并财务报表）为基础计算流动性风险监管指标。保险公司基本情景和压力情景下的净现金流小于零、综合流动比率和流动性覆盖率异常的，保险公司应当说明拟采取的改善措施和预计的改善效果。保监会可以根据审慎监管需要，调整行业或部分保险公司的流动性风险监管指标的内容、计算口径和计算频率。

其中的净现金流、综合流动比率、流动性覆盖率详见本节的保险公司流动性风险监管内容。

2. 保险公司应当列报最近一次风险综合评级结果。

3. 保险公司应当列报以下经营指标的本季度数和本年度累计数：（1）保险业务收入，即利润表中的保险业务收入；（2）净利润，即利润表中的净利润；（3）净资产，即资产负债表中的净资产；（4）基本每股收益；（5）净资产收益率；（6）总资产收益率；（7）投资收益率；（8）综合投资收益率。

保险公司列报的经营指标说明及计算公式见表4–5。

表4–5 **保险公司列报的经营指标说明及计算公式**

指标项目	说明及计算公式
（1）保险业务收入	利润表中的保险业务收入
（2）净利润	利润表中的净利润
（3）净资产	即资产负债表中的净资产
（4）基本每股收益	根据《企业会计准则第34号——每股收益》计算的基本每股收益
（5）净资产收益率	净利润÷［（期初净资产+期末净资产）÷2］×100%
（6）总资产收益率	净利润÷［（期初总资产+期末总资产）÷2］×100%
（7）投资收益率	（投资收益+公允价值变动损益+汇兑损益–投资资产减值损失–投资业务的税金及附加–利息支出）÷报告期资金运用平均余额×100% 其中：报告期资金运用平均余额=（期初资金运用余额+期末资金运用余额）÷2 计算时应扣除独立账户的投资资产及其投资收益
（8）综合投资收益率	（投资收益+公允价值变动损益+汇兑损益+可供出售金融资产的公允价值变动净额–投资资产减值损失–投资业务的税金及附加–利息支出）÷报告期资金运用平均余额×100% 其中：报告期资金运用平均余额=（期初资金运用余额+期末资金运用余额）÷2 计算时应扣除独立账户的投资资产及其投资收益

财产保险公司除了列报上述指标外，还应当列报表4–6中经营指标的本季度数和本年累计数。

表4-6　财产保险公司需要额外补充的规定指标

指标项目	计算公式
（1）未决赔款准备金与赔款支出比	再保后未决赔款准备金÷（赔付支出-摊回赔付支出）×100%
（2）综合费用率	（业务及管理费+手续费及佣金+分保费用支出+承保业务的税金及附加-摊回分保费用）÷自留保费×100%
（3）综合赔付率	（赔付支出＋未决赔款准备金变动额-摊回赔付支出）÷（自留保费-未到期责任准备金变动额）×100%
（4）综合成本率	（赔付支出+未决赔款准备金变动额-摊回赔付支出+业务及管理费+手续费及佣金+分保费用支出+承保业务的税金及附加-摊回分保费用）÷（自留保费-未到期责任准备金变动额）×100%
（5）车险车均保费	车险新单保费收入÷新承保车辆

注：此表根据保监会规定整理。

人身保险公司（包括健康保险公司、经营保险业务的养老保险公司）除了列报规定的指标外，还应当列报表4-7中经营指标的本季度数和本年累计数。

表4-7　人身保险公司需要额外补充的规定指标

指标项目	计算公式
（1）标准保费	指人身保险公司根据保监会有关规定计算的标准保费
（2）首年保费与保费收入比	（新单首年期交保费+趸交保费）÷保费收入×100%
（3）新业务利润率	本期新业务的首日利得÷新业务各期保费收入之和×100%。首日利得是指新业务在首次进行财务报表准备金评估时的剩余边际。各期保费收入之和是指在不考虑退保、贴现等条件下的首期保费收入与所有续期保费收入的总和
（4）13个月续保率	上年可比季度末的长期寿险有效保单在本季度末仍然有效的保单数量÷上年可比季度末的长期寿险有效保单数量×100%
（5）综合退保率	（退保金+保户储金及投资款的退保金+投资连结保险独立账户的退保金）÷（期初长期险责任准备金+保户储金及投资款期初余额+独立账户负债期初余额+本期签单保费）×100%
（6）个人营销渠道的件均保费	个人营销渠道的首年保费÷个人营销渠道的新单件数 =（个人营销渠道的新单首年期交保费+个人营销渠道的趸交保费）÷个人营销渠道的新单件数
（7）人均保费	个人营销渠道的首年标准保费÷个人营销员的平均数量 其中，首年标准保费是指人身保险公司根据保监会有关规定将首年保费折算确定的标准保费 个人营销员的平均数量=（期初个人营销员数量+期末个人营销员数量）÷2
（8）营销员脱落率	报告期内离职的营销员的数量÷（期初营销员数量+报告期内新聘的营销员数量）×100%

注：此表根据保监会规定整理。

再保险公司除了列报规定的指标外，还应当列报表4-8中经营指标的本季度数和本年度累计数。

表4-8 **再保险公司需要额外补充规定指标**

指标项目	计算公式
(1) 未决赔款准备金与赔款支出比	再保后未决赔款准备金÷（赔付支出-摊回赔付支出）×100%
(2) 综合费用率	（业务及管理费+手续费及佣金+分保费用支出-摊回分保费用）÷自留保费×100%
(3) 综合赔付率	（赔付支出+未决赔款准备金变动额－摊回赔付支出）÷（自留保费-未到期责任准备金变动额）×100%
(4) 综合成本率	（赔付支出+未决赔款准备金变动额-摊回赔付支出+业务及管理费+手续费及佣金＋分保费用支出-摊回分保费用）÷（自留保费-未到期责任准备金变动额）×100%

注：此表根据保监会规定整理。各项责任准备金均为财务报表责任准备金。

中国银行保险监督管理委员会召开了偿付能力监管委员会第四十二次工作会议，分析研究了2018年第一季度保险业偿付能力和风险状况，并对下一阶段偿付能力监管工作和风险防控工作作出安排部署。

研究认为，当前我国保险业偿付能力充足稳定。2018年第一季度末，173家保险公司的平均综合偿付能力充足率为248%，较上季度末下降3个百分点；平均核心偿付能力充足率为237%，较上季度末下降2.9个百分点。其中，财产险公司、人身险公司、再保险公司的平均综合偿付能力充足率分别为264%、243%和309%。虽然保险业风险总体可控，但风险形势依然复杂严峻。银保监会将对公司治理存在问题的公司采取必要措施，督促公司及时进行整改。对流动性风险较大的公司继续加强跟踪监测，督促公司切实抓好风险防控工作。①

三、保险业的流动性风险监管

2015年2月13日，保监会发布了保险公司偿付能力监管规则（1—17号），其中《保险公司偿付能力监管规则第12号：流动性风险》对保险公司的流动性风险管理以及相关表格作了说明。

流动性风险，是指保险公司无法及时获得充足资金或无法及时以合理成本获得充足资金，以支付到期债务或履行其他支付义务的风险。在《保险公司偿付能力监管规则第12号：流动性风险》中，提出了保险公司流动性风险的监管指标。流动性风险监管指标包括净现金流、综合流动比率和流动性覆盖率三个指标。

保险公司应当以母公司财务报表（而不是合并财务报表）为基础计算流动性风险监管指标。保险公司基本情景和压力情景下的净现金流小于零、综合流动比率和流动性覆盖率异常的，保险公司应当说明拟采取的改善措施和预计的改善效果。保监会可以根据审慎监管的需要，调整行业或部分保险公司的流动性风险监管指标的内容、计算口径和计算频率。

（一）净现金流

该指标反映保险公司报告期的净现金流，以及在基本情景和压力情景下，未来一段期间内的净现金流量。

基本情景是指保险公司在考虑现有业务和未来新业务的情况下的最优估计假设情景。其中，新业务假设应与保险公司业务规划一致。

现金流压力测试用于评估保险公司的流动性风险，引导公司加强现金流管理，防范流动

① 曲哲涵.银保监会加强相关监管 保险业偿付能力充足整体风险可控［N］.人民日报，2018-06-12.

性风险。现金流压力测试包括保险公司对经营活动、投资活动和筹资活动的现金流压力测试。财产保险公司和再保险公司应当测试公司整体的现金流状况，人身保险公司应当分别测试公司整体、传统保险业务、分红保险业务、万能保险业务和投资连结保险业务的现金流状况。

测试原则是：（1）保险公司应当首先预测基本情景下的现金流情况，在此基础上，测试压力情景下的现金流情况。（2）保险公司在预测未来现金流时，可以按照重要性原则，不考虑部分现金流量少、发生频率低的项目。（3）保险公司预测压力情景下的未来现金流时，不应当考虑保险公司管理层行为，即公司管理层为改善流动性状况或应对流动性风险而采取的紧急措施，例如临时银行贷款、证券回购等。

有关的具体测试方法，请详见《保险公司偿付能力监管规则第12号：流动性风险》的相关内容。

基本情景现金流测试表见表4-9。

表4-9　　基本情景现金流测试表（财产保险公司和再保险公司）

公司名称：__________　　____年__月__日　　单位：万元

行次	项　目	未来1季度	未来2季度	未来3季度	未来4季度	合计
		1	2	3	4	5
1	**一、经营活动产生的现金流量**					
2	收到保险合同保费取得的现金					
3	收到再保业务现金净额					
4	保户储金及投资款净增加额					
5	收到其他与经营活动有关的现金					
6	经营活动现金流入小计					
7	支付保险合同赔付款项的现金					
8	支付手续费及佣金的现金					
9	支付给职工以及为职工支付的现金					
10	支付的各项税费					
11	支付其他与经营活动有关的现金					
12	经营活动现金流出小计					
13	**经营活动产生的现金流量净额**					
14	**二、投资活动产生的现金流量**					
15	收回投资收到的现金流					
16	取得投资收益收到的现金流					
17	收到其他与投资活动有关的现金					
18	投资活动现金流入小计					
19	投资支付的现金					
20	购建固定资产、无形资产和其他长期资产支付的现金					
21	支付其他与投资活动有关的现金					
22	投资活动现金流出小计					
23	**投资活动产生的现金流量净额**					
24	**三、筹资活动产生的现金流量**					
25	吸收投资收到的现金					
26	发行债券收到的现金					
27	收到其他与筹资活动有关的现金					
28	筹资活动现金流入小计					
29	偿还债务支付的现金					
30	分配股利、利润或偿付利息的现金					
31	支付其他与筹资活动有关的现金					
32	筹资活动现金流出小计					
33	**筹资活动产生的现金流量净额**					
34	**四、净现金流**					

压力情景现金流测试表见表4-10。

表4-10　　压力情景现金流测试表（财产保险公司和再保险公司）

压力情景：________

公司名称：________　　　　____年__月__日　　　　单位：万元

行次	项　目	未来1季度	未来2季度	未来3季度	未来4季度	合计
		1	2	3	4	5
1	**一、经营活动产生的现金流量**					
2	收到保险合同保费取得的现金					
3	收到再保业务现金净额					
4	保户储金及投资款净增加额					
5	收到其他与经营活动有关的现金					
6	经营活动现金流入小计					
7	支付保险合同赔付款项的现金					
8	支付手续费及佣金的现金					
9	支付给职工以及为职工支付的现金					
10	支付的各项税费					
11	支付其他与经营活动有关的现金					
12	经营活动现金流出小计					
13	**经营活动产生的现金流量净额**					
14	**二、投资活动产生的现金流量**					
15	收回投资收到的现金流					
16	取得投资收益收到的现金流					
17	收到其他与投资活动有关的现金					
18	投资活动现金流入小计					
19	投资支付的现金					
20	购建固定资产、无形资产和其他长期资产支付的现金					
21	支付其他与投资活动有关的现金					
22	投资活动现金流出小计					
23	**投资活动产生的现金流量净额**					
24	**三、筹资活动产生的现金流量**					
25	吸收投资收到的现金					
26	发行债券收到的现金					
27	收到其他与筹资活动有关的现金					
28	筹资活动现金流入小计					
29	偿还债务支付的现金					
30	分配股利、利润或偿付利息的现金					
31	支付其他与筹资活动有关的现金					
32	筹资活动现金流出小计					
33	**筹资活动产生的现金流量净额**					
34	**四、净现金流**					

基本情景现金流测试表见表4-11。

表4-11　　基本情景现金流测试表（人身保险公司）

测试范围：________

公司名称：________　　____年____月____日　　单位：万元

项　　目	报告日前4个季度				报告日后第1年				报告日后第2年	报告日后第3年
	前3季度	前2季度	前1季度	本季度	未来1季度	未来2季度	未来3季度	未来4季度		
1.业务现金流（1.1+1.2+1.3）										
1.1报告日有效业务现金流										
保费收入										
减：赔付支出										
其中：满期给付										
减：退保支出										
减：红利支出										
减：股利支出										
减：费用支出										
其中：业务及管理费										
佣金及手续费										
减：再保业务支出净额										
1.2测试区间新业务现金流										
保费收入										
减：赔付支出										
其中：满期给付										
减：退保支出										
减：红利支出										
减：股利支出										
减：费用支出										
其中：业务及管理费										
佣金及手续费										
减：再保业务支出净额										
1.3其他业务现金流										
2.资产现金流										
利息收入										
红利收入										
到期资产										
出售资产										
其他资产现金流										
3.筹资现金流										
筹资现金流入										
其中：股东增资										
次级债										
卖出回购金融资产										
减：筹资现金流出										
其中：回购金融资产										
支付借款利息和债券利息										
4.净现金流＝（1+2+3）										

填表说明：保险公司应当按照本表要求，分别填报公司整体、传统保险业务、分红保险业务、万能保险业务和投资连结保险业务在基本情景下的现金流测试情况，并在“测试范围”处标明。

压力情景现金流测试表见表4-12。

表4-12　　**压力情景现金流测试表（人身保险公司）**

压力情景：________　　测试范围：________

公司名称：________　　____年____月____日　　单位：万元

测试情景	基本情景				必测压力情景								自测压力情景			
					压力情景1				压力情景2							
时间	未来1季度	未来2季度	未来3季度	未来4季度	未来1季度	未来2季度	未来3季度	未来4季度	未来1季度	未来2季度	未来3季度	未来4季度	未来1季度	未来2季度	未来3季度	未来4季度
1.业务现金流（1.1+1.2+1.3）																
1.1 报告日有效业务现金流																
保费收入																
减：赔付支出																
其中：满期给付																
减：退保支出																
减：红利支出																
减：股利支出																
减：费用支出																
其中：业务及管理费																
佣金及手续费																
减：再保业务支出净额																
1.2 测试区间新业务现金流																
保费收入																
减：赔付支出																
其中：满期给付																
减：退保支出																
减：红利支出																
减：股利支出																
减：费用支出																
其中：业务及管理费																
佣金及手续费																
减：再保业务支出净额																
1.3 其他业务现金流																
2. 资产现金流																
利息收入																
红利收入																
到期资产																
出售资产																
其他资产现金流																
3. 筹资现金流																
筹资现金流入																
其中：股东增资																
次级债																
卖出回购金融资产																
减：筹资现金流出																
其中：回购金融资产																
支付借款利息和债券利息																
4.净现金流 =（1+2+3）																

填表说明：保险公司应当按照本表要求，分别填报公司整体、传统保险业务、分红保险业务、万能保险业务和投资连结保险业务在压力情景下的现金流测试情况，并在“测试范围”处标明。

基本情景测试：

1. 确定基本情景假设

财产保险公司和人身保险公司预测未来现金流时，对未来一段时间内的新业务假设、费用假设、再保险假设、投资策略假设、保单分红策略假设和万能利率结算策略假设，以及投资收益率、赔付率、退保率、死亡发生率、疾病发生率等假设的估计应当基于公司当前对未来的最优估计。预测基本情景现金流时，其基本情景的各项假设应与《保险公司偿付能力监管规则第9号：压力测试》中基本情景的各项假设一致，并根据现金流压力测试目的进行必要的调整。再保险公司可根据自身情况，参照本规则确定基本情景假设，进行现金流压力测试。

2. 财产保险公司和再保险公司预测现金流

财产保险公司和再保险公司应当合理运用会计和精算估计，根据基本情景假设分别预测经营活动现金流、投资活动现金流、筹资活动现金流。

（1）经营活动现金流预测

①经营活动现金流入包括收到保险合同保费取得的现金、收到再保业务现金净额、保户储金及投资款净增加额以及收到其他与经营活动有关的现金。其中，保险公司应当根据新业务假设等预测收到保险合同保费取得的现金；根据当前再保险业务条款，结合精算假设预测再保业务的摊回赔款、摊回费用、分保手续费等现金流入；根据产品特征、新业务假设等预测保户储金及投资款净增加额。保险公司应当根据重要性原则合理预测其他与经营活动有关的现金。

②经营活动现金流出包括支付保险合同赔付款项的现金、支付手续费及佣金的现金、支付给职工以及为职工支付的现金、支付的各项税费以及支付其他与经营活动有关的现金。其中，保险公司应当根据赔付率假设等信息预测支付赔付款项的现金；根据公司业务规划中的费用预算和各项精算假设等，合理预测支付的手续费及佣金。保险公司应当根据重要性原则，结合费用预算合理预测支付的其他与经营活动有关的现金。

（2）投资活动现金流预测

①投资活动现金流入包括收回投资收到的现金、取得投资收益收到的现金，以及其他与投资活动有关的现金流入。保险公司应当根据投资策略、投资安排、外部经济环境和投资收益率假设等预测收回各类投资、取得投资收益等现金流入。

②投资活动现金流出包括投资支付的现金，购建固定资产、无形资产和其他长期资产支付的现金，以及其他与投资活动有关的现金流出。保险公司应当根据业务规划、投资计划等预测各类投资活动现金流出。

③保险公司应当根据重要性原则合理预测投资活动有关的现金流入与现金流出。保险公司可以根据其投资策略来反映资产调整对现金流的影响，例如为保持流动性水平进行资产配置调整、存款到期续存、债券到期重新投资等情形对现金流的影响。但对于投资性不动产等项目，除非已经有明确的交收合约，保险公司不应在现金流预测中假设其变现，此外，保险公司也不应假设将持有至到期的金融资产变现。

（3）筹资活动现金流预测

①筹资活动现金流入包括吸收投资收到的现金、发行债券收到的现金，以及收到其他与筹资活动有关的现金流入。

保险公司应当根据明确的募资计划、债务发行计划等预测筹资活动现金流入。比如，根据债务发行计划预测发行次级债务收到的现金等。

②筹资活动现金流出包括偿还债务支付的现金，分配股利、利润或偿付利息的现金，以及支付其他与筹资活动有关的现金流出。保险公司应当根据债务到期时间、股利分配政策等预测筹资活动现金流出。比如，根据债务到期时间预测偿还次级债务本金和利息所支付的现金、根据分红政策预测分配股利的现金等。

③为合理呈现流动性风险水平，保险公司在预测筹资活动现金流时只应考虑已履行完决策程序的、符合公司章程规定的、有明确安排的筹资活动现金流，而不应考虑没有明确的、为应对流动性困难而可能采取的临时性筹资活动。

经营人身保险业务的财产保险公司和再保险公司预测现金流时，有关人身保险业务的各项假设请参照人身保险公司预测现金流的方法。

3.人身保险公司预测现金流

人身保险公司应当合理运用会计和精算估计，结合公司业务规划等信息，根据基本情景假设分别预测业务现金流、资产现金流、筹资现金流。

（1）业务现金流预测。人身保险公司业务现金流包括报告日有效业务现金流、测试区间新业务现金流和其他业务现金流。

①报告日有效业务现金流包括保费收入、赔付支出、退保支出、红利支出、股利支出、费用支出和再保业务支出净额。人身保险公司应当根据公司退保率假设、失效率假设、保费停缴率假设、续保率假设、红利政策、费用预算、再保计划等预测报告日有效业务现金流。

②测试区间新业务现金流包括保费收入、赔付支出、退保支出、红利支出、股利支出、费用支出和再保业务支出净额。人身保险公司应当根据公司业务规划、新业务增长率、退保率假设、失效率假设、保费停缴率假设、续保率假设、红利政策、费用预算、再保计划等预测测试区间新业务现金流。

③其他业务现金流包括人身保险公司开展其他业务产生的现金流入或流出。

（2）资产现金流预测。人身保险公司资产现金流包括利息收入、红利收入、到期资产、出售资产和其他资产现金流。人身保险公司应当根据公司投资计划、业务规划、资产配置情况等预测资产现金流。

（3）筹资现金流预测。人身保险公司筹资现金流包括筹资现金流入和筹资现金流出。其中，筹资现金流入包括股东增资、发行次级债、卖出回购金融资产等，筹资现金流出包括回购金融资产、支付借款利息和债券利息等。人身保险公司应当根据公司资本规划、融资策略和计划、市场环境等预测筹资现金流。

（二）综合流动比率

该指标反映保险公司各项资产和负债在未来期间现金流分布情况以及现金流入和现金

流出的匹配情况。

$$综合流动比率=\frac{现有资产的预期现金流入合计}{现有负债的预期现金流出合计}\times 100\%$$

其中：现有资产的预期现金流入是指根据合同约定，保险公司在未来某一期间可以收到的现金。现有负债的预期现金流出是指根据合同约定，保险公司在未来某一期间应当支付的现金。

各项资产和负债的现金流应当按照以下标准计算：

（1）保险公司计算各项资产和负债的预期现金流时不应当考虑折现因素。

（2）现金、交易类金融资产的现金流和交易类金融负债的现金流应计入“交易类现金流”项目。

（3）除交易类金融资产和交易类金融负债外，没有到期日的资产和负债（例如长期股权投资等资产，以及累积生息应付保单红利等负债）的现金流应计入“未标明到期日的现金流”项目。该类项目金额应按照会计报表的账面价值确定。对于约定投资回报的金额和时间的权益类资产，应当按照合同约定预期其未来期间的现金流。

（4）对于固定收益类资产，评估其预期现金流时应考虑其未来利息收入的现金流。

（5）可供出售的金融资产中，债券等固定收益类资产应当按照合同约定的期限预计各期现金流，股票、基金等权益类资产应计入“未标明到期日的现金流”项目。

（6）计算综合流动比率时，不考虑用于担保的资产的现金流。

（7）保险公司应当按照合理的精算假设等估计未决赔款准备金在未来期间的预期现金流出，且应与公司评估未决赔款准备金时估计的未来现金流出一致。

（8）保险公司应当按照合同期限和评估会计准备金时的事故发生率假设、费用假设、死亡发生率假设等各种假设和公司的退保率经验，计算未到期责任准备金、寿险责任准备金和长期健康险责任准备金在未来各个期间的预期现金流。预期现金流包括续期保费等现金流入和赔款、给付、红利支出等现金流出。

（9）保险公司应当按照合同期限和退保率、死亡发生率等假设，计算保户储金及投资款在未来各个期间的预期现金流。保险公司应当按照上述要求填报“综合流动比率表”，其中，“账面价值”填列各项资产 、负债在报告日的账面价值，“净现金流入”=各项资产的预期现金流入－各项负债的预期现金流出。计算3个月和1年的综合流动比率时，应当将交易类现金流入计入各项资产的现金流入合计，将交易类现金流出计入各项负债的现金流出合计。

计算综合流动比率时，不考虑未来的新业务、再投资、融资等因素，不考虑未来管理层改善现金流的行为，也不考虑未来可能会增加的资产和负债。

综合流动比率表（财产保险公司和再保险公司）见表4–13。

表4-13 综合流动比率表（财产保险公司和再保险公司）

公司名称：________ ____年__月__日 单位：万元

项目	账面价值	交易类现金流	未标明到期日的现金流	预期现金流入或流出（非折现）		
				3个月内	1年内	1年以上
现金及现金等价物						
投资资产：						
定期存款和协议存款						
政府债券						
金融债						
企业债券						
资产证券化产品						
信托资产						
基础设施投资						
保险资产管理产品						
权益投资						
贷款						
投资性不动产						
衍生金融工具						
其他投资资产						
应收款项						
其他资产						
独立账户资产						
合计						
未到期责任准备金						
寿险责任准备金						
长期健康险责任准备金						
未决赔款责任准备金						
保户储金及投资款						
应付保户红利						
应付佣金及手续费						
应付款项						
卖出回购证券						
应付返售证券						
应付债券						
预计负债						
其他负债						
独立账户负债						
合计						
净现金流入						
综合流动						

综合流动比率表（人身保险公司）见表4-14。

表4-14　　综合流动比率表（人身保险公司）

公司名称：________　　____年__月__日　　单位：万元

项　目	账面价值	交易类现金流	未标明到期日的现金流	预期现金流入或流出（非折现）				
				3个月内	1年内	1—3年内	3—5年内	5年以上
现金及现金等价物								
投资资产：								
定期存款和协议存款								
政府债券								
金融债								
企业债券								
资产证券化产品								
信托资产								
基础设施投资								
保险资产管理产品								
权益投资								
贷款								
投资性不动产								
衍生金融工具								
其他投资资产								
应收款项								
其他资产								
独立账户资产								
合计								
未到期责任准备金								
寿险责任准备金								
长期健康险责任准备金								
未决赔款责任准备金								
保户储金及投资款								
应付保户红利								
应付佣金及手续费								
应付款项								
卖出回购证券								
应付返售证券								
应付债券								
预计负债								
其他负债								
独立账户负债								
合计								
净现金流入								
综合流动								

（三）流动性覆盖率

该指标反映保险公司在压力情景下未来一个季度的流动性水平，压力情景由保监会另行制定。

$$流动性覆盖率=\frac{优质流动资产的期末账面价值}{未来一个季度的净现金流}\times 100\%$$

1. 优质流动资产

公式中的优质流动资产是指在压力情景下，在无损失或极小损失的情况下容易快速变现且无变现障碍的资产。

优质流动资产具有以下基本特征：

（1）投资风险低。该类资产不仅自身的信用风险、利率风险等投资风险低，且与高投资风险资产的相关性也低。

（2）价格易于确定且波动性较小。在基本情景和压力情景下，该类资产的变现价格均易于确定。该类资产的价格和成交量在不同情景下波动较小，即使在压力情景下其价格仍然比较稳定。

（3）易于交易。该类资产交易活跃且具有一定规模的成熟市场，市场集中度低，且历史数据表明，在发生系统性危机时，市场参与者倾向于持有此类资产。

（4）易于变现。保险公司应当具有变现优质流动资产的政策、程序和系统，能够在流动性覆盖率所设定的压力情景下将优质流动资产随时变现，以弥补现金流缺口，并确保变现可在正常的结算期内完成。

（5）无变现障碍。没有作为任何交易的质押（包括显性和隐性）、抵押或信用增级工具。保险公司变现优质流动资产，不会导致其违反相关法律法规和监管要求。

优质流动资产不包括：①处置受限制的资产（如抵押、质押、被冻结的资产）；②上市股票以外的权益类资产；③其他不符合优质流动资产特征的资产。

2. 未来一个季度的净现金流

公式中的未来一个季度的净现金流是指在流动性覆盖率所设定的压力情景下，未来一个季度的预期现金流出总量与预期现金流入总量的差额。

未来一个季度的净现金流应当按照以下标准计算：

（1）保险公司应当根据《保险公司偿付能力监管规则第12号：流动性风险》中现金流压力测试规定的方法预测未来一个季度的净现金流，保监会另有规定的，从其规定。

（2）预期的现金流入不得考虑未来一个季度内到期的优质流动资产的现金流。

（3）预期现金流入总量不得超过预期现金流出总量的75%。

未来一个季度的净现金流的计算公式为：

$$未来一个季度的净现金流=预期现金流出总量-\mathrm{Min}（预期现金流入总量，75\%\times 预期现金流出总量）$$

流动性覆盖率的计算方法见表4-15。

表4-15　　　　　　　　　　　　　　**流动性覆盖率**

公司名称：________　　　　　　　　____年__月__日　　　　　　　　　　单位：万元

序号	项　　目	金额	折算系数	折算后金额
1	优质流动资产			
1.1	现金		100%	
1.2	国债		100%	
1.3	央行发行或担保的债券、票据等		100%	
1.4	可提前支取的定期存款		90%	
1.5	可提前支取的协议存款		90%	
1.6	政策性银行发行的AAA级金融债		90%	
1.7	商业银行发行的AAA级金融债		90%	
1.8	AAA级公司债		85%	
1.9	AAA级企业债		85%	
1.10	上市股票		50%	
2	净现金流			
2.1	现金流出		100%	
2.1.1	未来一个季度内的经营活动（业务）现金流出		100%	
2.1.2	未来一个季度内的投资活动（资产）现金流出		100%	
2.1.3	未来一个季度内的筹资活动现金流出		100%	
2.2	预期现金流入总量		100%	
2.2.1	未来一个季度内的经营活动（业务）现金流入		100%	
2.2.2	未来一个季度内的投资活动（资产）现金流入		100%	
2.2.3	未来一个季度内的筹资活动现金流入		100%	
2.3	现金流入=Min（预期现金流入总量，75%×预期现金流出总量）		100%	
3	流动性覆盖率	—	—	

四、保险公司的分类监管

（一）分类监管的意义

保险公司分类监管是借助科学的风险评价指标体系，并综合多渠道获得的监管信息，对被监管主体所面临的各类风险进行定性、定量分析和测算，进而根据指标值表现判断该主体面临的风险程度的高低，并依此将其划分为不同的风险等级，最后再依据分类结果实施差异化的、有针对性的监管措施的过程。

分类监管制度是监管部门在新形势下防范、化解风险的一项综合性政策和重大监管举措，坚持区分情况、区别对待的原则，根据偿付能力、风险控制、内控建设、经营管理水平以及核心竞争力等指标，综合运用市场准入、产品审批、资金运用等不同的监管措施，多发挥市场“无形之手”的作用，辅以必需的经济、法律和行政手段，建立科学的市场调控机制，增强监管的针对性和有效性。

（二）对保险公司分类监管的规定

经过多年的专项风险分类监管实践，中国保监会于2009年1月4日正式实施保险公司分类监管，旨在提高保险监管的科学性、针对性和有效性，切实防范、化解风险。我国保险公司分类监管制度对财产保险公司、人寿保险公司和保险中介公司分别设定了风险评价指标体系、评价标准和评价流程，并且保监会将依据保险公司2008年年末的信息进行首次分类评价①。

按照2009年1月4日发布的分类监管规定，根据保险公司的风险程度，将保险公司分为四类：A类公司，指偿付能力达标，公司治理、资金运用、市场行为等方面未发现问题的公司；B类公司，指偿付能力达标，但公司治理、资金运用、市场行为等方面存在一定风险的公司；C类公司，指偿付能力不达标，或公司治理、资金运用、市场行为等方面存在较大风险的公司；D类公司，指偿付能力严重不达标，或者公司治理、资金运用、市场行为等至少一个方面存在严重风险的公司。

在分类中，保监会依据以下信息对保险公司进行分类：一是监测指标；二是保监会日常监管中所获取的监管信息。在监测指标方面，产险公司和寿险公司的监测指标包括五大类：①偿付能力充足率；②公司治理、内控和合规性风险指标；③资金运用风险指标；④业务经营风险指标；⑤财务风险指标。每类监测指标由一些具体指标组成（见表4-16）。

表4-16 **保险公司分类监管监测指标一览表**

序号	指标类别	产险公司的具体指标	寿险公司的具体指标
1	偿付能力	偿付能力充足率	偿付能力充足率
2	公司治理、内控和合规性风险指标	公司治理	公司治理
		内部控制	内部控制
		合规性风险指标	合规性风险指标
3	资金运用风险指标	（1）预定收益型非寿险投资型产品投资收益充足率	（1）资产负债持有期缺口率
		（2）基金和股票市场风险	（2）投资收益充足率
		（3）存款信用风险	（3）基金和股票市场风险
		（4）债券信用风险	（4）存款信用风险
		（5）资金运用集中度	（5）债券信用风险
		（6）违反投资规定情况	（6）资金运用集中度
			（7）违反投资规定情况
4	业务经营风险指标	（1）保费增长率	（1）长期险保费收入增长率
		（2）自留保费增长率	（2）短期险自留保费增长率
		（3）应收保费率	（3）标准保费增长率
		（4）未决赔款准备金提取偏差率	（4）退保率
		（5）再保险人资质	（5）保单持续率
		（6）单一危险单位自留责任限额	（6）准备金充足状况
5	财务风险指标	（1）产权比率	（1）产权比率
		（2）自留保费资本率	（2）盈利状况
		（3）综合成本率	（3）短期险综合赔付率
		（4）资金运用收益率	（4）现金流测试情况
		（5）速动比率	
		（6）现金流	

① 中国保监会《关于实施保险公司分类监管有关事项的通知》。

再保险公司的监测指标仅为偿付能力充足率。

依据对保险公司的分类，保监会日常监管中在产品、机构、资金运用等方面对四类公司采取不同的监管政策，并根据公司存在的风险采取不同的监管措施：

（1）对A类公司，不采取特别的监管措施。

（2）对B类公司，可采取以下一项或多项监管措施：监管谈话；风险提示；要求公司限期整改所存在的问题；针对所存在的问题进行现场检查；要求提交和实施预防偿付能力不达标的计划。

（3）对C类公司，除可采取对B类公司的监管措施外，还可以根据公司偿付能力不达标的原因采取以下一项或多项监管措施：全面检查；要求提交改善偿付能力的计划；责令增加资本金、限制向股东分红；限制董事和高级管理人员的薪酬水平和在职消费水平；限制商业性广告；限制增设分支机构；限制业务范围、责令停止开展新业务、责令转让保险业务或者责令办理分出业务；责令拍卖资产或者限制固定资产购置；限制资金运用渠道或范围；调整负责人及有关管理人员；向董事会、监事会或主要股东通报公司经营状况。

（4）对D类公司，除可采取对B、C类公司的监管措施外，还可以采取整顿、接管或中国保监会认为必要的其他监管措施。

保监会每年年初根据上一年度审计后的数据，对保险公司进行一次全面评价分类，决定监管措施。在此基础上，每季度评估一次，对年度评价结果和监管措施进行相应调整。如果保险公司的经营状况或财务状况突然发生重大变化，保监会可以随时调整公司的类别和相应的监管措施。保监会定期向各保险公司通报公司所处的类别和对其采取的监管措施，但不向社会公开披露。

2010年5月25日，为提高保监局对保险公司分支机构的监管效率，规范保监局对保险公司分支机构分类监管工作，完善分类监管制度，保监会制定了《保险公司分支机构分类监管暂行办法》[①]。其所称的分类监管，是指保监局根据客观信息，综合分析评估保险公司分支机构风险，依据评估结果将其归入特定监管类属，并采取针对性监管措施的行为。

保监局按照保险公司分支机构的业务经营风险指标、合规风险指标、内控风险指标三类监测指标和日常监管中掌握的信息对辖区内保险公司分支机构进行分类，将分支机构按风险由低到高评为A、B、C、D四类，并分别采取不同的措施。

A类机构，指经营合规，业务发展、内部控制等方面未发现问题的公司；B类机构，指经营较合规，业务发展、内部控制等方面虽有问题但不严重的公司；C类机构，指经营存在较严重违规情形，或业务发展、内部控制等方面存在较大风险的公司；D类机构，指业务经营存在严重违规情形，或业务发展、内部控制等至少一个方面存在严重风险的公司。

保险公司分支机构分类监管监测指标一览表见表4-17。

① 保监发〔2010〕45号。

表4-17　　保险公司分支机构分类监管监测指标一览表

序号	指标类别	产险公司的具体指标	寿险公司的具体指标
1	业务经营风险指标	（1）应收保费率	（1）退保率
		（2）结案率	（2）保费继续率
		（3）投诉率	（3）营销员13个月留存率
		（4）综合成本率	（4）投诉率
		（5）综合赔付率	（5）佣金及手续费率
		（6）经营活动产生的现金流量净额	（6）业务及管理费用率
2	合规风险指标	合规情况	合规情况
3	内控风险指标	内部控制情况	内部控制情况

为贯彻落实全国金融工作会议精神和保监会“1 + 4”系列文件要求，进一步防范保险业资产负债错配风险，加强资产负债管理监管，提升保险公司资产负债管理能力，2017年12月15日，保监会就《保险资产负债管理监管办法（征求意见稿）》（以下简称“征求意见稿”）征求行业意见。保监会拟将强化资产负债管理监管硬约束，并对保险公司进行综合评级，分类监管。

所称保险资产负债管理，是指保险公司在风险偏好和其他约束条件下，持续对资产和负债相关策略进行制定、执行、监控和完善的过程。保险公司应当建立健全资产负债管理体系，不断提升资产负债管理水平，及时监测资产负债匹配状况，防范资产负债错配风险。

中国保监会根据保险公司综合评分的高低将保险公司资产负债管理综合评级分为A、B、C、D四大类，并采取不同的措施。（1）A类：综合评分不低于85分，资产负债匹配状况好和资产负债管理能力高；（2）B类：资产负债匹配状况好或较好，资产负债管理能力高或较高；（3）C类：资产负债匹配状况差或资产负债管理能力低；（4）D类：综合评分低于60分，资产负债匹配状况差和资产负债管理能力低，偿付能力充足率不达标或中国保监会认定保险公司潜在风险超过其可承受范围，已经采取风险处置措施的。

在保险资产负债管理监管办法中，对保险公司如何实施资产负债比例管理作出了规定（见表4-18）。

征求意见稿将给保险行业风险管理带来多方面的改变：（1）保险公司将加强账户精细化管理，更加重视成本收益匹配，减少激进的业务策略和投资，增强核心竞争力。（2）保险公司将主动调整资产负债期限匹配，加强现金流匹配管理，提高流动性风险应对能力。（3）保险公司将进一步控制业务杠杆，提高偿付能力水平，提升整体风险管理能力，推动行业回归保障本源。

通过上述对保险业风险与监管指标的总结归纳，可以发现保险业看似简单的业务由于涉及被投保人的利益和风险，所以在信息披露和管控上指标较多，短期内同样不易理解，这需要经过不断地学习才能领会和应用。

表4-18　保险资产负债管理监管要求

牵头部门职责	组织协调相关职能部门开展资产负债管理的日常工作，为高级管理层提供决策支持
控制与流程	应当制定资产负债管理和资产配置管理的内部控制流程，建立资产端与负债端的沟通协商机制，明确相关职能部门的管理责任
模型与工具	应当根据自身的业务性质、规模和复杂程度，建立资产负债管理和资产配置所需的模型，选择适当的管理工具
压力测试	应当加强压力测试在资产负债管理决策中的应用，评估分析潜在风险因素对期限结构、成本收益、现金流和偿付能力充足率的影响，并采取相应的预防措施
期限结构匹配	应当加强期限结构匹配管理。期限结构匹配是指保险公司能够维持资产端现金流和负债端现金流在期限结构上的相对匹配，控制和管理期限错配带来的不利影响，实现公司长期价值目标
成本收益匹配	应当加强成本收益匹配管理。成本收益匹配是指保险公司持有资产的收益能够覆盖负债成本，具备一定的持续盈利能力，防范利差损风险
现金流匹配	应当加强现金流匹配管理。现金流匹配是指保险公司在中短期内持有充足资金以支付到期债务或履行其他支付义务，能够维持公司流动性充足，防范流动性风险
绩效考核	应当建立资产负债管理绩效评估体系，明确资产负债管理考核评价方法和标准，将资产负债管理的指标纳入相关部门及高级管理人员的绩效考核
管理报告	应当制定和实施有效的资产负债管理监控和报告程序，定期编制和审议资产负债管理报告，并按照规定向监管部门报送资产负债管理报告

重要概念

认可资产　认可负债　实际资本 附加资本　最低资本　核心一级资本　核心二级资本　附属一级资本　附属二级资本　核心偿付能力溢额　综合偿付能力溢额

复习思考

1. 从财报分析的角度为什么要了解保险业的分类？保险业有哪些基本分类？
2. 保险业信息披露的目的是什么？
3. 什么是保险偿付能力？什么是“偿二代”？“偿二代”有哪三大支柱？
4. “偿二代”监管体系共有哪17项监管规则？
5. 什么是保险公司的分类监管？
6. 保险公司为什么要重视资产负债管理？
7. 对保险公司量化风险最低资本和控制风险最低资本有哪些规定？
8. 对保险公司的核心偿付能力充足率和综合偿付能力充足率有哪些基本要求？

操作练习

1. 查看中国银保监会网站中原保监会网站的信息，了解保险公司监管制度和监管指标的变化情况。
2. 下载上市保险公司2017年度报告，了解其年度报告中需要披露的信息内容。

第五章

保险业财务报告的解读与分析

【导语】本章将依据选定的案例公司，说明保险业财务报告的基本格式与内容，演示财务报告分析、财务及监管指标分析的方法，以便客观评价保险业的财务状况、经营成果和现金流量状况。

本章内容要点

第一节 财务报告格式与项目解释

本节的目的在于了解保险业财务报告格式的发展演变过程、现行财务报告的基本格式以及熟悉报表项目的内涵。

一、保险业财务报告格式的演变

同银行业一样，保险业的财务报告格式也是经历了系列变化形成今天的范式，而这一切改变源自于金融企业会计确认、计量与披露准则的变化。

1993年3月17日，为适应社会主义市场经济发展的需要，规范和加强金融企业的会计核算工作，财政部、中国人民银行根据《企业会计准则》，统一制定了《金融企业会计制度》①。

2001年11月27日，为规范金融企业的会计核算，提高会计信息质量，财政部发布了《金融企业会计制度》，要求自2002年1月1日起暂在上市的金融企业范围内实施。同时，也鼓励其他股份制金融企业实施《金融企业会计制度》②。按照《金融企业会计制度》中财务会计报告的要求，金融企业应当按照《企业财务会计报告条例》的规定，编制和对外提供真实、完整的财务会计报告。金融企业的财务会计报告由会计报表、会计报表附注和财务情况说明书组成（不要求编制和提供财务情况说明书的金融企业除外）。金融企业向外提供的会计报表包括：（1）资产负债表；（2）利润表；（3）现金流量表；（4）利润分配表；（5）所有者权益变动表；（6）分部报表；（7）信托资产管理会计报表；（8）其他有关

---

① 〔93〕财会字第11号。
② 财会〔2001〕49号。

附表。会计报表附注是为便于报表使用者理解报表的内容而对报表的编制基础、编制依据、编制原则和方法及主要内容等所做的进一步说明、补充或解释。财务情况说明书至少应当对下列情况作出说明：（1）金融企业经营的基本情况；（2）利润实现和分配情况；（3）资金增减和周转情况；（4）对金融企业财务状况、经营成果和现金流量有重大影响的其他事项。

2006年2月15日，财政部颁布了39项企业会计准则（以下简称“新会计准则”），要求自2007年1月1日起在上市公司范围内施行，同时鼓励其他企业执行。指出企业应当编制财务会计报告（又称财务报告，下同）。财务会计报告的目标是向财务会计报告使用者提供与企业财务状况、经营成果和现金流量等有关的会计信息，反映企业管理层受托责任履行情况，有助于财务会计报告使用者作出经济决策。财务会计报告使用者包括投资者、债权人、政府及其有关部门和社会公众等。在财务报表的列报方面，按照2006年新基本准则的要求，在首次执行日后，企业应当按照《企业会计准则第30号——财务报表列报》、《企业会计准则第31号——现金流量表》和《企业会计准则第33号——合并财务报表》的规定，列报资产负债表、利润表、所有者权益变动表和现金流量表以及附注。

2006年10月8日，为提高保险公司的会计信息质量和内部管理水平，促进保险业又快又好地发展，保监会发布了《关于保险业实施新会计准则有关事项的通知》，保监会决定从2007年1月1日起在全行业同时执行新会计准则。新会计准则的总体实施方案为“同时切换，分步到位”。所谓“同时切换”，是指全行业统一从2007年1月1日同时切换到新会计准则。所谓 “分步到位”，就是将全部实施过程分为两个阶段，先易后难。分两个阶段实施是最低要求，是完成实施工作的最后期限，有条件的公司可以一步到位，也可以分步提前完成。

2017年12月25日，为解决执行企业会计准则的企业在财务报告编制中的实际问题，规范企业财务报表列报，提高会计信息质量，针对2017年施行的《企业会计准则第42号——持有待售的非流动资产、处置组和终止经营》（财会〔2017〕13号）和《企业会计准则第16号——政府补助》（财会〔2017〕15号）的相关规定，财政部对一般企业财务报表格式进行了修订。要求执行企业会计准则的非金融企业应当按照企业会计准则和本通知的要求编制2017年度及以后期间的财务报表；金融企业应当根据其经营活动的性质和要求，比照一般企业财务报表格式进行相应调整。

这说明，随着会计改革的变化，金融业的财务报告格式也随之变化，作为金融业组成部分的保险业其财务报告的格式与内容也自然会相应地变化。

二、保险业财务报告的格式与项目解释

为了解财务报告及其基本内容，本章以中国人寿保险（集团）公司（简称中国人寿）为例，说明保险业财务报告的基本格式、内容以及项目含义。

中国人寿经中央政府批准组建于1949年10月，是国内最早经营保险业务的企业之一。经改制重组后先后在境外和境内上市，成为国内首家在三地上市的金融保险企业，是《财富》“世界500强”和“世界品牌500强”企业。公司主要从事人寿保险、健康保险、意外伤害保险等各类人身保险业务；人身保险的再保险业务；国家法律、法规允许或国务院批准的资金运用业务；各类人身保险服务、咨询和代理业务；证券投资基金销售业务；国家保险监督管理部门批准的其他业务。截至2017年12月31日，公司总资产达人民币28 975.91亿元，位居国内寿险业首位。2017年公司保费收入突破人民币5 000亿元，归属于母公司股东的净利润322.53亿元，增幅68.6%。2017年底公司总市值达1 208.34亿美元，位居全球上市寿险公司首位。

中国人寿披露的2017年度的合并资产负债表、利润表、现金流量表以及所有者权益变动表的基本格式分别见表5-1、表5-2、表5-3和表5-4。

（一）资产负债表格式与项目解释

资产负债表是依据“资产=负债+所有者权益”的原理编制的反映公司在一定期末的资产、负债和所有者权益变动情况的报表。资产负债表的作用主要体现在以下几个方面：

（1）了解某一时点上公司各类资产、负债和所有者权益的规模、结构及其数量对应关系。通过该表可以了解公司资产负债的匹配情况、资产组合以及资金来源结构的合理性，从而优化资产结构、降低公司偿付风险和流动性风险，提高运营效率。

（2）明确公司需要承担的责任与义务。

（3）与利润表和现金流量表结合，计算分析公司的各项财务与监管指标。

中国人寿合并资产负债表见表5-1。

表5-1 **中国人寿合并资产负债表**

2017年12月31日 单位：百万元人民币

项　目	2017年12月31日	2016年12月31日
资产：		
货币资金	50 189	67 318
以公允价值计量且其变动计入当期损益的金融资产	136 808	209 126
买入返售金融资产	36 184	43 531
应收利息	50 395	55 929
应收保费	14 121	13 421
应收分保账款	64	123
应收分保未到期责任准备金	527	125
应收分保未决赔款准备金	104	103
应收分保寿险责任准备金	281	182
应收分保长期健康险责任准备金	2 070	1 601
其他应收款	22 078	12 136
贷款	383 504	226 573
定期存款	449 400	538 325
可供出售金融资产	810 734	766 423
持有至到期投资	717 037	594 730
长期股权投资	161 472	119 766
存出资本保证金	6 333	6 333
投资性房地产	3 064	1 191
在建工程	16 696	10 548
固定资产	25 384	19 356
无形资产	6 406	6 062
其他资产	4 728	4 037
独立账户资产	12	12
资产总计	2 897 591	2 696 951

续表

项　　目	2017年12月31日	2016年12月31日
负债:		
短期借款	780	731
以公允价值计量且其变动计入当期损益的金融负债	2 529	2 031
卖出回购金融资产款	87 309	81 081
预收保费	18 505	35 252
应付手续费及佣金	5 659	3 713
应付分保账款	790	436
应付职工薪酬	10 962	7 888
应交税费	6 887	1 871
应付赔付款	44 820	39 038
应付保单红利	83 910	87 725
其他应付款	10 254	7 668
保户储金及投资款	232 488	195 694
未到期责任准备金	12 289	10 492
未决赔款准备金	13 778	11 538
寿险责任准备金	1 915 324	1 762 932
长期健康险责任准备金	83 742	63 024
长期借款	18 014	15 439
应付债券		37 998
递延所得税负债	4 871	7 768
其他负债	19 358	16 972
独立账户负债	12	12
负债合计	2 572 281	2 389 303
股东权益:		
股本	28 265	28 265
其他权益工具	7 791	7 791
资本公积	55 142	55 007
其他综合收益	(3 544)	4 368
盈余公积	63 536	58 391
一般风险准备	30 541	27 241
未分配利润	139 202	122 558
归属于母公司所有者权益合计	320 933	303 621
少数股东权益	4 377	4 027
股东权益总计	325 310	307 648
负债及股东权益总计	2 897 591	2 696 951

数据来源：中国人寿股份有限公司2017年度报告。

资产负债表项目解释如下：

1.资产端

（1）“货币资金”项目，反映公司期末持有的现金、银行存款和其他货币资金总额。

（2）“以公允价值计量且其变动计入当期损益的金融资产”项目，反映公司直接指定的以公允价值计量，且其变动计入当期损益的金融资产和交易性金融资产，但衍生金融资产除外。

（3）“买入返售金融资产”项目，反映公司按照返售协议约定先买入再按固定价格返售的票据、证券、贷款等金融资产所融出资金。

（4）“应收利息”项目，反映公司交易性金融资产、持有至到期投资、可供出售金融资产、发放贷款、存放中央银行款项、拆出资金、买入返售金融资产等应收取的利息。

（5）“应收保费”项目，反映按照原保险合同约定应向投保人收取的保费。

（6）“应收分保账款”项目，反映公司从事再保险业务应收取的款项。

（7）“应收分保未到期责任准备金”“应收分保未决赔款准备金”“应收分保寿险责任准备金”“应收分保长期健康险责任准备金”项目，反映再保险分出人从事再保险业务确认的应收分保未到期责任准备金以及应向再保险接受人摊回的保险责任准备金。

（8）“其他应收款”项目，反映公司除上述以外的其他各种应收及暂付款项。

（9）“贷款”项目，反映公司在《中华人民共和国保险法》颁布以前发放的目前尚未收回的贷款扣除贷款损失准备期末余额后的金额。

（10）“定期存款”项目，反映公司持有的定期存款和通知存款总额。

（11）“可供出售金融资产”项目，反映公司持有的以公允价值计量的可供出售股票投资、债券投资等金融资产。本项目应根据“可供出售金融资产”科目的期末余额，减去“可供出售金融资产减值准备”科目期末余额后的金额填列。

（12）“持有至到期投资”项目，反映到期日固定，回收金额固定或可确定，且企业有明确意图和能力持有至到期的非衍生金融资产。本项目应根据“持有至到期投资”科目的期末余额减去“持有至到期投资减值准备”科目期末余额后的金额填列。

（13）“长期股权投资”项目，反映公司持有的对子公司、联营企业和合营企业的长期股权投资。本项目应根据“长期股权投资”科目的期末余额，减去“长期股权投资减值准备”科目期末余额后的金额填列。

（14）“存出资本保证金”项目，反映按规定比例缴存的资本保证金。

（15）“投资性房地产”项目，反映公司持有的投资性房地产。采用成本模式计量投资性房地产的，本项目应根据“投资性房地产”科目的期末余额，减去“投资性房地产累计折旧（摊销）”和“投资性房地产减值准备”科目期末余额后的金额填列；采用公允价值计量投资性房地产的，本项目应根据“投资性房地产”科目的期末余额填列。

（16）“在建工程”项目，反映公司尚未达到预定可使用状态的在建工程的成本扣减减值准备后的账面价值。

（17）“固定资产”项目，反映公司持有固定资产的账面余额扣减累计折旧、减值准备后的账面价值。

（18）“无形资产”项目，反映公司持有无形资产的成本，包括专利权、非专利技术、商标权、著作权、土地使用权等，扣减累计摊销、无形资产减值准备后的账面价值。

（19）“其他资产”项目，反映除以上资产以外的其他资产。

（20）“独立账户资产”项目，反映对分拆核算的投资连结产品不属于风险保障部分确认的独立账户资产价值。

2. 负债端

（1）“短期借款”项目，反映公司向银行或其他金融机构借入的期限在1年以下（含1年）的各种借款。

（2）“以公允价值计量且其变动计入当期损益的金融负债”项目，反映公司承担的以公允价值计量且其变动计入当期损益的金融负债和交易性金融负债，但衍生金融负债除外。

（3）“卖出回购金融资产款”项目，反映公司按照回购协议先卖出再按固定价格买入的票据、证券、贷款等金融资产所融入的资金。

（4）“预收保费”项目，反映公司收到未满足保费收入确认条件的保险费。

（5）“应付手续费及佣金”项目，反映应支付但尚未支付的手续费和佣金。

（6）“应付分保账款”项目，反映公司从事再保险业务应付未付的款项。

（7）“应付职工薪酬”项目，反映公司根据有关规定应付给职工的各种薪酬。

（8）“应交税费”项目，反映公司按照税法等规定计算应交纳的各种税费。

（9）“应付赔付款”项目，反映公司应支付但尚未支付的赔付款项。

（10）“应付保单红利”项目，反映公司按原保险合同约定应付未付投保人的红利。

（11）“其他应付款”项目，反映公司除上述以外的其他各项应付、暂收的款项。

（12）“保户储金及投资款”项目，反映公司收到尚未返还的保户储金和投资款。

（13）“未到期责任准备金”项目，反映公司提取的非寿险原保险合同未到期责任准备金以及再保险接受人提取的再保险合同分保未到期责任准备金。

（14）“未决赔款准备金”“寿险责任准备金”“长期健康险责任准备金”项目，反映公司提取的原保险合同保险责任准备金以及再保险接受人提取的再保险合同保险责任准备金。

（15）“长期借款”项目，反映公司向银行或其他金融机构借入的期限在1年以上（不含1年）的各项借款。

（16）“应付债券”项目，反映公司为筹集（长期）资金而发行债券的本金和利息。本项目应根据“应付债券”科目的期末余额填列。

（17）“递延所得税负债”项目，反映公司确认的应纳税暂时性差异产生的所得税负债。

（18）“其他负债”项目，反映除以上负债以外的其他负债。

（19）“独立账户负债”项目，反映对分拆核算的投资连结产品不属于风险保障部分确认的独立账户负债。

3.股东权益端

（1）“股本”项目，反映公司接受投资者投入的实收资本（或股本）。

（2）“其他权益工具”项目，反映公司发行除普通股以外的归类为权益工具的各种金融工具账面价值，如在权益中反映的优先股和永续债等的账面价值。

（3）“资本公积”项目，反映公司收到投资者出资额超出其在注册资本或股本中所占份额的部分。

（4）“其他综合收益”项目，反映公司根据会计准则规定未在当期损益中确认的各项利得和损失的余额。

（5）“盈余公积”项目，反映公司从净利润中提取的盈余公积。

（6）“一般风险准备”项目，反映公司按规定从净利润中提取的一般风险准备。

（7）“未分配利润”项目，反映公司尚未分配的利润，未弥补的亏损在本项目内以“–”号填列。

（8）“归属于母公司所有者权益合计”项目，反映在合并报表中归属于母公司的所有者权益部分。

（9）“少数股东权益”项目，反映编制合并报表时，子公司所有者权益中由母公司以外的其他投资者所拥有的权益份额。

（二）利润表格式与项目解释

利润表是反映保险公司一定会计期间（如月度、季度、半年度或年度）经营成果的会计报表。其遵守的原则是权责发生制。它全面揭示了保险公司在某一特定时期实现的各种营业收入、营业支出、实现的利润或发生的亏损以及综合收益情况。利润表是根据“收入–支出=利润”的基本关系来编制的，其具体内容取决于收入、营业支出、利润等会计要素的构成。

利润表的作用主要体现在以下几个方面：

（1）可以了解保险公司的盈利总水平、利润来源及其结构。

（2）可以分析保险公司盈亏产生的原因。

（3）与资产负债表和现金流量表结合分析保险公司相关的财务与监管指标信息。

中国人寿合并利润表见表5–2。

表5–2 **中国人寿合并利润表**

2017年度 单位：百万元人民币

项　　目	2017年度	2016年度
一、营业收入	653 195	549 802
已赚保费	506 910	426 230
保险业务收入	511 966	430 498
其中：分保费收入	3	3
减：分出保费	3 661	1 758
提取未到期责任准备金	1 395	2 510
投资收益	134 983	120 831
其中：对联营企业和合营企业的投资收益	7 143	5 855
公允价值变动收益	3 869	（4 229）
汇兑收益	52	582
资产处置收益	15	31
其他收益	15	
其他业务收入	7 351	6 357
二、营业支出	611 313	525 715
退保金	94 629	73 992
赔付支出	198 088	205 143
减：摊回赔付支出	1 427	864
提取保险责任准备金	175 322	129 434

续表

项　　目	2017年度	2016年度
减：摊回保险责任准备金	569	590
保单红利支出	21 871	15 833
税金及附加	733	704
手续费及佣金支出	64 789	52 022
业务及管理费	37 685	33 012
减：摊回分保费用	664	110
其他业务成本	18 010	14 477
资产减值损失	2 846	2 682
三、营业利润	41 882	24 087
加：营业外收入	112	69
减：营业外支出	323	314
四、利润总额	41 671	23 842
减：所得税费用	8 919	4 257
五、净利润	32 752	19 585
（一）按经营持续性分类		
持续经营净利润	32 752	19 595
终止经营净利润		
（二）按所有权归属分类		
归属于母公司股东的净利润	32 253	19 127
少数股东收益	499	458
六、每股收益		
基本每股收益（人民币元）	1.13	0.66
稀释每股收益（人民币元）	1.13	0.66
七、其他综合收益	（7 926）	（25 776）
归属于母公司股东的其他综合收益的税后净额	（7 912）	（25 774）
以后会计期间在满足规定条件时将重分类进损益的其他综合收益（扣除所得税）	（7 912）	（25 774）
可供出售金融资产产生的利得（损失）金额	（11 258）	（33 352）
减：前期计入其他综合收益当期转入损益的净额	（32）	（4 540）
可供出售金融资产公允价值变动计入保单红利部分	4 204	13 029
按照权益法核算的在被投资单位其他综合收益中所享有的份额	21	（918）
外币财务报表折算差额	（847）	7
以后会计期间不能重分类进损益的其他综合收益（扣除所得税）		
归属于少数股东的其他综合收益的税后净额	（14）	（2）
八、综合收益总额	24 826	（6 191）
归属于母公司股东的综合收益总额	24 341	（6 647）
归属于少数股东的综合收益总额	485	456

数据来源：中国人寿股份有限公司2017年度报告。

利润表项目解释如下：

1.“营业收入”项目，反映“已赚保费”、“投资收益”、“公允价值变动收益”、“汇兑收益”、“资产处置收益”、“其他收益”以及“其他业务收入”等项目的金额合计。

2.“已赚保费”项目，反映公司“保险业务收入”项目金额减去“分出保费”“提取未到期责任准备金”项目金额后的余额。

3.“保险业务收入”项目，反映公司从事保险业务确认的原保费收入和分保费收入，应根据“保费收入”科目的发生额分析填列。其中，“分保费收入”应单独填列。

4.“分出保费”项目，反映公司从事再保险业务分出的保费，应根据“分出保费”科目的发生额分析填列。

5.“提取未到期责任准备金”项目，反映公司提取的非寿险原保险合同未到期责任准备金和再保险合同分保未到期责任准备金。

6.“投资收益”项目，反映公司以各种方式对外投资取得的收益，定期存款、保户质押贷款、买入返售金融资产形成的利息收入，也在“投资收益”项目反映；如为投资损失，本项目以“-”号填列。其中，对联营企业和合营企业的投资收益应单独列示。

7.“公允价值变动收益”项目，反映公司应当计入当期损益的资产或负债公允价值的变动收益。本项目应根据“公允价值变动损益”科目的发生额分析填列；如为净损失，本项目以“-”号填列。

8.“汇兑收益”项目，反映公司外币货币性项目因汇率变动形成的净收益；如为净损失，以“-”号填列。

9.“资产处置收益”项目。财会〔2017〕30号文件新增“资产处置收益”行利润表项目，反映企业出售划分为持有待售的非流动资产（金融工具、长期股权投资和投资性房地产除外）或处置组时确认的利得或损失，以及处置未划分为持有待售的固定资产、在建工程、生产性生物资产及无形资产而产生的处置利得或损失。债务重组中因处置非流动资产产生的利得或损失和非货币性资产交换产生的利得或损失也包括在本项目内。该项目应根据在损益类科目新设置的“资产处置损益”科目的发生额分析填列；如为处置损失，以“－”号填列。

10.“其他收益”项目，反映政府补助准则修订后核算的与公司日常活动相关的政府补助。

11.“其他业务收入”项目，反映公司确认的除主营业务活动以外的其他经营活动实现的收入，包括出租固定资产、出租无形资产、出租包装物和商品、销售材料、用材料进行非货币性资产交换（非货币性资产交换具有商业实质且公允价值能够可靠计量）或债务重组等实现的收入。

12.“营业支出”项目，反映“退保金”、“赔付支出”、“提取保险责任准备金”、“保单红利支出”、“税金及附加”、“手续费及佣金支出”、“业务及管理费”、“其他业务成本”和“资产减值损失”等项目金额合计，减去“摊回赔付支出”“摊回保险责任准备金”“摊回分保费用”等项目金额后的余额。

13.“退保金”项目，反映公司寿险原保险合同提前解除时，按照约定退还投保人的保单现金价值。

14.“赔付支出”项目，反映公司支付的原保险合同赔付款项和再保险合同赔付款项减去追偿收入。

15.“摊回赔付支出”项目，反映公司向再保险接受人摊回的赔付成本。

16.“提取保险责任准备金”项目，反映公司提取的保险责任准备金，包括未决赔款准备金、寿险责任准备金、长期健康险责任准备金，应根据“提取保险责任准备金”科目的发生额分析填列。

17.“摊回保险责任准备金”项目，反映公司从事再保险业务应向再保险接受人摊回的保险责任准备金，包括未决赔款准备金、寿险责任准备金、长期健康险责任准备金。

18.“保单红利支出”项目，反映按原保险合同约定支付给投保人的红利。

19.“税金及附加”项目，依据财会〔2016〕22号文规定，全面试行营业税改征增值税后，“营业税金及附加”科目名称调整为“税金及附加”科目，该科目核算企业经营活动发生的消费税、城市维护建设税、资源税、教育费附加及房产税、土地使用税、车船税、印花税等相关税费。

20.“手续费及佣金支出”项目，反映公司发生的与其经营活动相关的各项手续费、佣金等支出。

21.“业务及管理费”项目，反映公司在业务经营和管理过程中所发生的电子设备运转费、安全防范费、物业管理费等费用，应根据“业务及管理费”科目的发生额分析填列。

22.“摊回分保费用”项目，反映公司从事再保险业务向再保险接受人摊回的分保费用。

23.“其他业务成本”项目，反映除以上各项成本和“资产减值损失”之外的其他业务成本。

24.“资产减值损失”项目，反映公司计提（或恢复后转回）各项资产减值准备所形成的损失；本项目如为恢复后转回的金额，以“-”号填列。

25.“营业外收入”项目，反映公司发生的各项营业外收入，主要包括非流动资产处置利得、非货币性资产交换利得、债务重组利得、政府补助、盘盈利得、捐赠利得等。

26.“营业外支出”项目，反映公司发生的各项营业外支出，包括非流动资产处置损失、非货币性资产交换损失、债务重组损失、公益性捐赠支出、非常损失、盘亏损失等。

27.“所得税费用”项目，反映公司确认的应从当期利润总额中扣除的所得税费用。

28.“净利润”项目，反映公司实现的净利润。

29.“持续经营净利润”和“终止经营净利润”项目，根据财会〔2017〕30号文①，自2017年度财务报表起，新增“（一）持续经营净利润”和“（二）终止经营净利润”行项目，分别反映净利润中与持续经营相关的净利润和与终止经营相关的净利润；如为净亏损，以“-”号填列。该两个项目应按照《企业会计准则第42号——持有待售的非流动资

① 2018年6月15日财政部发布了《关于修订印发2018年度一般企业财务报表格式的通知》（财务〔2018〕15号）。

产、处置组和终止经营》的相关规定分别列报。

30.“归属于母公司股东的净利润”项目，反映公司编制合并报表时净利润中归属于母公司所有者的部分。

31.“少数股东收益”项目，反映编制合并会计报表时子公司净利润中属于母公司以外的其他投资者的部分。

32.“基本每股收益”“稀释每股收益”项目，反映公司按照每股收益准则的规定计算的金额，本项目仅由普通股或潜在普通股已公开交易的公司，以及正处于公开发行普通股或潜在普通股过程中的公司填报。

33.“其他综合收益”项目，反映公司根据企业会计准则规定未在当期损益中确认的各项利得和损失扣除所得税影响后的净额。按照归属于母公司股东和归属于少数股东的其他综合收益的税后净额分别统计。

其中归属于母公司股东的其他综合收益的税后净额分为：

（1）“以后会计期间在满足规定条件时将重分类进损益的其他综合收益”项目，反映公司可供出售金融资产公允价值变动形成的利得或损失金额，减去前期计入其他综合收益当期转入损益的净额，加上可供出售金融资产公允价值变动计入保单红利的部分、按照权益法核算的在被投资单位其他综合收益中所享有的份额以及外币财务报表折算差额之和。

（2）“以后会计期间不能重分类进损益的其他综合收益（扣除所得税）”项目，反映公司按照权益法核算的在被投资单位以后会计期间不能重分类进损益的其他综合收益中所享有的份额等。

34.“综合收益总额”项目，反映公司净利润与其他综合收益的合计金额。

（三）现金流量表格式与项目解释

现金流量表是以现金和现金等价物为基础编制的，提供保险公司在某一特定期间内有关现金和现金等价物的流入和流出信息的报表。其遵守的会计原则是收付实现制。这里的现金包括公司的库存现金、银行存款和其他货币资金。现金等价物是保险公司持有的期限短、流动性强、易于转换为已知金额的现金、价值变动风险很小的投资，一般指公司购买的期限为3个月以内的国库券。

从分析的角度，财务报告使用者最关心的是保险公司创造现金流量的能力、股利支付能力和偿债能力。从现金流量表的角度，由于遵循收付实现制原则，报表的可验证性强，降低了造假的可能性。

现金流量表的作用主要体现在以下几个方面：

（1）了解保险公司净利润的质量。

（2）了解保险公司取得和运用现金的能力。

（3）了解保险公司偿还债务本息和支付股利的能力。

（4）预测保险公司未来的现金流量。

（5）与资产负债表和利润表结合，分析公司的相关财务与监管指标。

中国人寿合并现金流量表见表5-3。

表5-3

中国人寿合并现金流量表

2017年度　　单位：百万元人民币

项　　目	2017年度	2016年度
一、经营活动产生的现金流量		
收到原保险合同保费取得的现金	496 075	432 979
保户储金及投资款净增加额	37 585	112 346
收到以公允价值计量且其变动计入当期损益的金融资产现金净额	83 721	
收到以公允价值计量且其变动计入当期损益的金融负债现金净额	931	1 539
收到其他与经营活动有关的现金	7 697	6 035
经营活动现金流入小计	626 009	552 899
支付原保险合同赔付等款项的现金	286 932	270 148
支付再保险业务现金净额	1 157	630
支付手续费及佣金的现金	62 843	50 907
支付保单红利的现金	20 057	18 530
支付给职工以及为职工支付的现金	19 024	16 486
支付的各项税费	8 322	11 628
支付以公允价值计量且其变动计入当期损益的金融资产现金净额		74 153
支付其他与经营活动有关的现金	26 684	21 319
经营活动现金流出小计	425 019	463 801
经营活动产生的现金流量净额	200 990	89 098
二、投资活动产生的现金流量		
收回投资收到的现金	896 625	761 937
取得投资收益收到的现金	127 026	99 280
处置固定资产、无形资产和其他长期资产支付的现金净额	103	115
收到买入返售金融资产现金净额	6 975	
投资活动现金流入小计	1 030 729	861 332
投资支付的现金	1 178 872	931 203
保护质押贷款净增加额	15 515	7 483
购建固定资产、无形资产和其他长期资产支付的现金	9 619	5 310
支付买入返售金融资产现金净额		22 028
支付其他与投资活动有关的现金	399	11
投资活动现金流出小计	1 204 405	966 035
投资活动产生的现金流量净额	（173 676）	（104 703）
三、筹资活动产生的现金流量		
吸收投资收到的现金	4 034	2 939
其中：子公司吸收少数股东投资收到的现金	4 034	2 939
取得借款所收到的现金	3 121	13 831
收到卖出回购金融资产款现金净额	6 228	49 999
筹资活动现金流入小计	13 383	66 769
偿还债务支付的现金	38 000	30 000
分配股利、利润或偿付利息支付的现金	12 970	17 299
支付其他与筹资活动有关的现金	8 008	13 200
筹资活动现金流出小计	58 978	60 499
筹资活动产生的现金流量净额	（45 595）	6 270
四、汇率变动对现金及现金等价物的影响额	（179）	285
五、现金及现金等价物净增加（减少）额	（18 460）	（9 050）
加：年初现金及现金等价物余额	67 046	76 096
六、年末现金及现金等价物余额	48 586	67 046

数据来源：中国人寿股份有限公司2017年度报告。

如果想查找按间接法编制的将净利润调整为经营活动现金流量净额的信息，就需要查找中国人寿年度财务报告附注部分的相关内容。由于保险公司现金流量表项目的含义基本上可以通过字面内容加以理解，这里就不再加以解释了。

（四）股东权益变动表格式与项目解释

股东权益变动表是指反映构成所有者权益的各组成部分当期的增减变动情况的报表，包括归属于母公司股东的股东权益、少数股东权益的增减变动以及股东权益合计三部分主要信息。

中国人寿的合并股东权益变动表的格式见表5-4。

表5-4 中国人寿合并股东权益变动表 单位：百万元人民币

项目	归属于母公司股东的股东权益							少数股东权益	股东权益合计
	股本	其他权益工具	资本公积	其他综合收益	盈余公积	一般风险准备	未分配利润		
2016年1月1日	28 265	7 791	54 974	30 142	53 026	25 239	123 055	3 722	326 214
本年增减变动金额									
综合收益总额				（25 774）			19 127	456	（6 191）
其他			33						33
利润分配					5 365	2 002	（19 624）	（151）	（12 408）
提取盈余公积					5 365		（5 365）		
提取一般风险准备						2 002	（2 002）		
对股东的分配							（12 257）	（151）	（12 408）
2016年12月31日	28 265	7 791	55 007	4 368	58 391	27 241	122 558	4 027	307 648
2017年1月1日	28 265	7 791	55 007	4 368	58 391	27 241	122 558	4 027	307 648
本年增减变动金额									
综合收益总额				（7 912）			32 253	485	24 826
其他			135						135
利润分配					5 145	3 300	（15 609）	（135）	（7 299）
提取盈余公积					5 145		（5 145）		0
提取一般风险准备						3 300	（3 300）		0
对股东的分配							（7 164）	（135）	（7 299）
2017年12月31日	28 265	7 791	55 142	（3 544）	63 536	30 541	139 202	4 377	325 310

数据来源：中国人寿股份有限公司2017年度报告。

对股东权益变动表，主要关注影响保险公司股东权益发生变化的项目即可。报表中的相关项目解释可参看银行业对该表的说明，此不赘述。

第二节 财务报告分析

本节将依据中国人寿的合并资产负债表、利润表和现金流量表以及附注信息，说明保险业财务报告分析的方法。

一、资产负债表分析

资产负债表分析包括总体情况分析、资产结构与变动趋势分析、资金来源结构与变动趋势分析三部分内容。

总体情况分析是对保险公司总体的资产、负债及所有者权益情况的分析。

进行资产结构与变动趋势分析的目的，一是了解保险业的资产分布结构及其面临的风险；二是通过资产的对比分析，了解资产的增减变动趋势。

进行资金来源结构与变动趋势分析的目的，一是通过对负债、权益结构的分析，了解保险业的资金来源分布及其利用情况；二是通过资本结构分析，了解保险业融资成本的高低以及面临的偿债风险。

依据中国人寿的合并资产负债表，编制的资产以及资金来源的结构及趋势分析表分别见表5-5和表5-6。

表5-5　**中国人寿合并资产结构分析表**

2017年12月31日　　单位：百万元人民币

项　目	2017年12月31日	2016年12月31日	2017年占总资产比例（%）	2016年占总资产比例（%）	绝对数增减变动趋势（%）
资产：					
货币资金	50 189	67 318	1.73	2.50	−25.44
以公允价值计量且其变动计入当期损益的金融资产	136 808	209 126	4.72	7.75	−34.58
买入返售金融资产	36 184	43 531	1.25	1.61	−16.88
贷款	383 504	226 573	13.24	8.40	69.26
定期存款	449 400	538 325	15.51	19.96	−16.52
可供出售金融资产	810 734	766 423	27.98	28.42	5.78
持有至到期投资	717 037	594 730	24.75	22.05	20.57
存出资本保证金	6 333	6 333	0.22	0.23	0.00
投资性房地产	3 064	1 191	0.11	0.04	157.26
投资资产合计	**2 593 253**	**2 453 550**	**89.50**	**90.97**	**5.69**
应收利息	50 395	55 929	1.74	2.07	−9.89
应收保费	14 121	13 421	0.49	0.50	5.22
应收分保账款	64	123	0.00	0.00	−47.97
应收分保未到期责任准备金	527	125	0.02	0.00	321.60
应收分保未决赔款准备金	104	103	0.00	0.00	0.97
应收分保寿险责任准备金	281	182	0.01	0.01	54.40
应收分保长期健康险责任准备金	2 070	1 601	0.07	0.06	29.29
其他应收款	22 078	12 136	0.76	0.45	81.92
长期股权投资	161 472	119 766	5.57	4.44	34.82
在建工程	16 696	10 548	0.58	0.39	58.29
固定资产	25 384	19 356	0.88	0.72	31.14
无形资产	6 406	6 062	0.22	0.22	5.67
其他资产	4 728	4 037	0.16	0.15	17.12
独立账户资产	12	12	0.00	0.00	0.00
非投资资产合计	**304 338**	**243 401**	**10.50**	**9.03**	**25.04**
资产总计	**2 897 591**	**2 696 951**	**100.00**	**100.00**	**7.44**

表5-6　　中国人寿合并资金来源结构分析表

2017年12月31日　　单位：百万元人民币

项　　目	2017年12月31日	2016年12月31日	2017年占总资产比例（%）	2016年占总资产比例（%）	绝对数增减变动趋势（%）
负债:					
短期借款	780	731	0.03	0.03	6.70
以公允价值计量且其变动计入当期损益的金融负债	2 529	2 031	0.09	0.08	24.52
卖出回购金融资产款	87 309	81 081	3.01	3.01	7.68
预收保费	18 505	35 252	0.64	1.31	-47.51
应付手续费及佣金	5 659	3 713	0.20	0.14	52.41
应付分保账款	790	436	0.03	0.02	81.19
应付职工薪酬	10 962	7 888	0.38	0.29	38.97
应交税费	6 887	1 871	0.24	0.07	268.09
应付赔付款	44 820	39 038	1.55	1.45	14.81
应付保单红利	83 910	87 725	2.90	3.25	-4.35
其他应付款	10 254	7 668	0.35	0.28	33.72
保户储金及投资款	232 488	195 694	8.02	7.26	18.80
未到期责任准备金	12 289	10 492	0.42	0.39	17.13
未决赔款准备金	13 778	11 538	0.48	0.43	19.41
寿险责任准备金	1 915 324	1 762 932	66.10	65.37	8.64
长期健康险责任准备金	83 742	63 024	2.89	2.34	32.87
长期借款	18 014	15 439	0.62	0.57	16.68
应付债券		37 998	0.00	1.41	-100.00
递延所得税负债	4 871	7 768	0.17	0.29	-37.29
其他负债	19 358	16 972	0.67	0.63	14.06
独立账户负债	12	12	0.00	0.00	0.00
负债合计	2 572 281	2 389 303	88.77	88.59	7.66
股东权益:					
股本	28 265	28 265	0.98	1.05	0.00
其他权益工具	7 791	7 791	0.27	0.29	0.00
资本公积	55 142	55 007	1.90	2.04	0.25
其他综合收益	（3 544）	4 368	-0.12	0.16	-181.14
盈余公积	63 536	58 391	2.19	2.17	8.81
一般风险准备	30 541	27 241	1.05	1.01	12.11
未分配利润	139 202	122 558	4.80	4.54	13.58
归属于母公司所有者权益合计	320 933	303 621	11.08	11.26	5.70
少数股东权益	4 377	4 027	0.15	0.15	8.69
股东权益总计	325 310	307 648	11.23	11.41	5.74
负债及股东权益总计	2 897 591	2 696 951	100.00	100.00	7.44

注：表5-6中2017年和2016年负债占全部资金来源的比例分别为88.77%和88.59%，上述指标为中国人寿的资产负债比率。计算公式为：资产负债比率=总负债÷总资产。

（一）总体情况分析

数据显示，截至2017年12月31日，中国人寿资产总额28 975.91亿元，负债总额25 722.81亿元，股东权益总额3 253.10亿元。这意味着中国人寿88.77%的资产来自负债，11.23%的资产来自股东权益，充分反映了该行业的高负债经营特点。当然对此表也可以通过与同业的比较进一步了解行业总体的资产负债配置及其变化情况。

（二）资产端分析：投资资产具有绝对优势、可供出售金融资产、持有至到期投资和定期存款三足鼎立

表5-5的数据显示，2017年中国人寿资产总额中投资资产和非投资资产分别占比89.50%和10.50%，说明投资资产在保险公司的资本组合中占据绝对重要的地位。

在细分项目中，可供出售金融资产、持有至到期投资和定期存款占比分别为27.98%、24.75%和15.51%，三项资产合计达到68.24%。因此对于这三项资产的风险及收益管控是中国人寿管理的重点。

为了进一步了解投资资产的情况，可以对投资资产进行内部结构分析，将投资资产按类别分为固定到期日投资、权益类投资、投资性房地产以及现金及其他项目（见表5-7）。

表5-7　中国人寿投资资产组合情况表

（按投资对象分类）　单位：百万元人民币

投资资产类别	2017年12月31日		2016年12月31日		绝对数增减变动趋势（%）
	金额	占比（%）	金额	占比（%）	
固定到期日投资	2 094 276	80.76	1 920 114	78.26	9.07
定期存款	449 400	17.33	538 325	21.94	-16.52
债券	1 188 593	45.83	1 119 377	45.62	6.18
债权型金融产品投资	301 761	11.64	131 880	5.38	128.81
其他固定到期日投资	154 522	5.96	130 532	5.32	18.38
权益类投资	409 540	15.79	421 396	17.17	-2.81
股票	173 440	6.69	140 156	5.71	23.75
基金	101 258	3.90	119 996	4.89	-15.62
权益类金融产品投资	40 327	1.56	81 854	3.34	-50.73
其他权益类投资	94 515	3.64	79 390	3.24	19.05
投资性房地产	3 064	0.12	1 191	0.05	157.26
现金及其他	86 373	3.33	110 849	4.52	-22.08
投资资产合计	2 593 253	100.00	2 453 550	100.00	5.69

注：1.上年数据同口径调整。

2.债权型金融产品包括债权投资计划、股权投资计划、信托计划、项目资产支持计划、信贷资产支持证券、专项资管计划、资产管理产品等。

3.其他固定到期日投资包含保户质押贷款、存出资本保证金、银行理财产品、同业存单等。

4.基金含权益型基金、债券型基金和货币市场基金等，其中货币市场基金截至2017年12月31日余额为人民币69.38亿元，截至2016年12月31日余额为人民币136.05亿元。

5.其他权益类投资包括私募股权基金、未上市股权、优先股、股权投资计划、专项资管计划等。

6.现金及其他包括货币资金、买入返售金融资产等。

资料来源：中国人寿2017年度财务报告第23页。投资资产合计与表5-5一致。

从结构上分析，2017年，中国人寿固定到期日投资占投资资产总额的80.76%，权益类投资占投资资产总额的15.79%，投资性房地产、现金和其他资产占比分别为0.12%和3.33%。在固定到期日投资内部，债券配置比例由2016年年底的45.62%提升至45.83%，定期存款配置比例由2016年年底的21.94%变化至17.33%，债权型金融产品投资配置比例由2016年年底的5.38%升至11.64%。在权益类投资内部，股票和基金配置比例与上年基本持平，分别为10.59%和10.60%，权益类金融产品配置比例由2016年年底的3.34%降至1.56%。

从趋势分析看，截至报告期末，中国人寿投资资产达到人民币25 932.53亿元，较2016年增长5.69%。固定到期日投资较2016年增长9.07个百分点，权益类投资下降2.81个百分点，投资性房地产增幅最大达到1.57倍，现金和其他类投资资产则下降22.08个百分点。

（三）负债端：寿险责任准备金占据鳌头，保户储金及投资款位居第二

2017年，中国人寿寿险责任准备金占全部资金来源比为66.10%，绝对额比2016年增长8.64%。保户储金及投资款占比8.02%，增幅18.18%，而卖出回购金融资产款、应付保单红利和长期健康险责任准备金配比相近，分别占3%左右，但趋势上看长期健康险责任准备金增幅明显，达到32.87%。说明上述事项是保险公司加强资金来源和管控资金成本的关键所在。

二、利润表分析

对利润表的分析包括趋势分析以及结构性分析，目的在于挖掘导致公司净利润及综合收益项目变化的原因。

为了解保险业的利润状况及其影响因素，同样需要在分析之前进行初步加工。其信息包括以营业收入为基础的结构性分析以及以利润表为基础的变动趋势分析。借助中国人寿的合并利润表所做的营业收入构成结构与变动趋势分析见表5-8。

表5-8 **中国人寿营业收入构成结构与利润表项目变动趋势表**

单位：百万元人民币

项　目	2017年度	2016年度	2017年占营业收入比例（%）	2016年占营业收入比例（%）	绝对数变动趋势（%）
一、营业收入	653 195	549 802	100.00	100.00	18.81
已赚保费	506 910	426 230	77.60	77.52	18.93
保险业务收入	511 966	430 498	78.38	78.30	18.92
其中：分保费收入	3	3	0.00	0.00	0.00
减：分出保费	3 661	1 758	0.56	0.32	108.25
提取未到期责任准备金	1 395	2 510	0.21	0.46	−44.42
投资收益	134 983	120 831	20.67	21.98	11.71
其中：对联营企业和合营企业的投资收益	7 143	5 855	1.09	1.06	22.00
公允价值变动收益	3 869	（4 229）	0.59	−0.77	−191.49
汇兑收益	52	582	0.01	0.11	−91.07

续表

项　　目	2017年度	2016年度	2017年占营业收入比例（%）	2016年占营业收入比例（%）	绝对数变动趋势（%）
资产处置收益	15	31	0.00	0.01	-51.61
其他收益	15		0.00	0.00	
其他业务收入	7 351	6 357	1.13	1.16	15.64
二、营业支出	611 313	525 715	93.59	95.62	16.28
退保金	94 629	73 992	14.49	13.46	27.89
赔付支出	198 088	205 143	30.33	37.31	-3.44
减：摊回赔付支出	1 427	864	0.22	0.16	65.16
提取保险责任准备金	175 322	129 434	26.84	23.54	35.45
减：摊回保险责任准备金	569	590	0.09	0.11	-3.56
保单红利支出	21 871	15 833	3.35	2.88	38.14
税金及附加	733	704	0.11	0.13	4.12
手续费及佣金支出	64 789	52 022	9.92	9.46	24.54
业务及管理费	37 685	33 012	5.77	6.00	14.16
减：摊回分保费用	664	110	0.10	0.02	503.64
其他业务成本	18 010	14 477	2.76	2.63	24.40
资产减值损失	2 846	2 682	0.44	0.49	6.11
三、营业利润	41 882	24 087	6.41	4.38	73.88
加：营业外收入	112	69	0.02	0.01	62.32
减：营业外支出	323	314	0.05	0.06	2.87
四、利润总额	41 671	23 842	6.38	4.34	74.78
减：所得税费用	8 919	4 257	1.37	0.77	109.51
五、净利润	32 752	19 585	5.01	3.56	67.23
其中：归属于母公司股东的净利润	32 253	19 127	4.94	3.48	68.63

注：利润表中净利润之后的项目由于和营业收入无关或关系不大，可只进行变动趋势分析。

（一）总体变动趋势分析

从利润表总体变动趋势看，与2016年度比较，中国人寿2017年度的营业收入和营业支出分别比上年增长18.81%和16.28%，而同期的营业利润、利润总额和净利润分别比上年增长73.88%、74.78%和67.23%。公司盈利上升的主要原因在于营业收入的增加超过营业支出的增加。归属于母公司股东的净利润为人民币322.53亿元，同比增长68.63%，主要原因是投资收益较快增长以及传统险准备金折现率假设更新的影响。

（二）营业收入构成结构分析

从表5-8的营业收入构成结构看，中国人寿的营业收入来源主要是已赚保费和投资收益，其中已赚保费占营业收入的比例由2016年的77.52%略升至77.60%，比较稳定；投资收益占营业收入的比例由2016年的21.98%略降为20.67%。公允价值变动收益在2017年对营业收入有正向作用。

在总体分析的基础上，可对已赚保费中的保费业务收入按业务分项数据进行内部结构和趋势分析（见表5-9）。

表5-9 **中国人寿保险业务收入及其变动趋势**

（按业务分项数据） 单位：百万元人民币

项　　目	2017年	占保费业务收入合计比例（%）	2016年	占保费业务收入合计比例（%）	绝对数增减变动趋势（%）
寿险业务	429 822	83.96	361 905	84.07	18.77
首年业务	168 909		160 590		5.18
趸交	63 653		72 973		-12.77
首年期交	105 256		87 617		20.13
续期业务	260 913		201 315		29.60
健康险业务	67 708	13.23	54 010	12.55	25.36
首年业务	40 845		32 141		27.08
趸交	33 124		25 852		28.13
首年期交	7 721		6 289		22.77
续期业务	26 863		21 869		22.84
意外险业务	14 436	2.82	14 583	3.39	-1.01
首年业务	14 106		14 265		-1.11
趸交	13 962		14 226		-1.86
首年期交	144		39		269.23
续期业务	330		318		3.77
合计	511 966	100.00	430 498	100.00	18.92

注：趸（dǔn）交是一个保险术语，是指一次性付清所有保费。

资料来源：根据中国人寿2017年年报第18-19页数据计算。该表的保险业务收入合计与表5-8中数据一致。

从保费业务收入结构看，寿险业务一直是中国人寿最主要的保费业务收入来源，2017年和2016年的占比分别为83.96%和84.07%。

从趋势分析，中国人寿寿险业务收入为人民币4 298.22亿元，同比增长18.77%；健康险业务占比位居第二，同比增长25.36%，意外险业务收入略降1个百分点。

对于保险业务收入还可以按渠道分项数据进行分析（表5-10）。

表5-10 **中国人寿保险业务收入及其变动趋势**

（按渠道分项数据） 单位：百万元人民币

项　　目	2017年	占保费业务收入合计比例（%）	2016年	占保费业务收入合计比例（%）	绝对数增减变动趋势（%）
个险渠道	353 668	69.08	282 136	65.54	25.35
银保渠道	113 505	22.17	108 256	25.15	4.85
团险渠道	26 207	5.12	24 915	5.79	5.19
其他渠道*	18 586	3.63	15 191	3.53	22.35
合计	511 966	100.00	430 498	100.00	18.92

*其他渠道主要包括大病保险业务、电销等。保险业务收入渠道分项数据按照销售人员所属渠道统计口径进行列示。

资料来源：根据中国人寿2017年年报第19-20页数据计算。该表的保险业务收入合计与表5-7中数据一致。

就渠道而言，个险渠道和银保渠道是保险业务主要的收入来源渠道。2017年个险渠道总保费达3 536.68亿元，同比增长25.35%；银保渠道总保费达1 135.05亿元，同比增长4.85%；团险渠道总保费为262.07亿元，同比增长5.19%；其他渠道总保费为185.86亿元，同比增长22.35%。

（三）营业支出占营业收入比重分析

从营业支出占营业收入比重的总体趋势看，2017年中国人寿的营业支出占比下降，由2016年的95.62%下降至93.59%，并且绝对数增长幅度低于营业收入的增长幅度，这说明管控营业支出是公司盈利的关键所在。

中国人寿加强行政类费用管控，业务及管理费率从2016年同期的6.00%下降至5.77%，费用结构持续优化，成本控制持续有效。

（四）盈利能力情况分析

从中国人寿利润表提供的数据中可以看到，无论是百元营业收入提供的营业利润、利润总额还是净利润都比2016年度出现上升趋势，分别由2016年的4.38%、4.34%和3.56%上升为6.41%、6.38%和5.01%。鉴于保险业营业支出占比较大的行业特点，如何降低营业支出、合理进行纳税筹划、提升创收能力是公司未来发展的关键。

三、现金流量表分析

从现金流量表可以了解如下信息：一是了解公司的现金流入和流出项目的变动趋势；二是了解公司的现金流入和流出结构；三是分析公司的现金偿债能力、股利支付能力和纳税能力。

本节将在对现金流量表初步加工的基础上，说明对现金流量表的总体趋势以及现金流入和流出结构的分析方法。为便于对现金流量表的分析，可以借助中国人寿的合并现金流量表作出趋势分析表（见表5-11），为了解保险公司的现金流入和流出结构，也可以编制现金流入结构表和现金流出结构表（分别见表5-12和表5-13）。

表5-11　**中国人寿现金流量表变动趋势分析**　单位：百万元人民币

项　目	2017年度	2016年度	绝对数增减变动趋势（%）
一、经营活动产生的现金流量净额	200 990	89 098	125.58
二、投资活动产生的现金流量净额	（173 676）	（104 703）	65.87
三、筹资活动产生的现金流量净额	（45 595）	6 270	-827.19
四、汇率变动对现金及现金等价物的影响额	（179）	285	-162.81
五、现金及现金等价物净增加（减少）额	（18 460）	（9 050）	103.98
加：年初现金及现金等价物余额	67 046	76 096	-11.89
六、年末现金及现金等价物余额	48 586	67 046	-27.53

注：限于篇幅，现金流量表中的其他项目可以比照上面的做法进行趋势分析。

表5-12　　中国人寿现金流入结构与分析　　单位：百万元人民币

项　目	2017年度	2016年度	2017年现金流入结构（%）	2016年现金流入结构（%）	绝对数增减变动趋势（%）
一、经营活动产生的现金流量					
收到原保险合同保费取得的现金	496 075	432 979	29.70	29.23	14.57
保户储金及投资款净增加额	37 585	112 346	2.25	7.58	-66.55
收到以公允价值计量且其变动计入当期损益的金融资产现金净额	83 721		5.01	0.00	
收到以公允价值计量且其变动计入当期损益的金融负债现金净额	931	1 539	0.06	0.10	-39.51
收到其他与经营活动有关的现金	7 697	6 035	0.46	0.41	27.54
经营活动现金流入小计	626 009	552 899	37.48	37.33	13.22
二、投资活动产生的现金流量					
收回投资收到的现金	896 625	761 937	53.69	51.44	17.68
取得投资收益收到的现金	127 026	99 280	7.61	6.70	27.95
处置固定资产、无形资产和其他长期资产收回的现金净额	103	115	0.01	0.01	-10.43
收到买入返售金融资产现金净额	6 975		0.42	0.00	
投资活动现金流入小计	1 030 729	861 332	61.72	58.15	19.67
三、筹资活动产生的现金流量					
吸收投资收到的现金	4 034	2 939	0.24	0.20	37.26
其中：子公司吸收少数股东投资收到的现金	4 034	2 939	0.24	0.20	37.26
取得借款所收到的现金	3 121	13 831	0.19	0.93	-77.43
收到卖出回购金融资产款现金净额	6 228	49 999	0.37	3.38	-87.54
筹资活动现金流入小计	13 383	66 769	0.80	4.51	-79.96
四、汇率变动对现金及现金等价物的影响额		285	0.00	0.02	-100.00
现金流入合计	1 670 121	1 481 285	100.00	100.00	12.75

注：由于计算机四舍五入的原因，个别数据略有尾差。

表5-13　　中国人寿现金流出结构与分析　　单位：百万元人民币

项　　目	2017年度	2016年度	2017年现金流出结构（%）	2016年现金流出结构（%）	绝对数增减变动趋势（%）
一、经营活动产生的现金流量					
支付原保险合同赔付等款项的现金	286 932	270 148	16.99	18.13	6.21
支付再保险业务现金净额	1 157	630	0.07	0.04	83.65
支付手续费及佣金的现金	62 843	50 907	3.72	3.42	23.45
支付保单红利的现金	20 057	18 530	1.19	1.24	8.24
支付给职工以及为职工支付的现金	19 024	16 486	1.13	1.11	15.39
支付的各项税费	8 322	11 628	0.49	0.78	−28.43
支付以公允价值计量且其变动计入当期损益的金融资产现金净额		74 153	0.00	4.98	−100.00
支付其他与经营活动有关的现金	26 684	21 319	1.58	1.43	25.17
经营活动现金流出小计	425 019	463 801	25.17	31.12	−8.36
二、投资活动产生的现金流量					
投资支付的现金	1 178 872	931 203	69.81	62.48	26.60
保护质押贷款净增加额	15 515	7 483	0.92	0.50	107.34
购建固定资产、无形资产和其他长期资产支付的现金	9 619	5 310	0.57	0.36	81.15
支付买入返售金融资产现金净额		22 028	0.00	1.48	−100.00
支付其他与投资活动有关的现金	399	11	0.02	0.00	3 527.27
投资活动现金流出小计	1 204 405	966 035	71.33	64.82	24.68
三、筹资活动产生的现金流量					
偿还债务支付的现金	38 000	30 000	2.25	2.01	26.67
分配股利、利润或偿付利息支付的现金	12 970	17 299	0.77	1.16	−25.02
支付其他与筹资活动有关的现金	8 008	13 200	0.47	0.89	−39.33
筹资活动现金流出小计	58 978	60 499	3.49	4.06	−2.51
四、汇率变动对现金及现金等价物的影响额	179				
现金流出合计	1 688 581	1 490 335	100.00	100.00	13.30

四、对现金流量表的分析

（一）现金流量总体情况分析

表5-11的数据显示，中国人寿2017年度的经营活动现金流量净额为正值，而投资活动和筹资活动的现金流量净额为负值。2017年度和2016年度比较，经营活动现金流量净额正向增长1.25倍。2017年投资活动和筹资活动产生的现金流量净额皆为负，分别下降

65.87%和827.19%。

针对中国人寿合并现金流量表项目变动趋势，需要关注以下问题：一是要关心经营活动、投资活动和筹资活动三大活动的总体变化趋势对公司管理的启示，二是要关注那些具体项目变动幅度比较大的原因及其后续影响。

（二）现金流入和流出结构分析

1.现金流入结构分析

现金及银行存款能为保险公司提供流动性资源，以满足现金支出需求。

对于保险公司而言，其现金收入主要来自保费收入、非保险合同业务收入、利息及红利收入、投资资产出售及到期收回投资。这些现金流动性的风险主要是合同持有人和保户的退保，以及债务人违约、利率和其他市场波动风险。公司应密切监视并控制这些风险。

为了进一步了解现金流入和流出的信息，依据表5-12可以得到以下信息：

现金流入方面：就三大活动而言，2017年投资活动是主要的现金流入源，占比达到61.72%，比2016年上升3.57个百分点；经营活动现金流入量年度间比较稳定，2017年和2016年分别占比37.48%和37.33%；筹资活动现金流入较少。

就现金流入的具体项目而言，2017年度收回投资收到的现金占据半壁江山，达到53.69%；其次是收到原保险合同保费取得的现金占比29.70%；再次是取得投资收益收到的现金占比7.61%。当然从改变中也可以分别了解各项目的变动趋势。

2.现金流出结构分析

保险公司的主要现金支出涉及支付与各类人寿保险、年金、意外险和健康险产品相关的负债，营业支出以及所得税和向股东宣派的股息。源于保险业务的现金支出主要涉及保险产品的给付以及退保付款、提款和贷款。为保证流动资金能够充分满足保险公司当前的现金需求，需要建立现金流测试制度，定期开展现金流测试，考虑多种情景下公司未来现金收入和现金支出情况，并根据现金流匹配情况对公司的资产配置进行调整，以确保公司的现金流充足。

现金流出方面：就三大活动而言，2017年投资活动现金流出依然稳居榜首，占比达到71.33%，比2016年上升6.51个百分点；经营活动现金流出占比下降，2017年和2016年分别为25.17%和31.12%；筹资活动现金流出占比较少。

就现金流出的具体项目而言，2017年度投资支付的现金、支付原保险合同赔付等款项的现金是前两位，分别占比69.81%和16.99%。可见对于寿险为主的保险公司而言，投资活动的现金流入和现金流出是保险公司现金流入和运用的主渠道。

（三）经营现金流的匹配关系分析

现金流对于一个公司的重要性是不言而喻的，一个经典且形象的比喻是将其称为公司的“血液”。从多年度的比较看，中国人寿的各项现金流指标表现不稳定，但自2015年起经营现金净流量对营业收入、资产、净利润以及负债的比例均呈现好转的趋势，这说明公司经营现金流量的管理状况开始好转。中国人寿经营现金流匹配度分析见表5-14。

表5-14　　中国人寿经营现金流匹配度分析

项　　目	2017-12-31	2016-12-31	2015-12-31	2014-12-31	2013-12-31	2012-12-31
经营现金净流量对营业收入的比例	0.3077	0.1621	-0.0368	0.1755	0.1612	0.0361
资产的经营现金流量回报率	0.0694	0.0330	-0.0077	0.0348	0.0346	0.0696
经营现金净流量对净利润的比率	6.2317	4.6582	-0.5421	2.4292	2.7576	11.9503
经营现金净流量对负债比率	0.0781	0.0373	-0.0089	0.0399	0.0390	0.0789

资料来源：凤凰财经——中国人寿（601628）财务指标。

第三节　主要财务与监管指标分析

本节主要是从保险行业的特点出发，依据信息披露与监管要求，分析各项财务与监管指标的变化趋势以及对保险公司的意义。保险公司主要财务和监管指标的分析，包括盈利能力、资产质量、偿付能力、经营增长状况、公司内在价值以及市场表现分析等。其中偿付能力和公司内在价值分析是具有保险业监管特点的分析内容。

一、盈利能力指标分析

保险业的盈利能力状况可以通过收入利润率、支出利润率、总资产报酬率、净资产收益率和总投资收益率等指标加以反映。

从表5-15中的盈利能力指标可以看出，受市场环境、行业监管、规模因素以及竞争压力的影响，多年度比较，中国人寿公司各项盈利能力指标没有表现出总体向上的趋势。但2017年与2016年比较，中国人寿的盈利能力指标均呈现上升趋势，表示公司总体盈利能力在增强。

表5-15　　中国人寿盈利能力指标

项目＼年度	2017年	2016年	2015年	2014年	2013年
收入利润率（%）	6.41	4.38	9.00	9.03	6.82
支出利润率（%）	6.85	4.58	9.89	9.93	7.32
营业净利率（%）	5.01	3.56	6.88	7.29	5.90
总资产报酬率（%）	1.17	0.73	1.44	1.45	1.27
加权平均净资产收益率（%）	10.49	6.16	11.56	12.83	11.22
扣除非经常性损益后的加权平均净资产收益率（%）	10.53	6.21	11.58	12.79	11.03
总投资收益率（%）	5.16	4.56	6.39	5.39	4.86

数据来源：表中前三行由作者根据利润表计算；后四行来自中国人寿2013—2017年度报告。

表中数据计算公式如下：

收入利润率=营业利润÷营业收入×100%

支出利润率=营业利润÷营业支出×100%

营业净利率=净利润÷营业收入×100%

总资产报酬率=净利润÷［（年初总资产+年末总资产）÷2］

总投资收益率=（投资收益-对联营企业和合营企业的投资收益+公允价值变动损益-投资资产资产减值损失+投资性房地产总收益）÷［（期初投资资产+期末投资资产）÷2］，以前年度数据同口径调整。

加权平均净资产收益率以及扣除非经常性损益后的加权平均净资产收益率的计算同银行业，也可以参看第六章证券业相关指标的计算说明。

投资收益率的计算见表5-16（以2017和2016年度比较为例）。

表5-16　**中国人寿投资收益率计算表**　单位：百万元人民币

项　目	2017年	2016年[1]
净投资收益[2]	122 796	109 207
+投资资产买卖价差收益	5 113	5 829
+公允价值变动损益	3 869	-4 229
-投资资产资产减值损失	2 757	2 656
总投资收益[3]	129 021	108 151
+对联营企业和合营企业的收益净额	7 143	5 855
包含联营企业和合营企业收益净额在内的总投资收益[4]	136 164	114 006
净投资收益率[5]	4.91%	4.66%
总投资收益率[6]	5.16%	4.61%
包含联营企业和合营企业收益净额在内的总投资收益率[7]	5.16%	4.69%

资料来源：中国人寿2017年度财务报告第24页。

注：（1）上年同期数据同口径调整。

（2）净投资收益主要包含债权型投资利息收入、存款利息收入、股权型投资股息红利收入、贷款类利息收入、投资性房地产净收益等。

（3）总投资收益=净投资收益+投资资产买卖价差收益+公允价值变动损益-投资资产资产减值损失

（4）包含联营企业和合营企业收益净额在内的总投资收益=总投资收益+对联营企业和合营企业的收益净额

（5）净投资收益率=（净投资收益-卖出回购金融资产款利息支出）÷［（期初投资资产-期初卖出回购金融资产款+期末投资资产-期末卖出回购金融资产款）÷2］

（6）总投资收益率=（总投资收益-卖出回购金融资产款利息支出）÷［（期初投资资产-期初卖出回购金融资产款+期末投资资产-期末卖出回购金融资产款）÷2］

（7）包含联营企业和合营企业收益净额在内的总投资收益率=（总投资收益+对联营企业和合营企业的收益净额-卖出回购金融资产款利息支出）÷［（期初投资资产+期初长期股权投资-期初卖出回购金融资产款+期末投资资产+期末长期股权投资-期末卖出回购金融资产款）÷2］

2017年，随着投资规模的不断扩大，中国人寿固定收益类和权益类投资余额增加。投资组合利（股）息类收入稳定增长，公允价值变动损益增加，总投资收益较2016年增长19.3%。报告期内，公司实现净投资收益人民币1 227.96亿元，较2016年增加人民币135.89亿元，净投资收益率为4.91%，较2016年上升0.25个百分点；实现总投资收益人民币1 290.21亿元，较2016年增加人民币208.70亿元，总投资收益率为5.16%，较2016年上升0.55个百分点。包含联营企业和合营企业收益净额在内的总投资收益率为5.16%，较2016年上升0.47个百分点；考虑当期计入其他综合收益的可供出售金融资产公允价值变动净额后综合投资收益率为4.54%，较2016年上升2.11个百分点。在盈利能力方面，主要应关心影响公司盈利能力的核心竞争力因素，并做好核心竞争力分析。

二、资产质量状况指标

反映保险公司资产质量状况的指标，一般可用资产减值准备与总资产的比例、综合流动比率、综合投资收益率、应收账款比率、资产创收能力比率来反映。

计算公式如下：

资产减值准备与总资产的比例=年末资产减值准备余额÷年末资产总额×100%

综合流动比率=现金资产的预期现金流入合计÷现金负债的预期现金流出合计×100%

$$\text{综合投资收益率}=\left(\frac{\text{投资}}{\text{收益}}+\frac{\text{公允价值}}{\text{变动损益}}+\frac{\text{汇兑}}{\text{损益}}+\frac{\text{可供出售金融资产}}{\text{的公允价值变动净额}}-\frac{\text{投资资产}}{\text{价值损失}}-\frac{\text{利息}}{\text{支出}}\right)\div\frac{\text{资金运用}}{\text{平均余额}}\times 100\%$$

应收账款比率=（应收保费+应收利息+其他应收款）÷资产总计×100%

总资产创收能力=营业收入÷［（年初总资产+年末总资产）÷2］

上述比例中资产减值准备与总资产的比例、综合流动比率、综合投资收益率三项指标不能借助财务报表数据和辅助信息获得，有些信息属于公司内部的信息。目前在中国保险行业协会官网的偿付能力信息披露中能查看到综合流动比率等信息，鉴于该网站的信息仅供浏览，未经允许禁止下载、数据提取或用于其他商业目的，此处尽管想方便读者但也不能违规，请大家自行前往浏览。

中国人寿应收账款比率的情况见表5-17，从中可见该指标2014年后比较接近，基本控制在总资产的3%左右，此指标与其他同类公司比较才能发现问题。

表5-17 **中国人寿流动性监管指标** 单位：百万元人民币

项目＼年度	2017年	2016年	2015年	2014年	2013年
应收利息	50 395	55 929	49 259	44 344	34 717
应收保费	14 121	13 421	11 913	11 166	9 876
其他应收款	22 078	12 136	14 488	10 270	11 529
小计	86 594	81 486	75 660	65 780	56 122
资产总计	2 897 591	2 696 951	2 448 315	2 246 567	1 972 941
应收账款比率（%）	2.99	3.02	3.09	2.93	2.84

资料来源：由作者根据中国人寿2013—2017年度报告计算而得。

对于保险公司也可从资产创收能力角度分析其资产管理能力，或者证明其资产质量的好坏（见表5-18）。

表5-18　**中国人寿投资资产创收能力计算表**　单位：百万元人民币

项目＼年度	2017年	2016年	2015年	2014年	2013年
营业收入	653 195	549 771	511 367	445 773	423 613
平均总资产	2 797 271	2 572 633	2 347 441	2 109 754	1 935 929
总资产创收能力（%）	23.35	21.37	21.78	21.13	21.88

资料来源：作者依据中国人寿各年度报告数据做的测算。

尽管中国人寿的各项指标表现为波动状态，但有趣的是，通过对该公司总资产创收能力的分析，却发现其指标年度之间的分布非常稳定。百元资产投入能带来的营业收入稳定在略高于21%的位置，2017年达到23.35%，该指标信息对公司预测营业收入以及作出营业收入预算很有价值，只要知道总资产及其变动趋势，基本上就可以预测其营业收入的大致区间了。

三、偿付能力状况分析

反映保险公司偿付能力的指标包括核心偿付能力充足率和综合偿付能力充足率。根据《中国保监会关于正式实施中国风险导向的偿付能力体系有关事项的通知》，自2016年1月1日起，保险公司施行《保险公司偿付能力监管规则（第1号—第17号）》（简称“偿二代监管规则”）。中国人寿从2016年1月1日起，按照偿二代监管规则计算偿付能力充足率，并识别、评估与管理各类风险。中国人寿偿二代监管规则下的核心及综合偿付能力充足率、核心资本、实际资本和最低资本见表5-19。

表5-19　**中国人寿偿付能力状况**　单位：百万元人民币

项　目	2017年12月31日	2016年12月31日	增减变动趋势分析
核心资本	706 516	639 396	增长10.49%
实际资本	706 623	677 768	增长4.26%
最低资本	254 503	228 080	增长11.58%
核心偿付能力充足率	277.61%	280.34%	下降2.73%
综合偿付能力充足率	277.65%	297.16%	下降19.51%

资料来源：中国人寿2017年度报告。

保险公司应当具有与其风险和业务规模相适应的资本。根据资本吸收损失的性质和能力，保险公司资本分为核心资本和附属资本。核心偿付能力充足率，是指核心资本与最低资本的比率，反映保险公司核心资本的充足状况。综合偿付能力充足率，是指核心资本和附属资本之和与最低资本的比率，反映保险公司总体资本的充足状况。

保险公司资本管理的目标是根据中国保监会的规定计算最低资本和实际资本，监控偿付能力充足性，防范经营过程中可能遇到的风险，维护保单持有者利益，实现股东和其他利益相关者的持续回报。中国人寿根据相关法律及监管机构的批准通过发行次级债、核心二级资本证券等方式来补充资本，提高偿付能力充足率。

表5-19显示，在资本总量增长的前提下，截至报告期末中国人寿的综合偿付能力充

足率较2016年年底下降19.51%，偿付能力充足率下降的主要原因是受业务发展、次级债务赎回等因素影响。

除了偿付能力信息指标外，保险公司还需要计算与披露的另一个重要指标是流动性风险指标。目前的状况是在中国人寿2017年的年度报告中虽然披露了上述偿付能力信息，但没有单独列示流动性风险的相关指标信息。有关流动性风险指标以及偿付能力状况的明细部分，可参看中国保险行业协会官网信息披露中的偿付能力信息披露数据[①]。

四、经营增长状况分析

经营增长情况反映了公司的成长能力，表5-20显示了中国人寿成长能力指标。2017年和2016年比较，公司除了总资产、投资资产外，其他各项指标均呈现增长趋势。如果从多年度比较看成长性指标表现不够稳定，但2017年出现明显向好趋势。

表5-20　**中国人寿成长能力指标**　单位：%

增长率	2017年	2016年	2015年	2014年	2013年
营业收入	18.81	7.51	14.71	5.23	4.50
利润总额	74.78	-48.09	13.68	61.93	127.49
净利润	67.23	-44.34	8.22	30.01	121.86
归属于母公司股东的净利润	68.63	-44.88	7.72	30.07	123.89
扣除非经常性损益后归属于母公司股东的净利润	67.91	-44.51	8.29	31.82	120.38
总资产	7.44	10.16	8.98	13.87	3.90
投资资产	5.69	7.24	8.89	13.64	3.24
归属于母公司所有者权益合计	5.70	-5.85	13.51	28.95	-0.34

资料来源：中国人寿各年度报告公告数据。

五、公司内含价值分析

（一）内含价值及其信息

内含价值方法可以提供对人寿保险公司价值和盈利性的另一种衡量。内含价值是基于一组关于未来经验的假设，以精算方法估算的一家保险公司的经济价值。一年新业务价值代表了基于一组关于未来经验的假设，在评估日前一年里售出的新业务所产生的经济价值。内含价值不包含评估日后未来新业务所贡献的价值。

公司的内含价值和一年新业务价值报告能够从两个方面为投资者提供有用的信息。第一，公司的有效业务价值代表了按照所采用假设，预期未来产生的股东利益总额的贴现价值。第二，一年新业务价值提供了基于所采用假设下的新业务活动为投资者所创造的价值，其也是反映公司业务潜力的一个指标。但是，有关内含价值和一年新业务价值的信息不应被视为按照任何会计准则所编制的财务衡量的替代品。投资者也不应该单纯根据内含价值和一年新业务价值的信息做出投资决定。

特别要指出的是，计算内含价值的精算标准仍在演变中，迄今并没有全球统一采用的

① 信息披露数据按照保险行业协会的要求，未经允许禁止下载、数据提取或用于其他商业目的。所以，大家可自行观看披露的数据信息。

标准来定义一家保险公司的内含价值的形式、计算方法或报告格式。因此，在定义、方法、假设、会计基准以及披露方面的差异可能导致在比较不同公司的结果时存在不一致性。

此外，内含价值的计算涉及大量复杂的技术，对内含价值和一年新业务价值的估算会随着关键假设的变化而发生重大变化。因此，建议读者在理解内含价值的结果时应该特别小心谨慎。

下文中的价值没有考虑本公司和集团公司、国寿投资公司、资产管理子公司、养老保险子公司、财产险公司等之间的交易所带来的未来的财务影响。

内含价值和一年新业务价值的编制依据是2016年11月中国精算师协会发布的《精算实践标准：人身保险内含价值评估标准》（中精协发〔2016〕36号）的相关内容。专业机构要对公司的内含价值和一年新业务价值进行审阅。

（二）关于假设

内含价值是建立在各种假设条件的基础上计算出来的。如中国人寿所做的经济假设如下：所得税税率假设为25%；投资回报率假设为5%；投资收益中豁免所得税的比例，从13%开始逐步增加到17%后保持不变；假设的投资回报率和投资收益中豁免所得税的比例是基于公司的战略资产组合和预期未来回报设定的。所采用的风险调整后的贴现率为10%。死亡率、发病率、退保率和费用率等运营假设综合考虑了本公司最新的运营经验和未来预期等因素。

（三）结果总结

截至2017年12月31日的内含价值和一年新业务价值与截至2016年12月31日的对应结果见表5-21。数据表明：中国人寿聚焦价值，强力推进业务价值持续提升。2017年，一年新业务价值达人民币601.17亿元，同比增长21.91%。截至2017年12月31日，内含价值达人民币7 341.72亿元，同比增长12.59%。

表5-21　中国人寿内含价值和一年新业务价值的构成

截至2017年12月31日　单位：百万元人民币

项　目	2017年12月31日	2016年12月31日	增长变动趋势（%）
A 经调整的净资产价值	370 500	349 528	6.00
B 扣除要求资本成本之前的有效业务价值	398 723	332 317	
C 要求资本成本	（35 050）	（29 787）	
D 扣除要求资本成本之后的有效业务价值（B+C）	363 673	302 530	
E 内含价值（A+D）	734 172	652 057	12.59
F 扣除要求资本成本之前的一年新业务价值	64 627	53 952	
G 要求资本成本	（4 510）	（4 641）	
H 扣除要求资本成本之后的一年新业务价值（F+G）	60 117	49 311	21.91

注：由于四舍五入，数字加起来跟总数有细小差异。

表5-22展示了截至2017年12月31日的分渠道的一年新业务价值。

表5-22　**中国人寿分渠道一年新业务价值**

截至2017年12月31日　单位：百万元人民币

渠　道	2017年12月31日	2016年12月31日	2017年末各渠道占比（%）	2016年末各渠道占比（%）	绝对数增长变动趋势（%）
个险渠道	53 170	46 326	88.44	93.95	12.87
银保渠道	6 536	2 610	10.87	5.29	60.07
团险渠道	410	375	0.68	0.68	8.54
合　计	60 117	49 311	100	100	17.97

注：表中数据根据中国人寿2017年年报计算分析。由于四舍五入，数字加起来跟总数有细小差异。

表5-23展示了截至2017年12月31日的分渠道的一年新业务价值率。

表5-23　**中国人寿分渠道一年新业务价值率**

截至2017年12月31日

渠　道	按首年保费		按首年年化保费	
	2017年12月31日	2016年12月31日	2017年12月31日	2016年12月31日
个险渠道	47.20%	51.1%	47.3%	51.2%
银保渠道	8.0%	3.0%	23.2%	10.2%
团险渠道	1.1%	1.0%	1.1%	1.1%

注：首年保费是指用于计算新业务价值口径的规模保费，首年年化保费为期交首年保费100%及趸交保费10%之和。

表5-24列示了内含价值从报告期开始日到结束日的变动情况。

表5-24　**中国人寿2017年内含价值的变动分析**　单位：百万元人民币

项　目	金额
A 期初内含价值	652 057
B 内含价值的预期回报	52 472
C 本期内的新业务价值	60 117
D 运营经验的差异	529
E 投资回报的差异	（4 280）
F 评估方法、模型和假设的变化	（5 926）
G 市场价值和其他调整	（11 549）
H 汇率变动	（459）
I 股东红利分配及资本注入	（7 164）
J 其他	（1 625）
K 截至2017年12月31日的内含价值（A到J的总和）	734 172

注1：由于四舍五入，数字加起来可能跟总数有细小差异。

注2：对B-J项的解释。

B 反映了适用业务在2017年的预期回报，以及净资产的预期投资回报之和。

C 2017年一年新业务价值。

D 2017年实际运营经验（如死亡率、发病率、退保率、费用率）和对应假设的差异。

E 2017年实际投资回报与投资假设的差异。

F 反映了评估方法、模型和假设的变化。

G 反映了2017年从期初到期末市场价值调整的变化及其他调整。

H 汇率变动。

I 2017年派发的股东现金红利。

J 其他因素。

（四）敏感性分析结果

如果影响保险公司内涵价值的因素发生变化，就会导致对内含价值的再调整，所以进行敏感性测试可以了解各种变化因素对内含价值的影响。敏感性测试是在一系列不同的假设基础上完成的。在每一项敏感性测试中，只有相关的假设会发生变化，其他假设保持不变，这些敏感性测试的结果总结见表5-25。

表5-25　　中国人寿敏感性分析结果　　单位：百万元人民币

项　目	扣除要求资本成本之后的有效业务价值	扣除要求资本成本之后的一年新业务价值
基础情形	363 673	60 117
1.风险贴现率提高50个基点	347 884	57 470
2.风险贴现率降低50个基点	380 622	62 964
3.投资回报率提高50个基点	425 453	68 690
4.投资回报率降低50个基点	302 186	51 558
5.费用率提高10%	358 884	56 878
6.费用率降低10%	368 460	63 356
7.非年金产品的死亡率提高10%；年金产品的死亡率降低10%	361 113	59 400
8.非年金产品的死亡率降低10%；年金产品的死亡率提高10%	366 227	60 835
9.退保率提高10%	363 021	59 149
10.退保率降低10%	364 137	61 030
11.发病率提高10%	358 936	58 997
12.发病率降低10%	368 448	61 235
13.使用2016年内含价值评估假设	357 052	60 114

注：退保率=当期退保金÷（期初寿险、长期健康险责任准备金余额+当期寿险、长期健康险保费收入）

（五）对内含价值审阅的关注点

1.内含价值评估方法是否符合中国精算师协会发布的《精算实践标准：人身保险内含价值评估标准》中的相关规则；

2.公司是否采用了一致的经济假设、考虑了当前的经济情况以及公司当前和未来投资组合状况及投资策略；

3.对各种运营假设的设定是否考虑了公司过去的经验、现在的情况以及对未来的展望；

4.内含价值的结果，在所有重大方面，均与内含价值信息披露中所述的方法和假设保持一致。

六、市场表现分析

作为一家上市公司，投资者一定关注其市场表现。市盈率和市净率分别反映上市保险公司股票价格与每股收益和每股净资产的关系。受市场因素、公司盈利能力以及净资产累积的影响，公司的市盈率和市净率指标经常变化（见表5-26）。

对于市盈率、市净率指标也可以做同业对比分析。此处以2017年为例说明中国人寿与同行业相关指标的对比（见表5-27）。

表5-26　　　　中国人寿市场表现指标

项　目	2017年12月31日	2016年12月31日	2015年12月31日	2014年12月31日	2013年12月31日
市盈率	26.9649	36.5000	23.2049	29.9561	17.1932
市净率	2.6818	2.2430	2.4812	3.3980	1.9397

资料来源：凤凰财经——中国人寿（601628）财务指标。

表5-27　　　　中国人寿与保险业市盈率、市净率指标比较

截至2017年12月31日

股票代码	公司名称	市盈率	市净率
SH601628	中国人寿	26.9649	2.6818
SH601318	中国平安	14.0240	2.7030
SH601336	新华保险	40.5780	3.4378
SH601601	中国太保	25.5679	2.7304
SH600291	西水股份	11.7600	0.0000

注：按证券行业分类西水股份属于保险业，但公司原始的业务不是保险业。

资料来源：凤凰财经——各公司财务指标。

上述指标的意义可参看银行业的说明，市场表现指标也可用作对公司价值的评估。

鉴于行业经营差异，确实感受到保险业的财务与监管指标分析与银行业既有共性又有明显的差异，大家在学习中主要是记忆归属于保险业特点的指标。

重要概念

买入返售金融资产　应收保费　应收分保寿险责任准备金　应付分保账款　未决赔款准备金　独立账户负债　已赚保费　分保费收入　赔付支出　保单红利支出　趸交　总投资收益率　核心资本　实际资本　最低资本

复习思考

1. 保险公司的财务报告格式经过了哪些演变过程？
2. 保险公司的资产负债表、利润表、现金流量表和股东权益变动表分别能提供哪些信息？
3. 对保险公司可以分别从哪些角度进行财务和监管指标分析？
4. 什么是内含价值，为什么要重视内含价值分析？应从哪些角度加以分析？
5. 什么是一年新业务价值？它有什么信息价值？
6. 什么是核心偿付能力充足率和综合偿付能力充足率？

操作练习

请下载任何一家财产险类上市保险公司2017年度财务报告，要求做好以下工作：

1. 对资产负债表、利润表和现金流量表进行年度结构和趋势分析；
2. 计算分析该保险公司的主要财务指标；
3. 分析其监管指标是否达到要求；
4. 总结分析其与人寿保险公司财务报表项目的差异。

第六章

证券业信息披露及监管要求

【导语】本章的主要目的是对证券业有总括性的了解，主要包括证券业的分类与发展情况、证监会关于信息披露与监管的规定，以及能够从证券业协会获取的信息。这有助于我们对证券业财务报告及其信息披露的理解与分析。

本章内容要点

第一节 证券业的基本业务与发展

本节的目的在于了解证券业的业务分类与发展趋势，以便从总体上了解行业概况，为后期的学习和分类研究打下基础。

一、证券业的基本业务

《中华人民共和国证券法》第一百二十五条规定："经国务院证券监督管理机构批准，证券公司可以经营下列部分或者全部业务：（一）证券经纪；（二）证券投资咨询；（三）与证券交易、证券投资活动有关的财务顾问；（四）证券承销与保荐；（五）证券自营；（六）证券资产管理；（七）其他证券业务。"随着证券公司创新业务的发展，证券公司的业务种类也在拓展。下面分别对各种业务予以介绍。

（一）证券经纪业务

证券经纪业务又称为代理买卖证券业务，是指证券公司接受客户委托代客户买卖有价证券的业务。在证券经纪业务中，证券公司只收取一定比例的佣金作为业务收入。目前，我国公开发行并上市的股票、公司债券及权证等证券，在交易所以公开的集中交易方式进行，证券公司从事经纪业务会收取一定比例的佣金作为业务收入。

（二）证券投资咨询业务

证券投资咨询业务是指从事证券投资咨询业务的机构及其咨询人员为证券投资人或者客户提供证券投资分析、预测或者建议等直接或者间接有偿咨询服务的活动。证券投资咨询业务的基本业务形式包括证券投资顾问业务以及发布证券研究报告。按照《证券投资顾问业务暂行规定》，证券投资顾问业务是指证券公司、证券投资咨询机构接受客户委托，按照约定，向客户提供涉及证券及证券相关产品的投资建议服务，辅助客户作出投资决策，并直接或者间接获取经济利益的经营活动。投资建议服务内容包括投资的品种选择、投资组合以及理财规划建议等。按照《发布证券研究报告暂行规定》，发布证券研究报告是指证券公司、证券投资咨询机构对证券及证券相关产品的价值、市场走势或者相关影响因素进行分析，形成证券估值、投资评级等投资分析意见，制作证券研究报告，并向客户发布的行为。证券研究报告主要包括涉及证券及证券相关产品的价值分析报告、行业研究报告、投资策略报告等。证券研究报告可以采用书面或者电子文件形式。

（三）与证券交易、证券投资活动有关的财务顾问业务

与证券交易、证券投资活动有关的财务顾问业务是指与证券交易、证券投资活动有关的咨询、建议、策划业务。具体包括：（1）为企业申请证券发行和上市提供改制改组、资产重组、前期辅导等方面的咨询服务；（2）为上市公司重大投资、收购兼并、关联交易等业务提供咨询服务；（3）为法人、自然人及其他组织收购上市公司及相关的资产重组、债务重组等提供咨询服务；（4）为上市公司完善法人治理结构、设计经理层股票期权、职工持股计划、投资者关系管理等提供咨询服务；（5）为上市公司再融资、资产重组、债务重组等资本营运提供融资策划、方案设计、推介路演等方面的咨询服务；（6）为上市公司的债权人、债务人对上市公司进行债务重组、资产重组、相关的股权重组等提供咨询服务以及中国证监会认定的其他业务形式。

（四）证券承销与保荐业务

证券承销业务是证券公司代理证券发行人发行证券的业务，有代销和包销两种方式。二者的区别主要在承销期结束后，代销方式会把未售出的证券退还给发行人，而包销则不然，是由证券公司购入剩下的部分，一包到底。证券保荐业务是发行人申请公开发行股票、可转换为股票的公司债券，依法采取承销方式的，或者公开发行法律、行政法规规定实行保荐制度的其他证券的，应当聘请具有保荐资格的机构担任保荐机构，由证券公司担任的此项业务称为保荐业务。

（五）证券自营业务

证券自营业务是指证券公司以自己的名义，以自有资金或者依法筹集的资金，为本公司买卖在境内证券交易所上市交易的证券，在境内银行间市场交易的政府债券、国际开发机构人民币债券、央行票据、金融债券、短期融资券、公司债券、中期票据和企业债券，以及经证监会批准或者备案发行并在境内金融机构柜台交易的证券，以获取盈利的行为。

（六）证券资产管理业务

证券资产管理业务是指证券公司作为资产管理人，根据有关法律、法规和与投资者签订的资产管理合同，按照资产管理合同约定的方式、条件、要求和限制，为投资者提供证券及其他金融产品的投资管理服务，以实现资产收益最大化的行为。

（七）融资融券业务

融资融券业务是指证券公司向客户出借资金供其买入证券或出具证券供其卖出证券的业务。由融资融券业务产生的证券交易称为融资融券交易。融资融券交易分为融资交易和融券交易两类，客户向证券公司借资金买证券叫融资交易，客户向证券公司借证券卖出为融券交易。

（八）证券公司中间介绍（IB）业务

IB（Introducing Broker）即介绍经纪商，是指机构或者个人接受期货经纪商的委托，介绍客户给期货经纪商并收取一定佣金的业务模式。证券公司中间介绍（IB）业务是指证券公司接受期货经纪商的委托，为期货经纪商介绍客户参与期货交易并提供其他相关服务的业务活动。

（九）直接投资业务

直接投资业务是指证券公司利用自身的专业优势寻找并发现优质投资项目或公司，以自有或募集资金进行股权投资，并以获取股权收益为目的的业务。在此过程中，证券公司既可以提供中介服务并获取报酬，也可以以自有资金参与投资。直接投资的业务领域主要包括高科技企业等创业风险投资业务以及基础建设等产业投资业务。证券公司在直接投资中的作用表现在：证券公司通过提供金融中介服务将实体经济与资本市场紧密联系起来，扩大了自身资产管理业务的服务范围。首先，证券公司的直接投资部门寻找并发现具有良好发展潜力的投资项目，并将其与产业投资资本联系起来，起到“资本运作纽带”的作用。其次，直接投资部门通过参与所投企业的经营管理，一方面帮助企业解决融资问题，另一方面也有助于其规范运作，促使企业尽早成熟。同时，直接投资业务是证券公司传统资产管理业务的延伸，通过帮助高端客户投资有上市潜力的企业，扩大证券公司高端客户的投资范围和渠道。

二、证券业的发展概况

我国资本市场起步于20世纪80年代，并形成于80年代末90年代初。随着国民经济的快速发展和居民收入水平的稳步提高，我国资本市场从20世纪90年代开始进入规范和发展时期，特别是21世纪以来，我国资本市场取得了长足发展，并成为全球主要资本市场之一。伴随着资本市场的发展，证券行业也得到了快速发展。

从证券公司的数量上看，中国证券行业的证券公司数量不断增加。5年间由2013年的115家上升至2017年年末的131家。

从营业收入看，中国证券业协会发布的2017年证券公司经营数据显示，131家证券公司当期实现营业收入3 113.28亿元，各主营业务收入分别为代理买卖证券业务净收入（含席位租赁）820.92亿元、证券承销与保荐业务净收入384.24亿元、财务顾问业务净收入125.37亿元、投资咨询业务净收入33.96亿元、资产管理业务净收入310.21亿元、证券投资收益（含公允价值变动）860.98亿元、利息净收入348.09亿元，当期实现净利润1 129.95亿元，131家证券公司中，120家公司实现盈利（见表6-1）。

表6-1　　　　我国证券公司主要经营业务数据　　　　单位：亿元

项　　目	2017年	2016年	2015年	2014年	2013年
全年实现营业收入	3 113.28	3 279.94	5 751.55	2 602.84	1 592.41
其中：代理买卖证券业务净收入（含席位租赁）	820.92	1 052.95	2 690.96	1 049.48	759.21
证券承销与保荐业务净收入	384.24	519.99	393.52	240.19	128.62
财务顾问业务净收入	125.37	164.16	137.93	69.19	44.75
投资咨询业务净收入	33.96	50.54	44.78	22.31	25.87
资产管理业务净收入	310.21	296.46	274.88	124.35	70.3
证券投资收益（含公允价值变动）	860.98	568.47	1 413.54	710.28	305.52
利息净收入	348.09	381.79	591.25	446.24	184.62
实现净利润	1 129.95	1 234.45	2 447.63	965.54	440.21
家数	131	129	125	120	115
平均每家营业收入	23.77	25.43	46.01	21.69	13.85
盈利家数	120	124	125	119	104
营业净利率	36.29%	37.64%	42.56%	37.10%	27.64%

资料来源：依据中国证券业协会公告进行的数据整理和计算。

从资产和资金类经营业务角度，截至2017年12月31日，131家证券公司总资产为6.14万亿元，净资产为1.85万亿元，净资本为1.58万亿元，客户交易结算资金余额（含信用交易资金）为1.06万亿元，托管证券市值为40.33万亿元，受托管理资金本金总额为17.26万亿元（见表6-2）。

表6-2　　　　我国证券公司资产和资金类经营业务数据

项　　目	2017年	2016年	2015年	2014年	2013年	2012年
总资产（万亿元）	6.14	5.79	6.42	4.09	2.08	1.72
净资产（万亿元）	1.85	1.64	1.45	0.920519	0.753855	0.694346
净资本（万亿元）	1.58	1.47	1.25	0.67916	0.520458	0.497099
客户交易结算资金余额（含信用交易资金）（万亿元）	1.06	1.44	2.06	1.2	0.555742	0.600271
托管证券市值（万亿元）	40.33	33.77	33.63	24.86	15.36	13.76
受托管理资金本金总额（万亿元）	17.26	17.82	11.88	7.97	5.2	1.89
家数	131	129	125	120	115	114
平均每家总资产（亿元）	468.70	448.84	513.60	340.83	180.87	150.88
平均每家净资产（亿元）	141.22	127.13	116.00	76.71	65.55	60.91
平均每家净资本（亿元）	120.61	113.95	100.00	56.60	45.26	43.61
平均客户交易结算资金余额（含信用交易资金）（亿元）	80.92	111.63	164.80	100.00	48.33	52.66
平均每家托管证券市值（亿元）	3 078.63	2 617.83	2 690.40	2 071.67	1 335.65	1 207.02
平均每家受托管理资金本金总额（亿元）	1 317.56	1 381.40	950.40	664.17	452.17	165.79

资料来源：依据中国证券业协会公告进行的数据整理和计算。

虽然过去的二十多年我国证券行业和证券公司取得了长足发展，但与发达国家的成熟资本市场相比，我国证券行业规模占总体经济和金融行业的比重仍然偏低，未来仍具有广阔的发展空间。而当前证券行业存在的金融脱媒、市场规模继续扩大和结构深化发展、金融需求持续增长且多样化、市场化监管改革等有利因素，亦为未来证券行业和证券公司继续保持快速发展提供了现实驱动力。

第二节 证券业的信息披露

本节的目的，一是了解证监会关于证券业信息披露的要求；二是为需要从事证券业案例研究和实证研究的学员提供来自证监会的查找信息源的路径。证券业的监管机构为证监会，因此证监会对证券业的信息披露要求包括对证券业行业本身的要求以及对上市证券公司的要求。

一、信息披露及其意义

证券公司进行信息公示的目的，是保护投资者的合法权益，提高证券市场的透明度，维护行业的公信力。这里的“信息”是指所有可能对公司证券及其衍生品种交易价格产生较大影响的信息以及证券监督管理部门、公司上市地证券交易所要求披露的信息；所称“披露”是指公司按法律、行政法规、部门规章、规范性文件及自律规则等相关规定在中国证监会以及证券交易所等指定媒体上公告信息。公司和相关信息披露义务人应当根据法律、行政法规、部门规章、规范性文件、公司股票上市地证券监管机构和交易所的规定以及其他相关规定，及时、公平地披露信息，并保证所披露信息的真实、准确、完整，不得有虚假记载、误导性陈述或重大遗漏。

二、证监会关于证券公司的信息披露要求

（一）对非上市公众公司的信息披露要求

2013年1月4日，为规范非上市公众公司信息披露行为，中国证监会公布《非上市公众公司监管指引第1号——信息披露》[①]，并自公布之日起施行。

1. 信息披露的内容

股票公开转让、股票向特定对象发行或者转让导致股东累计超过200人的公司，应当在公开转让说明书、定向发行说明书或者定向转让说明书中披露以下内容：

（1）公司基本信息、股本和股东情况、公司治理情况；

（2）公司主要业务、产品或者服务及公司所属行业；

（3）报告期内的财务报表、审计报告。

定向发行说明书还应当披露发行对象或者范围、发行价格或者区间、发行数量。非上市公众公司也可以根据自身实际情况以及投资者的需求，更加详细地披露公司的其他情况。

2. 信息披露的基本要求

非上市公众公司及其董事、监事、高级管理人员应当保证披露的信息真实、准确、完

① 证监会公告〔2013〕1号。

整，不存在虚假记载、误导性陈述或者重大遗漏，并对其真实性、准确性、完整性承担相应的法律责任。非上市公众公司应当建立与股东沟通的有效渠道，对股东或者市场质疑的事项应当及时、客观地进行澄清或者说明。

3.信息披露平台

非上市公众公司应当本着股东能及时、便捷地获得公司信息的原则，并结合自身实际情况，自主选择一种或者多种信息披露平台，如非上市公众公司信息披露网站（如nlpc.csrc.gov.cn）、公共媒体或者公司网站，也可以选择公司章程约定的方式或者股东认可的其他方式。无论采取何种信息披露方式，均应当经股东大会审议通过。股票在依法设立的证券交易场所公开转让的非上市公众公司，应当通过证券交易场所要求的平台披露信息。

（二）证监会对上市公司信息披露要求

2007年1月30日，为了规范发行人、上市公司及其他信息披露义务人的信息披露行为，加强信息披露事务管理，保护投资者合法权益，根据《公司法》《证券法》等法律、行政法规，中国证监会发布了《上市公司信息披露管理办法》①，按其规定，上市公司信息披露文件主要包括招股说明书、募集说明书、上市公告书、定期报告和临时报告等。上市证券公司应该执行这一规定。

1.招股说明书、募集说明书与上市公告书

（1）发行人编制招股说明书应当符合中国证监会的相关规定。凡是对投资者作出投资决策有重大影响的信息，均应当在招股说明书中披露。公开发行证券的申请经中国证监会核准后，发行人应当在证券发行前公告招股说明书。

（2）发行人的董事、监事、高级管理人员，应当对招股说明书签署书面确认意见，保证所披露的信息真实、准确、完整。招股说明书应当加盖发行人公章。

（3）发行人申请首次公开发行股票的，中国证监会受理申请文件后，发行审核委员会审核前，发行人应当将招股说明书申报稿在中国证监会网站预先披露。预先披露的招股说明书申报稿不是发行人发行股票的正式文件，不能含有价格信息，发行人不得据此发行股票。

（4）证券发行申请经中国证监会核准后至发行结束前，发生重要事项的，发行人应当向中国证监会书面说明，并经中国证监会同意后，修改招股说明书或者作相应的补充公告。

（5）申请证券上市交易，应当按照证券交易所的规定编制上市公告书，并经证券交易所审核同意后公告。发行人的董事、监事、高级管理人员，应当对上市公告书签署书面确认意见，保证所披露的信息真实、准确、完整。上市公告书应当加盖发行人公章。

（6）招股说明书、上市公告书引用保荐人、证券服务机构的专业意见或者报告的，相关内容应当与保荐人、证券服务机构出具的文件内容一致，确保引用保荐人、证券服务机构的意见不会产生误导。

（7）有关招股说明书的规定，适用于公司债券募集说明书。

---

① 中国证券监督管理委员会令第40号。

（8）上市公司在非公开发行新股后，应当依法披露发行情况报告书。

2. 定期报告

（1）上市公司应当披露的定期报告包括年度报告、中期报告和季度报告。凡是对投资者作出投资决策有重大影响的信息，均应当披露。年度报告中的财务会计报告应当经具有证券、期货相关业务资格的会计师事务所审计。

（2）年度报告应当在每个会计年度结束之日起4个月内，中期报告应当在每个会计年度的上半年结束之日起2个月内，季度报告应当在每个会计年度第3个月、第9个月结束后的1个月内编制完成并披露。

年度报告应当记载的内容：

①公司基本情况。

②主要会计数据和财务指标。

③公司股票、债券发行及变动情况，报告期末股票、债券总额、股东总数，公司前十大股东持股情况。

④持股5%以上股东、控股股东及实际控制人情况。

⑤董事、监事、高级管理人员的任职情况、持股变动情况、年度报酬情况。

⑥董事会报告。

⑦管理层讨论与分析（目前修改为经营情况讨论与分析）。

⑧报告期内重大事件及对公司的影响。

⑨财务会计报告和审计报告全文。

⑩中国证监会规定的其他事项。

以中信证券为例，其2017年度报告正文扫码阅读：

中期报告应当记载的内容：

①公司基本情况。

②主要会计数据和财务指标。

③公司股票、债券发行及变动情况、股东总数、公司前十大股东持股情况，控股股东及实际控制人发生变化的情况。

④管理层讨论与分析（目前修改为经营情况讨论与分析）。

⑤报告期内重大诉讼、仲裁等重大事件及对公司的影响。

⑥财务会计报告。

⑦中国证监会规定的其他事项。

季度报告应当记载的内容：

①公司基本情况。

②主要会计数据和财务指标。

③中国证监会规定的其他事项。

（3）公司董事、高级管理人员应当对定期报告签署书面确认意见，监事会应当提出书面审核意见，说明董事会的编制和审核程序是否符合法律、行政法规和中国证监会的规定，报告的内容是否能够真实、准确、完整地反映上市公司的实际情况。董事、监事、高级管理人员对定期报告内容的真实性、准确性、完整性无法保证或者存在异议的，应当陈述理由和发表意见，并予以披露。

（4）上市公司预计经营业绩发生亏损或者发生大幅变动的，应当及时进行业绩预告。

（5）定期报告披露前出现业绩泄露，或者出现业绩传闻且公司证券及其衍生品种交易出现异常波动的，上市公司应当及时披露本报告期相关财务数据。

（6）定期报告中财务会计报告被出具非标准审计报告的，上市公司董事会应当针对该审计意见涉及事项作出专项说明。定期报告中财务会计报告被出具非标准审计意见，证券交易所认为涉嫌违法的，应当提请中国证监会立案调查。

（7）上市公司未在规定期限内披露年度报告和中期报告的，中国证监会应当立即立案稽查，证券交易所应当按照股票上市规则予以处理。

（8）年度报告、中期报告和季度报告的格式及编制规则，由中国证监会另行制定。

3.临时报告

按照临时报告的披露规定，发生可能对上市公司证券及其衍生品种交易价格产生较大影响的重大事件，投资者尚未得知时，上市公司应当立即披露，说明事件的起因、目前的状态和可能产生的影响。

所称重大事件包括21种情形：

（1）公司的经营方针和经营范围的重大变化。

（2）公司的重大投资行为和重大的购置财产的决定。

（3）公司订立重要合同，可能对公司的资产、负债、权益和经营成果产生重要影响。

（4）公司发生重大债务和未能清偿到期重大债务的违约情况，或者发生大额赔偿责任。

（5）公司发生重大亏损或者重大损失。

（6）公司生产经营的外部条件发生的重大变化。

（7）公司的董事、1/3以上监事或者经理发生变动；董事长或者经理无法履行职责。

（8）持有公司5%以上股份的股东或者实际控制人，其持有股份或者控制公司的情况发生较大变化。

（9）公司减资、合并、分立、解散及申请破产的决定；或者依法进入破产程序、被责令关闭。

（10）涉及公司的重大诉讼、仲裁，股东大会、董事会决议被依法撤销或者宣告无效。

（11）公司涉嫌违法违规被有权机关调查，或者受到刑事处罚、重大行政处罚；公司董事、监事、高级管理人员涉嫌违法违纪被有权机关调查或者采取强制措施。

（12）新公布的法律、法规、规章、行业政策可能对公司产生重大影响。

（13）董事会就发行新股或者其他再融资方案、股权激励方案形成相关决议。

（14）法院裁决禁止控股股东转让其所持股份；任一股东所持公司5%以上股份被质押、冻结、司法拍卖、托管、设定信托或者被依法限制表决权。

（15）主要资产被查封、扣押、冻结或者被抵押、质押。

（16）主要或者全部业务陷入停顿。

（17）对外提供重大担保。

（18）获得大额政府补贴等可能对公司资产、负债、权益或者经营成果产生重大影响的额外收益。

（19）变更会计政策、会计估计。

（20）因前期已披露的信息存在差错、未按规定披露或者虚假记载，被有关机关责令改正或者经董事会决定进行更正。

（21）中国证监会规定的其他情形。

上市公司应当在最先发生的以下任一时点，及时履行重大事件的信息披露义务，包括：董事会或者监事会就该重大事件形成决议时；有关各方就该重大事件签署意向书或者协议时以及董事、监事或者高级管理人员知悉该重大事件发生并报告时。

在中国证券业协会官网的信息公示上能找到证券公司2006—2017年度信息披露的数据。

第三节　证券业的风险与监管指标

本节的目的是在对证券业风险梳理的基础上，按照保险业的监管制度演变历程，熟悉针对保险业的监管指标。

一、证券业的风险

有效的风险管理和内部控制对证券公司的成功运作至关重要。风险管理是指对证券公司所面临的风险进行评价和处理的管理过程。风险管理通过对风险的认识、衡量和分析，选择最有效的方式，主动地、有目的地、有计划地处理风险，以最小成本争取获得最大安全保证。

证券公司的风险一般包括以下类别：

（一）政策性风险

政策性风险是指国家宏观调控措施、与证券行业相关的法律法规、监管政策及交易规则等的变动，对证券公司经营产生的不利影响。一方面，国家宏观调控措施对证券市场影响较大，宏观政策、利率、汇率的变动及调整力度与金融市场的走势密切相关，直接影响了证券公司的经营状况；另一方面，证券行业是高度受监管的行业，监管部门出台的监管政策直接关系到证券公司经营情况的变动，若公司在日常经营中未能及时适应政策法规的变化而违规，可能会受到监管机构罚款、暂停或取消业务资格等行政处罚，导致公司遭受经济损失或声誉损失，甚至面临被托管、倒闭的风险。政策性风险是公司面临的重要风险之一。

（二）信用风险

信用风险是指因借款人、交易对手或持仓金融头寸的发行人无法履约或信用资质恶化而带来损失的风险。信用风险主要来自四个方面：一是经纪业务代理客户买卖证券及进行期货交易，若没有提前要求客户依法缴足交易保证金，在结算当日客户的资金不足以支付交易所需的情况下，或客户资金由于其他原因出现缺口，公司有责任代客户进行结算而造成损失；二是融资融券、约定购回式证券交易、股票质押式回购等证券融资类业务的信用风险，其是指由于客户未能履行合同约定而带来损失的风险；三是信用类产品投资的违约风险，即所投资信用类产品之融资人或发行人出现违约、拒绝支付到期本息，导致资产损失和收益变化的风险；四是利率互换、股票收益互换、场外期权、远期交易等场外衍生品交易的对手方违约的风险，即交易对手方到期未能按照合同约定履行相应支付义务的风险。

（三）流动性风险

流动性风险，是指证券公司无法以合理成本及时获得充足资金，以偿付到期债务、履行其他支付义务和满足正常业务开展的资金需求的风险。证券公司流动性风险主要包括两个方面：一是资产的流动性风险，是指由于资产不能及时变现或变现成本过高，导致自营投资及客户资产造成损失的风险，其主要体现在自营投资业务和资产管理产品投资中；二是负债的流动性风险，是指公司缺乏现金不能按时支付债务或正常营业支出的风险，或资产管理产品由于流动资金不足无法应付客户大规模赎回的风险。

（四）市场风险

市场风险是由于持仓金融头寸的市场价格变动而导致的损失风险。持仓金融头寸来自自营投资、做市业务以及其他投资活动。持仓金融头寸的变动主要来自客户的要求或自营投资的相关策略。

市场风险的类别主要包括权益价格风险、利率风险、商品价格风险和汇率风险。其中，权益价格风险是由于股票、股票组合、股指期货等权益品种价格或波动率的变化而导致的；利率风险主要是由固定收益投资收益率曲线结构、利率波动性和信用利差等变动引起的；商品价格风险是由各类商品价格发生不利变动引起的；汇率风险是由非本国货币汇率波动引起的。

（五）操作风险

操作风险是指由于不完善或有问题的内部操作程序、人员、系统或外部事件而导致的直接或间接损失的风险。证券公司的操作风险既可能发生在前台业务部门，也可能发生在中后台支持部门。尽管公司在各业务领域均可能制定了较为完善的内部控制与风险管理制度，但任何控制制度均有其固有限制，可能因公司规模的扩大、新业务新产品的推出、更加复杂的业务流程、内部及外部环境发生变化、当事人的认知程度不够、执行人不严格执行现有制度、从业人员操作不当、从业人员主观故意、突发事件等，使内部控制机制的作用受到限制甚至失去效用，产生财务上与声誉上的损失，从而造成操作风险。

（六）合规风险

合规风险是指因未能遵循法律法规、监管规则、自律性组织制定的有关准则，以及适用于证券公司自身业务活动的行为准则，而可能遭受法律制裁或监管处罚、重大财务损失或声誉损失的风险。

（七）技术风险

证券公司采用众多信息技术系统，有效提升了企业的运营效率与核心竞争力。公司的投资、资产管理和财富管理等业务以及中后台管理均高度依赖于信息技术系统的支持，信息技术发挥了对公司业务发展的关键支撑甚至推动作用。在促进证券业发展的同时，信息技术的广泛应用也带来了潜在的技术风险。信息技术系统设计缺陷、运作故障、操作失误、病毒和黑客攻击、数据丢失与泄露、电力保障等都会对系统的安全产生影响，从而给公司造成损失。

二、证券公司的分类监管

（一）分类监管的演变历程

证券公司分类是指以证券公司风险管理能力为基础，结合公司市场竞争力和持续合规状况，按照规定评价和确定证券公司的类别，证监会及其派出机构根据证券公司分类结果对不同类别的证券公司实施区别对待的监管政策。实施证券公司分类监管的目的在于合理配置监管资源，提高监管效率，促进证券公司持续规范发展。

早在2007年4月份，证监会就开始了证券公司的分类监管工作。2007年7月，中国证监会下发了《证券公司分类监管工作指引（试行）》和相关通知，这是使证券公司的监管由风险处置的“特殊时期”转入“常规监管期”的重要措施之一，标志着以证券公司风险管理能力为基础，同时考虑其市场影响力的新的分类监管框架思路的初步确立。

2009年5月26日，为有效实施证券公司常规监管，合理配置监管资源，提高监管效率，促进证券公司持续规范发展，根据《证券法》《证券公司监督管理条例》等有关法律、行政法规的规定，中国证监会发布了第12号公告《证券公司分类监管规定》，从6类评价指标方面对证券公司实施分类监管。

2010年5月14日，中国证监会发布了《证券公司分类监管规定（2010年修订）》，对2009版的证券公司分类监管规定作出修订。

2017年7月6日，中国证监会发布第11号公告《关于修改〈证券公司分类监管规定〉的决定》，再次对证券公司分类监管规定进行修改，并决定自发布之日起施行。

（二）分类监管指标

2006年7月，为了建立以净资本和流动性为核心的风险控制指标体系，加强证券公司风险监管，督促证券公司加强内部控制、提升风险管理水平、防范风险，中国证监会发布了《证券公司风险控制指标管理办法》（以下简称《办法》），后于2008年6月进行了修订。

2012年11月16日，中国证监会分别发布了《关于修改〈证券公司风险资本准备计算标准的规定〉的决定》（证监会公告〔2012〕36号）、《关于调整证券公司净资本计算标准的规定》（证监会公告〔2012〕37号）。

2016年6月16日，为提升风险控制指标的有效性，促进证券公司持续稳定健康发展，证监会在向社会公开征求意见的基础上正式发布修订后的《证券公司风险控制指标管理办法》及配套规则（证监会令第125号），并于10月1日正式实施。同时废止了2012年发布的36号和37号规定。此次《办法》的修订，一方面在维持总体框架不变的基础上，对不适应行业发展需要的具体规则进行了调整；另一方面，结合行业发展的新形势，通过改进净资本、风险资本准备计算公式，完善杠杆率、流动性监管等指标，明确逆周期调节机制等，提升了风控指标的完备性和有效性。

修订办法要求证券公司应当按照中国证监会的有关规定，遵循审慎、实质重于形式的原则，计算净资本、风险覆盖率、资本杠杆率、流动性覆盖率、净稳定资金率等各项风险控制指标，编制净资本计算表、风险资本准备计算表、表内外资产总额计算表、流动性覆盖率计算表、净稳定资金率计算表、风险控制指标计算表等监管报表（以下统称风险控制指标监管报表）。其格式分别见表6-3至表6-8。

表6-3　　**证券公司净资本计算表**

编制单位：　　年　月　日　　单位：元

项　　目	行次	期初余额	期末余额	扣减比例	应计算的金额	
					期初余额	期末余额
净资产	1			100%		
减：优先股及永续次级债等	2					
减：资产项目的风险调整合计	3					
存出保证金	4					
其中：履约保证金	5			10%		
期货保证金注1	6			100%		
其他存出保证金	7					
长期股权投资	8			100%		
投资性房地产、固定资产注2	9			100%		
其他注3	10			100%		
减：或有负债的风险调整合计	11					
对外担保金额及担保承诺注4	12			100%		
其他或有负债注5	13			100%		
加：中国证监会认定或核准的其他调整项目合计注6	14					
母公司提供的担保承诺	15			100%		
其他项目	16					
减：中国证监会认定或核准的其他调整项目合计注6	17					
所有权受限等无法变现的资产（如被冻结）	18			100%		
其他项目	19					
核心净资本	20					
加：附属净资本注7	21					
借入的次级债（含永续次级债）注8	22					
中国证监会认定或核准的其他调整项目注9	23					
净资本注10	24					
附1：期末或有事项						
附2：其他需要特别说明的事项						

注1. 期货保证金是指已被股指期货、国债期货、商品期货等合约占用的交易保证金。

注2. 固定资产包括所有权权属明确的房产及其他固定资产。

注3. 其他资本扣除项包括商誉、递延所得税资产、无形资产、应收融资融券客户款、待转承销费用、抵债资产、长期待摊费用等其他资产，例如购买固定资产等长期资产的预付款项等。持有的金融资产不扣减净资本。

注4. 对外担保金额不包括公司为自身负债提供的反担保。担保承诺指对控股证券业务子公司提供的担保承诺。

注5. 按或有事项涉及金额的20%或可能发生的损失孰高者扣除。对于证券公司在债券承销过程中设置定向转让条款，约定投资者有权在一定时间内，将持有的部分或全部债券转让给承销商的，以及证券公司为境外子公司融资提供的担保涉及的或有事项净资本扣除额在本行填列。

注6. 指由中国证监会认定或核准的可计入核心净资本或需从核心净资本中扣除的项目。

注7. 附属净资本不得超过核心净资本。

注8. 次级债计入净资本的具体比例参照中国证监会的相关规定。

注9. 指由中国证监会认定或核准的可计入附属净资本的项目，包括优先股、应急可转债等。

注10. 净资本为核心净资本和附属净资本之和。

在计算净资本时，需要计提资产减值准备的项目，以扣除资产减值准备后的净额作为计算基础；无须计提资产减值准备的项目，以账面余额作为计算基础。

表6-4　　　　**证券公司风险资本准备计算表**

编制单位：　　　　　　　　　年　月　日　　　　　　　　　单位：元

项　目	行次	期初余额	期末余额	计算标准	风险资本准备	
					期初余额	期末余额
1. 市场风险资本准备	1					
其中：（1）权益类证券及其衍生品规模[注1]	2					
上海180指数、深圳100指数、沪深300指数成分股	3			15%		
一般上市公司股票[注2]	4			30%		
流动受限的股票[注2]	5			50%		
其他股票[注2]	6			80%		
权益类基金[注3]	7			10%		
其中：分级基金中的非优先级基金	8			30%		
股指期货、权益互换及卖出期权[注4]	9			20%		
买入期权[注4]	10			100%		
其他	11					
（2）非权益性证券及其衍生品规模[注1]	12					
国债、中央银行票据、国开债	13			0		
政策性金融债、政府支持机构债券[注5]	14			2%		
地方政府债[注5]	15			5%		
信用评级AAA级的信用债券[注5]	16			10%		
信用评级AAA级以下，AA级（含）以上的信用债券[注5]	17			15%		
信用评级AA级以下，BBB级（含）以上的信用债券[注5]	18			50%		
信用评级BBB级以下的信用债券[注5]	19			80%		
非权益类基金[注6]	20			10%		
其中：货币基金	21			5%		
国债期货、债券远期及利率互换[注4]	22			20%		
集合及信托等产品[注6]	23					
其中：未约定先行承担亏损	24			25%		
约定先行承担亏损	25			50%		
定向产品[注6]	26			50%		
大宗商品现货（含黄金）	27			8%		
大宗商品衍生品[注4]	28			20%		
其他	29					

续表

项　　目	行次	期初余额	期末余额	计算标准	风险资本准备	
					期初余额	期末余额
（3）已对冲风险的权益类证券及其衍生品[注7]	30					
权益类证券	31			5%		
权益类衍生品	32			5%		
（4）已对冲风险的非权益类证券及其衍生品[注7]	33					
非权益类证券	34			1%		
非权益类衍生品	35			1%		
2. 信用风险资本准备	36					
融资类业务[注8]	37					
其中：场内融资业务	38			10%		
股票质押回购	39			20%		
场外融资业务	40			30%		
应收账款	41					
其中：账龄1年以内（含1年）	42			10%		
账龄1年以上、应收股东及其关联公司款项	43			100%		
其他	44					
3. 操作风险资本准备[注9]	45					
证券经纪业务净收入	46			12%		
证券投资咨询业务净收入	47			12%		
证券承销与保荐业务、财务顾问业务净收入	48			15%		
证券资产管理业务净收入	49			15%		
证券自营业务净收入	50			18%		
融资融券类业务及其他业务净收入	51			18%		
4. 特定风险资本准备	52					
证券公司资产管理业务[注10]	53					
其中：结构化集合资管计划	54			1%		
投资非标资产的定向资管计划	55			0.9%		
各类私募投资基金（含各类直投基金）[注11]	56			0.7%		
其他定向资管计划	57			0.5%		
分类调整前的各项风险准备合计[注12]	58					
分类调整后的各项风险准备合计[注13]	59					
附：其他需要特别说明的事项	60					

注1：权益类证券及其衍生品包括：股票、权益类基金、股指期货、权益互换、期权等。非权益类证券及其衍生品包括：债券、非权益类基金、国债期货、债券远期、利率互换、外汇衍生品，定向、集合及信托等产品，大宗商品现货和衍生品等。

注2：一般上市股票包含境外市场股票、优先股以及在全国股转系统挂牌系统做市并且持股市值与该股

票市值比例低于5%的部分。流通受限的股票包含未上市流通、限制流通以及流动性较低的股票，具体指已发行尚未上市流通的新股、处于禁售期的法人股、在一定期限内被锁定的股票以及在全国股转系统挂牌的股份（包含做市并且持股市值与该股票市值比例高于5%的部分）。其他股票包括ST股票、*ST股票、已退市股票和持有市值与该股票市值的比例超过5%的股票。股票的分类中同时符合两个或两个以上标准的，应采用最高的比例进行计算。股票不含转融通融入的证券。

注3：权益类基金包括股票基金、混合基金、权益类ETF和分类基金中非优先级基金等。分级基金中非优先级基金指分级基金中除优先份额之外的基金份额。

注4：股指期货、国债期货、债券远期、大宗商品衍生品投资规模分别按照合约名义价值总额的15%、5%、50%、15%计算。权益互换、利率互换、外汇衍生品投资规模分别按照合约名义价值总额的10%、3%和3%计算。买入期权投资规模按照买入股票期权和买入场外期权的权利金价格之和计算。卖出股票期权投资规模按照Delta金额的15%计算；期权的Delta金额根据交易所公布的Delta系数进行计算。卖出场外期权投资规模按照该期权在给定压力情景下的最大损失的5倍计算，且不低于名义金额的5‰；给定压力情景为期权标的证券价格以当前价格为基础上下波动20%。

注5：政策性金融债特指进出口银行、农业发展银行等政策性银行发行的金融债券。政府支持机构债券为得到中央政府正式支持发行的债券，如中国铁路总公司发行的获得中央政府支持的铁路建设债券等。地方政府债为地方政府作为发行主体发行的债券。信用债券不含证券、基金、期货公司发行的债券。信用评级以长期信用评级为基准，短期信用评级A-1归入AAA级信用债券中，短期信用评级A-2归入AAA级以下、AA级（含）以上信用债券中，短期信用评级A-3归入AA级以下、BBB级（含）以上的信用债券中，短期信用评级B级（含）以下归入信用评级BBB级以下的信用债券中。未评级的信用债券参照债券发行主体评级，发行主体无评级的归入BBB级以下信用债券。债券信用评级信息以中央国债登记结算有限责任公司公布的信息为准。可转债、永续债、资产支持证券、资产支持专项计划参照信用债评级标准计算填列。

注6：非权益类基金包括货币基金、分级基金中的优先级基金、债券基金、黄金ETF等。集合及信托等产品指证券公司持有的证券公司集合资产管理计划、商业银行理财产品及信托产品等集合类产品。定向产品指证券公司委托其他证券公司、基金公司、信托公司等机构进行的一对一投资。

注7：符合以下条件的可认为已对冲风险：（1）投资组合中的标的一致，或相关标的过去一年价格相关系数不低于95%；（2）投资组合中相关投资为对冲目的而持有；（3）投资组合中的多头Delta或DV01绝对值与空头Delta或DV01绝对值的比例处于80%~125%。投资规模为多头规模的绝对值及空头规模的绝对值，衍生品多头规模、空头规模计算方法参照注4。

注8：融资类业务包括融资融券业务、约定购回业务和股票质押回购业务等。其中，融券业务规模按照融出时证券的市值计算。场内融资业务特指在证券交易所开展的股票质押等融资类业务。场外融资业务主要指在柜台市场、机构间市场开展的股票质押等融资类业务（新三板股票质押融资比照场外计算）。

注9：证券经纪业务、证券投资咨询业务、证券承销与保荐业务、财务顾问业务、证券资产管理业务的净收入以及其他业务净收入，为近三个年度利润监管报表相应科目余额的平均数。证券自营业务净收入为近三个年度利润监管报表“交易性金融工具的投资收益”“可供出售金融资产的投资收益”“持有至到期金融资产的投资收益”“衍生金融工具的投资收益”“交易性金融工具公允价值变动收益”“衍生金融工具公允价值变动收益”科目余额之和的平均数。若证券自营业务净收入为负，则按上一年末自营业务证券投资成本的3%计算。融资业务净收入为近三个年度利润监管报表“融资业务利息收入”科目的平均数。

注10：资产管理业务规模按照受托管理资产净值计算。投资非标资产的定向资产管理计划指资管计划投资范围含票据、信托、理财产品、各类收益权等未在银行间市场及公开证券交易所交易的股权、债权及

其他财产权利的资产。

注11：各类私募投资基金（含各类直投基金）是指证券公司控股的从事私募证券投资及私募股权投资业务的子公司开展的各类私募投资基金，包括各类直投基金（含合伙制）、并购基金等。

注12：分类调整前的各项风险资本准备合计为市场风险资本准备、信用风险资本准备、操作风险资本准备及特定风险资本准备计算结果之和。

注13：各类证券公司风险资本准备根据分类评价结果进行调整，系数为：连续三年A类为0.7，A类为0.8，B类为0.9，C类为1，D类为2。C类为基准。

表6-5　　证券公司表内外资产总额计算表

编制单位：　　　　年　月　日　　　　单位：元

项目		行次	期末余额	转换系数	计算结果
表内资产	表内资产总额[注1]	1		100%	
	减：表内资产扣除项	2			
	1.客户资金	3			
	代理买卖证券款、信用交易代理买卖证券款、代理承销证券款	4		100%	
	其他	5			
	表内资产余额	6			
表外项目	1.证券衍生产品[注2]	7			
	国债期货、债券远期及利率互换	8		100%	
	股指期货、权益互换及卖出股票期权	9		100%	
	大宗商品衍生品	10		100%	
	卖出场外期权	11		100%	
	其他	12			
	2.资产管理业务[注3]	13		0.2%	
	3.其他表外项目	14			
	转融通融入证券[注4]	15		10%	
	股票再融资承销承诺[注5]	16		15%	
	股票IPO承销承诺[注5]	17		10%	
	债券承销承诺[注5]	18		5%	
	对外担保金额及担保承诺[注6]	19		100%	
	其他或有事项[注7]	20		100%	
	表外项目余额[注8]	21			
表内外资产总额[注9]		22			

注1.表内资产总额为资产负债表中的总资产。

注2.国债期货、债券远期、利率互换、外汇衍生品、股指期货、权益互换、大宗商品衍生品期末余额分别按照合约名义价值总额的5%、50%、3%、3%、15%、10%和15%计算。卖出股票期权期末余额按照Delta金额的15%计算。期权的Delta金额根据交易所公布的Delta系数进行计算。卖出场外期权期末余额按照该期权在给定压力情景下的最大损失的5倍计算，且不低于名义金额的5‰，给定压力情景为期权标

的证券价格以当前价格为基础上下波动20%。多头与空头不允许净轧差。

注3.含各类私募投资基金（含各类直投基金），即证券公司控股的从事私募证券投资及私募股权投资业务的子公司开展的各类私募投资基金，包括各类直投基金（含合伙制），并购基金等。

注4.转融通融入证券按照其期末市值计算。

注5.股票再融资项目，IPO项目、债券项目承销承诺自网上申购日（或发行日期）前3天开始计算至发行期结束日止。若此期间之前已经签署承销团协议的，期末余额按照各主承销商及分销商承诺包销的金额填列；若在此期间之前没有签署承销团协议的，期末余额按照各主承销商承诺包销的金额填列。若承销协议没有约定各主承销商承诺包销的金额，按总包销金额平均分配到各主承销商填列。

注6.对外担保金额不包括公司为自身负债提供的反担保、担保承诺指对控股证券业务子公司提供的担保承诺。

注7.其他或有事项包括但不限于资本性支出承诺、投资承诺、或有负债、未决诉讼赔偿及其他各类承诺事项等。按或有事项涉及金额的或可能发生的损失孰高者计算。

注8.表外项目余额为证券衍生产品、资产管理业务及其他表外项目计算结果合计。

注9.表内外资产总额为表内资产余额与表外项目余额合计。

表6-6　　证券公司流动性覆盖率计算表

项　　目	行次	期末金额	折算率	折算后金额
优质流动资产	1			
其中：货币资金[注1]	2		100%	
结算备付金	3		100%	
国债、中央银行票据、国开债	4		100%	
减：已冻结或质押部分	5		100%	
政策性金融债、政府支持机构债券[注2]	6		98%	
减：已冻结或质押部分	7		98%	
地方政府债[注2]	8		95%	
减：已冻结或质押部分	9		95%	
信用评级AAA级的信用债券[注2]	10		96%	
减：已冻结或质押部分	11		96%	
信用评级AAA级以下，AA级（含）以上的信用债券[注2]	12		90%	
减：已冻结或质押部分	13		90%	
货币基金	14		60%	
上海180指数、深圳100指数、沪深300指数ETF及成分股[注3]	15		40%	
减：已冻结或质押部分	16		40%	
未来30日现金流出	17			
1.30日内到期的负债现金流出	18			
短期借款	19		100%	
拆入资金	20		100%	
卖出回购（按质押物分类）[注4]	21			
其中：国债、中央银行票据、国开债	22		0	
政策性金融债、政府支持机构债券[注2]	23		2%	
地方政府债[注2]	24		5%	
信用评级AAA级的信用债券[注2]	25		4%	
信用评级AAA级以下，AA级（含）以上的信用债券[注2]	26		10%	
债券基金[注5]	27		10%	
其他	28		100%	
应付职工薪酬、税费、利息和股利	29		100%	
交易性金融负债、衍生金融负债	30		100%	
30日内须偿还的次级债务和其他债务	31		100%	

续表

项　　目	行次	期末金额	折算率	折算后金额
2.或有负债	32			
对外担保金额及担保承诺注6	33		3%	
其他或有事项	34		3%	
3.自营业务及长期投资资金流出	35			
利率互换注7	36		0.1%	
国债期货及债券远期注8	37		4%	
股指期货注9	38		20%	
已承诺不可撤销的30日内须支付的自营业务投资金额	39		100%	
已承诺不可撤销的30日内须支付的长期股权、固定资产、无形资产和其他长期资产的投资金额	40		100%	
4.承销业务资金流出注10	41			
股票再融资承销承诺	42		15%	
股票IPO承销承诺	43		10%	
债券承销承诺	44		5%	
5.融资类业务资金流出注11	45		5%	
6.资产管理业务资金流出	46			
已承诺不可撤销的30日内须自有资金认购的金额	47		100%	
7.其他资金流出	48			
已承诺不可撤销的30日内须给付的约定购回业务金额	49		100%	
未来30日内现金流入	50			
1.30日内到期的短期资金流入	51			
银行承兑汇票	52		100%	
拆出资金	53		50%	
买入返售金融资产注12	54		90%	
应收股利、应收利息	55		50%	
2.自营业务资金流入	56			
30日内到期的信用评级AA级以下（不含）的信用债券注13	57		75%	
3.未使用的不可撤销金融机构授信额度	58		75%	
4.其他资金流入	59			
集中清算交易在途结算资金	60		50%	
银行间市场非集中清算交易在途结算资金	61		40%	
未来30日内现金净流出注14	62			
流动性覆盖率（LCR）注15	63			

注1：不包括代理买卖证券款、信用交易代理买卖证券款以及代理承销证券款。

注2：政策性金融债特指进出口银行、农业发展银行等政策性银行发行的金融债券。政府支持机构债券为得到中央政府正式支持发行的债券，如中国铁路总公司发行的获得中央政府支持的铁路建设债券等。地方政府债为地方政府作为发行主体发行的债券。信用债券不含证券、基金、期货公司发行的债券。信用评级以长期信用评级为基准，短期信用评级A-1归入AAA级信用债券中，短期信用评级A-2归入AAA级以下、AA级（含）以上信用债券中，短期信用评级A-3归入AA级以下、BBB级（含）以上的信用债券中，短期信用评级B级（含）以下归入信用评级BBB级以下的信用债券中。未评级的信用债券参照债券发行主体评级，发行主体无评级的归入BBB级以下信用债券。债券信用评级信息以中央国债登记结算有限责任公司公布的信息为准。可转债、永续债、资产支持证券、资产支持专项计划参照信用债评级标准计算填列。

注3：不包括融资融券业务中已借出证券及已用于对冲权益互换合约的证券。上海180指数、深圳100指数及沪深300指数ETF及对应的成分股折算后金额不超过优质流动资产总额的15%。

注4：含报价回购融入的资金。

注5：指作为交易所报价回购质押品的债券基金或基金专户。

注6：对外担保金额不包括公司为自身负债提供的反担保；担保承诺指对控股证券业务子公司提供的担保承诺。

注7：利率互换及外汇衍生品期末金额按照名义价值总额填列。

注8：国债期货及债券远期期末金额按照名义价值总额填列。

注9：股指期货期末金额按照名义价值总额填列。

注10：股票再融资项目、IPO项目、债券项目承销承诺自网上申购日（或发行日期）前3天开始计算至发行期结束日止。若在此期间之前已经签署承销团协议的，期末余额按照各主承销商及分销商承诺包销的金额填列；若在此期间之前没有签署承销团协议的，期末余额按照各主承销商承诺包销的金额填列。若承销协议没有约定各主承销商承诺包销的金额，按总包销金额平均分配到各主承销商填列。

注11：指未清偿融资融券业务下的融出资金、未清偿约定回购及未清偿股票质押式回购。

注12：不含约定购回及股票质押式回购融出的资金。买入返售金融资产余额超出对应持有的未被冻结的质押券面额部分不得计入。

注13：不含证券、基金、期货公司发行的债券。

注14：未来30日内现金净流出=未来30日内现金净流出-min（未来30日内现金流入，75%未来30日现金流出）

注15：流动性覆盖率（LCR）=优质流动资产÷未来30日内现金净流出×100%

表6-7 证券公司净稳定资金率计算表

项目	行次	期末金额	折算率	折算后金额
可用稳定资金	1			
其中：1.净资产	2		100%	
2.剩余存续期大于等于1年的借款和负债	3			
次级债务	4		100%	
长期借款	5		100%	
应付债券	6		100%	
其他[注1]	7		100%	
3.所有其他负债和权益	8		0	
所需稳定资金	9			
其中：1.高流动性资产	10			
货币资金[注2]	11		0	
结算备付金	12		0	
拆出资金（不足1年）	13		0	
存出保证金	14		0	
买入返售金融资产[注3]	15		0	
货币基金	16		0	
2.剩余存续期不足1年的证券[注4]	17			
国债、中央银行票据、国开债	18		0	
政策性金融债、政府支持机构债券	19		0	
地方政府债	20		0	
信用评级AAA级的信用债券	21		0	
信用评级AAA级以下，AA级（含）以上的信用债券	22		1%	
信用评级AA级以下，BBB级（含）以上的信用债券	23		3%	
信用评级BBB级以下的信用债券	24		5%	
3.剩余存续期大于等于1年的证券[注4]	25			
国债、中央银行票据、国开债	26		5%	

续表

项　　目	行次	期末金额	折算率	折算后金额
政策性金融债、政府支持机构债券	27		5%	
地方政府债	28		5%	
信用评级AAA级的信用债券	29		10%	
信用评级AAA级以下，AA级（含）以上的信用债券	30		20%	
信用评级AA级以下，BBB级（含）以上的信用债券	31		30%	
信用评级BBB级以下的信用债券	32		50%	
4.股票[注5]	33			
上海180指数、深圳100指数、沪深300指数成分股	34		30%	
一般上市股票	35		50%	
流动受限的股票及其他股票	36		100%	
5.可转换债券	37		30%	
6.衍生金融资产	38		0%	
7.证券投资基金[注6]	39			
非权益类基金	40		10%	
权益类基金	41		20%	
其中：分级基金中非优先级基金	42		50%	
8.其他现金管理类产品[注7]	43		20%	
9.融出资金	44			
自有资金融出资金	45		50%	
转融通融出资金	46		5%	
10.约定购回融出资金	47		50%	
11.股票质押式回购融出资金	48			
到期日在1年以内（含）的融出资金	49		50%	
到期日在1年以上（不含）的融出资金	50		75%	
12.1年以内的应收款项、应收股利、应收利息	51		50%	
13.其他所有资产[注8]	52		100%	
14.表外项目	53			
14.1证券衍生产品	54			
利率互换[注9]	55		0.5%	
国债期货及债券远期[注10]	56		3%	
股指期货[注11]	57		12%	
14.2其他表外项目	58			
股票再融资承销承诺[注12]	59		15%	
股票IPO承销承诺[注12]	60		10%	
债券承销承诺[注12]	61		5%	
对外担保金额及担保承诺[注13]	62		5%	
其他或有事项	63		5%	
净稳定资金率（NSFR）[注14]	64			

注1：指有相关政策法规、合同、公司股东大会或董事会决议等法律依据表明其剩余存续期大于等于1年，且债权人无权要求公司提前偿还的债务。

注2：不包括代理买卖证券款、信用交易代理买卖证券款以及代理承销证券款。

注3：不含约定购回及股票质押式回购融出的资金。

注4：政策性金融债特指进出口银行、农业发展银行等政策性银行发行的金融债券。政府支持机构债券为得到中央政府正式支持发行的债券，如中国铁路总公司发行的获得中央政府支持的铁路建设债券等。地方政府债为地方政府作为发行主体发行的债券。信用债券不含证券、基金、期货公司发行的债券。信用评级以长期信用评级为基准，短期信用评级A-1归入AAA级信用债券中，短期信用评级A-2归入AAA

级以下、AA级（含）以上信用债券中，短期信用评级A-3归入AA级以下、BBB级（含）以上的信用债券中，短期信用评级B级（含）以下归入信用评级BBB级以下的信用债券中。未评级的信用债券参照债券发行主体评级，发行主体无评级的归入BBB级以下信用债券。债券信用评级信息以中央国债登记结算有限责任公司公布的信息为准。永续债、资产支持证券、资产支持专项计划参照信用债评级标准计算填列。可转债不在此处填报。

注5：一般上市股票包含境外市场股票、优先股以及在全国股转系统挂牌股份中做市并且持股市值与该股票市值比例低于5%的部分。流通受限的股票包含未上市流通、限制流通以及流动性较低的股票，具体指已发行尚未上市流通的新股、处于禁售期的法人股、在一定期限内被锁定的股票以及在全国股转系统挂牌的股份（包含做市并且持股市值与该股票市值比例高于5%的部分）。其他股票包括ST股票、*ST股票、已退市股票和持有市值与该股票市值的比例超过5%的股票。股票的分类中同时符合两个或两个以上标准的，应采用最高的比例进行计算。股票不含转融通融入的证券。

注6：证券投资基金不含货币基金。

注7：指一个月内可赎回或到期的其他现金管理类产品。

注8：不含代理买卖证券款、信用交易代理买卖证券款、代理承销证券款及转融通融入证券形成的资产。

注9：利率互换、外汇衍生品期末金额按照名义价值总额填列。

注10：国债期货、债券远期期末金额按照名义价值总额填列。

注11：股指期货期末金额按照名义价值总额填列。

注12：股票再融资项目、IPO项目、债券项目承销承诺自网上申购日（或发行日期）前3天开始计算至发行期结束日止。若在此期间之前已经签署承销团协议的，期末余额按照各主承销商及分销商承诺包销的金额填列；若在此期间之前没有签署承销团协议的，期末余额按照各主承销商承诺包销的金额填列。若承销协议没有约定各主承销商承诺包销的金额，按总包销金额平均分配到各主承销商填列。

注13：对外担保金额不包括公司为自身负债提供的反担保；担保承诺指对控股证券业务子公司提供的担保承诺。

注14：净稳定资金率=可用稳定资金÷所需稳定资金×100%

表6-8　　证券公司风险控制指标计算表

项　　目	行次	期初	期末	预警标准	监管标准	备注
核心净资本	1					
附属净资本	2					
净资本	3					
净资产	4					
各项风险资本准备之和	5					
表内外资产总额	6					
风险覆盖率[注1]	7			≥120%	≥100%	
资本杠杆率[注2]	8			≥9.6%	≥8%	
流动性覆盖率[注3]	9			≥120%	≥100%	
净稳定资金率[注4]	10			≥120%	≥100%	
净资本/净资产	11			≥24%	≥20%	
净资本/负债	12			≥9.6%	≥8%	
净资产/负债	13			≥12%	≥10%	
自营权益类证券及其衍生品[注5]/净资本	14			≤80%	≤100%	

续表

项　目	行次	期初	期末	预警标准	监管标准	备注
自营非权益类证券及其衍生品[注6]/净资本	15			≤400%	≤500%	
持有一种权益类证券的成本与净资本的比例前五名	16			≤24%	≤30%	
其中：	17					
	18					
	19					
	20					
	21					
持有一种权益类证券的市值与总市值的比例前五名[注7]	22			≤4%	≤5%	
其中：	23					
	24					
	25					
	26					
	27					
持有一种非权益类证券的规模与总规模的比例前五名[注8]	28			≤16%	≤20%	
其中：	29					
	30					
	31					
	32					
	33					
融资（含融券）的金额/净资本[注9]	34			≤320%	≤400%	
对单一客户融资（含融券）业务规模与净资本的比例前五名[注10]	35			≤4%	≤5%	
其中：	36					
	37					
	38					
	39					
	40					
接受单只担保股票市值与该股票总市值比例前五名[注11]	41			≤16%	≤20%	
其中：	42					
	43					
	44					
	45					
	46					

注1：风险覆盖率=净资本÷各项风险资本准备之和×100%

注2：资本杠杆率=核心净资本÷表内外资产总额×100%，此处核心净资本不扣除担保等或有负债的风险调整。
注3：流动性覆盖率=优质流动资产÷未来30日内现金净流出×100%
注4：净稳定资金率=可用稳定资金÷所需稳定资金×100%
注5："自营权益类证券及其衍生品"包括股票、权益类基金、股指期货、权益互换、期权等。其中，自营权益类证券按照其市值计算；股指期货投资规模按照合约名义价值总额的15%计算；权益互换投资规模按照合约名义价值总额的10%计算；买入期权投资规模按照买入股票期权和买入场外期权的权利金价格之和计算；卖出股票期权投资规模按照Delta金额的15%计算；卖出场外期权投资规模按照该期权在给定压力情景下的最大损失的5倍计算，且不低于名义金额的5‰，给定压力情景为期权标的证券价格以当前价格为基础上下波动20%。对于已有效对冲风险的投资组合，按投资规模总额的5%计算，投资规模为多头规模的绝对值与空头规模的绝对值之和。
注6："自营非权益类证券及其衍生品"包括债券、非权益类基金、国债期货、债券远期、利率互换、外汇衍生品、定向、集合及信托等产品。其中，自营非权益类证券按照其市值计算；国债期货、债券远期投资规模分别按照合约名义价值总额的5%和50%计算；利率互换、外汇衍生品投资规模按照合约名义价值总额的3%计算。对于已有效对冲风险的投资组合，按投资规模总额的1%计算，投资规模为多头规模的绝对值与空头规模的绝对值之和。
注7：因包销、中国证监会认可的做市业务以及股票质押违约处理等导致的情形及中国证监会另有认定的除外。
注8：不含同业存单。因包销等导致的情形及中国证监会另有认定的除外。证券公司委托其他证券公司、基金公司、信托公司等机构进行的一对一投资不必填报。
注9：融资（含融券）的金额指证券公司开展融资融券业务、约定式购回交易、股票质押式回购交易等融资类业务融出（含融券）金额总计。
注10：单一客户融资（含融券）业务指客户参与融资融券业务、约定式购回交易、股票质押式回购交易等融资类业务。
注11：指证券公司开展融资融券业务接受的担保股票。
注12：表中有关前五名的期初数据，是指期末前五名情形所对应的期初数。

（三）风险监管标准及其计算

根据风险控制指标的要求，证券公司净资本在任何时候都不得低于人民币2亿元。公司以净资本和流动性为核心的风险控制指标体系必须持续符合监管部门规定的监管标准：

（1）风险覆盖率不得低于100%；

（2）资本杠杆率不得低于8%；

（3）流动性覆盖率不得低于100%；

（4）净稳定资金率不得低于100%；

（5）净资本/净资产不得低于20%；

（6）净资本/负债不得低于8%；

（7）净资产/负债不得低于10%。

其中：

风险覆盖率=净资本÷各项风险资本准备之和×100%

资本杠杆率=核心净资本÷表内外资产总额×100%

流动性覆盖率=优质流动资产÷未来30天现金净流出量×100%

净稳定资金率=可用稳定资金÷所需稳定资金×100%

1.净资本及其计算

净资本是衡量证券公司资本充足和资产流动性状况的一个综合性监管指标，是证券公司净资产中流动性较高、可快速变现的部分，它表明证券公司可随时用于变现以满足支付需要的资金数额。通过对证券公司净资本情况的监控，监管部门可以准确、及时地掌握证券公司的偿付能力，防范流动性风险。设立净资本指标的主要目的：一是要求证券公司保持充足、易于变现的流动性资产，以满足紧急需要并抵御潜在的市场风险、信用风险、营运风险、结算风险等，从而保证客户资产的安全；二是在证券公司经营失败、破产关闭时，仍有部分资金用于处理公司的破产清算等事宜。

按照《证券公司风险控制指标管理办法》（2016年修订版）要求，证券公司净资本由核心净资本和附属净资本构成。证券公司应当按照中国证监会规定的证券公司净资本计算标准计算净资本。

$$核心净资本=净资产-\begin{matrix}资产项目的\\风险调整\end{matrix}-\begin{matrix}或有负债的\\风险调整\end{matrix}\pm\begin{matrix}中国证监会认定或核准\\的其他调整项目\end{matrix}$$

附属净资本=长期次级债×规定比例±中国证监会认定或核准的其他调整项目

证券公司在计算净资本时应注意以下几点：

（1）应当按照中国证监会规定的证券公司净资本计算标准计算净资本。

（2）证券公司计算核心净资本时，应当按照规定对有关项目充分计提资产减值准备。中国证监会及其派出机构可以要求公司专项说明资产减值准备提取的充足性和合理性。有证据表明公司未充分计提资产减值准备的，中国证监会及其派出机构可以责令公司整改并追究相关人员责任。

（3）证券公司应当根据公司期末或有事项的性质（如未决诉讼、未决仲裁、对外提供担保等）、涉及金额、形成原因和进展情况、可能发生的损失和预计损失进行相应会计处理。对于很可能导致经济利益流出公司的或有事项，应当确认预计负债；对于未确认预计负债，但仍可能导致经济利益流出公司的或有事项，在计算核心净资本时，应当作为或有负债，按照一定比例在净资本中予以扣减，并在净资本计算表的附注中披露。

（4）证券公司对控股证券业务子公司出具承诺书提供担保承诺的，应当按照担保承诺金额的一定比例扣减核心净资本。从事证券承销与保荐、证券资产管理业务等中国证监会认可的子公司可以将母公司提供的担保承诺按照一定比例计入核心净资本。

（5）证券公司向股东或机构投资者借入或发行的次级债，可以按照一定比例计入附属净资本或扣减风险资本准备。具体规定由中国证监会另行制定。

证券公司净资本的计算请参见表6-3。

2.净资产

净资产即所有者权益，是针对所有企业的一个概念。净资产=总资产-负债。其是指企业投资人对企业净资产的所有权。企业净资产等于企业全部资产减去全部负债后的余额，其中包括投资者对企业的最初投入，以及资本公积金、盈余公积金和未分配利润，对股份制企业而言即为股东权益。

3. 各项风险资本准备之和

风险资本准备是指证券公司在开展各项业务等过程中，因市场风险、信用风险、操作风险等可能引起的非预期损失所需要的资本。证券公司应当按照一定标准计算风险资本准备并与净资本建立对应关系，确保风险资本准备有对应的净资本支撑。证券公司净资本的计算请参见表6-3。

4. 风险覆盖率

风险覆盖率=净资本÷各项风险资本准备之和×100%

5. 资本杠杆率

资本杠杆率=核心净资本÷表内外资产总额×100%

资产是指证券公司的自有资产，不含客户资产。表内外资产总额是表内资产余额与表外项目余额之和。证券公司表内外资产总额的格式请参见表6-5。

6. 流动性覆盖率

流动性覆盖率=优质流动资产÷未来30天现金净流出量×100%

证券公司流动性覆盖率计算表请参见表6-6。

7. 净稳定资金率

净稳定资金率反映的是证券公司可用稳定资金与所需稳定资金之间的比率关系。其计算公式为：

净稳定资金率=可用稳定资金÷所需稳定资金×100%

证券公司净稳定资金率的计算，请参见表6-7。

8. 净资本/净资产

净资产即所有者权益，是针对所有企业的一个概念。净资产=总资产-负债。净资本主要用于券商、基金、期货、投资公司等金融类机构，基本不用于普通企业，是衡量证券公司资产流动性强弱的指标，一般特指净资产中流动性较高、变现能力较强的部分。所以，非要比较大小，净资本一般小于净资产。证券公司必须符合的风险控制指标标准中净资本与净资产比例不得低于40%。

9. 净资本/负债

证券公司的负债是指对外负债，不含代理买卖证券款、信用交易代理买卖证券款、代理承销证券款。或有负债是指证券公司过去的交易或者事项形成的潜在义务，其存在须通过未来不确定事项的发生或者不发生予以证实；或过去的交易或者事项形成的现时义务，履行该义务不是很可能导致经济利益流出企业或该义务的金额不能可靠计量。

10. 净资产/负债（%）

净资产即所有者权益，证券公司的负债是指对外负债，不含代理买卖证券款、信用交易代理买卖证券款、代理承销证券款。通过二者的比例关系来反映净资产与负债的产权关系。

11. 自营权益类证券及其衍生品/净资本（%）

自营业务是证券公司使用自有资金或者合法筹集的资金以自己的名义买卖证券获取利润的证券业务。从国际上看，证券公司的自营业务按交易场所分为场外（如柜台）自营买卖和场内（交易所）自营买卖。

权益类证券是指股票和主要以股票为投资对象的证券类金融产品，包括股票、股票基金以及中国证监会规定的其他证券。其中证券公司在自营业务中，持有一种权益类证券的市值与其总市值的比例不得超过5%。

12.自营非权益类证券及其衍生品/净资本（%）

证券公司风险控制指标的预警和监管标准，请参见表6-8的内容。

三、证券公司的分类监管与评级

（一）分类监管与评级办法

1.评价指标

证券公司风险管理能力主要根据资本充足、公司治理与合规管理、全面风险管理、信息系统安全、客户权益保护、信息披露等6类评价指标，按照“证券公司风险管理能力评价指标与标准”（见表6-9）进行评价，体现证券公司对流动性风险、合规风险、市场风险、信用风险、技术风险及操作风险等的管理能力。

表6-9　**证券公司风险管理能力评价指标与标准**

评价指标	序号	评价标准
1.资本充足	1.01	净资本绝对数指标符合规定标准
	1.02	风险覆盖率、资本杠杆率、流动性覆盖率、净稳定资金率指标符合规定标准
	1.03	自营业务风控指标符合规定标准
	1.04	融资类业务风控指标符合规定标准
2.公司治理与合规管理	2.01	股东会、董事会、监事会有效运作，公司股东资格及行为、公司董事、监事、高管人员资质及任免变更符合监管要求
	2.02	内部组织架构和业务管控制度健全有效
	2.03	内部激励约束机制和责任追究制度科学合理并有效执行
	2.04	合规管理制度和机制健全有效，能切实防范合规风险
	2.05	董事会、监事会、高级管理人员、合规总监等合规管理职责明确并落实到位
	2.06	合规保障体系完善并有效执行，能切实保障合规总监的独立性、权威性、知情权和合理薪酬待遇。合规总监切实履行职责，并按要求及时向证券监管部门报告违法违规行为或合规风险隐患
3.动态风险监控	3.01	建立符合自身发展战略需要的全面风险管理体系，实现风险管理全覆盖、风险监测监控健全有效、风险计量科学合理、风险分析及时全面准确、风险应对机制切实有效
	3.02	风控组织体系独立有效运作，由首席风险官负责全面风险管理工作，配备充足的风险管理专业人员，能够全面、有效地履行风险管理职责
	3.03	风险管理制度有效执行，风险管理考核纳入员工绩效考核、风险管理文化建设融入经营管理全过程
	3.04	风险管理信息技术系统及各项业务风险控制机制健全，能及时识别、计量、预警、报告及应对各类风险
	3.05	压力测试机制健全有效并能按要求报送压力测试报告，净资本补足机制和业务规模调整机制健全并能有效实施

续表

评价指标	序号	评价标准
4. 信息系统安全	4.01	IT 治理完善，信息系统管理机制独立有效
	4.02	信息系统功能齐备，有效满足客户委托、交易、清算、开户、查询等需求，客户电子资料等信息安全
	4.03	信息系统安全稳定运行，能够避免频繁信息安全事故或重大事故
	4.04	信息系统应急预案有效，能够及时应对信息安全事故
5. 客户管理与权益保护	5.01	客户资产存放管理制度完善，能够有效保障客户资产安全
	5.02	投资者适当性制度和客户服务、客户管理制度健全，能够将适当的产品或服务销售或提供给适当的投资者
	5.03	营销人员管理制度健全，有效防止营销人员损害客户权益。投行、资管等业务勤勉尽责、诚实守信，从源头保障上市公司质量，切实维护客户合法权益
	5.04	客户投诉处理机制有效，能够稳妥处理各类上访、投诉、纠纷，防止群体性事件、恶性个案发生
	5.05	投资者教育融入各项业务流程和服务环节，在防范和打击非法证券活动中积极发挥作用
	5.06	客户管理制度健全，流程完备，措施到位，能够有效落实事前审核、事中监测、事后报告职责，切实防范客户账户使用、资金划转、证券交易过程中的异常行为
6. 信息披露	6.01	年度报告真实、准确、完整，不存在虚假记载、误导性陈述或重大遗漏，能按规定及时报告和披露
	6.02	综合监管报表真实、准确、完整，不存在虚假记载、误导性陈述或重大遗漏，能按规定及时报告
	6.03	公开披露的信息以及向股东和监管部门报告的信息真实、准确、完整、及时，不存在虚假记载、误导性陈述或重大遗漏
	6.04	重要事项报告和处理机制健全，发生信息安全事故、群体性事件、恶性个案、被其他政府部门实施行政处罚、涉及刑事民事诉讼等重大事项能按规定及时向监管部门报告并及时处理，能及时应对涉及公司的舆论报道
	6.05	按规定使用分类评价结果

资本充足主要反映证券公司净资本以及以净资本和流动性为核心的风险控制指标情况，体现其资本实力及流动性状况。

公司治理与合规管理主要反映证券公司治理和规范运作情况，体现其合规风险管理能力。

全面风险管理主要反映证券公司识别、计量、监测、预警、报告、防范及处理各类风险的情况，体现其流动性风险、市场风险、信用风险、声誉风险管理能力。

信息系统安全主要反映证券公司 IT 治理及信息技术系统运行情况，体现其技术风险管理能力。

客户管理与权益保护主要反映证券公司客户资产安全性、客户服务及客户管理水平，体现其操作风险管理能力。

信息披露主要反映证券公司报送信息的真实性、准确性、完整性和及时性，体现其会计风险及诚信风险管理能力。

2.评价方法

假定正常经营的证券公司基准分为100分。在基准分的基础上，根据证券公司风险管理能力评价指标与标准、市场竞争力、持续合规状况等方面情况，进行相应加分或扣分以确定证券公司的评价计分。评价期内证券公司因违法违规行为被中国证监会及其派出机构实施行政处罚、监管措施或者被司法机关刑事处罚的，按相应原则给予扣分。

3.类别划分

中国证监会根据证券公司评价计分的高低，将证券公司分为A（AAA、AA、A）、B（BBB、BB、B）、C（CCC、CC、C）、D、E等5大类11个级别。被依法采取责令停业整顿，指定其他机构托管、接管、行政重组等风险处置措施的证券公司，评价计分0分，定为E类公司。评价计分低于60分的证券公司，定为D类公司。中国证监会每年根据行业发展情况，结合以前年度分类结果，事先确定A、B、C三大类别公司的相对比例，并根据评价计分的分布情况，具体确定各类别、各级别公司的数量，其中B类BB级及以上公司的评价计分应高于基准分100分。

A类公司风险管理能力在行业内最高，能较好地控制新业务、新产品方面的风险；

B类公司风险管理能力在行业内较高，在市场变化中能较好地控制业务扩张的风险；

C类公司风险管理能力与其现有业务相匹配；

D类公司风险管理能力低，潜在风险可能超过公司可承受范围；

E类公司潜在风险已经变为现实风险，已被采取风险处置措施。

证券公司在评价期内存在挪用客户资产、违规委托理财、财务信息虚假、恶意规避监管或股东虚假出资、抽逃出资等违法违规行为的，将公司分类结果下调3个级别；情节严重的，将公司分类结果直接认定为D类。

（二）证券公司分类评价结果

根据《证券公司分类监管规定》，经证券公司自评、证监局初审、证监会证券基金机构监管部复核，以及证监局、自律组织、证券公司代表等组成的证券公司分类评价专家评审委员会审议，确定了2018年证券公司分类结果。98家证券公司被分为4大类9个级别，尽管AAA类评级一如既往地没有诞生，但本次评级中首次出现D类证券公司一家①。从分类结果中可以看出各公司在风险管控能力方面的差异以及所处位置。

证券公司分类结果不是对证券公司资信状况及等级的评价，而是证券监管部门根据审慎监管的需要，以证券公司风险管理能力为基础，结合公司市场竞争力和合规管理水平，对证券公司进行的综合性评价，主要体现的是证券公司合规管理和风险控制的整体状况。

由上述系列监管指标及其计算说明可知，熟悉和了解证券业不是一件十分容易的事情，需要多看几家上市公司的年报才能领会其实质含义和信息价值。同时要根据资本市场

① 在全行业131家公司中，有33家公司按规定与其母公司合并评价。

的发展、证券公司业务的创新以及监管新规的出现，及时了解各种监管指标的发展变化趋势，这样为后期理解证券业财务报告及其基本内容，并进行财务和监管指标的计算打下基础。

重要概念

净资本　核心净资本　附属净资本　净资产　各项风险资本准备之和　风险覆盖率 资本杠杆率 流动性覆盖率　净稳定资金率

复习思考

1. 从财报分析的角度为什么要了解证券业的分类？

2. 证券公司有哪些基本业务？

3. 证券公司的风险一般包括哪些类别？

4. 证券公司风险管理能力评价指标与标准（征求意见稿，2017年6月2日）主要从哪六个方面对其能力进行评价？

5. 证券公司的净资本/净资产 、净资本/负债、净资产/负债、自营权益类证券及其衍生品/净资本、自营非权益类证券及其衍生品/净资本的最低标准有哪些规定？

操作练习

1. 请查看证监会网站关于证券公司监管的信息。

2. 请下载任意一家上市证券公司的2017年度报告、2018年半年度报告和季度报告，了解其中披露的基本信息。

第七章

证券业财务报告解读与分析

【导语】本章将依据选定的案例公司，说明证券业财务报告的基本格式与内容，演示财务报告分析、财务及监管指标分析的方法，以便对证券业进行客观评价。

本章内容要点

第一节　财务报告及其基本格式

本节的目的在于了解证券业财务报告格式的发展演变过程、现行财务报告的基本格式以及熟悉报表项目的内涵。

一、证券业财务报告的规范

证券业既有金融业的共有属性，又有其自身的特点。随着金融业会计制度、会计准则以及财务报表列报要求的变化，证券业的财务报告格式也是经过了系列变化才有今日的范式。

和银行业的理由一样，我们不去寻找早期历史，只看20世纪90年代后期相关事件变化的影响。

1993年财政部联合中国人民银行发布的《金融企业会计制度》(〔93〕财会字第11号)，对有关证券业务核算和报表列报作出了规定。

为规范证券公司的会计核算工作，维护投资者和债权人的合法权益，1999年11月26日财政部发布了《证券公司会计制度——会计科目和会计报表》(财会字〔1999〕45号)，明确了证券公司会计制度的适用范围、应遵循的会计核算原则及报表报送要求。

时隔两年，为规范金融企业的会计核算，提高会计信息质量，2001年11月27日，财政部发布了2001年版的《金融企业会计制度》(财会〔2001〕49号)，要求自2002年1月1日起暂在上市的金融企业范围内实施。同时，也鼓励其他股份制金融企业实施《金融企业会计制度》。根据我国2001年颁布的《金融企业会计制度》，金融企业应当按照《企业财务会计报告条例》的规定，编制和对外提供真实、完整的财务会计报告。

为全面提高证券公司的会计信息质量，2003年6月3日，财政部发布了《证券公司执行〈金融企业会计制度〉有关问题衔接规定》的通知（财会〔2003〕17号），指出上市证券公司和外商投资证券公司以外的证券公司应当自2004年1月1日起执行《金融企业会计制度》，同时鼓励其按照《金融企业会计制度》编制2003年度财务报告并进行相应会计处理。

2006年是我国会计史上具有里程碑意义的一年，为与国际惯例接轨，发挥会计语言的作用，提升会计信息的价值，财政部制定发布并要求自2007年1月1日起在我国施行《企业会计准则——基本准则》（财政部令第33号）。为了提高证券行业的会计信息质量和监管质量，强化证券公司风险管理意识，促进证券行业更好地发展，2006年11月27日中国证监会发布了《关于证券公司执行〈企业会计准则〉的通知》（证监会计字〔2006〕22号）（以下简称“通知”），决定从2007年起在证券公司范围内执行2006年发布的会计准则。

随着证券公司的业务拓展，现行财务报告编制中存在着不匹配的问题，为解决执行企业会计准则的证券公司在财务报告编制工作中遇到的实际问题，2013年12月27日，财政部对证券公司财务报表格式和附注内容进行了修改完善，指出证券公司应当按照企业会计准则和通知要求编制2013年度及以后期间的财务报告（财会〔2013〕26号）。

为适应社会主义市场经济发展的需要，提高企业财务报表列报的质量和会计信息透明度，2014年1月26日，财政部对《企业会计准则第30号——财务报表列报》进行了修订，并要求自2014年7月1日起在所有执行企业会计准则的企业范围内施行，鼓励在境外上市的企业提前执行。

为解决执行企业会计准则的企业在财务报告编制中的实际问题，规范企业财务报表列报，提高会计信息质量，针对2017年施行的《企业会计准则第42号——持有待售的非流动资产、处置组和终止经营》（财会〔2017〕13号）和《企业会计准则第16号——政府补助》（财会〔2017〕15号）的相关规定，2017年12月29日，财政部发布了《财政部关于修订印发一般企业财务报表格式的通知》（财会〔2017〕30号），对一般企业财务报表格式进行了修订，要求金融企业根据金融企业经营活动的性质和要求，比照一般企业财务报表格式进行相应调整。2018年6月15日财政部发布了《关于修订印发2018年度一般企业财务报表格式的通知》（财会〔2018〕15号）。

由上可见，对证券业财务报告列报及其内容的理解要紧随时代的步伐，可怀旧但不能停留在陈旧的记忆里，唯有如此才能了解每一次变革的信息价值和影响作用。

二、证券业财务报告的格式与项目解释

本章主要以中信证券2017年度报告为例，说明证券业财务报告的基本格式、内容以及项目含义。中信证券股份有限公司（简称“中信证券”）于1995年10月25日成立。2003年1月6日中信证券在上海证券交易所挂牌上市交易（股票代码600030）。2011年10月6日中信证券在香港联合交易所上市交易（股票代码6030）。2017年，中信证券实现营业收入人民币432.92亿元，归属于母公司股东的净利润为人民币114.33亿元，继续位居国内证券公司首位，公司各项业务继续保持市场前列。

中信证券合并资产负债表、利润表、现金流量表、股东权益变动表的格式分别见表7-1至表7-4。

（一）资产负债表的格式与项目解释

资产负债表是依据“资产=负债+所有者权益”的原理编制的反映证券公司在一定期末的资产、负债和所有者权益情况的报表。中信证券采用的是账户式资产负债表。

资产负债表的作用主要体现在以下几个方面：

（1）了解某一时点上证券公司各类资产、负债和所有者权益的规模、结构及其数量对应关系。

（2）明确证券公司的责任和义务。

（3）作出优化资产结构、降低公司风险和提高运营效率的判断和决策。

（4）与利润表和现金流量表结合，计算分析证券公司的财务与监管指标。

中信证券合并资产负债表见表7-1。

表7-1 **中信证券合并资产负债表**

2017年12月31日 单位：万元

项　目	2017年12月31日	2016年12月31日
资产：		
货币资金	9 881 628.37	13 285 667.14
其中：客户存款	6 947 747.53	10 099 421.16
结算备付金	2 787 319.47	3 373 314.09
其中：客户结算备付金	2 290 886.23	2 888 256.67
融出资金	7 398 261.06	6 502 119.33
以公允价值计量且其变动计入当期损益的金融资产	17 815 350.34	15 961 895.10
衍生金融资产	590 079.47	378 035.84
买入返售金融资产	11 459 202.97	5 917 508.30
应收款项	2 166 163.45	2 312 324.41
应收利息	336 832.73	412 615.87
存出保证金	97 241.01	160 005.03
可供出售金融资产	5 922 693.20	8 487 850.50
长期股权投资	858 554.84	397 385.11
投资性房地产	87 155.36	6 814.83
固定资产	790 296.77	365 947.03
在建工程	36 159.12	26 379.04
无形资产	344 733.15	381 957.91
商誉	1 028 093.70	1 040 616.86
递延所得税资产	338 495.15	281 085.28
其他资产	619 204.23	452 362.23
资产总计	62 557 464.39	59 743 883.92

续表

项　　目	2017年12月31日	2016年12月31日
负债：		
短期借款	599 145.12	347 947.83
应付短期融资款	3 353 783.91	2 134 622.95
拆入资金	983 500.00	1 955 000.00
以公允价值计量且其变动计入当期损益的金融负债	4 645 177.00	3 121 832.37
衍生金融负债	1 330 123.13	257 659.08
卖出回购金融资产款	11 161 992.72	12 141 424.34
代理买卖证券款	9 985 489.08	13 439 767.24
代理承销证券款	6 068.65	13 417.08
应付职工薪酬	1 159 926.37	953 656.59
应交税费	179 337.57	243 270.78
应付款项	2 143 158.30	2 646 686.09
应付利息	303 168.38	242 311.93
预计负债	44 215.22	43 635.19
长期借款	112 218.77	112 118.77
应付债券	10 621 966.35	7 055 217.47
递延所得税负债	263 221.08	156 574.43
其他负债	350 716.84	299 874.81
负债合计	47 243 208.51	45 165 016.95
所有者权益（或股东权益）：		
实收资本（或股本）	1 211 690.84	1 211 690.84
资本公积	5 444 553.23	5 445 852.59
其他综合收益	223 812.01	231 880.55
盈余公积	816 457.04	781 271.17
一般风险准备	2 082 692.80	1 879 670.20
未分配利润	5 200 698.70	4 719 229.22
归属于母公司所有者权益（或股东权益）合计	14 979 904.61	14 269 594.58
少数股东权益	334 351.27	309 272.40
所有者权益（或股东权益）合计	15 314 255.88	14 578 866.97
负债和所有者权益（或股东权益）总计	62 557 464.39	59 743 883.92

资料来源：中信证券2017年度报告。

资产负债表项目解释如下：

1.资产端

（1）“货币资金”项目，反映公司期末持有的现金、银行存款和其他货币资金总额。其中，客户存款应在本项目下单独反映。

（2）“结算备付金”项目，反映公司期末持有的为证券交易的资金清算与交收而存入指定清算代理机构的款项。其中，客户结算备付金应在本项目下单独反映。

（3）“融出资金”项目，反映公司融资融券业务中的融资部分，以及买入相关监管部门规定的约定购回等买入返售之外的向客户提供融资的业务。

（4）“以公允价值计量且其变动计入当期损益的金融资产”项目，反映公司直接指定的以公允价值计量，且其变动计入当期损益的金融资产和交易性金融资产，但衍生金融资产除外。

（5）“衍生金融资产”项目，反映公司期末持有的衍生工具、套期工具、被套期项目中属于衍生金融资产的金额，应根据“衍生工具”“套期工具”“被套期项目”等科目的期末余额分析计算填列。

（6）“买入返售金融资产”项目，反映按照返售协议约定先买入再按固定价格返售的票据、证券、贷款等金融资产所融出资金。

（7）“应收款项”项目，反映公司经营过程中应收取的各项业务款项，包括应收清算款、应收资产管理费、应收手续费及佣金等，扣除相应资产减值准备后的金额。

（8）“应收利息”项目，反映公司交易性金融资产、持有至到期投资、可供出售金融资产、发放贷款、存放中央银行款项、拆出资金、买入返售金融资产等应收取的利息。

（9）“存出保证金”项目，反映公司因办理业务需要存出或交纳的各种保证金款项期末余额。

（10）“可供出售金融资产”项目，反映公司持有的以公允价值计量的可供出售股票投资、债券投资等金融资产。本项目应根据“可供出售金融资产”科目的期末余额，减去“可供出售金融资产减值准备”科目期末余额后的金额填列。

（11）“长期股权投资”项目，反映公司持有的对子公司、联营企业和合营企业的长期股权投资。本项目应根据“长期股权投资”科目的期末余额，减去“长期股权投资减值准备”科目期末余额后的金额填列。

（12）“投资性房地产”项目，反映公司持有的投资性房地产。采用成本模式计量投资性房地产的，本项目应根据“投资性房地产”科目的期末余额，减去“投资性房地产累计折旧（摊销）”和“投资性房地产减值准备”科目期末余额后金额填列；采用公允价值计量投资性房地产的，本项目应根据“投资性房地产”科目的期末余额填列。

（13）“固定资产”项目，反映公司持有固定资产的账面价值扣减累计折旧、减值准备后的账面余额。

（14）“在建工程”项目，反映公司尚未达到预定可使用状态的在建工程的成本扣减减值准备后的账面价值。

（15）“无形资产”项目，反映公司持有无形资产的成本，包括专利权、非专利技术、商标权、著作权、土地使用权等，扣减累计摊销、无形资产减值准备后的账面余额。

（16）“商誉”项目，反映公司合并中形成的商誉的价值。本项目应根据“商誉”科目的期末余额，减去相应减值准备后的金额填列。

（17）“递延所得税资产”项目，反映公司确认的可抵扣暂时性差异产生的递延所得税资产。

（18）“其他资产”项目，反映除以上资产以外的其他资产。

2.负债端

（1）“短期借款”项目，反映公司向银行或其他金融机构借入的期限在1年期以下（含1年）的各种借款。

（2）“应付短期融资款”项目，反映公司对外发行的期限在1年以下（含1年）的其他金融负债，如期限短于1年的债券等。

（3）“拆入资金”项目，反映公司从境内、境外金融机构拆入的款项，含通过转融通业务向证券公司借入的资金。

（4）“以公允价值计量且其变动计入当期损益的金融负债”项目，反映公司承担的以公允价值计量且其变动计入当期损益的金融负债和交易性金融负债，但衍生金融负债除外。

（5）“衍生金融负债”项目，反映衍生工具、套期项目、被套期项目中属于衍生金融负债的金额，应根据“衍生工具”“套期项目”“被套期项目”等科目的期末贷方余额分析计算填列。

（6）“卖出回购金融资产款”项目，反映公司按照回购协议先卖出再按固定价格买入的票据、证券、贷款等金融资产所融入的资金。

（7）“代理买卖证券款”项目，反映公司接受客户委托，代理客户买卖股票、债券和基金等有价证券而收到的款项。

（8）“代理承销证券款”项目，反映公司接受委托，采用承购包销方式或代销方式承销证券所形成的、应付证券发行人的承销资金。

（9）“应付职工薪酬”项目，反映公司根据有关规定应付给职工的工资、职工福利、社会保险费、住房公积金、工会经费、职工教育经费、非货币性福利、辞退福利等各种薪酬。外商投资企业按规定从净利润中提取的职工奖励及福利基金，也在本项目填列。

（10）“应交税费”项目，反映公司按照税法等规定计算应交纳的各种税费。企业代扣代缴的个人所得税等也通过本项目反映。

（11）“应付款项”项目，反映公司应付账款和其他应付款的合计数。

（12）“应付利息”项目，反映公司按照合同约定应支付的利息，包括吸收存款、分期付息到期还本的长期借款、企业债券等应支付的利息。企业发行的一次还本付息债券的利息费用在“应付债券”项目填列。

（13）“预计负债”项目，反映公司确认的对外提供担保、未决诉讼、产品质量保证、重组义务、亏损性合同等预计负债。

（14）“长期借款”项目，反映公司向银行或其他金融机构借入的期限在1年以上（不含1年）的各项借款。

（15）“应付债券”项目，反映公司为筹集（长期）资金而发行债券的本金和利息。

（16）“递延所得税负债”项目，反映公司确认的应纳税暂时性差异产生的所得税负债。

（17）“其他负债”项目，反映除以上负债以外的其他负债。

3.所有者权益（或股东权益）端

（1）“实收资本（或股本）”项目，反映公司接受投资者投入的实收资本（或股本）。

（2）“资本公积”项目，反映公司收到投资者出资额超出其在注册资本或股本中所占份额的部分。

（3）“其他综合收益”项目，反映公司根据会计准则规定未在当期损益中确认的各项利得和损失的余额。

（4）“盈余公积”项目，反映公司从净利润中提取的盈余公积。

（5）“一般风险准备”项目，反映公司一般风险准备的期末余额。

（6）“未分配利润”项目，反映公司尚未分配的利润。未弥补的亏损，在本项目内以“-”号填列。

（7）“归属于母公司所有者权益（或股东权益）合计”项目，反映在合并报表中归属于母公司的所有者权益（或股东权益）。

（8）“少数股东权益”项目，反映编制合并报表时，子公司所有者权益中由母公司以外的其他投资者所拥有的权益份额。

（二）利润表的格式与项目解释

利润表是反映证券公司一定会计期间（如月度、季度、半年度或年度）经营成果的会计报表。其遵守的原则是权责发生制。它全面揭示了证券公司在某一特定时期实现的各种收入，发生的各种费用支出，以及实现的利润或发生的亏损情况。利润表是根据“收入-费用=利润”的基本关系来编制的，其具体内容取决于收入、费用、利润等会计要素的构成。

利润表的作用主要体现在以下几个方面：

（1）可以了解证券公司本期取得的收入、发生的营业支出、纳税、盈利总水平、利润来源及其结构。

（2）可以分析证券公司盈亏产生的原因。

（3）与资产负债表和现金流量表结合计算分析证券公司的各种财务与监管指标。

中信证券合并利润表见表7-2。

表7-2 **中信证券合并利润表**

2017年度 单位：万元

项　目	2017年	2016年
一、营业收入	4 329 163.41	3 800 192.35
手续费及佣金净收入	1 895 703.51	2 244 366.15
其中：经纪业务手续费净收入	804 522.85	949 516.40
投资银行业务手续费净收入	440 577.62	538 861.84
资产管理业务手续费净收入	569 538.94	637 868.15
利息净收入	240 460.22	234 815.34
投资收益（损失以“-”号填列）	1 247 452.85	1 002 750.57
其中：对联营企业和合营企业的投资收益	60 404.88	34 941.10
资产处置收益（损失以“-”号填列）	73.67	（22.76）
公允价值变动收益（损失以“-”号填列）	84 271.64	（141 302.62）
汇兑收益（损失以“-”号填列）	（5 086.01）	11 956.93
其他收益	12 773.78	0.00
其他业务收入	853 513.74	447 605.98
二、营业支出	2 704 330.34	2 379 976.48
税金及附加	25 603.51	79 668.34
业务及管理费	1 699 269.98	1 697 207.04
资产减值损失	172 076.00	193 539.00
其他业务成本	807 380.85	409 562.11
三、营业利润（损失以“-”号填列）	1 624 833.07	1 420 193.11
加：营业外收入	16 245.62	19 652.24
减：营业外支出	23 700.63	13 589.50
四、利润总额（损失以“-”号填列）	1 617 378.06	1 426 255.86
减：所得税费用	419 631.09	328 141.85
五、净利润（损失以“-”号填列）	1 197 746.97	1 098 114.01
（一）按经营持续性分类		
1.持续净利润（净亏损以“-”号填列）	1 197 746.97	1 098 114.01
2.非持续经营		
（二）按所有权归属分类		
1.少数股东损益	54 420.51	61 597.15
2.归属于母公司股东的净利润	1 143 326.45	1 036 516.86
六、其他综合收益的税后净额	（22 046.61）	（81 868.29）
归属于母公司所有者的其他综合收益的税后净额	（8 068.55）	（76 564.19）
（一）以后不能重分类进损益的其他综合收益		
1.重新计量设定收益计划净负债或净资产的变动		
2.权益法下在被投资单位不能重分类进损益的其他综合收益中享有的份额		
（二）以后将重分类进损益的项目	（8 068.55）	（76 564.19）
1.权益法下在被投资单位以后将重分类进损益的其他综合收益中享有的份额	（1 399.71）	162.90
2.可供出售金融资产公允价值变动损益	93 259.58	（188 745.16）
3.持有至到期投资重分类为可供出售金融资产损益		
4.现金流量套期损益的有效部分		
5.外币财务报表折算差额	（99 738.44）	111 952.82
6.其他	（189.98）	65.25
归属于少数股东的其他综合收益的税后净额	（13 978.06）	（5 304.10）
七、综合收益总额	1 175 700.36	1 016 245.72
归属于母公司所有者的综合收益总额	1 135 257.91	959 952.67
归属于少数股东的综合收益总额	40 442.45	56 293.05
八、每股收益		
（一）基本每股收益（元/股）	0.94	0.86
（二）稀释每股收益（元/股）	0.94	0.86

资料来源：中信证券2017年度报告。

利润表项目解释如下：

1.“营业收入”项目，反映“手续费及佣金净收入”“利息净收入”“投资收益”“资产处置收益”“公允价值变动收益”“汇兑收益”“其他收益”“其他业务收入”等项目的合计金额。

2.“手续费及佣金净收入”项目，反映公司确认的代理承销、兑付和买卖证券等业务实现的手续费及佣金收入减去发生的各项手续费、风险结算金、与承销业务直接相关的各项费用及佣金支出后的净额，应根据“手续费及佣金收入”“手续费及佣金支出”等科目的发生额分析计算填列。其中，“经纪业务手续费净收入”“投资银行业务手续费净收入”“资产管理业务手续费净收入”在本项目下单独填列。

3.“利息净收入”项目，反映“利息收入”项目金额，减去“利息支出”项目金额后的余额。

4.“利息收入”项目，反映公司发放各类贷款、与其他金融机构之间发生资金往来业务、买入返售金融资产等实现的利息收入。

5.“利息支出”项目，反映公司吸收各种存款、与其他金融机构之间发生资金往来业务、卖出回购金融资产等产生的利息支出。

6.“投资收益”项目，反映公司以各种方式对外投资取得的收益。如为投资损失，本项目以“–”号填列。其中，对联营企业和合营企业的投资收益应单独列示。

7.“资产处置收益”项目。财会〔2017〕30号文件新增“资产处置收益”行利润报表项目，反映企业出售划分为持有待售的非流动资产（金融工具、长期股权投资和投资性房地产除外）或处置组时确认的利得或损失，以及处置未划分为持有待售的固定资产、在建工程、生产性生物资产及无形资产而产生的处置利得或损失。债务重组中因处置非流动资产产生的利得或损失和非货币性资产交换产生的利得或损失也包括在本项目内。该项目应根据在损益类科目新设置的“资产处置损益”科目的发生额分析填列；如为处置损失，以“–”号填列。

8.“公允价值变动收益”项目，反映公司应当计入当期损益的资产或负债公允价值的变动收益。如为净损失，本项目以“–”号填列。

9.“汇兑收益”项目，反映公司外币货币性项目因汇率变动形成的净收益，应根据“汇兑损益”科目的发生额分析填列。如为净损失，以“–”号填列。

10.“其他收益”项目，反映政府补助准则修订后核算的与公司日常活动相关的政府补助。

11.“其他业务收入”项目，反映公司确认的除主营业务活动以外的其他经营活动实现的收入。

12.“营业支出”项目，反映“税金及附加”“业务及管理费”“资产减值损失”“其他业务成本”等项目的金额合计。

13.“税金及附加”项目，反映公司经营业务应负担的消费税、城市建设维护税、资源税和教育费附加等。

14.“业务及管理费”项目，反映公司在业务经营和管理过程中所发生的电子设备运转费、安全防范费、物业管理费等费用。

15.“资产减值损失”项目，反映公司计提（或恢复后转回）各项资产减值准备所形成的损失，本项目如为恢复后转回的金额，以“–”号填列。

16.“其他业务成本”项目，反映除“税金及附加”、“业务及管理费”和“资产减值损失”之外的其他业务成本。

17.“营业外收入”项目，反映公司发生的与经营业务无直接关系的各项收入，包括非流动资产处置利得、非货币性资产交换利得、债务重组利得、政府补助、盘盈利得、捐赠利得等。

18.“营业外支出”项目，反映公司发生的与经营业务无直接关系的各项支出，包括非流动资产处置损失、非货币性资产交换损失、债务重组损失、公益性捐赠支出、非常损失、盘亏损失等。

19.“所得税费用”项目，反映公司确认的应从当期利润总额中扣除的所得税费用。

20.“净利润”项目，反映公司实现的净利润。

21.“少数股东损益”项目，反映编制合并会计报表时子公司净利润中属于母公司以外的其他投资者部分。

22.“归属于母公司所有者的净利润”项目，反映公司编制合并报表时净利润中归属于母公司所有者的部分。

23.“其他综合收益的税后净额”项目，反映公司根据企业会计准则规定未在当期损益中确认的各项利得和损失扣除所得税影响后的净额。按照归属于母公司所有者和归属于少数股东的其他综合收益的税后净额分别统计。其中归属于母公司所有者的其他综合收益的税后净额分为：

（1）以后不能重分类进损益的其他综合收益，包括重新计量设定受益计划净负债或净资产导致的变动、按照权益法核算的在被投资单位以后会计期间不能重分类进损益的其他综合收益中所享有的份额等。

（2）以后将重分类进损益的其他综合收益，包括按照权益法核算的在被投资单位以后会计期间满足规定条件时将重分类进损益的其他综合收益中所享有的份额、可供出售金融资产公允价值变动形成的利得或损失、持有至到期投资重分类为可供出售金融资产形成的利得或损失、现金流量套期工具产生的利得或损失中属于有效套期的部分、外币财务报表折算差额等。

24.“综合收益总额”项目，反映公司净利润与其他综合收益的合计金额。

25.“基本每股收益”“稀释每股收益”项目，反映按照每股收益准则的规定计算确定的金额，本项目仅由普通股或潜在普通股已公开交易的公司，以及正处于公开发行普通股或潜在普通股过程中的公司填报。

（三）现金流量表的格式与项目解释

现金流量表是以现金和现金等价物为基础编制的反映证券公司经营活动、投资活动、筹资活动产生的现金和现金等价物流入和流出情况的报表。其遵守的会计原则是收付实现制。这里的现金包括公司的库存现金、银行存款和其他货币资金。现金等价物是公司持有的期限短、流动性强、易于转换为已知金额的现金，价值变动风险很小的投资，一般指公司购买的期限为三个月以内的国库券。

现金流量表的作用主要体现在以下几个方面：

（1）了解公司取得和运用现金的能力。

（2）了解公司的现金流入和流出项目的结构及其变动趋势。

（3）分析公司的现金偿债能力、股利支付能力和纳税能力。

（4）分析公司净利润的质量。

（5）预测公司未来的现金流量。

目前，在内地上市的证券公司现金流量表主要是按直接法编制的反映企业经营活动、投资活动和筹资活动的现金流量以及汇率变动所产生的现金流量的财务报表。其中：投资活动所产生的现金流量是企业购建长期资产以及不包括在现金等价物范围内的投资及其处置活动所产生的现金流量；筹资活动所产生的现金流量是导致企业的资本、债务规模及构成和结构发生变化的活动所产生的现金流量；经营活动所产生的现金流量是指除了投资活动和筹资活动以外的所有交易或事项产生的现金流量。中信证券合并现金流量表见表7–3。

表7–3　**中信证券合并现金流量表**

2017年度　单位：万元

项　目	2017年	2016年
一、经营活动产生的现金流量		
处置以公允价值计量且其变动计入当期损益的金融资产净额	1 570 366.43	（1 063 642.35）
收取利息、手续费及佣金的现金	3 604 913.81	3 688 643.84
收到其他与经营活动有关的现金	2 113 437.02	1 201 180.16
经营活动现金流入小计	7 288 717.27	3 826 181.65
拆入资金净减少额	971 500.00	（151 700.00）
回购业务资金净减少额	6 567 367.62	2 880 738.97
融出资金净增加额	906 501.46	（1 052 333.79）
代理买卖证券支付的现金净额	3 448 717.34	1 710 702.23
支付利息、手续费及佣金的现金	1 458 937.60	835 844.12
支付给职工以及为职工支付的现金	739 967.54	1 128 880.61
支付的各项税费	594 554.71	781 150.05
支付的其他与经营活动有关的现金	3 020 476.41	2 632 128.57
经营活动现金流出小计	17 708 022.68	8 765 410.76
经营活动产生的现金流量净额	（10 419 305.41）	（4 939 229.12）
二、投资活动产生的现金流量		
收回投资收到的现金	3 028 625.84	1 065 818.60
取得投资收益收到的现金	4 448.76	20 119.82
收到其他与投资活动有关的现金	5 118.96	2 276.71
投资活动现金流入小计	3 038 193.56	1 088 215.13
取得子公司及其他营业单位支付的现金净额	37 365.69	0.00
投资支付的现金	129 254.84	34 647.07
购建固定资产、无形资产和其他长期资产所支付的现金	44 300.80	59 726.38
支付的其他与投资活动有关的现金	0	76.17
投资活动现金流出小计	210 921.32	94 449.62
投资活动产生的现金流量净额	2 827 272.24	993 765.51
三、筹资活动产生的现金流量		
吸收投资收到的现金	902.47	177 800.75
其中：子公司吸收少数股东投资收到的现金	900.00	2 520.72
取得借款收到的现金	751 620.87	443 153.22
发行债券收到的现金	15 313 669.11	8 355 601.45
筹资活动现金流入小计	16 066 192.46	8 976 555.42
偿还债务支付的现金	11 175 206.65	8 688 705.00
分配股利、利润或偿付利息支付的现金	849 447.33	1 083 271.82
其中：子公司支付给少数股东的股利、利润	15 333.05	16 182.39
支付其他与筹资活动有关的现金	293 020.19	4 432.36
筹资活动现金流出小计	12 317 674.17	9 776 409.17
筹资活动产生的现金流量净额	3 748 518.28	（799 853.76）
四、汇率变动对现金及现金等价物的影响	（134 669.24）	133 565.43
五、现金及现金等价物净增加额	（3 978 184.14）	（4 611 751.94）
加：期初现金及现金等价物	16 310 713.33	20 922 465.27
六、期末现金及现金等价物	12 332 529.19	16 310 713.33

资料来源：中信证券2017年度报告。

现金流量表中的经营活动现金流量也可以采用间接法进行编制。如果想了解按间接法编制的将净利润调整为经营活动现金流量净额的信息，就需要查找中信证券年度报告附注部分的相关内容。由于证券公司现金流量表的项目容易理解，且大部分内容与非金融业类似，在此不做项目解释。

（四）股东权益变动表的格式及其项目解释

股东权益变动表是指反映构成所有者权益的各组成部分当期的增减变动情况的报表，包括归属于母公司股东的股东权益、少数股东权益的增减变动以及股东权益合计三部分主要信息。

各项目应根据“股本”“资本公积”“其他综合收益”“盈余公积”“一般风险准备”“未分配利润”“少数股东权益”等科目的发生额分析填列。

股东权益变动表，既可以为报表使用者提供所有者权益总量增减变动的信息，也能为其提供所有者权益增减变动的结构性信息，特别是能够让报表使用者理解所有者权益增减变动的根源。中信证券合并股东权益变动表见表7–4。

表7–4 **中信证券合并股东权益变动表** 单位：万元

项目	归属于母公司股东权益						少数股东权益	合计
	股本	资本公积	其他综合收益	盈余公积	一般风险准备	未分配利润		
一、2017年1月1日余额	1 211 690.84	5 445 852.59	231 880.55	781 271.17	1 879 670.20	4 719 229.22	309 272.40	14 578 866.97
二、本年增减变动金额		（1 299.36）	（8 068.55）	35 185.87	203 022.59	481 469.48	25 078.87	735 388.91
（一）净利润						1 143 326.45	54 420.51	1 197 746.97
（二）其他综合收益			（8 068.55）				（13 978.06）	（22 046.61）
综合收益总额			（8 068.55）			1 143 326.45	40 442.45	1 175 700.36
（三）股东投入和减少资本		（1 299.36）				443.28	943.14	87.07
1.股东投入资本								
2.其他								
（四）利润分配				35 185.87	203 022.59	（662 300.26）	（16 306.73）	（440 398.52）
1.提取盈余公积				35 185.87		（35 185.87）		
2.提取一般风险准备					203 022.59	（203 022.59）		
3.对股东的分配						（424 091.79）	（16 306.73）	（440 398.52）
4.其他								
三、2017年12月31日余额	1 211 690.84	5 444 553.23	223 812.01	816 457.04	2 082 692.80	5 200 698.70	334 351.27	15 314 255.88

资料来源：中信证券2017年度报告。

股东权益变动表主要项目解释：

1.“本年年初余额”项目，反映公司为体现会计政策变更和前期差错更正的影响，而在上年年末所有者权益余额的基础上进行调整得出的本年年初所有者权益余额。应根据

“盈余公积”“一般风险准备”“利润分配”“以前年度损益调整”等科目的发生额分析填列。

2. 本年增减变动金额。

（1）“净利润”和“其他综合收益”项目的解释同利润表。

（2）“综合收益总额”项目，反映公司当年的综合收益总额，应根据当年利润表中“净利润”和“其他综合收益的税后净额”填列，并对应列在“未分配利润”和“其他综合收益”栏。

（3）“股东投入和减少资本”项目，反映公司当年股东投入的资本和减少的资本。

其中：

①“股东投入资本”项目，反映公司接受投资者投入形成的实收资本（或股本）和资本公积，对应列在“实收资本”和“资本公积”栏。

②“其他”项目，反映其他引起股东投资资本增减的项目。

（4）“利润分配”项目，反映公司当年按照规定提取的盈余公积、一般风险准备金额和对股东分配的股利金额，对应列在“盈余公积”、“一般风险准备”和“对股东的分配”栏。其中：

①“提取盈余公积”项目，反映公司按照规定提取的盈余公积。

②“提取一般风险准备”项目，反映公司按照规定提取的一般风险准备。

③“对股东的分配”项目，反映对股东分配的股利金额，包含对其他权益工具持有者的股利分配。

3.“本年年末余额”项目，反映公司本年资产负债表中“股本”“资本公积”“其他综合收益”“盈余公积”“一般风险准备”“未分配利润”等科目的年末余额。

第二节　证券业财务报告分析

本节将依据中信证券的合并资产负债表、利润表和现金流量表以及附注信息，说明证券业财务报告分析的方法。

一、资产负债表分析

资产负债表分析包括总体情况分析、资产结构与变动趋势分析、资金来源结构与变动趋势分析三部分内容。

总体情况分析是对证券公司总体的资产、负债及所有者权益情况的分析。

进行资产结构和变动趋势分析的目的，一是了解证券公司的资产分布结构及其面临的风险；二是通过资产的对比分析，了解资产的增减变动趋势。

进行资金来源结构与变动趋势分析的目的，一是通过负债、权益结构分析，了解证券公司的资金来源分布及其利用情况；二是通过资本结构分析，了解公司资本成本的高低以及面临的偿债风险。

依据中信证券合并资产负债表进行的资产结构与趋势分析见表7–5，进行的资金来源结构与趋势分析见表7–6。

表7-5 **中信证券合并资产结构与变动趋势表**

2017年12月31日 单位：万元

项　　目	2017年12月31日	2016年12月31日	2017年年末占比（%）	2016年年末占比（%）	绝对数增减变动幅度（%）
资产：					
货币资金	9 881 628.37	13 285 667.14	15.80	22.24	−25.62
其中：客户存款	6 947 747.53	10 099 421.16	11.11	16.90	−31.21
结算备付金	2 787 319.47	3 373 314.09	4.46	5.65	−17.37
其中：客户结算备付金	2 290 886.23	2 888 256.67	3.66	4.83	−20.68
融出资金	7 398 261.06	6 502 119.33	11.83	10.88	13.78
以公允价值计量且其变动计入当期损益的金融资产	17 815 350.34	15 961 895.10	28.48	26.72	11.61
衍生金融资产	590 079.47	378 035.84	0.94	0.63	56.09
买入返售金融资产	11 459 202.97	5 917 508.30	18.32	9.90	93.65
应收款项	2 166 163.45	2 312 324.41	3.46	3.87	−6.32
应收利息	336 832.73	412 615.87	0.54	0.69	−18.37
存出保证金	97 241.01	160 005.03	0.16	0.27	−39.23
可供出售金融资产	5 922 693.20	8 487 850.50	9.47	14.21	−30.22
长期股权投资	858 554.84	397 385.11	1.37	0.67	116.05
投资性房地产	87 155.36	6 814.83	0.14	0.01	1 178.91
固定资产	790 296.77	365 947.03	1.26	0.61	115.96
在建工程	36 159.12	26 379.04	0.06	0.04	37.08
无形资产	344 733.15	381 957.91	0.55	0.64	−9.75
商誉	1 028 093.70	1 040 616.86	1.64	1.74	−1.20
递延所得税资产	338 495.15	281 085.28	0.54	0.47	20.42
其他资产	619 204.23	452 362.23	0.99	0.76	36.88
资产总计	62 557 464.39	59 743 883.92	100.00	100.00	4.71

表7-6 **中信证券合并资金来源结构与变动趋势表**

2017年12月31日 单位：万元

项　　目	2017年 12月31日	2016年 12月31日	2017年 年末占比 （%）	2016年 年末占比 （%）	绝对数增减 变动幅度 （%）
负债：					
短期借款	599 145.12	347 947.83	0.96	0.58	72.19
应付短期融资款	3 353 783.91	2 134 622.95	5.36	3.57	57.11
拆入资金	983 500.00	1 955 000.00	1.57	3.27	−49.69
以公允价值计量且其变动计入当期损益的金融负债	4 645 177.00	3 121 832.37	7.43	5.23	48.80
衍生金融负债	1 330 123.13	257 659.08	2.13	0.43	416.23
卖出回购金融资产款	11 161 992.72	12 141 424.34	17.84	20.32	−8.07
代理买卖证券款	9 985 489.08	13 439 767.24	15.96	22.50	−25.70
代理承销证券款	6 068.65	13 417.08	0.01	0.02	−54.77
应付职工薪酬	1 159 926.37	953 656.59	1.85	1.60	21.63
应交税费	179 337.57	243 270.78	0.29	0.41	−26.28
应付款项	2 143 158.30	2 646 686.09	3.43	4.43	−19.02
应付利息	303 168.38	242 311.93	0.48	0.41	25.11
预计负债	44 215.22	43 635.19	0.07	0.07	1.33
长期借款	112 218.77	112 118.77	0.18	0.19	0.09
应付债券	10 621 966.35	7 055 217.47	16.98	11.81	50.55
递延所得税负债	263 221.08	156 574.43	0.42	0.26	68.11
其他负债	350 716.84	299 874.81	0.56	0.50	16.95
负债合计	47 243 208.51	45 165 016.95	75.52	75.60	4.60
所有者权益（或股东权益）：					
实收资本（或股本）	1 211 690.84	1 211 690.84	1.94	2.03	0.00
资本公积	5 444 553.23	5 445 852.59	8.70	9.12	−0.02
其他综合收益	223 812.01	231 880.55	0.36	0.39	−3.48
盈余公积	816 457.04	781 271.17	1.31	1.31	4.50
一般风险准备	2 082 692.80	1 879 670.20	3.33	3.15	10.80
未分配利润	5 200 698.70	4 719 229.22	8.31	7.90	10.20
归属于母公司所有者权益（或股东权益合计）	14 979 904.61	14 269 594.58	23.95	23.88	4.98
少数股东权益	334 351.27	309 272.40	0.53	0.52	8.11
所有者权益（或股东权益）合计	15 314 255.88	14 578 866.97	24.48	24.40	5.04
负债和所有者权益（或股东权益）总计	62 557 464.39	59 743 883.92	100.00	100.00	4.71

（一）总体情况分析

数据显示，截至2017年12月31日，中信证券合并资产总额为6 255.75亿元，负债总额为4 724.32亿元，股东权益总额为1 531.43亿元，未扣除前的资产负债率为75.52%。扣除代理买卖证券款的总资产为人民币5 257.20亿元，扣除后的资产负债率为70.87%。

（二）资产端分析：以公允价值计量且其变动计入当期损益的金融资产、买入返售金融资产和货币资金三足鼎立

数据显示，2017年年末中信证券资产总额中以公允价值计量且其变动计入当期损益的金融资产、买入返售金融资产和货币资金资产位居前三，分别达到总资产的28.48%、18.32%和15.80%，其中买入返售金融资产总量增长0.94倍。从资产变动趋势上看，不考虑资产占比，变幅最大的为投资性房地产，增长11.79倍，长期股权投资和固定资产均增加1.16倍。

（三）资金来源端：卖出回购金融资产款、应付债券及代理买卖证券款位居前三

数据显示，2017年年末中信证券卖出回购金融资产款、应付债券及代理买卖证券款是主要的资金来源，分别占资金总量的17.84%、16.98%和15.96%，其中应付债券总量增加50.55%。从资金来源变动趋势看，衍生金融负债、短期借款和递延所得税负债变幅最大，分别增长4.16倍、0.72倍和0.68倍。

二、利润表分析

利润表分析包括总体情况分析、营业收入内部构成结构与变动趋势分析、主营业务分行业分析等。

为了解证券业的利润状况及其影响因素，同样需要在分析之前进行初步加工。一是以营业收入为基础，分析营业支出项目所占的比重；二是分析利润表各个项目的增减变动趋势。然后再根据每个项目的信息指向以及变化情况，作出自己的专业判断。当对利润表做了上述加工处理后，即可进行深入分析。中信证券合并营业收入构成结构与变动趋势分析表见表7–7。

（一）总体情况分析

2017年，公司经营业绩较2016年有所增长。中信证券实现营业收入432.92亿元，同比增长13.92%；营业支出270.43亿元，同比增长13.63%；归属于母公司股东的净利润114.33亿元，同比增长10.30%。

（二）营业收入内部构成结构与变动趋势分析

数据显示：在营业收入内部，2017年中信证券手续费及佣金收入以及投资收益是其主要的收入来源，分别占营业收入的43.79%和28.82%。其中的手续费及佣金收入占比由2016年的59.06%下降为43.79%，而投资收益则由2016年的26.39%上升到28.82%。

在营业支出方面，按年度比较，营业支出占营业收入的比重基本持平。2017年业务及管理费占营业收入的39.25%，2016年为44.66%，降幅明显，该比例就是证券公司统称的成本收入比。由于“营改增”的缘故，该证券公司的税金及附加占营收的比重从2016年的2.10%降为2017年的0.59%。资产减值损失虽有下降但仍不容忽视，两年在5.09%和3.97%之间徘徊。

表7-7　　中信证券合并营业收入构成结构与变动趋势分析表　　单位：万元

项　　目	2017年	2016年	2017年结构（%）	2016年结构（%）	绝对数增减变动趋势分析（%）
一、营业收入	4 329 163.41	3 800 192.35	100.00	100.00	13.92
手续费及佣金收入	1 895 703.51	2 244 366.15	43.79	59.06	-15.54
其中：经纪业务手续费净收入	804 522.85	949 516.40	18.58	24.99	-15.27
投资银行业务手续费净收入	440 577.62	538 861.84	10.18	14.18	-18.24
资产管理业务手续费净收入	569 538.94	637 868.15	13.16	16.79	-10.71
利息净收入	240 460.22	234 815.34	5.55	6.18	2.40
投资收益（损失以“-”号填列）	1 247 452.85	1 002 750.57	28.82	26.39	24.40
其中：对联营企业和合营企业的投资收益	60 404.88	34 941.10	1.40	0.92	72.88
资产处置收益（损失以“-”号填列）	73.67	（22.76）	0.00	0.00	-423.74
公允价值变动收益（损失以“-”号填列）	84 271.64	（141 302.62）	1.95	-3.72	-159.64
汇兑收益（损失以“-”号填列）	（5 086.01）	11 956.93	-0.12	0.31	-142.54
其他收益	12 773.78	0.00	0.30	0.00	
其他业务收入	853 513.74	447 605.98	19.72	11.78	90.68
二、营业支出	2 704 330.34	2 379 976.48	62.47	62.63	13.63
税金及附加	25 603.51	79 668.34	0.59	2.10	-67.86
业务及管理费	1 699 269.98	1 697 207.04	39.25	44.66	0.12
资产减值损失	172 076.00	193 539.00	3.97	5.09	-11.09
其他业务成本	807 380.85	409 562.11	18.65	10.78	97.13
三、营业利润（损失以“-”号填列）	1 624 833.07	1 420 193.11	37.53	37.37	14.41
加：营业外收入	16 245.62	19 652.24	0.38	0.52	-17.33
减：营业外支出	23 700.63	13 589.50	0.55	0.36	74.40
四、利润总额（损失以“-”号填列）	1 617 378.06	1 426 255.86	37.36	37.53	13.40
减：所得税费用	419 631.09	328 141.85	9.69	8.63	27.88
五、净利润（损失以“-”号填列）	1 197 746.97	1 098 114.01	27.67	28.90	9.07
归属于母公司股东的净利润	1 143 326.45	1 036 516.86	26.41	27.28	10.30

从盈利能力看，2017年百元营业收入中的营业利润、净利润占比分别为37.53%和27.67%，2016年该两项比例分别为37.37%和28.90%，可见净利润占比略升。

对中信证券利润表数据的变化情况还要结合行业去分析，以了解公司自身的优势与不足。

在对利润表项目进行分析时，还要关注内部项目结构的分析。以资产减值损失为例，对于公司计提的资产减值准备项目要结合披露的资产减值准备表，分析“坏账准备”“可供出售金融资产减值准备”“长期股权投资减值准备”“投资性房地产减值准备”“固定资产减值准备”“在建工程减值准备”“无形资产减值准备”“商誉减值准备”“抵债资产减值准备”等的影响，既要关注计提的依据是否合理，同时要观察与行业对比在计提方面的合规与会计政策应用方面的差异。

（三）主营业务分行业分析

为了解中信证券分部业务收入、成本和利润率情况，也可以进行分部业务收入、成本和净利润分析，其格式见表7-8。

表7-8 **中信证券分部业务营业收入及其变动结构分析** 单位：万元

项　目	2017年	2016年	增减变动趋势（%）	2017年营业收入结构（%）	2016年营业收入结构（%）
经纪业务	1 081 546.11	1 211 165.12	-10.70	24.98	31.87
资产管理业务	757 499.51	716 094.62	5.78	17.50	18.84
证券投资业务	772 919.67	488 566.24	58.20	17.85	12.86
证券承销业务	400 192.61	525 383.23	-23.83	9.24	13.83
其他业务	1 317 005.51	858 983.13	53.32	30.42	22.60
合　计	4 329 163.41	3 800 192.35	13.92	100.00	100.00

注：根据中信证券2017年度报告披露数据计算。

1.分部业务营业收入及其变动结构分析

增长趋势分析：2017年，中信证券经纪业务实现营业收入108.15亿元，同比下降10.70%；资产管理业务实现营业收入75.75亿元，同比增长5.78%；证券投资业务实现营业收入77.29亿元，同比增长58.20%；证券承销业务实现营业收入40.02亿元，同比下降23.83%；其他业务实现营业收入131.71亿元，同比增长53.32%。

结构趋势分析：2017年中信证券营业收入中经纪业务收入和其他业务收入占比较高，分别为24.98%和30.42%，两个年度比较，经纪业务收入占比下降、其他业务收入占比上升。

2.分部业务营业支出占营业收入比例分析

在营业收入一定的条件下，营业支出比越低，表明该项业务越有可能获取更高的营业利润。表7-9的数据显示，两个年度比较，公司总体的营业支出比没有明显的变化，但从其内部结构来看，证券投资业务营业支出收入比下降明显，由2016年的74.60%下降为52.89%，说明在该项业务的营业支出管控方面有一定的成效。此外经纪业务以及证券承销业务的营业支出比略升。

3.分部业务营业利润率分析

在营业收入一定的条件下，营业利润越高，表明该项业务的盈利能力越强。表7-10的数据显示，两个年度比较，证券投资业务利润率上升明显，增加21.79个百分点。其他业务略增0.31个百分点。而公司的经纪业务、资产管理业务以及证券承销业务的营业利润率有所下降。

表7-9　　中信证券分部业务营业支出收入比

业　　务	2017年			2016年		
	营业收入	营业支出	营业支出收入比（%）	营业收入	营业支出	营业支出收入比（%）
经纪业务	1 081 546.11	593 940.82	54.92	1 211 165.12	649 851.01	53.66
资产管理业务	757 499.51	403 308.38	53.24	716 094.62	380 445.63	53.13
证券投资业务	772 919.67	408 196.50	52.81	488 566.24	364 461.25	74.60
证券承销业务	400 192.61	218 574.84	54.62	525 383.23	277 901.25	52.89
其他业务	1 317 005.51	1 080 309.80	82.03	858 983.13	707 316.43	82.34
合　　计	4 329 163.41	2 704 330.34	62.47	3 800 192.35	2 379 975.58	62.63

注：根据中信证券2017年度报告披露数据计算。

表7-10　　中信证券分部业务营业利润率分析

业　　务	2017年（%）	2016年（%）	营业利润率比上年增减
经纪业务	45.08	46.34	减少1.26个百分点
资产管理业务	46.76	46.87	减少0.11个百分点
证券投资业务	47.19	25.40	增加21.79个百分点
证券承销业务	45.38	47.11	减少1.73个百分点
其他业务	17.97	17.66	增加0.31个百分点
合　　计	37.53	37.37	增加0.16个百分点

数据来源：中信证券2017年度报告。

三、现金流量表分析

从分析的角度来看，财务报告使用者最关心的是证券公司创造现金流量的能力、股利支付能力和偿债能力。从现金流量表可以了解如下信息：一是了解公司的现金流入和流出项目的变动趋势；二是了解公司的现金流入和流出结构；三是分析公司的现金偿债能力、股利支付能力和纳税能力。

为便于对现金流量表进行分析，依据中信证券合并现金流量表作出的简化的项目增减变动趋势表见表7-11。为了解现金流入和现金流出内部结构，也可以编制现金流入结构分析表和现金流出结构分析表（分别见表7-12和表7-13）。

（一）现金流量总体情况分析

2017年，报告期内中信证券现金及现金等价物净增加额为-397.82亿元，比2016年净流出同比减少63.36亿元（461.18-397.82），主要是由于投资活动和筹资活动产生的现金流量净额增加所致。

表7-11　　中信证券合并现金流量表项目增减变动趋势表　　单位：万元

项　　目	2017年	2016年	绝对数增减变动趋势（%）
一、经营活动产生的现金流量净额	（10 419 305.41）	（4 939 229.12）	不适用
二、投资活动产生的现金流量净额	2 827 272.24	993 765.51	184.50
三、筹资活动产生的现金流量净额	3 748 518.28	（799 853.76）	不适用
四、汇率变动对现金及现金等价物的影响	（134 669.24）	133 565.43	不适用
五、现金及现金等价物净增加额	（3 978 184.14）	（4 611 751.94）	-13.74
加：期初现金及现金等价物	16 310 713.33	20 922 465.27	-22.04
六、期末现金及现金等价物	12 332 529.19	16 310 713.33	-24.39

表7-12　　中信证券合并现金流入结构表　　单位：万元

项　　目	2017年	2016年	2017年结构（%）	2016年结构（%）	绝对数增减变动幅度（%）
一、经营活动产生的现金流量					
处置以公允价值计量且其变动计入当期损益的金融资产净额	1 570 366.43	（1 063 642.35）	5.95	-7.58	-247.64
收取利息、手续费及佣金的现金	3 604 913.81	3 688 643.84	13.66	26.30	-2.27
收到其他与经营活动有关的现金	2 113 437.02	1 201 180.16	8.01	8.56	75.95
经营活动现金流入小计	7 288 717.27	3 826 181.65	27.62	27.28	90.50
二、投资活动产生的现金流量					
收回投资收到的现金	3 028 625.84	1 065 818.60	11.48	7.60	184.16
取得投资收益收到的现金	4 448.76	20 119.82	0.02	0.14	-77.89
收到其他与投资活动有关的现金	5 118.96	2 276.71	0.02	0.02	124.84
投资活动现金流入小计	3 038 193.56	1 088 215.13	11.51	7.76	179.19
三、筹资活动产生的现金流量					
吸收投资收到的现金	902.47	177 800.75	0.00	1.27	-99.49
其中：子公司吸收少数股东投资收到的现金	900.00	2 520.72	0.00	0.02	-64.30
取得借款收到的现金	751 620.87	443 153.22	2.85	3.16	69.61
发行债券收到的现金	15 313 669.11	8 355 601.45	58.02	59.58	83.27
筹资活动现金流入小计	16 066 192.46	8 976 555.42	60.87	64.01	78.98
四、汇率变动对现金及现金等价物的影响		133 565.43	0.00	0.95	-100.00
现金流入合计	26 393 103.29	14 024 517.62	100.00	100.00	88.19

表7-13　　**中信证券合并现金流出结构表**　　单位：万元

项　目	2017年	2016年	2017年结构（%）	2016年结构（%）	绝对数增减变动幅度（%）
一、经营活动产生的现金流量					
拆入资金净减少额	971 500.00	（151 700.00）	3.20	-0.81	-740.41
回购业务资金净减少额	6 567 367.62	2 880 738.97	21.62	15.46	127.98
融出资金净增加额	906 501.46	（1 052 333.79）	2.98	-5.65	-186.14
代理买卖证券支付的现金净额	3 448 717.34	1 710 702.23	11.36	9.18	101.60
支付利息、手续费及佣金的现金	1 458 937.60	835 844.12	4.80	4.49	74.55
支付给职工以及为职工支付的现金	739 967.54	1 128 880.61	2.44	6.06	-34.45
支付的各项税费	594 554.71	781 150.05	1.96	4.19	-23.89
支付的其他与经营活动有关的现金	3 020 476.41	2 632 128.57	9.95	14.12	14.75
经营活动现金流出小计	17 708 022.68	8 765 410.76	58.31	47.03	102.02
二、投资活动产生的现金流量					
取得子公司及其他营业单位支付的现金净额	37 365.69	0.00	0.12	0.00	—
投资支付的现金	129 254.84	34 647.07	0.43	0.19	273.06
购建固定资产、无形资产和其他长期资产所支付的现金	44 300.80	59 726.38	0.15	0.32	-25.83
支付的其他与投资活动有关的现金	0.00	76.17	0.00	0.00	-100.00
投资活动现金流出小计	210 921.32	94 449.62	0.69	0.51	123.32
三、筹资活动产生的现金流量					
偿还债务支付的现金	11 175 206.65	8 688 705.00	36.80	46.62	28.62
分配股利、利润或偿付利息支付的现金	849 447.33	1 083 271.82	2.80	5.81	-21.59
其中：子公司支付给少数股东的股利、利润	15 333.05	16 182.39	0.05	0.09	-5.25
支付其他与筹资活动有关的现金	293 020.19	4 432.36	0.96	0.02	6 510.93
筹资活动现金流出小计	12 317 674.17	9 776 409.17	40.56	52.46	25.99
四、汇率变动对现金及现金等价物的影响	134 669.24		0.44	0.00	
现金流出合计	30 371 287.42	18 636 269.56	100.00	100.00	62.97

2017年经营活动产生的现金流量净额为-1 041.93亿元，2016年为-493.92亿元，净流出同比增加548.01亿元，主要是由于回购业务、代理买卖证券业务导致的净流出额同比增加。2017年投资活动产生的现金流量净额为282.73亿元，2016年同期为99.38亿元，主要是由于可供出售金融资产净流入同比增加。2017年筹资活动产生的现金流量净额为374.85亿元，2016年为-79.99亿元，主要是由于报告期内公司发行债券及收益凭证增加。

（二）现金流入和流出结构分析

1.现金流入结构与趋势分析

就现金流入结构而言，2017年筹资活动产生的现金流入占比最高达60.87%，其次是经营活动产生的现金流入占比27.62%，投资活动产生的现金流入占比较低为11.51%。从趋势上看，经营活动、投资活动和筹资活动的现金流入增加幅度分别为0.91倍、1.79倍和0.79倍。

就现金流入的明细项目而言，2017年度发行债券收到的现金、收取利息、手续费及佣金的现金以及收回投资收到的现金位居前三，占比分别为58.02%、13.66%以及11.48%。

2.现金流出结构与趋势分析

就现金流出方面而言，2017年经营活动和筹资活动产生的现金流出依然是主要项目，分别占58.31%和40.56%，投资活动的现金流出相对较少。从趋势上看，经营活动、投资活动和筹资活动的现金流出增减幅度分别为1.02倍、1.23倍和0.26倍。

就现金流出的明细项目而言，2017年度偿还债务支付的现金、回购业务资金净减少额以及代理买卖证券支付的现金净额位居前三，分别为36.80%、21.62%和11.36%。

第三节 主要财务与监管指标分析

本节主要是从证券行业的特点出发，依据信息披露与监管要求，分析各项财务与监管指标的变化趋势以及对证券公司的意义。证券公司主要财务和监管指标的分析，包括盈利能力、资产管理能力和人均效率、成长能力、分红能力、市场表现以及监管指标等的分析。

一、盈利能力指标分析

从经济意义的角度，公司具有较强的盈利能力，应该是其投资收益率大于投资者自己能够从资本市场上赚取利润的收益率。盈利能力是用来衡量证券公司获取利润的能力。反映证券公司盈利能力的指标有很多，通常在实证研究中以营业利润率、总资产收益率、净资产收益率、成本管理能力指标、每股收益、每股未分配利润作为主要解释因子，计算盈利能力得分，该能力得分越高，说明盈利能力越好。从证监会信息披露要求的角度，反映证券公司盈利能力的指标通常使用的主要有净资产收益率和每股收益指标。

（一）营业利润率

营业利润率可以从三个不同角度加以分析，中信证券相关指标见表7-14。从表7-14可见，中信证券的营业利润率指标在2014年达到峰值，2014年后有下降趋势，2017年的营业息税折旧摊销前利润率略升，这说明该行业的盈利能力受到市场环境和监管的影响较大。

表7-14　　中信证券的营业利润率相关指标　　单位：万元

项　　目	2017年	2016年	2015年	2014年	2013年
营业收入	4 329 163.41	3 800 192.35	5 601 343.60	2 919 753.11	1 611 527.22
息税折旧摊销前利润	2 721 927.78	2 361 521.11	4 013 080.76	2 285 187.90	742 029.84
利润总额	1 617 378.06	1 426 255.86	2 728 714.43	1 542 194.67	684 609.12
净利润	1 197 746.97	1 098 114.01	2 036 034.40	1 186 149.92	530 804.69
营业利润率：					
营业息税折旧摊销前利润率（%）	62.87	62.14	71.64	78.27	46.05
营业利润率（%）	37.36	37.53	48.72	52.82	42.48
营业净利率（%）	27.67	28.90	36.35	40.63	32.94

注：（1）2017年息税折旧摊销前利润来自中信证券年报第105页。

（2）表中计算公式如下：

营业息税折旧摊销前利润率=息税折旧摊销前利润÷营业收入×100%

营业利润比=利润总额÷营业收入×100%

营业净利率=净利润÷营业收入×100%

（二）总资产收益率

总资产收益率是指证券公司净利润总额与平均资产总额的比率。表7-15反映了中信证券的总资产收益率的情况。数据显示各年份总资产收益率指标并不稳定，2015年表现最好，2017年和2016年度比较，总资产收益率指标呈现上升趋势。

表7-15　　中信证券的总资产收益率指标　　单位：万元

项　　目	2017年	2016年	2015年	2014年	2013年
1.基础数据					
息税折旧摊销前利润	2 721 927.78	2 361 521.11	4 013 080.76	2 285 187.90	742 029.84
利润总额	1 617 378.06	1 426 255.86	2 728 714.43	1 542 194.67	684 609.12
净利润	1 197 746.97	1 098 114.01	2 036 034.40	1 186 149.92	530 804.69
资产总额	62 557 464.39	59 743 883.92	61 610 824.22	47 962 645.02	27 135 424.90
2.总资产收益率（%）					
按息税折旧摊销前利润计算	4.45	3.89	7.32	6.09	3.37
按利润总额计算	2.64	2.35	4.98	4.11	3.11
按净利润计算	1.96	1.81	3.72	3.16	2.41

注：作者根据中信证券2013—2017年年报数据计算。

计算公式：总资产收益率=净利润÷总资产×100%

指标说明：

（1）计算资产收益率时所选用的净利润为合并报表中的净利润；

（2）总资产取期初和期末合并报表的总资产平均值；

（3）在对上市板块、行业分类等主题为主的上市公司总资产收益率作前后比较时，应保持样本的一致性。

（三）净资产收益率

非上市证券公司用净利润除以平均的股东权益即可求得净资产收益率。根据规定，证券公司的平均净资产收益率，是指上市公司净利润总额与上市公司净资产总额的比率①。中信证券作为上市公司公告的净资产收益率信息见表7-16。数据显示，中信证券的净资产收益率在2013—2015年持续上升并达到峰值，2016年出现下降趋势，2017年有所好转，其股东回报率仍在7.3%之上。

表7-16 **中信证券净资产收益率指标**

项目	2017年	2016年	2015年	2014年	2013年
加权平均净资产收益率（%）	7.82	7.36	16.62	12.14	6.02
扣除非经常性损益后的加权平均净资产收益率（%）	7.83	7.34	16.85	10.34	6.05

注：净资产收益率可以根据数据计算，也可以根据上市证券公司公告结果获取。

表中有关数据计算如下：

$$加权平均净资产收益率=\frac{归属于母公司股东净利润}{期初和期末归属于母公司股东权益的平均值}\times100\%$$

指标说明：

（1）计算净资产收益率时所选用的净利润为归属于母公司股东净利润；

（2）净资产取期初和期末归属于母公司股东权益的平均值；

（3）在对上市板块、行业分类等主题为主的上市公司平均净资产收益率作前后比较时，应保持样本的一致性。

在有多种因素影响的情况下，加权平均净资产收益率的计算公式如下：

$$加权平均净资产收益率=P_0\div(E_0+NP\div2+E_i\times M_i\div M_0-E_j\times M_j\div M_0\pm E_k\times M_k\div M_0)$$

其中：P_0对应归属于公司普通股股东的净利润；NP为归属于公司普通股股东的净利润；E_0为归属于公司普通股股东的期初净资产；E_i为报告期发行新股或债转股等新增的、归属于公司普通股股东的净资产；E_j为报告期回购或现金分红等减少的、归属于公司普通股股东的净资产；M_0为报告期月份数；M_i为新增净资产次月起至报告期期末的累计月数；M_j为减少净资产次月起至报告期期末的累计月数；E_k为因其他交易或事项引起的、归属于公司普通股股东的净资产增减变动；M_k为发生其他净资产增减变动次月起至报告期期末的累计月数。

报告期发生同一控制下企业合并的，计算加权平均净资产收益率时，被合并方的净资产从报告期期初起进行加权；计算扣除非经常性损益后的加权平均净资产收益率时，被合并方的净资产从合并日的次月起进行加权。计算比较期间的加权平均净资产收益率时，被合并方的净利润、净资产均从比较期间期初起进行加权；计算比较期间扣除非经常性损益后的加权平均净资产收益率时，被合并方的净资产不予加权计算（权重为零）。

表中扣除非经常性损益后的加权平均净资产收益率的计算同加权平均净资产收益率的计算，只是分子不同而已。

在计算扣除非经常性损益后的加权平均净资产收益率时，公式中的P_0对应扣除非经常性损益后归属于公司普通股股东的净利润。

① 为规范公开发行证券的公司（以下简称“公司”）的信息披露行为，真实反映公司的盈利能力，客观评价公司的盈利水平，提高净资产收益率和每股收益指标计算的合理性和可比性，证监会发布了《公开发行证券的公司信息披露编报规则第9号——净资产收益率和每股收益的计算及披露》，公司招股说明书、年度财务报告、中期财务报告等公开披露信息中的净资产收益率和每股收益应按该规则进行计算或披露。

（四）成本管理能力指标[①]

按照证券业协会对证券公司财务指标信息披露的要求，需要在行业内部比较各证券公司的成本管理能力。在证券行业监管实践中普遍采用成本管理能力评价指标，其主要含义是指成本费用的支出效率。当前证券公司的管理中心正在经历由收入扩张到成本控制的转变，成本管理能力也已明确纳入证券行业分类监管指标体系。成本管理能力指标是指证券公司营业收入扣减一定项目后与营业支出的比例。为了进一步了解公司的业务及管理费用在营业收入中的比重，也可以分析成本收入比。

中信证券的成本管理能力以及成本收入比指标见表7-17，从表7-17可见相关指标在年度间的变化。成本管理能力指标越高，表明公司的营业支出效率越高；成本收入比越低，表明公司的业务及管理费用管控越好，或者说是创造同样收入的业务及管理费用投入越少。中信证券成本管理能力指标在2015年达到峰值后，自2016年出现下降趋势；成本收入比指标在2015年达到最低数后，2016年上升，但2017年出现了降低的趋势。

表7-17　　中信证券的成本管理能力相关指标　　单位：万元

项　　目	2017年	2016年	2015年	2014年	2013年
营业收入	4 329 163.41	3 800 192.35	5 601 343.60	2 919 753.11	1 611 527.22
投资收益	1 247 452.85	1 002 750.57	1 880 078.46	1 031 126.02	603 588.71
公允价值变动收益	84 271.64	−141 302.62	135 476.02	52 248.12	−56 537.40
营业支出	2 704 330.34	2 379 975.58	2 835 924.97	1 601 725.21	925 564.90
业务及管理费用	1 699 269.98	1 697 207.04	2 010 600.45	1 414 662.40	808 092.18
成本管理指标：					
成本管理能力（%）	110.84	123.48	126.44	114.65	115.01
成本收入比（%）	39.25	44.66	35.89	48.45	50.14

注：表中数据依据中信证券各年度报告计算。

表中数据计算公式为：

$$\text{成本管理能力}=\frac{\text{营业收入}-\text{投资收益}-\text{公允价值变动收益}}{\text{营业支出}}\times100\%$$

$$\text{成本收入比}=\frac{\text{业务及管理费}}{\text{营业收入}}\times100\%$$

证券公司还可以按照分部业务研究其营业支出占营业收入的比例。

（五）每股收益指标

根据《公开发行证券的公司信息披露编报规则第9号——净资产收益率和每股收益的计算及披露》的要求，证券公司的基本每股收益按照归属于母公司普通股股东的当期净利润，除以发行在外的普通股的加权平均数计算。

① 证券公司可持续发展下的成本管理能力及测评研究。

1.基本每股收益

基本每股收益可参照如下公式计算：

$$基本每股收益=P_0÷S$$

$$S=S_0+S_1+S_i×M_i÷M_0-S_j×M_j÷M_0-S_k$$

其中：P_0为归属于公司普通股股东的净利润或扣除非经常性损益后归属于普通股股东的净利润；S为发行在外的普通股加权平均数；S_0为期初股份总数；S_1为报告期因公积金转增股本或股票股利分配等增加股份数；S_i为报告期因发行新股或债转股等增加股份数；S_j为报告期因回购等减少股份数；S_k为报告期缩股数；M_0为报告期月份数；M_i为增加股份次月起至报告期期末的累计月数；M_j为减少股份次月起至报告期期末的累计月数。

上述公式可简化为：

$$基本每股收益=\frac{归属于母公司普通股股东的当期净利润}{发行在外的普通股的加权平均数}$$

2.稀释每股收益

公司存在稀释性潜在普通股的，应当分别调整归属于普通股股东的报告期净利润和发行在外普通股加权平均数，并据以计算稀释每股收益。

在发行可转换债券、股份期权、认股权证等稀释性潜在普通股情况下，稀释每股收益可参照如下公式计算：

$$稀释每股收益=P_1÷（S_0+S_1+S_i×M_i÷M_0-S_j×M_j÷M_0-S_k+\frac{认股权证、股份期权、可转换债券等}{增加的普通股加权平均数}）$$

其中，P_1为归属于公司普通股股东的净利润或扣除非经常性损益后归属于公司普通股股东的净利润，并考虑稀释性潜在普通股对其的影响，按《企业会计准则》及有关规定进行调整。公司在计算稀释每股收益时，应考虑所有稀释性潜在普通股对归属于公司普通股股东的净利润或扣除非经常性损益后归属于公司普通股股东的净利润和加权平均股数的影响，按照其稀释程度从大到小的顺序计入稀释每股收益，直至稀释每股收益达到最小值。

规定中对影响每股收益计算的情形也做了相应说明：

第一种情形：在资产负债表日至财务报告批准报出日之间发生派发股票股利、公积金转增股本、拆股或并股，影响发行在外普通股或潜在普通股数量，但不影响所有者权益金额的，应当按调整后的股数重新计算各比较期间的每股收益。

第二种情形：报告期内发生同一控制下企业合并，合并方在合并日发行新股份并作为对价的，计算报告期期末的基本每股收益时，应把该股份视同在合并期初即已发行在外的普通股处理（按权重为1进行加权平均）。计算比较期间的基本每股收益时，应把该股份视同在比较期间期初即已发行在外的普通股处理。计算报告期期末扣除非经常性损益后的每股收益时，合并方在合并日发行的新股份从合并日起次月进行加权。计算比较期间扣除非经常性损益后的每股收益时，合并方在合并日发行的新股份不予加权计算（权重为零）。

第三种情形：报告期发生同一控制下企业合并，合并方在合并日发行新股份并作为对价的，计算报告期和比较期间的稀释每股收益时，比照计算基本每股收益的原则处理。

第四种情形：报告期公司以发行股份购买资产等方式实现非上市公司间接上市且构成反向购买的，计算报告期的每股收益时：

报告期的普通股加权平均股数 = 报告期期初至购买日所处当月的加权平均股数 + 购买日起次月至报告期期末的加权平均股数

报告期期初至购买日所处当月的加权平均股数 = 购买方（法律上子公司）加权平均股数 × 收购协议中的换股比例 × 期初至购买日所处当月的累计月数 ÷ 报告期月份数

购买日起次月至报告期期末的加权平均股数 = 被购买方（法律上母公司）加权平均股数 × 购买日起次月到报告期期末的累计月数 ÷ 报告期月份数

报告期公司以发行股份购买资产等方式实现非上市公司间接上市的，计算比较期间的每股收益时：

比较期间的普通股加权平均股数=购买方（法律上子公司）加权平均股数×收购协议中的换股比例

公司在编制比较财务数据时，上期净资产收益率和每股收益应按本规则进行计算。公司招股说明书、年度财务报告、中期财务报告等公开披露文件正文应包括这些指标的计算过程，摘要可省略计算过程。

中信证券每股收益指标见表7-18。仍然可以看到每股收益指标在2013—2015年呈现上升趋势，2015年达到最高，2016年呈现下降的趋势。2015年在股本规模增大的前提下其每股收益却上升，说明净利润增加是公司每股收益指标上升的主要原因。2016年股本规模不变，每股收益却下降，说明净利润下降是主要原因。2017年与2016年比较，每股收益能力在提高。

表7-18 **中信证券每股收益指标** 单位：万元

项目	2017年	2016年	2015年	2014年	2013年
每股收益：					
期末总股本	1 211 690.84	1 211 690.84	1 211 690.84	1 101 690.84	1 101 690.84
基本每股收益（元/股）	0.94	0.86	1.71	1.03	0.48
稀释每股收益（元/股）	0.94	0.86	1.71	1.03	0.48
扣除非经常性损益后的基本每股收益（元/股）	0.94	0.85	1.73	0.88	0.48

注：表中信息均来自中信证券2013—2017年度报告的主要会计数据和财务指标。截至2017年12月31日，中信证券已发行股份按加权平均计算的股数为1 211 690.84万股，归属于中信证券普通股股东的当期净利润为11 433 264 545.60元，基本每股收益的计算如下：

基本每股收益=11 433 264 545.60÷12 116 908 400=0.94（元/股）

由于中信证券公司不存在稀释性潜在普通股，因此，稀释每股收益与基本每股收益相同。

二、资产管理能力和人均效率指标

反映证券公司管理效率的指标，可以依据资产管理能力和人均效率指标加以分析。

（一）资产管理能力

在非金融业，用来衡量企业盈利能力的主要指标有存货周转率、应收账款周转率、流动资产周转率、固定资产周转率以及总资产周转率等。而对证券公司来说，对存货周转率以及应收账款周转率的分析没有意义。

资产管理能力比率是指用于衡量证券公司进行资产管理的效率，反映公司运用资产的营运能力方面的财务比率，可以以总资产周转率、流动资产周转率作为主要解释因子，计算资产经营得分，该能力得分越高，说明资产经营越好。对于证监会没有要求披露的指标，可用于公司内部管理以及与同业的比较。

中信证券的资产管理能力指标见表7-19。这些比率值越大，则表明相应的资产投入带来的营业收入越大，其资产的效率也就越高。总体上看，相对于证券公司的总资产规模而言，总资产的周转率较低，2013—2017年中信证券的均值在0.0773，说明中信证券公司每投资一元的资产能带来0.0773元的营业收入。

表7-19　　中信证券的资产管理能力指标　　单位：万元

项　目	2017年	2016年	2015年	2014年	2013年	5年平均
营业收入	4 329 163.41	3 800 192.35	5 601 343.60	2 919 753.11	1 611 527.22	
资产总额	62 557 464.39	59 743 883.92	61 610 824.22	47 962 645.02	27 135 424.90	
平均总资产	61 150 674.16	60 677 354.07	54 786 734.62	37 549 034.96	21 993 090.19	
总资产周转率（次）	0.0708	0.0626	0.1022	0.0778	0.0733	0.0773

注：根据中信证券各年度报告数据计算。其计算公式为：总资产周转率=营业收入÷平均总资产。

（二）人均效率指标

证券业是知识和资本密集型行业，在证券业的发展中对智力要素和资本要求的依赖大大超过对其他要素的依赖。分析其盈利能力也可通过人均效率加以具体分析。证券公司的人均效率指标可以通过人均营业收入、人均营业利润和人均净利润指标加以反映。人均效率指标对提升人力资源管理效率、合理配置人力资源具有重要意义。

表7-20反映了中信证券的人均效率指标情况。数据显示，伴随着员工数量的上升，2013—2017年各项人均效率指标2015年达到最高点，2016年受市场环境的影响各项指标呈现下降趋势。2017年相较于2016年各项指标都有所好转。

表7-20　　中信证券的人均效率指标　　单位：万元

项　目	2017年	2016年	2015年	2014年	2013年
在职员工的数量合计（人）	16 161	16 964	16 853	13 209	12 211
人均效率指标计算结果：					
人均营业收入	267.88	224.02	332.36	221.04	131.97
人均营业利润	100.54	83.72	164.09	99.78	56.18
人均利润总额	100.08	84.08	161.91	116.75	56.06
人均净利润	74.11	64.73	120.81	89.80	43.47

注：表中数据来自中信证券各年度报告，相关指标由作者计算。

2017年上市证券公司人均效率与报酬的比较见表7-21。

表7-21　　2017年上市证券公司人均效率与报酬的比较

截至2017年12月31日　　单位：万元

股票代码	公司名称	营业收入	净利润	支付给职工以及为职工支付的现金	在职员工数量合计	人均营业收入	人均净利润	人均报酬	员工报酬等占营业收入（%）
600030	中信证券	4 329 163.41	1 197 746.97	739 967.54	16 161	267.88	74.11	45.79	17.09
600109	国金证券	439 058.73	120 232.67	223 618.69	3 282	133.78	36.63	68.13	50.93
600369	西南证券	306 076.47	69 088.21	153 722.58	2 906	105.33	23.77	52.90	50.22
600837	海通证券	2 822 166.72	987 560.29	621 289.00	10 084	279.87	97.93	61.61	22.01
600909	华安证券	191 769.68	65 221.58	53 874.39	2 700	71.03	24.16	19.95	28.09
600958	东方证券	1 053 151.13	360 301.76	312 403.27	4 710	223.60	76.50	66.33	29.66
600999	招商证券	1 335 321.36	580 470.86	445 212.37	10 633	125.58	54.59	41.87	33.34
601099	太平洋	129 689.56	12 586.60	84 774.91	2 032	63.82	6.19	41.72	65.37
601108	财通证券	401 153.37	147 681.20	128 560.07	3 083	130.12	47.90	41.70	32.05
601198	东兴证券	362 697.87	130 966.04	141 139.81	3 022	120.02	43.34	46.70	38.91
601211	国泰君安	2 380 413.29	1 048 290.87	748 144.75	14 877	160.01	70.46	50.29	31.43
601375	中原证券	241 762.01	52 115.27	76 610.10	2 770	87.28	18.81	27.66	31.69
601377	兴业证券	881 878.15	263 504.26	350 974.43	5 705	154.58	46.19	61.52	39.80
601555	东吴证券	414 424.05	81 076.01	138 565.49	2 864	144.70	28.31	48.38	33.44
601688	华泰证券	2 110 853.41	940 785.66	559 024.69	8 135	259.48	115.65	68.72	26.48
601788	光大证券	983 814.78	312 699.86	343 700.95	9 089	108.24	34.40	37.82	34.94
601878	浙商证券	461 061.24	106 350.78	142 914.63	3 308	139.38	32.15	43.20	31.00
601881	中国银河	1 134 419.23	401 897.40	475 440.30	10 099	112.33	39.80	47.08	41.91
601901	方正证券	595 298.72	145 258.73	283 051.05	8 527	69.81	17.04	33.19	47.55
000166	申万宏源	1 336 778.30	472 575.27	691 354.92	14 129	94.61	33.44	48.93	51.72
000686	东北证券	492 611.20	70 270.30	175 793.35	3 622	136.01	19.40	48.53	35.69
000728	国元证券	351 070.22	121 396.88	119 987.97	3 330	105.43	36.46	36.03	34.18
000750	国海证券	265 872.13	43 094.47	139 526.89	2 505	106.14	17.20	55.70	52.48
000776	广发证券	2 157 564.85	908 337.08	683 487.25	12 019	179.51	75.58	56.87	31.68
000783	长江证券	564 005.09	154 334.39	244 864.84	6 544	86.19	23.58	34.42	43.42
002500	山西证券	439 299.64	44 239.39	98 050.69	2 353	186.70	18.80	41.67	22.32
002673	西部证券	316 994.50	75 449.66	143 788.13	3 013	105.21	25.04	47.72	45.36
002736	国信证券	1 192 361.02	457 874.88	404 743.36	9 109	130.90	50.27	44.43	33.94
002797	第一创业	195 166.87	43 151.51	93 948.44	4 291	45.48	10.06	21.89	48.14
002926	华西证券	266 978.15	101 998.83	93 759.66	3 170	84.22	32.18	29.58	35.12

资料来源：作者根据各证券公司2017年度报告合并报表数据整理计算。

三、偿债能力指标

偿债能力是用来衡量上市公司对负债能及时、足额偿还的保证程度。以流动比率、速动比率、资产负债率、EBITDA全部债务比、利息保障倍数、现金利息保障倍数、

EBITDA利息保障倍数、贷款偿还率以及利息偿付率作为主要解释因子，计算偿债能力得分，该能力得分越高，说明偿债能力越好。与其他行业不同的是，证券公司在计算资产负债率时，资产和负债均要剔除代理买卖证券款的影响。

2016年1月17日，证监会发布了《公开发行证券的公司信息披露内容与格式准则第38号——公司债券年度报告的内容与格式》，其中对偿债能力指标的计算做了规定说明（详见表7-22下的计算说明）。

表7-22 **中信证券偿债能力指标**

主要指标	2017年	2016年	本期比上年同期增减（%）
流动比率	1.64	1.44	13.89
速动比率	1.64	1.44	13.89
资产负债率（%）	70.87	68.51	2.36
EBITDA全部债务比	0.09	0.09	0
利息保障倍数	2.61	2.69	-2.97
现金利息保障倍数	（12.61）	（5.71）	不适用
EBITDA利息保障倍数	2.7	2.79	-3.23
贷款偿还率（%）	不适用	不适用	不适用
利息偿付率（%）	260.7	268.51	-7.81

注：上表所示各列报期间的资产负债率中，资产和负债均剔除代理买卖证券款的影响。

表中各种指标计算如下：

（1）流动比率=（货币资金+结算备付金+拆出资金+融出资金+交易性金融资产+衍生金融资产+买入返售金融资产+应收利息+存出保证金+应收款项+其他流动资产-代理买卖证券款-代理承销证券款-应付货币保证金）÷（短期借款+应付短期融资券+拆入资金+交易性金融负债+衍生金融负债+卖出回购金融资产款+应付职工薪酬+应交税费+应付利息+一年以内到期的应付债券+应付股利+应付款项）

（2）证券公司的速动比率计算公式与流动比率相同。

（3）资产负债率=（负债总额-代理买卖证券款-代理承销证券款-应付货币保证金）÷（资产总额-代理买卖证券款-代理承销证券款-应付货币保证金）

（4）EBITDA全部债务比=息税折旧摊销前利润÷全部债务

（5）利息保障倍数=（利润总额+利息支出-客户资金利息支出）÷（利息支出-客户资金利息支出）

（6）现金利息保障倍数=（经营活动产生的现金流量净额+现金利息支出+所得税付现）÷现金利息支出

（7）EBITDA利息保障倍数=EBITDA÷（计入财务费用的利息支出+资本化的利息支出）

（8）贷款偿还率＝实际贷款偿还额÷应偿还贷款额

（9）利息偿付率＝实际支付利息÷应付利息

资料来源：中信证券2017年度报告第105页。

流动比率和速动比率越高，表明证券公司短期偿债能力越强；资产负债率指标是一个不能用高低来简单衡量的指标，只要在风险适度的范围内，对提高股东回报是有利的。

EBITDA全部债务比、利息保障倍数、现金利息保障倍数、EBITDA利息保障倍数四个指标越高，表明公司的付息能力越强。当投资者观察一个证券公司通过发债融资的付息能力时，需要观察上述指标。贷款偿还率以及利息偿付率指标越高，表明证券公司对来自银行等金融机构的偿贷能力越强。

2017年度和2016年度比较，中信证券的流动比率、速动比率上升，反映公司的短期偿债能力在提高，资产负债率略升，EBITDA全部债务比稳定，利息保障类指标以及利息偿付率下降，说明公司的付息能力在减弱。

四、成长能力指标

成长能力是用来衡量证券公司扩展经营的能力。以营业收入、息税折旧摊销前利润、利润总额、净利润、投资收益增长率、总资产增长率和股东权益增长率作为主要解释因子，计算成长能力得分，该能力得分越高，说明成长能力越好。成长能力指标主要用趋势分析法通过比较两个年度的增减幅度来计算。

在成长能力分析中，对于证券公司而言，要加进投资收益指标。投资收益是用来衡量财务报表中投资收益对财务状况的影响。之所以加进投资收益指标，是考虑到新准则中投资收益的确定对财务报表产生较大影响，将投资收益中的投资收益净利比作为主要解释因子，计算投资收益得分。该能力得分越高，说明投资收益越好。

表7-23反映了中信证券的成长能力指标，多年度比较看到的是一种波动趋势，这符合证券行业的特点。2016年的成长能力指标较弱，2017年该指标好转。这还要通过与同业的比较才能得出结论。

表7-23　　**中信证券成长能力指标**　　单位：%

项　目	2017年	2016年	2015年	2014年	2013年
营业收入增长率	13.92	−32.16	91.84	81.18	37.81
归属于母公司股东的净利润增长率	10.30	−47.65	74.64	116.20	13.40
归属于母公司股东的扣除非经常性损益的净利润增长率	10.71	−48.49	107.86	83.36	25.70
资产总额增长率	4.71	−3.03	28.46	76.75	61.03
所有者权益总额增长率	5.04	2.86	40.15	13.12	3.14
归属于母公司股东的权益增长率	4.98	2.56	40.40	13.01	1.42

注：整理自中信证券2013—2017年度报告公告的数据。

五、分红能力指标

对证券公司分红能力的分析，需要从分红总额、现金分红率、股息率以及优先股股息率指标来分析。

（一）分红总额和现金分红率

表7-24反映了中信证券的分红状况和现金分红比率。其中第5列反映了现金分红总额的

情况，第7列反映了中信证券的现金分红率。数据显示，2017年度中信证券的利润分配采用了现金分红的方式，公司拟以截至2017年12月31日的总股数计算，派发股权登记日登记在册的A股股东和H股股东现金红利，每10股派发现金红利4.00元（含税），拟派发现金红利总额为48.47亿元（含税），占2017年合并报表归属于母公司股东净利润的42.39%。

表7-24　　中信证券分红总额和现金分红率　　单位：元

分红年度	每10股送红股数（股）	每10股派息数（含税）	每10股转增股数（股）	现金分红总额（含税）	分红年度合并报表中归属于上市公司普通股股东的净利润	现金分红率（%）
2017年	—	4.0000	—	4 846 763 360.00	11 433 264 545.60	42.39
2016年	—	3.5000	—	4 240 917 940.00	10 365 168 588.41	40.92
2015年	—	5.0000	—	6 058 454 200.00	19 799 793 374.33	30.60

注：表7-24中的数据来自中信证券2017年度报告。第7列数据为该公司的现金分红率。

（1）上市公司分红总额[①]是指统计期内上市公司现金分红金额合计，包括股息和红利。按照分红实施与否分为实际分红总额、预案分红总额和预案实施分红总额。实际分红总额是指上市公司最近12个月内现金分红金额合计。预案分红总额是指会计年度内根据每期财务报告的分红预案中拟现金分红数据计算的分红总额合计。预案实施分红总额是指会计年度内每期财务报告的分红预案中已实现的分红总额合计。

①现金分红总额为含税数据。

②预案分红总额不含未在财务报告中披露的特别分红数额。

③上市公司现金分红额采用人民币计价金额。

④实际分红总额以除息日计算。

⑤“最近12个月”根据以下原则处理：统计期末为当月最后一个自然日，统计期含当月，否则不含当月。

（2）现金分红率[②]是指统计期内预案实施分红总额与年度上市公司净利润分红总额的比率。计算公式为：现金分红率=统计期内预案实施分红总额÷年度上市公司净利润分红总额。

有关中信证券的现金分红情况也可以与同行业上市证券公司进行比较，以了解行业平均的现金分红水平（见表7-25）。可见行业中现金分红率（股利支付率）最高的为中原证券95.88%，华泰证券由于定向增发的原因股利支付率为零。

（二）股息率以及优先股股息率

股息率是指每股现金分红与股票价格之间的比率。为了消除股本变动带来的影响，通常用对应的实际分红总额与期末股票市值的比率来计算股息率。另外，也可以采用预案分红总额与期末股票市值的比率来计算预案分红股息率。

表7-26反映了中信证券的股息率情况。该公司最低的股息率也达到8%以上，基于投资者回报视角，从长期持有该证券公司股票的角度股价收益率还是比较高的。

---

① 相关制度规则见：（1）《关于修改上市公司现金分红若干规定的决定》（证监会令第57号）；（2）《关于进一步落实上市公司现金分红有关事项的通知》（证监发〔2012〕37号）。

② 相关制度规则见《公开发行证券的公司信息披露解释性公告第1号——非经常性损益（2008）》（证监会公告〔2008〕43号）。

表7-25　　2017年上市证券公司现金分红率　　单位：元

股票代码	名　称	现金分红总额（含税）	分红年度合并报表中归属于上市公司普通股股东的净利润	现金分红率（%）	备　注
600030	中信证券	4 846 763 360.00	11 433 264 545.60	42.39	
600109	国金证券	151 217 965.50	1 201 432 521.06	12.59	
600369	西南证券	282 255 456.20	668 800 161.74	42.20	
600837	海通证券	2 645 391 000.00	8 618 423 293.06	30.69	
600909	华安证券	217 260 000.00	649 726 827.62	33.44	
600958	东方证券	1 398 731 160.60	3 553 626 384.73	39.36	
600999	招商证券	2 317 995 627.83	5 785 955 137.26	40.06	每10股派发现金红利3.46
601099	太平洋	68 163 163.70	116 278 799.56	58.62	
601108	财通证券	646 020 000.00	1 480 930 468.18	43.62	
601198	东兴证券	413 694 098.55	1 309 249 598.89	31.60	
601211	国泰君安	3 485 573 520	9 881 544 722	35.27	
601375	中原证券	423 763 347.60	441 982 592.67	95.88	分配比例一直高
601377	兴业证券	1 004 500 751.10	2 284 896 126.79	43.96	
601555	东吴证券	450 000 000	788 122 751.35	57.10	连续两年固定分红
601688	华泰证券	—	9 276 520 447.68	—	考虑定向增发暂不分配
601788	光大证券	922 157 527.80	3 016 470 221.54	30.57	
601878	浙商证券	333 333 340.00	1 063 507 778.68	31.34	
601881	中国银河	1 216 471 050.84	3 980 730 433.74	30.56	
601901	方正证券	82 321 013.95	1 452 957 913.42	5.67	
000166	申万宏源	1 126 797 228.00	4 599 683 411.82	24.50	
000686	东北证券	234 045 291.50	666 946 558.98	35.09	
000728	国元证券	504 817 057.05	1 203 746 140.88	41.94	
000750	国海证券	252 932 518.32	375 760 243.11	67.31	
000776	广发证券	3 048 435 065.60	8 595 399 060.76	35.47	
000783	长江证券	829 420 151.70	1 545 112 374.32	53.68	
002500	山西证券	254 585 264	408 901 264	62.26	
002673	西部证券	245 128 783.90	752 270 907.74	32.59	
002736	国信证券（万元）	123 000.00	457 477.76	26.89	
002797	第一创业	70 048 000.00	422 851 118.39	16.57	
002926	华西证券	204 750 000.00	1 019 124 805.62	20.09	

注：数据来自各公司2017年度报告。

表7-26　　中信证券的股息率

分红年度	每10股送红股数（股）	每10股派息数（元）（含税）	每10股转增股数（股）	每股市价（元）	股息率
2017年	—	4.0000	—	18.10	22.10%
2016年	—	3.5000	—	16.06	21.79%
2015年	—	5.0000	—	19.35	25.84%
2014年	—	2.8185	—	33.90	8.31%
2013年	—	1.5000	—	12.75	11.76%
2012年	—	3.0000	—	13.36	22.46%

数据来源：每股市价来自新浪财经中信证券月K线各年末股票收盘价。分红数据来自中信证券的各年度报告。表中数据计算如下：

股息率=每股现金分红÷每股市价=实际分红总额÷期末股票市值

预案分红股息率=预案分红总额÷期末股票市值

如果公司发行优先股，则优先股股息率是指优先股的每股股息与其价格之间的比率。根据股息和优先股价格选取的不同，股息率可以分为票面股息率和实际股息率。票面股息率是指优先股发行时约定的每股股息与其票面金额之间的比率。

其计算公式为：

票面股息率=优先股发行时约定的每股股息÷优先股发行时的每股票面金额

实际股息率是指优先股每股股息与其价格之间的比率。通常用实际优先股股息总额与期末股票市值的比率来计算股息率。其计算公式为：

优先股股息率=优先股的每股股息÷优先股的每股价格=实际优先股股息总额÷期末股票市值

在计算时：

（1）对一组优先股的平均票面股息通常用算数平均数计算。

（2）对一组优先股的平均实际股息率通常用总体法计算。

六、市场表现指标分析

市场表现指标是用来衡量上市公司股东获得收益的能力和股票市值与净资产关系的指标。以市盈率、市净率作为主要解释因子，计算市场表现得分，该能力得分越高，说明市场表现越好。

其中，市盈率（PE），是指上市公司每股股价与其每股收益的比率，通常用上市公司股票市值与其对应的归属于母公司股东净利润的比率进行计算。市净率是指上市公司每股股价与其每股净资产的比率，通常用上市公司股票市值与其对应的归属于母公司股东权益的比率进行计算。

中信证券市场表现指标及其计算依据见表7–27。公司的每股收益、每股净资产以及市盈率、市净率等指标随着盈利以及资本市场股票价格的波动而波动。

表7–27　**中信证券市场表现指标**

项　目	2017年	2016年	2015年	2014年	2013年
基础数据：					
基本每股收益（元/股）	0.94	0.86	1.71	1.03	0.48
归属于母公司股东的每股净资产（元/股）	12.36	11.84	12.02	9.00	7.96
每股市价（元/股）	18.10	16.06	19.35	33.90	12.75
计算结果：					
市盈率	19.25	18.67	11.32	32.91	26.56
市净率	1.46	1.36	1.61	3.77	1.60

数据来源：根据中信证券各年度公告数据以及年末收盘价计算。以2017年为例，中信证券年度报告显示，归属于母公司股东的权益总额为1 497.99亿元，期末总股本121.17亿元，则归属于母公司股东的每股净资产为12.36元。

表中市盈率和市净率的计算如下：

1.市盈率（PE）=每股市价÷每股收益=股票市值÷该股份对应的母公司股东的净利润

按照对股票每股收益选取的不同，市盈率分为静态市盈率、动态市盈率和预测市盈率。

（1）静态市盈率，是指统计期末上市公司每股股价与最新年度报告中披露的每股收益的比率。通常以上市公司股票市值与其最新年度财务报告中对应的归属于母公司股东净利润的比率进行计算。

（2）动态市盈率，是指统计期末上市公司每股股价与最近连续4个季度产生的每股收益合计的比率。通常以上市公司股票市值与其最近连续4个季度对应的归属于母公司股东净利润合计的比率进行计算。

（3）预测市盈率，是指统计期末上市公司每股股价与预测每股收益的比率。其中预测每股收益采用以下方法计算：

预测每股收益=一季度财务报告中实现的每股收益×4

预测每股收益=半年度财务报告中实现的每股收益×2

预测每股收益=三季度财务报告中实现的每股收益×3÷4

根据时间最近原则选取财务报告。

指标说明：

（1）每股收益和净利润数据在财务报告公告截止日的次日集中更新。

（2）对单只股票计算市盈率时仅考虑每股收益为正的股票。

（3）通常的市盈率指静态市盈率；滚动市盈率和预测市盈率作分析用。

（4）对多只股票计算平均市盈率时通常采用上市公司股票市值合计与其对应的归属于母公司股东净利润合计的比率进行计算（包括净利润为负的上市公司股票，剔除暂停上市公司股票）。

（5）对于发行多种类型股票股份的公司，根据各类型股份数量按比例分配该公司归属于母公司股东的净利润。

（6）上市公司首发市盈率是指上市公司股票发行价格与每股收益的比值，其中每股收益通常按照摊薄法计算，即最新年度财务报告中对应的归属于母公司股东的净利润除以发行后总股本。另外，每股收益也可按照发行前的总股本和新发行股本的权重进行计算，即：

$$\text{每股收益}=\frac{\text{最新年度财务报告中对应的}}{\text{归属于母公司股东的净利润}}\div\left[\frac{\text{发行前}}{\text{总股本}}+\frac{\text{本次公开}}{\text{发行股本}}\times\left(1-\frac{\text{发行}}{\text{月份}}\div 12\right)\right]$$

2. 市净率=每股市价÷每股净资产=股票市值÷该股份对应的母公司股东权益

指标说明：

（1）每股净资产数据在财务报告公告截止日的次日集中更新。

（2）通常用最新财务报告的每股净资产进行市净率计算。

（3）对单只股票计算市净率时仅考虑每股净资产为正的股票。

（4）对多只股票计算平均市净率时通常采用上市公司股票市值合计与其对应的归属于母公司股东权益合计的比率进行计算。（包括权益为负的上市公司股票，并剔除暂停上市公司股票）

（5）对于发行多种类型股票股份的公司，根据各类型股份数量按比例分配该公司归属于母公司股东的权益。

如果某种股票的每股价格跌破每股净资产，也可以用破净率反映二者之间的关系。

破净率是指每股价格跌破每股净资产的股票，其每股价格与每股净资产的偏离比率。通常用股票市值与归属于母公司股东权益合计的比率偏离比率进行计算。

指标说明：

（1）通常用最新财务报告中的每股净资产数据进行破净率计算。

（2）对一组破净股票计算平均破净率时采用上市公司股票市值合计与其对应的归属于母公司股东的权益合计的偏离比率进行计算。（剔除暂停上市公司股票）

为了解证券公司行业性的市盈率和市净率情况，也可以与同行业上市证券公司进行比较，以了解行业平均的水平（见表7-28）。从中既能了解个股的风险以及投资者的偏好和预期，也可根据行业指标进行公司估值分析。

表7-28　上市证券公司市盈率和市净率

截至2017年12月31日

股票代码	公司名称	市盈率	市净率
600030	中信证券	19.2553	1.4641
600109	国金证券	24.0302	1.5317
600369	西南证券	38.5883	1.3484
600837	海通证券	17.1600	1.2571
600909	华安证券	40.3889	2.1467
600958	东方证券	24.3158	1.8294
600999	招商证券	22.0000	1.4510
601099	太平洋	212.9412	2.1036
601211	国泰君安	16.6847	1.3107
601375	中原证券	56.0909	2.3805
601377	兴业证券	21.4118	1.4584
601555	东吴证券	37.3846	1.4006
601688	华泰证券	13.3272	1.4156
601788	光大证券	20.5289	1.2748
601878	浙商证券	48.8824	4.0995
601901	方正证券	38.2778	1.5143
000686	东北证券	31.3214	1.3098
000728	国元证券	27.5000	1.4590
000776	广发证券	14.7611	1.4981
002500	山西证券	65.8571	2.0862
002797	第一创业	81.6667	3.8752
002926	华西证券	0.0000	0.0000

资料来源：根据凤凰网财经-行情中心个股资料整理。凤凰网没有提供相关数据的上市证券公司可以从国泰安数据库等数据库查询，此处略。

七、证券公司监管指标分析

按照规定，上市证券公司要披露母公司的净资本及其风险控制指标的实现情况。中信证券母公司的净资本及风险控制指标见表7-29。

表7-29　中信证券母公司的净资本及风险控制指标　单位：万元

项　目	监管标准	2017年年末	2016年年末
净资本		8 670 826.82	9 350 402.13
净资产		12 321 657.86	11 886 954.40
各项风险资本准备之和		5 213 615.40	5 474 636.92
风险覆盖率（%）	≥100%	166.31	170.79
资本杠杆率（%）	≥8%	16.67	21.62
流动性覆盖率（%）	≥100%	290.32	166.77
净稳定资金率（%）	≥100%	122.03	143.29
净资本/净资产（%）	≥20%	70.37	78.66
净资本/负债（%）	≥8%	29.49	37.02
净资产/负债（%）	≥10%	41.91	47.06
自营权益类证券及其衍生品/净资本（%）	≤100%	33.23	35.01
自营非权益类证券及其衍生品/净资本（%）	≤500%	124.35	143.3

注：母公司各项业务风险控制指标均符合中国证监会《证券公司风险控制指标管理办法》（2016年修订）的有关规定。上年度末相关数据已根据《证券公司风险控制指标管理办法》（2016年修订版）进行重述。

资料来源：中信证券2017年度报告。

从上表中可以看出中信证券母公司的净资本及主要风险控制指标均符合监管标准，抗风险能力良好。

当从上述角度对各项能力指标进行单一计算后，为了更好地评价公司的综合管理能力，就可以进行综合能力评估。综合能力评估首先是运用统计学的因子分析法对上市公司的财务指标进行归类、总结，将反映上市公司的众多指标归纳成几个方面，然后对每个方面进行打分来反映上市公司在不同方面的得分，以帮助投资者对上市公司的财务状况和投资价值作出判断。最后根据因子分析的结论，对盈利能力得分、偿债能力得分、成长能力得分、资产经营得分、市场表现得分和投资收益六个方面，分别赋予权重计算出上市公司综合财务能力得分，该能力得分越高，说明财务能力越好。

重要概念

融出资金　衍生金融资产　存出保证金　应付短期融资款　衍生金融负债　代理买卖证券款　一般风险准备　资产处置收益　成本收入比　业务及管理费　以公允价值计量且其变动计入当期损益的金融资产　综合收益总额

复习思考

1. 对证券公司资产负债表可以进行哪些角度的分析？
2. 对证券公司利润表可以进行哪些角度的分析？
3. 对证券公司现金流量表可以进行哪些角度的分析？
4. 对证券公司财务指标的分析包括哪些内容？
5. 对证券公司监管指标的分析包括哪些内容？
6. 和讯财经网对证券公司的财务指标综合评价包括哪些基本内容？

操作练习

1. 从财政部官网获取2018年最新的证券公司财务报表列报格式。
2. 下载招商证券2017年度报告，比照中信证券进行多角度的财务与监管指标分析。

第八章

信托业信息披露与监管要求

【导语】本章将在对信托业的基本业务与发展情况进行综述的基础上，梳理信托业的信息披露与监管要求，这有助于我们对信托业财务报告及其信息披露的理解与分析。

本章内容要点

第一节 信托业的基本业务与发展

本节将在对信托业基本业务和发展概况进行梳理的基础上，明确信托业的特点，以便为财报分析奠定基础。

一、信托业的基本业务

（一）信托及其特征

信托作为一种财富管理工具，起源于13世纪的英国；在美国、日本等发达国家，信托资产对GDP的占比往往超过100%。正如美国信托业权威斯考特所说的那样："信托的应用范围可与人类的想象力相媲美"。

我国《信托法》规定，所谓信托，是指委托人基于对受托人的信任，将其财产权委托给受托人，由受托人按委托人的意愿以自己的名义，为受益人的利益或者特定目的，进行管理或者处分的行为。信托业务的范畴包括商事信托、民事信托、公益信托等领域。经央行批准的金融信托投资公司可以经营资金信托、动产信托、不动产信托和其他财产信托四大类信托业务。伴随着中国经济的发展和理财市场的强大需求，中国信托业规模正高速增长。

信托的基本特征如下：

（1）信托以信任为基础，受托人应具有良好的信誉。

（2）信托成立的前提是委托人要将自有财产委托给受托人。

（3）信托财产具有独立性，信托依法成立后，信托财产即从委托人、受托人以及受益人的自有财产中分离出来，成为独立运作的财产。

（4）受托人为受益人的最大利益管理信托事务。

（二）信托公司的基本业务

信托业务，是指信托公司以营业和收取报酬为目的，以受托人的身份承诺信托和处理信托事务的经营行为。我国信托业的基本业务可以进行如下分类：

1.按信托业务的广度，分为广义的信托业务与狭义的信托业务

广义的信托业务包括所有按照信托法原理开展的经营活动。从证券投资基金到企业年金和民事信托等，这些产品的设计中均引入了信托结构。狭义的信托业务，指信托公司开展的信托业务活动。信托公司能在财富传承信托、子女成长信托、遗产信托、公益信托等方面有所作为，使信托真正走近老百姓，信托公司的社会作用和影响力将大大增强，也只有这样，信托才有可能成为四大金融支柱之一。伴随我国社会财富的不断增长，外部受托机制将越来越受到青睐，广义信托业的发展前景非常广阔。

2.按目前经营的主要业务，分为固有业务与信托业务

固有业务是信托公司运用自有资本开展的业务，主要包括但不限于贷款、租赁、投资、同业存放、同业拆放等。信托公司的固有业务还包括固有资金存贷款及投资业务，该类业务由公司内设的固有业务部负责。

信托业务是指信托公司作为受托人，按照委托人的意愿以公司名义对受托的货币资金或其他财产进行管理或处分，并从中收取手续费的业务。公司的信托业务主要由其下设的各信托业务部门负责开展。

3.按资金投向，分为十多种类型的业务

根据《信托公司管理办法》以及中国银监会颁布的各项业务监管指引，信托公司可以开展的信托业务包括：

（1）银信合作类信托业务（优势业务）

银信合作类信托业务（优势业务）是指信托公司依托大股东的资源优势，发行单一或集合类信托产品，与银行理财产品对接，投资于信贷资产、银行票据、基础设施建设项目、新股申购等具有稳健回报的资产，为银行盘活存量资产、发展中间业务、挖掘客户需求提供有效的途径，同时满足客户多样化的融资安排。

（2）基础设施类信托业务

基础设施类信托业务是指信托公司利用贷款、股权投资等方式，将信托资金运用于城市基础设施建设项目以及政府重大工程项目（如城市集中供水、供热、供气以及高等级公路、桥梁、机场、道路等项目），为基础设施建设项目搭建融资平台，使委托人获取稳健的投资收益。

（3）房地产类信托业务

房地产类信托业务是指信托公司利用贷款、投资、租金收益权买卖、融资租赁等金融工具为房地产企业提供资金支持与金融服务。信托公司要特别关注拥有收益型物业的房地产企业，积极探索房地产投资信托基金（REITs），为委托人提供投资房地产的专业理财

途径，分享房地产行业的利润。

（4）证券投资类信托业务

证券投资类信托业务是指信托公司通过筛选，与优秀的证券投资管理公司合作，为委托人提供专业的证券投资理财服务，获得证券投资收益。该类信托产品分为两种：对于那些希望获得稳定收益的投资者，信托公司将信托资金投向股票一级市场，包括新股申购、定向增发、拟上市公司股权投资等；而对于追求高风险、高收益的投资者，信托公司选择与具有较高市场运作能力的私募基金或资产管理公司合作，通过结构化设计，将信托资金主要投向股票二级市场，进行股票投资，将公众投资者作为优先受益人，而将合作方作为劣后受益人。

（5）中小企业发展类信托业务

中小企业发展类信托业务是指信托公司与地方财政部门合作，并联手具有一定实力的担保公司，专门针对中小企业融资难而设计推出的信托计划。入选的中小企业由财政部门、信托公司、担保公司共同确定，根据遴选企业数量与用款额度确定信托规模，财政部门将认购其中一部分，一方面是对该项目增信，另一方面是将此部分信托收益直接作为信托费用，间接降低企业的融资成本。其余部分由信托公司募集，并采用贷款方式分户投放。所有贷款均由担保公司全额担保。

（6）私人股权投资（PE）类信托业务

私人股权投资类信托业务是指信托公司将信托计划项下的资金投资于未上市企业的股权、上市公司限售流通股或银监会批准可以投资的其他股权，为信托计划委托人谋取超额的投资收益。

（7）资产证券化信托业务

资产证券化信托业务是指信托公司将缺乏流动性但能够产生可预见的稳定现金流资产，通过一定的结构安排，对资产中的风险与收益要素进行分离与重组，进而转换成为在金融市场上可以出售的流通证券的过程。这里的资产包括银行信贷资产、企业动产和不动产。

（8）财务顾问业务

财务顾问业务指信托公司凭借专业知识、行业经验、人力及金融资源，向客户提供咨询、分析、方案设计等专业化、增值性的综合性投资银行业务。财务顾问业务包括但不限于：常年财务顾问、收购兼并顾问、企业重组顾问、战略规划顾问、融资顾问等。

（9）债券承销业务

债券承销业务是指信托公司承销国债、政策性银行金融债和企业债券的中介业务。信托公司提供企业债券融资信息咨询和策划、企业债券发行方案的设计和发行承销并兑付等方面的服务。承销的债券主要面向信托客户和机构投资者。

（10）其他信托业务

除上述业务品种外，信托公司还可以从事公益信托业务、公司委托理财业务、融资租赁业务以及股权代持业务等。

二、信托业与《信托法》

信托业的发展与信托制度的发展是相辅相成的。随着我国经济的发展，单位和个人的财富积累越来越多。财富的种类也由单一的货币资金向实物资产多元化发展，房产、股票、艺术品等财富形式所占的比例越来越大，资产管理市场发展的空间巨大。信托业的快速发展受益于两个方面的因素：一方面是经济的发展、人民生活水平的提高、城乡居民财富的增加，为信托行业的快速发展奠定了基础；另一方面是行业的逐步规范。

我国的信托业始于1979年成立的第一家信托公司。2001年4月28日，《中华人民共和国信托法》（以下简称《信托法》）颁布。《信托法》最重要的意义，是在我国承认并建立了信托制度，为资产管理和财富传承提供了一种最好、最为有效的法律工具，一定程度上推动了社会主义市场经济的建设。《信托法》与《信托公司管理办法》和《信托公司集合资金信托计划管理办法》，共同构建了信托业的基本法律框架。首先，《信托法》在我国确立了信托制度，这是行业赖以生存、发展最基本的法律基础。其次，《信托法》界定了信托公司的业务框架，明确了信托公司能做什么，靠什么盈利，也就是明确了信托公司生存、发展的基本路径，即作为“受人之托、代人理财”的资产管理机构。再次，《信托法》较详细地规范了信托合约利益各方的权利和义务，具有高度的指导性和可操作性，对解决潜在争议、保证行业可持续发展具有重大意义。最后，《信托法》确立了最基本的风险控制框架，即“严格分离”，这对于保证行业的稳健发展是非常重要的。

2017年，《信托登记管理办法》出台，信托业正式建立了统一的登记制度，市场规范化和透明度大大提升。与此同时，各项监管政策如“三三四十”、资管新规、“55号文”等对房地产信托、政信合作业务、通道业务产生了较大影响，相应的业务得到进一步规范。为此，多数信托公司进一步实施增资扩股，增强公司的抗风险能力，并以此谋求业务转型和创新发展。

2017年，各信托公司在信托业务回归本源的方针指引下，积极开展转型性业务。伴随中国产业结构的转变和消费模式的变化，各信托公司推陈出新，推出了多种与实体经济需求和本源要求相适应的信托业务，如投贷联动、资产证券化、产业基金、消费信托、慈善信托、绿色信托等，主动管理能力得到进一步提升。

信托业正在充分利用其业务的综合性、灵活性和敏锐性，通过对社会闲置资金的多方式运用、跨市场配置，以债权融资、股权投资、投贷联动、产业基金、资产证券化等方式投入实体经济，有效弥补了传统信贷业务的不足。信托业发挥资产管理的专业优势，设计、开发出了多样化信托产品，满足了投资者多样化、特色化和个性化的投资需求，为国民财富的保值增值提供了更多的途径。

三、信托业的发展概况

近年来，我国信托业进入稳步增长的阶段，中国信托业协会发布的“2017年信托公司主要业务数据”的各项指标表明，我国信托业与宏观经济基本保持协调发展，2017年信托业资产规模增速有所放缓，但实现了稳步增长。在宏观经济发展模式转变和强监管的形势下，信托业粗放经营、专业管理能力不强等问题急需改变。未来，信托公司需进一步打造自己的核心竞争力，走集约化、创新化道路。与此同时，需不断完善公司治理结构，严守合规经营底线，以更好地服务实体经济为着眼点，加快推进业务转型，回归信托本源，实现可持续健康发展。

中国信托登记有限责任公司（以下简称“中国信登”）成立以来，中国银监会、各地方监管局均实现了在线查阅信托产品信息、线上开展信托产品入市前的报告管理及后续的持续监管。中国信登统计数据显示：截至2017年12月底，全国各信托公司都通过系统报送了信托产品登记信息，累计报送信托登记近2.2万笔，其中预登记累计1.7万余笔，获取有效产品编码的信托产品达1.56万多个。

（一）固有资产方面

截至2017年年末，我国共有68家信托公司，且公司数量连续4年保持平稳；68家公司的固有资产规模达到6 578.99亿元（平均每家信托公司96.75亿元），同比增长18.12%。所有者权益5 250.67亿元（平均每家77.22亿元），同比增长16.63%。2017年，68家信托公司实现经营收入1 190.69亿元，相较2016年的1 116.24亿元，同比增长6.67%。利润总额824.11亿元，人均利润311.08万元。整体来看，信托行业经营业绩进一步提升（见表8-1）。

表8-1 **固有资产及其盈利状况** 单位：亿元

项　　目	2017年年末	2016年年末	2015年年末	2014年年末	2013年年末
信托公司数量（家）	68	68	68	68	65
固有资产	6 578.99	5 569.96	4 623.28	3 586.02	2 871.41
所有者权益	5 250.67	4 501.86	3 818.69	3 196.22	2 555.18
平均每家固有资产规模	96.75	81.91	67.99	52.74	44.18
平均每家所有者权益的规模	77.22	66.20	56.16	47.00	39.31
经营收入	1 190.69	1 116.24	1 176.06	954.95	832.60
利润总额	824.11	771.82	750.59	642.30	568.61
人均利润（万元）	311.08	316.10	319.91	301.00	305.65

1.固有资产及权益

从固有资产的结构来看，投资类资产依然是主要形式，规模为4 961.07亿元，占固有资产的比例为75.41%；货币类资产规模为656.81亿元，占比9.98%；贷款类资产规模为380.71亿元，占比仅为5.79%（见表8-2）。

表8-2 **固有资产规模及结构** 单位：亿元

项　　目	2017年年末		2016年年末		绝对数增减变动幅度（%）
	金额	占比（%）	金额	占比（%）	
货币类资产	656.81	9.98	684.87	12.30	-4.10
贷款	380.71	5.79	294.03	5.28	29.48
投资	4 961.07	75.41	4 137.36	74.28	19.91
其他资产*	580.40	8.82	453.70	8.14	27.93
固有资产合计	6 578.99	100	5 569.96	100	18.12

*其他资产数据未披露，根据固有资产总额及其他项目数据倒算获得。

2017年年末，信托全行业实收资本由2016年年末的2 038.16亿元上升至2 417.70亿元，同比增长18.62%，环比增长8.22%；未分配利润由1 330.50亿元上升至1 550.09亿元，同比增长16.50%，环比降低0.62%；信托赔偿准备由187.03亿元上升至221.12亿元，同比增长18.23%，环比增长12.78%。实收资本增加是近几年来信托公司持续增资扩股效应的直接体现，未分配利润和信托赔偿准备的增加能直接提升信托公司抵御风险的能力。

从所有者权益的构成来看，2017年年末实收资本占所有者权益的比例为46.05%，与2016年年末相比，提高了0.78个百分点；未分配利润占比29.52%，下降了0.03个百分点；信托赔偿准备占比4.21%，上升了0.06个百分点。所有者权益规模与构成的变化一定程度上反映了信托公司主动防控风险的意图和成效（见表8-3）。

表8-3　**所有者权益构成结构**　单位：亿元

项　目	2017年年末		2016年年末		绝对数增减变动幅度（%）
	金额	占比（%）	金额	占比（%）	
实收资本	2 417.70	46.05	2 038.16	45.27	18.62
信托赔偿准备	221.12	4.21	187.03	4.15	18.23
未分配利润	1 550.09	29.52	1 330.50	29.55	16.50
其他项目*	1 332.06	25.37	946.17	21.02	40.78
所有者权益合计	5 250.67	100	4 501.86	100	16.63

*其他项目数据未披露，根据所有者权益总额及其他项目数据倒算获得。

2.经营业绩

2016年和2017年信托业的经营收入及其构成结构见表8-4。

表8-4　**经营收入及其构成结构分析**　单位：亿元

项　目	2017年年末		2016年年末		绝对数增减变动幅度（%）
	金额	占比（%）	金额	占比（%）	
利息收入	62.38	5.24	62.75	5.62	-0.59
信托业务收入	805.16	67.62	749.61	67.16	7.41
投资收益	284.93	23.93	270.73	24.25	5.25
其他收入	38.22	3.21	33.15	2.97	15.29
经营收入合计	1 190.69	100	1 116.24	100	6.67

从经营收入的构成来看，信托业务收入仍是经营收入增长的主要驱动力。截至2017年年末，信托业务收入为805.16亿元，占比为67.62%，同比增长7.41%；投资收益为284.93亿元，占比为23.93%，同比增长5.25%；利息收入为62.38亿元，占比仅为5.24%，同比下降0.59%；其他收入为38.22亿元，占比为3.21%，同比增长15.29%。信托业务是信托公司的主业，随着整个金融行业回归本源和信托行业转型升级的推进，信托业务收入占比仍有继续提升的空间。

（二）信托资产方面

截至2017年年末，全国68家信托公司管理的信托资产规模突破26万亿元，达26.25万亿元（平均每家信托公司3 859.60亿元），同比增长29.81%，较2016年的24.01%上升了5.8个百分点。

1.按信托资金的来源与功能分类

表8-5反映了信托业2017年年末和2016年年末的信托资产规模与结构情况。

表8-5 **信托资产规模与结构** 单位：亿元

项目		2017年年末		2016年年末		绝对数增减变动幅度（%）
		余额	占比（%）	余额	占比（%）	
1.按资金来源划分	集合资金信托	99 050.40	37.74	73 353.32	36.28	35.03
	单一资金信托	120 018.19	45.73	101 231.00	50.07	18.56
	管理财产信托	43 384.35	16.53	27 601.75	13.65	57.18
	小计	262 452.95	100.00	202 186.07	100.00	29.81
2.按功能分类	融资类	44 284.68	16.87	41 624.49	20.59	6.39
	投资类	61 702.72	23.51	59 893.74	29.62	3.02
	事务管理类	156 465.55	59.62	100 667.84	49.79	55.43
	小计	262 452.95	100.00	202 186.07	100.00	29.81

资料来源：根据中国信托业协会信托公司主要业务数据做的整理分析。

2017年四季度末信托资产规模总量262 452.95亿元，按照资金来源划分，集合资金、单一资金和管理财产信托分别占比37.74%、45.73%和16.53%。按功能来划分，融资类、投资类和事务管理类信托资产占比分别为16.87%、23.51%和59.62%。

信托资产从趋势上看，均呈上升态势。

2.按信托资金的运用方式和投向分类

在资金类信托内部（含集合和单一资金信托），按资金运用方式和投向划分的信托资金情况见表8-6。

表8-6 **资金信托及其内部结构分析** 单位：亿元

资金信托		2017年年末		2016年年末		绝对数增减变动幅度（%）
		余额	占比（%）	余额	占比（%）	
1.按运用方式划分	贷款	83 778.40	38.24	61 727.85	35.36	35.72
	交易性金融资产投资	30 566.07	13.95	26 798.99	15.35	14.06
	可供出售及持有至到期投资	57 225.34	26.12	47 010.43	26.93	21.73
	长期股权投资	19 466.56	8.89	13 656.98	7.82	42.54
	租赁	1.44	0	2.69	0	−46.47
	买入返售	8 098.34	3.70	6 289.30	3.60	28.76
	存放同业	8 006.97	3.66	10 068.69	5.77	−20.48
	其他*	11 925.48	5.44	9 029.39	5.17	32.07
	小计	219 068.59	100.00	174 584.32	100.00	25.48
2.按投向划分	基础产业	31 741.45	14.49	27 298.94	15.64	16.27
	房地产	22 828.32	10.42	14 295.37	8.19	59.69
	证券市场（股票）	10 127.15	4.62	6 256.99	3.58	61.85
	证券市场（基金）	2 803.90	1.28	2 800.99	1.60	0.10
	证券市场（债券）	18 075.50	8.25	19 239.46	11.02	−6.05
	金融机构	41 099.41	18.76	36 150.18	20.71	13.69
	工商企业	60 997.88	27.84	43 328.03	24.82	40.78
	其他	31 394.98	14.33	25 214.36	14.44	24.51
	小计	219 068.59	100.00	174 584.32	100.00	25.48

资料来源：根据中国信托业协会《2017年四季度末信托公司主要业务数据》做的整理分析。

*数据与信托业协会的数据有差异，是因为原表的统计数据不平，这里作了调整。

从信托资金的运用方式上看，贷款、可供出售及持有至到期投资以及交易性金融资产投资位居前三，分别占比38.24%、26.12%和13.95%。

从信托资金的投向上看，工商企业依然稳居信托资金投向的榜首，其后依次是金融机构、基础产业、证券市场、房地产。截至2017年年末，五大投向占比情况如下：工商企业占比27.84%，金融机构占比18.76%，基础产业占比14.49%，证券市场占比14.15%，房地产占比10.42%。与2016年年末相比，变化在于基础产业超过证券市场升至第三位。这说明行业转型持续推进，加强支持实体经济。分析信托业资产的资金流向，可以为公司资金管理、风险管控以及监管部门的监管提供依据。

在特色业务中，68家信托公司的信托财产流向见表8-7。从表8-7中可以看出，信托公司的银信合作和信政合作是主要的特色业务，分别占比23.51%和4.77%。

表8-7　**信托财产流向分析**　单位：亿元

项目		2017年年末		2016年年末		绝对数增减变动幅度（%）
		余额	占比（%）	余额	占比（%）	
特色业务	银信合作	61 702.16	23.51	47 528.33	23.51	29.82
	信政合作	12 513.50	4.77	13 399.22	6.63	-6.61
	私募基金合作	6 977.39	2.66	5 309.46	2.63	31.41
	PE	710.67	0.27	591.20	0.29	20.21
	基金化房地产信托	45.90	0.02	62.75	0.03	-26.85
	QDII	448.99	0.17	493.31	0.24	-8.98

资料来源：根据中国信托业协会信托公司主要业务数据做的整理分析。

2017年四季度末我国证券信托规模达35 785.96亿元。表8-8显示了68家信托公司的资金流向，组合投资以及对二级市场的投资是证券投资信托中的主流投资，分别占证券投资信托总额的61.81%和32.44%。此外，银信合作是重要的方式。

表8-8　**证券投资信托资金流向**　单位：亿元

项目		2017年年末		2016年年末		绝对数增减变动幅度（%）
		余额	占比（%）	余额	占比（%）	
证券投资信托	一级市场	1 290.94	3.61	1 382.41	4.31	-6.62
	二级市场	11 610.09	32.44	10 348.44	32.28	12.19
	基金	767.06	2.14	777.30	2.42	-1.32
	组合投资	22 117.87	61.81	17 070.22	53.25	29.57
	私募基金合作	5 112.29	14.29	4 015.31	12.25	27.32
	其他	30 400.18	84.95	27 837.14	86.83	9.21
	银信合作	22 977.40	64.21	22 644.20	70.63	1.47

资料来源：根据中国信托业协会《2017年四季度末信托公司主要业务数据》做的整理分析。

3.受托管理成效

2013年以来我国信托公司清算信托项目及其回报情况见表8-9。

表8-9 **清算信托项目及其回报情况**

项　　目	2017年12月	2016年12月	2015年12月	2014年12月	2013年12月
清算信托项目（个数）	2 029	1 882	1 935	1 893	1 453
平均年化综合信托报酬率（%）	0.42	0.73	0.53	0.51	0.71
年化综合实际收益率（%）	9.42	7.60	13.96	7.52	7.04
信托公司数量（家数）	68	68	68	68	65

2017年12月清算信托项目2 029个，截至2017年年末，年化综合实际收益率为9.42%，较2016年年末的7.60%上升1.82个百分点，较2017年三季度的5.85%上升3.57个百分点。平均年化综合信托报酬率为0.42%，较2016年年末的0.73%下降0.31个百分点，较2017年三季度的0.44%下降0.02个百分点。一方面，伴随着国内经济持续稳中向好，GDP增速明显回升，助力信托资产实现高收益；另一方面，当前信托资产规模实现稳步增长，但信托公司主动管理功能发挥不足，信托报酬率依然偏低。随着信托资产规模的增长，68家信托公司的平均年化综合信托报酬率和年化综合实际收益率并没有明显的向好趋势，需要分析是什么原因导致出现这样的行业性问题。

未来，信托业应以回归信托本源为指向，继续深化转型升级，巩固信托主业地位和服务实体经济。要实现长期可持续发展，一方面，信托公司需响应监管号召，顺应市场环境变化，创新运用多种模式切入实体产业链，特别是未来的支柱性产业，深化产融结合，推动实体经济持续健康发展；另一方面，信托公司需认清定位、明晰主业，在资产管理、财富管理和专业化的受托服务等领域打造自己的独特竞争优势，继续坚持主业方向不动摇，将主业进一步做精做强，进而谋求更大的市场发展空间。

第二节　信托业的信息披露

按照规定，信托业的信息披露包括两部分：一是与一般金融企业一样，基于公司本身角度的信息披露；二是公司经管的信托计划与产品的信息披露。本节的目的，一是了解关于信托业信息披露的规定；二是为需要从事信托业案例研究和实证研究的学员提供来自信托公司信息源的路径。

一、银监会关于信托公司信息披露的要求

（一）信息披露及其意义

信息披露是指信托投资公司依法将反映其经营状况的主要信息，如财务会计报告、各类风险管理状况、公司治理、年度重大关联交易及重大事项等真实、准确、及时、完整地向客户及相关利益人予以公开的过程。

提高信托业信息披露程度是强化对信托投资公司的市场约束、加强透明度建设的必然要求，也是国际金融监管的发展趋势。信托投资公司对外披露信息，有助于客户和相关利益人了解信托投资公司的财务状况、风险状况、公司治理和重大事项等信息，分析、判断信托投资公司的经营状况和风险状况，维护自身的合法权益；同时，也有利于从外部加强对信托投资公司的监督，促使信托投资公司完善公司治理，强化内控制度，提高经营水平

和绩效。信息披露有利于信托业体系的安全、稳定运行，是信托监管的有效补充。

（二）信托投资公司信息披露的变化情况

2002年7月，《信托投资公司资金信托管理暂行办法》出台后，集合资金信托业务迅速成为信托投资公司的主要业务。在办理集合资金信托业务的过程中，由于该暂行办法没有对集合资金信托业务中涉及的异地推介、关联交易、信息披露等重大问题作出详细规定，导致各信托投资公司在实际操作中的具体做法相差悬殊，风险揭示的详略程度不同，在一定程度上影响了委托人、受益人对信托风险的了解，造成了信托投资公司与受益人之间风险和收益分配不均衡的状况，不利于保护广大委托人和受益人的合法权益，不利于信托投资公司的长远稳健发展。

2004年12月7日，中国银监会发布了《关于进一步规范集合资金信托业务有关问题的通知》[①]，指出集合资金信托是指信托投资公司根据委托人的意愿，将两个以上（含两个）委托人交付的资金集中管理、运用和处分的资金信托业务。信托投资公司办理集合资金信托业务时，应当就委托人的资产状况（或个人收入）、收入稳定状况、投资经验、对金融风险的熟悉程度、风险承受能力、对信托制度和相关法规的了解程度进行尽职调查，并将有关材料妥善保管，以备监管部门检查。

2004年12月10日，为规范信托投资公司集合资金信托业务的信息披露行为，保障集合信托计划当事人的合法权益，中国银监会发布了《关于信托投资公司集合资金信托业务信息披露有关问题的通知》，对信托投资公司作为受托人管理、运用和处分信托财产应向委托人和受益人进行的信息披露予以规范。

2005年1月18日，中国银监会发布《信托投资公司信息披露管理暂行办法》，要求信托投资公司定期将反映其经营状况的主要信息，如财务会计报告、各类风险管理状况、公司治理、年度重大关联交易及重大事项等真实、准确、及时、完整地向客户及相关利益人予以披露。暂行办法分4章，共30条，对信托投资公司信息披露的原则、内容、方式等作出了整体规范。其信息披露的主要内容：一是年度报告，包括自营资产财务会计报告、信托资产管理会计报告、公司治理、经营概况、年度重大事项、重大关联交易等信息；二是重大事项临时报告，即在发生可能影响公司财务状况、经营成果及客户和相关利益人的重大事件时，信托投资公司应发布临时公告。

《信托投资公司信息披露管理暂行办法》和《中国银行业监督管理委员会办公厅关于做好2005年度信托投资公司信息披露工作有关问题的通知》的印发，对规范信托投资公司信息披露行为、提高行业信息透明度、发挥市场约束效能等发挥了积极的作用。但随着信托行业的快速发展和各项监管规章的不断完善，其逐步暴露出反映信托特色不够充分、行业导向和宣传作用不明显、部分科目概念不统一、信息可比性较差等问题。

2009年12月14日，为了进一步提高信托投资公司信息披露的规范性，更好地体现信托行业的特点，客观反映信托投资公司的经营状况，中国银监会发布了《关于修订信托公司年报披露格式规范信息披露有关问题的通知》，决定对信托公司年报信息披露的格式进

① 银监发〔2004〕91号文。

行修订完善，并自2010年1月1日起执行。此次修订主要围绕会计信息与《企业会计准则》接轨、科目概念和口径的规范和细化、补充体现信托特色业务信息三个重点，对年报披露格式和年报摘要披露格式作出修订。与会计信息相关的修订由于固有业务会计核算自2008年起已全面执行新的《企业会计准则》，信托业务也于2010年起全面执行《企业会计准则》，故在信托公司年报信息披露中，需明确说明执行的会计制度均为《企业会计准则》，同时对所有与会计有关的内容均作出相应修改。

（三）对信托业务信息披露的要求

信托业务涉及三方面的信息披露。

1.产品推介信息披露

信托公司推介信托计划，应有规范和详尽的信息披露材料，明示信托计划的风险收益特征，充分揭示参与信托计划的风险及风险承担原则，如实披露专业团队的履历、专业培训及从业经历，不得使用任何可能影响投资者进行独立风险判断的误导性陈述。

办理集合资金信托业务时，至少应当在集合信托计划推介材料中披露以下内容：信托计划情况简介；信托资金的运用范围以及信托财产评估的程序和方法（适用时）；集合信托计划的保障方式；信托资金拟投向的项目（适用时）；集合信托计划的潜在风险和所采取的监控手段；信托合同约定信托财产可委托第三方管理的，应当披露该管理人的名称和管理责任；信托经理的简介；风险特别提示；认购事项说明；其他认为需要推介披露的内容。

2.产品成立信息披露

集合信托计划成立后的5个工作日内应当就该集合信托计划下的推介和设立情况向投资人进行披露。其主要内容包括集合信托计划的推介情况、信托计划规模、合同份数和信托财产专户的开立情况等。如有关联人参与该集合信托计划的情况，应在披露文件中予以专项说明。

3.产品管理信息披露

信托计划设立后，信托公司应当妥善保存管理信托计划的全部资料，保存期自信托计划结束之日起不得少于15年。受益人有权向信托公司查询与其信托财产相关的信息，信托公司应在不损害其他受益人合法权益的前提下，准确、及时、完整地提供相关信息，不得拒绝、推诿。

（1）定期报告

集合信托计划设立后，信托公司应当依信托计划的不同，按季度制作信托资金管理报告、信托资金运用及收益情况表。办理贷款或投资类集合资金信托业务的信托公司，应当于每季度结束后20个工作日内向受益人披露投资或贷款单位的资产负债表等有关财务资料。

信托资金管理报告至少应包含以下内容：集合信托计划的基本情况；信托财产专户的开立情况；信托资金管理、运用、处分和收益情况；信托经理变更情况；信托资金运用重大变动说明；涉及诉讼或者损害信托计划财产、受益人利益的情形；信托计划文件约定的其他内容。

单一信托项目应按照信托文件的约定按时向委托人和受益人披露。

（2）临时信息披露

集合信托计划发生下列情形之一的，信托公司应当在获知有关情况后3个工作日内向受益人披露，并自披露之日起7个工作日内向受益人书面提出信托公司采取的应对措施：信托财产可能遭受重大损失；信托资金使用方的财务状况严重恶化；信托计划的担保方不能继续提供有效的担保。

（3）清算报告

信托终止后，项目责任人应在合同约定时间内作出处理信托事务的清算报告。清算报告内容至少应包括信托项目基本情况，信托资金的募集、运用和管理，信托项目的终止与清算，信托财产的收益和分配，受托人声明等。

二、证监会对信托上市公司信息披露的要求

根据信托公司的特点，证监会对上市信托公司的信息披露要求包括定期报告、临时报告两部分内容。

上市信托公司的定期报告包括年度报告、半年报以及季度报告。

以安信信托为例，其2017年度报告的格式目录扫码阅读：

上述定期报告的内容与一般行业企业基本相同，但也有不同之处。如第十三节的内容就有信托行业的特点。半年报和季度报告的内容与年报的内容基本相同，只是更为简化。

此外，按照规定，如果信托公司发生了重大事件，要按规定进行信息披露。

第三节　信托业的风险与分类监管评级

本节将在分析信托业风险的基础上，概括信托业分类监管和评级的目的，梳理信托公司分类监管与评级制度的演变历程，从而明晰信托业监管的由来与制度规定。

一、信托业的风险

信托业的业务特点决定了其面对的风险可能包括以下方面：信用风险、流动性风险、市场风险、操作风险、合规风险与声誉风险等。

1. 信用风险

信用风险是债务人或交易对手未能或不愿意履行其承诺而造成损失的风险，即交易对手不能完全履行合同的风险。

信用风险主要通过客户准入、客户评级、限额管理、授信管理、大客户集中度管理、授信担保管理、评审要求和流程管理、风险分类管理等手段进行控制和防范。在信用风险管理中，信托公司应主要从以下几个方面开展工作：一是严格客户准入标准，实行黑白名单制管理；二是对交易对手进行集中授信，限额管理；三是对大客户的用信集中度情况进行定期监测；四是对授信抵押担保条件进行严格规定；五是重新梳理相关业务的评审管理办法和流程，按照项目种类（融资类、投资类）分别评审并统一决策；六是加强对交易对手的尽职调查工作，并由风险管理部及法律合规部初审人员到项目现场进行初步审核，提示项目风险，制定并落实风控措施，必要时，聘请外部独立专家客观、公正地提出专业意见；七是对信托资金的投向在单个法人机构、区域、行业上进行合理布局，避免区域性、行业性的信用风险规模化爆发；八是对交易对手进行动态管理，在资金发放后，业务部门、风险管理部等定期或不定期地进行贷后检查和抽查，形成检查报告，发现问题及时预警和处理。

2. 流动性风险

流动性风险是指信托公司在履行以交付现金或其他金融资产的方式结算的义务时发生资金短缺的风险。

在固有业务方面，信托公司为加强流动性管理，应按照年初的计划安排，对可运用的固有资金的投向（如银行存款、贷款、交易性金融资产、可供出售金融资产、股权投资等）比例进行调整，留足一定比例（总资产的8%~10%）的可随时变现的有价证券和银行存款，防范突发的流动性风险事件；同时，通过监控现金余额、可随时变现的有价证券以及对未来12个月现金流量的滚动预测，确保公司在所有合理预测的情况下拥有充足的资金偿还债务。此外，信托公司应与多家金融机构达成战略合作关系，必要时给予信托公司不同程度的同业授信额度和流动性支持额度，防范流动性风险。

在信托业务方面，信托公司应合理预测并实时监控单个信托项目的现金流入流出情况，对存续信托项目则按月进行流动性风险排查，排查6个月之内到期的信托项目的资金兑付压力，对大额到期兑付项目予以重点高度关注，防范信托业务的流动性风险。

3. 市场风险

市场风险是指由于市场因素变动导致损失的风险，主要表现为市场环境、行业状况、供求关系、价格、利率、汇率等宏观因素发生变化对项目价值产生负面影响，导致信托财产或公司利益遭受损失。

在防范市场风险方面，信托公司应加强对宏观经济走势及金融形势的分析和研判，在支持服务实体经济时，注重对行业政策的研究，加大国家鼓励类行业的投资力度，严格对限制类行业的投资；在对具体项目进行尽职调查时，风控前移，与业务部门一起参与尽职调查；应聘请行业专家进行行业知识讲座，聘请咨询机构提供行业研究咨询报告，在投资决策过程中充分考虑行业专家的意见或建议；在投后管理方面，应积极组建自己的产业管理团队，将有经验的产业专家纳入被投资企业的高级管理团队，参与企业后期的运营和管理；在退出方面，信托公司可为被投资企业提供增值服务，为其积极寻求并购、重组、股权转让、上市等多种退出渠道。在二级股票市场项目上，应采用引入投资顾问、净值定期报告制度、盯市、设置预警平仓线等措施，防范市场风险。

4. 操作风险

操作风险是由不完善或有问题的内部操作过程、人员、系统或外部事件而导致的直接或间接损失的风险。对于操作风险，信托公司应定期重新梳理内控制度、业务流程，在业务评审、业务签报、合同用印等方面进行规范；同时，加大业务操作流程方面的培训力度。加大对公司信息科技方面的建设和投入，统一搭建公司信息科技管理平台，力争将上述流程置于同一平台上进行运作、管理和维护，全面提升公司的信息科技水平，防范操作风险。

5. 合规风险

合规风险主要指未遵循法律和法规、监管要求、规则、自律性组织制定的有关准则以及适用于信托公司自身业务活动的行为准则，而可能遭受法律制裁或监管处罚、重大财务损失或声誉损失的风险。

6. 声誉风险

声誉风险是由公司经营、管理及其他行为或外部事件导致利益相关方对公司负面评价的风险。在当前金融严监管的背景下以及资管行业打破刚兑的趋势下，信托公司防范声誉风险显得更加重要。对于声誉风险，证券公司应严格按照《信托公司管理办法》、《集合资金信托计划管理办法》以及信托合同的约定，尽职勤勉地履行受托人的受托管理职责，从维护客户关系、履行告知义务、解决客户问题、确保客户合法权益、提升客户满意度等方面实施监督和评估，加强舆情和声誉风险管理，建立重大风险事项的汇报制度，对可能发生的各类声誉事件进行情景分析，制定预案，开展演练，防范声誉风险。

二、信托公司分类监管与评级制度的演变

根据《信托公司管理办法》，我国信托机构的监管部门为中国银行业监督管理委员会。根据有关法律、法规的规定，任何机构或者个人经营营业性信托业务，需得到国家有关主管部门的批准，同时应接受国家有关部门的监管。

对信托公司来说，业内共有两套评级办法：一套是由银监会牵头的监管评级，是监管部门实施分类监管的基础；另一套是由中国信托业协会牵头的信托公司行业评级（以下简称行业评级）。其中，监管评级不对外公布，仅供监管部门内部使用；而在行业评级方面，监管部门曾有意向社会公开发布。

（一）银监会关于信托公司的分类监管与评级

我国银监会自2006年起开始建立对信托公司的监管和评级办法，中间历经两次大的修改。2008年，银监会就曾颁布《信托公司监管评级与分类监管指引》，随后在2010年4月，银监会再次对该指引进行修订，2010—2014年间，信托业已发生较大变化，而其资产也从3.04万亿元上升至12万亿元。

2008年，为健全和完善信托公司的风险监管体系，合理配置监管资源，实现对信托公司的持续监管、分类监管和风险预警，依据《信托法》《信托公司管理办法》等有关法律、法规的规定，中国银监会发布了《信托公司监管评级与分类监管指引》[①]。

2010年4月1日，银监会对《信托公司监管评级与分类监管指引》进行了修订[②]。2010年版的《信托公司监管评级与分类监管指引》要求从评级要素包括风险管理、资产管理和合规管理三个方面对信托公司进行分类监管。银监会以审慎监管为基本原则，开展单项要素评级和综合评级。评级结果应当作为衡量信托公司风险程度以及作为监管规划和

① 银监发〔2008〕69号。
② 银监发〔2010〕21号。

合理配置监管资源的主要依据。

其中：单项要素的评级结果根据定量指标和定性因素的得分情况划分为1～6级。综合评级以合规管理要素为前提，统筹考虑资产管理和风险管理要素的评级结果。综合评级根据各要素的重要性和级别情况确定为1～6级，每个级别分别设A、B、C三档。

风险管理要素主要评价信托公司治理结构的合理性、内控机制和风险管理体系的有效性、资本管理情况以及信托业务的风险管理情况等，旨在引导信托公司建立完善的风险管理体系，实现风险可评估、可控制、可化解。

资产管理要素主要评价信托公司的综合经营能力、信托业务经营和盈利能力、研发与创新能力、营销能力及公司声誉管理能力等，旨在引导信托公司提高主动管理能力和盈利水平，加强研究创新投入，提高直销能力，有效应对舆情管理，维护公司及行业的形象和声誉，以确保公司及行业的全面可持续发展。

合规管理要素主要评价信托公司合规管理体系的建设，对相关法律、法规、公司制度和信托文件遵守的基本情况，以及是否存在因违法违规行为被采取监管措施、行政处罚或刑事处罚等情况，旨在引导信托公司履行诚实、信用、谨慎管理的义务，维护受益人的利益。

2014年8月13日，中国银监会发布《信托公司监管评级与分类监管指引（征求意见稿）》，该征求意见稿的评级指引是2010年以来银监会对信托公司分级管理办法的首次调整，也是“99号文”的相关配套文件之一。本次修订最大的变化在于信托评价指标，由原来的公司治理、内部控制、合规管理、资产管理和盈利能力五个指标，调整为风险管理、资产管理、合规管理三个指标。其中，风险管理被列为三个指标中的首要评价指标，公司治理和内部控制被纳入风险管理部分。评级指引征求意见稿将信托公司的盈利能力排除在评级要素之外，意在强调信托公司不再为了追求利润而不顾风险积累，是信托行业发展的极大进步。

此外，评级指引还对信托公司在舆情管理、品牌建设等方面设定了评分标准。

按照2014年版的信托公司分类监管与评级要求，信托公司的评级指标分为风险管理能力、资产管理能力和合规管理能力三类，具体见表8-10。表中项目的解释，将在后面的各节中予以说明。

信托公司监管评级与分类监管的功能在于：

1. 有利于监管机构全面掌握信托公司的风险状况。建立对信托公司进行监管评级的分析框架，旨在帮助监管机构及时识别、判断信托公司的风险状况与严重程度。

2. 有利于监管机构合理配置监管资源，提高监管效率。监管评级通过对信托公司主要风险要素的评价，系统分析、识别信托公司存在的风险和问题，据此确定对信托公司的监管重点，包括非现场监管、现场检查的频率和范围。

3. 有利于监管机构实施分类监管，有针对性地采取监管措施，提高监管有效性。监管评级的结果将作为监管机构实施分类监管和依法采取监管措施的主要依据。

2014年新版评级指引，新增的主要变化和对信托公司的影响表现在：信托评级体系通过评级指标的设定、指标分值的设计，明确了监管重点；通过重新划分评级要素，将风险管理、资产管理和合规管理纳入信托评级体系。

表8-10 **评级要素解读**

风险管理能力	资产管理能力	合规管理能力
(一)公司治理(28分)	(一)综合经营能力(41分)	(一)合规管理体系(20分)
1.公司治理结构(4分)	1.总收入(4分)	1.合规管理组织架构(6分)
2.股东背景(4分)	2.净利润(6分)	2.合规管理机制(10分)
3.董事会履职情况(4分)	3.净资产(4分)	3.合规文化培育(4分)
4.监事会和监事履职情况(4分)	4.净资产收益率(4分)	
5.高级管理层履职情况(4分)	5.成本收入比(2分)	
6.受益人利益最大化原则遵守情况(4分)	6.固有资产不良率(2分)	
7.激励与约束机制的制定与实施(4分)	7.存量非事务类信托规模(6分)	
	8.专业团队建设(2分)	
	9.信息系统建设(3分)	
	10.尽职管理能力(3分)	
	11.风险项目情况(5分)	
(二)内部控制(26分)	(二)信托业务经营和盈利能力(22分)	(二)固有业务合规性(10分)
1.内部控制的环境(4分)	1.信托业务收入(6分)	
2.内部控制的措施(6分)	2.信托业务收入增长率(3分)	
3.公司风险管理政策制定及执行情况(4分)	3.信托业务收入占比(3分)	
4.风险识别和评估体系(6分)	4.信托报酬率(4分)	
5.恢复与处置安排机制(6分)	5.关联交易规模占比(2分)	
	6.非事务管理类信托增长率(2分)	
	7.非事务管理类信托占比(2分)	
(三)净资本(20分)	(三)研发与创新能力(11分)	(三)信托业务合规性(30分)
1.净资本总额(4分)	1.研发团队建设(3分)	
2.净资本/风险资本(4分)	2.创新能力建设(3分)	
3.净资本/净资产(4分)	3.研发创新研究成果(5分)	
4.净资本补足机制(5分)		
5.信托赔偿准备金计提比率(3分)		
(四)信托业务风险管理(26分)	(四)营销能力(16分)	(四)信息披露合规性(10分)
1.业务制度与流程(4分)	1.直销团队建设(4分)	
2.业务制度执行(6分)	2.业务直销能力(6分)	
3.风险处置(6分)	3.财富管理能力(6分)	
4.风险项目情况(6分)		
5.融资客户集中度风险(4分)		
	(五)公司声誉(10分)	(五)关联交易合规性(10分)
	1.投资者关系管理(8分)	
	2.社会责任(2分)	
	3.品牌建设(0分) (注:采取倒扣方式)	
		(六)违法违规情形及被采取的措施或处罚(10分,含特别条款)
		(七)运行效果评价(10分)

资料来源:德勤——治理、风控与流程《信托公司监管评级与分类监管》解读与提升路径。

在指标设计方面：合规管理在之前合规管理体系的基础上，大幅增加了固有业务合规性、信托业务合规性等指标；在风险管理要素中，除了整合之前的公司治理和内部控制管理外，特别增加了信托业务风险管理指标。

在分值占比方面：在风险管理中，公司治理、内部控制和信托业务风险管理分别为28分、26分、26分，已占80%；合规管理中仅信托业务合规性一项高达30分；在资产管理能力中，综合经营能力、信托业务经营和盈利能力合计占比超过60%，原先仅作为限制性条款的净资本（风险管理要素）现在占比达20%，足以说明监管层对风险管理、合规性、盈利能力的高度重视。

新版评级指引的另一大特色是在具体指标中几乎每一项都设定了一些特别条款，载明部分情况存在即扣分，或直接限制最高级别；如净资本/净资产低于40%，直接降至4级以下；公司尚未制定主要业务的操作标准和审批流程的，倒扣1～4分。新评级指标体系亦通过评级指标的设定，对信托公司未来的发展方向作出引导。例如，在“营销能力”部分，直销团队建设评价便占据25%的权重。

评级结果以三个要素中孰低为准，木桶效应不容忽视。2014年新版评级指引对风险管理、资产管理、合规管理三个要素进行单独评级，即三个要素单项分数均为100分；最终的评级结果以三个要素中得分最低项为准。公司管理的短板将限制监管评级的等级，信托公司势必将提升资产的主动管理能力，在提高盈利水平的同时，加强公司治理、风险管理和内控体系建设，实现全面、均衡、可持续发展。评级结果与业务范围直接挂钩，对不同的公司实行差异化的牌照制度和升降级制度。

2014年新版评级指引规定，评级结果将作为衡量信托公司风险程度、监管规划和合理配置监管资源的主要依据。信托公司由于监管评级的不同，面临不同的差异化牌照管理，包括业务开展市场准入资格、监督检查的方向和频率等。信托公司将会因为评级结果的不同而失去进入某些业务领域的资格，或面临不同力度和频率的监管压力甚至进入市场退出程序。传统的市场竞争日趋激烈，向新领域展业是信托公司持续发展的必经之路，因此，满足监管评级的要求刻不容缓。

2016年3月18日，为有效解决2015年信托监管有效性检查中发现的问题以及日常监管薄弱环节，进一步提高信托公司风险监管的前瞻性、主动性和有效性，防范和化解信托业风险，严守风险底线，促进信托业稳健发展，结合2016年信托业监管工作，中国银监会发布了《关于进一步加强信托公司风险监管工作的意见》①，并提出以下要求：一是推进风险治理体系建设，建立风险防控长效机制；二是加强风险监测分析，提高风险识别和防控能力；三是推动加强拨备和资本管理，提升风险抵补能力。

2017年监管层先后出台了“三三四十”②、《关于规范金融机构资产管理业务的指导意见（征求意见稿）》、《关于规范银信类业务的通知》（55号文）等一系列监管文件，旨

① 银监办发〔2016〕58号。

② “三三四十”具体指：“三违反”，即违反金融法律、违反监管规则、违反内部规章；“三套利”，即监管套利、空转套利、关联套利；“四不当”，即不当创新、不当交易、不当激励、不当收费；“十个方面”，即股权和对外投资方面、机构及高管方面、规章制度方面、业务方面、产品方面、人员行为方面、行业廉洁风险方面、监管履职方面、内外勾结违法方面、涉及非法金融活动方面。

在去杠杆、去通道、去链条，防范系统性金融风险。

2017年，中国银监会发布《信托公司监管评级办法》，监管评级满分为100分，其评分指标主要由资本要求、资产质量、风险治理、盈利能力、跨业纪律、从属关系、投资者关系和外部评价所组成。在这些要素中，定量和定性的评价占比各为50%，但资本要求、资产质量、风险治理和盈利能力成为占比较重的部分，在整体评价体系中占到80%的权重。根据监管评级结果，信托公司将被分为创新类（A+、A-）、发展类（B+、B-）和成长类（C+、C-）三类。其中，创新类信托公司将获得监管在市场准入、创新业务试点等方面的支持；发展类信托公司的新业务和高风险业务将面临更强的监管指导；而成长类信托公司则将面临更严格的检查，必要时还将被监管限制业务，或要求股东履行增资甚至调整公司高管。

（二）信托业协会对信托公司的分类监管与评级

2015年12月16日，由中国信托业协会组织制定的《信托公司行业评级指引（试行）》正式发布。这是协会首次推出对信托公司经营管理情况进行全面综合评价的具体办法，也是协会进一步加强行业自律管理的重大举措。

信托公司行业评级是中国信托业协会从行业角度对信托公司作出的综合评价，由协会自行组织。与监管评级相比，行业评级更侧重于评价信托公司为投资人和社会提供的服务，目的是增强信托公司的社会公信力。行业评级以坚持定量、客观、公正、透明为原则，最终实现行业评级的正向引导、激励作用。行业评级指引的发布是信托行业发展史上具有重要意义的事件，将对加强行业自律、强化市场约束、树立行业标杆、引领创新发展、促进战略转型发挥重要作用并产生深远影响。

行业评级的内容包括信托公司资本实力（Capital Strength）、风险管理能力（Risk Management）、增值能力（Incremental Value）、社会责任（Social Responsibility）四个方面，简称“短剑”（CRIS）体系，其中：资本实力主要评价信托公司净资本充足程度以及与业务风险的匹配程度，包括净资本、净资本/风险资本和净资本/加权信托风险项目规模3个指标；风险管理能力主要评价信托公司固有信用风险资产的不良情况，以及信托业务的风险处置情况，包括信托项目正常清算率、信托项目风险化解率和固有信用风险资产不良率3个指标；增值能力主要评价信托公司作为专业受托金融机构，对资产与财富的管理能力，包括净资产收益率、信托业务收入占比、营业费用收入比、人均信托净收益4个指标；社会责任主要评价信托公司作为社会经济组织对国家和社会的和谐发展、地方经济发展、信托业健康稳定以及受益人利益所履行的责任，体现为社会价值贡献度1个指标。

在行业评级体系权重设计上，公司资本实力为28分、风险管理能力为36分、增值能力为26分、社会责任为10分。评级结果根据各项评价内容的量化指标得分情况综合确定，划分为A（85（含）～100分）、B（70（含）～85分）、C（70分以下）三级。

评价指标均为量化指标，无须主观判断与调整，各项指标均设定基础值和目标值，并采取线性计分方法。经过与信托公司及监管部门的反复沟通、多次讨论，不断进行修改完善，最终形成了一套较为完整、客观透明、简洁精练、易读易用的体系。目前，信托业协会通过一对一电话的方式通知各信托公司评级结果，尚未统一发布评级结果。在目前我国的金融机构监管中，这种“分类监管、扶优限劣”的监管理念和做法，应该属于比较科学的监管方式。

信托公司行业评级要素见表8-11。

表8-11 信托公司行业评级要素

（信托业协会）

公司资本实力（28分）	风险管理能力（36分）	增值能力（26分）	社会责任（10分）
1.净资本	1.信托项目正常清算率	1.净资产收益率	1.社会价值贡献度
2.净资本/风险资本	2.信托项目风险化解率	2.信托业务收入占比	
3.净资本/加权信托风险项目规模	3.固有信用风险资产不良率	3.营业费用收入比	
		4.人均信托净收益	

第四节 第三方机构对信托公司的综合评级

要客观评价一家信托机构的真正实力，仅凭注册资本、净资产、净利润等指标来判断是远远不够的，需要更多的数据和指标，从不同的维度进行综合考察和评价。本节的目的在于介绍第三方评级机构对信托公司的专业评级，目的是为实证研究工作者提供更好的评价信托公司的评级思路。

一、基于多维度的专业评级分析

由于信托产品的数量庞大，加之信托产品的私募性、差异性和独立性，投资者在做决策的过程中，发行机构的实力无疑是一个非常重要的参考指标。但如何从综合角度进行信用评级，一些机构做了探索性的研究。

金融时报社与中诚信托战略研究部共同合作，结合2016年68家信托公司的年报数据，从总体经营指标、信托业务发展情况、固有业务发展情况和创新转型情况四大维度对信托公司2016年度的发展情况进行了分析，以期全面考察行业的发展变化，以及重点信托公司的发展动向（见表8-12）。

二、基于多角度的综合实力评价体系

笔者在进行信托业的材料收集过程中，发现了针对信托业评级的“用益-信托公司综合实力评价体系（以下简称用益）”[①]，其很有启发性，现加以说明，供热爱综合评价方法的专业人士借鉴和使用。

信托公司作为“受人之托、代人理财”的专业资产管理机构，其管理的信托资产与自有资产是相互独立的，因此，理论上信托公司自身的实力与其所管理的信托资产并没有直接关系。但现实中，信托公司作为金融机构，其实力依然是投资者在作产品购买决策时非常重要的参考依据，这也符合一般的投资决策程序。问题是，如何客观、科学地评判一家信托公司的真实实力？作为受托人的信托公司，其综合实力应该包含哪些方面？到底应该

① 用益是国内领先的信托及资管行业资讯和数据提供商，通过专业的集信息、专家及观点于一体的服务体系为相关行业及高净值人士提供有价值的服务。用益金融信托研究院是用益旗下的专业研究机构，其前身为用益信托工作室，成立于2004年。作为一家国内外知名的行业研究机构，用益金融信托研究院秉承“专业、责任、勤勉”的作风，始终站在行业发展的最前端，准确把握市场的动向和脉搏，为客户提供及时全面的市场信息和专业、独立、客观的分析评论。

以资本实力论英雄还是以盈利能力、资产管理能力、创新能力或风险管理能力来评判？即使已经确定实力体现的方面并设定了具体的指标，但如何获取这些指标数据？如何保证这些指标数据的客观性、真实性和可信度？这一切都是用益所思考的问题。

表8-12　　**基于四个维度的专业评级分析**

总体经营指标	信托业务发展情况	固有业务发展情况	创新转型情况
（一）受托管理信托资产	（一）信托财产来源分析	（一）杠杆率（固有资产/净资产）	（一）传统业务改造升级
1.信托资产总体规模	1.集合资金信托业务规模	（二）固有资产结构	1.房地产信托业务
2.管理信托资产规模	2.单一资金信托规模	1.金融类资产配置比例	2.政信信托业务
（二）固有资产规模	3.管理财产信托规模	2.非金融类资产配置比例	3.资本市场业务
1.固有资产规模	（二）信托产品投向分析	（三）固有资产不良率	（二）创新业务深化发展
2.净资产总额	1.基础产业信托业务规模及行业集中度	1.不良资产规模	1.资产证券化
3.资本实力	2.房地产信托业务规模及行业集中度	2.不良率	2.股权投资业务
4.增资扩股	3.证券市场信托业务规模及行业集中度		3.消费金融业务
（三）营业收入	4.实业信托业务（工商企业信托）规模及行业集中度		4.国际业务
1.营业收入	5.金融机构信托业务规模及行业集中度		5.家族信托业务
2.信托业务收入	（三）信托的管理模式分析		6.财富管理业务
3.固有收入	1.主动管理型信托业务规模和年化收益率		7.慈善信托业务
（四）净利润	2.被动管理型信托业务规模和年化收益率		8.其他业务创新
（五）资本利润率（ROE）	（四）信托报酬率分析		（三）公司组织及运行体系的创新
（六）人均利润	1.公司平均年化综合信托报酬率		
（七）成本收入比	2.行业平均年化综合信托报酬率		
（八）净资本指标			
1.净资本规模			
2.净资本/各项业务风险资本之和			
3.净资本/净资产			

资料来源：本书作者依托研究报告进行的归类分析。

（一）评价体系建设的思路

一个评价体系是否客观和公正，将最终影响到评价的可信度。事实上，任何一种评价都无法完全准确地衡量出信托公司的准确实力，用益只是力图通过不断地调整、补充和完善，使评价结果越来越接近真实。为此，他们采取了以下措施：

1.确保评价体系的所有指标数据来源真实可靠。为此，用益选择的数据指标全部来源于市场公开的权威信息，主要包括中国银监会、中国信托业协会以及信托公司披露的年报数据和信息。尽管有部分数据存在瑕疵，甚至可能有虚假的成分，但用益所抽取的数据和样本都是得到市场各方认可的，也是目前市场上最权威的信息。

2.所有评价指标皆为量化指标。尽管要评价信托公司的某些方面不能完全依赖量化指标，但为了保证评价的客观公正，用益尽量用可量化的指标来替换一些定性指标，以保证评价不带主观意志和人为因素。

3.将结果导向作为机构评价的主要原则。对机构综合实力的任何评价，经营过程和管理水平固然重要，但最终还是要用结果来检验，因此，公司经营结果指标在用益的评价体系中始终占有更大的比例和更高的权重。

4.将信托公司的综合实力定义为一个特定时点的状态来考察。因此，若要准确反映这种时点状态，应尽量采用更多的静态指标，少用动态指标。评价的结果也只代表信托公司在某一特定时点的状态和水平，并不反映信托公司未来的趋势或潜力。

5.对个别缺失数据的处理。虽然评价体系所涉及的数据均来自权威部门的公开信息，但仍有个别公司的数据因种种原因而缺失，为保证整体评价的统一公正，用益仍试图通过直接或间接的途径获取；对于无法获取的部分，用益则采用追述原理或数据公式还原，尽管这样得到的数据与真实值存在一定的偏差，但这种偏差可以控制在一定的范围内，以确保对整个评价结果不会产生太大的影响。

（二）评价原则

为了公正、客观地对国内信托公司的综合实力进行科学、有效的评估，用益利用自身的优势和经验尝试构建信托公司综合实力评价体系。在体系构建过程中，用益坚持以下原则：

一是简明性原则。从理论上讲，指标越多、越细、越全面，反映客观现实也就越准确。但是，随着指标量的增加，数据收集和加工处理的工作量也将成倍增加，而且，指标分得过细，难免会出现指标与指标的重叠、相关性甚至相互对立的现象，这反而会给综合评价带来不便。

二是全面性原则。指标的选取尽量覆盖到反映信托公司综合实力的各方面，同时，考虑到我国信托公司之间的差异性，应避免采用不能反映具有共性标准的指标来衡量信托公司的综合实力。

三是科学性原则。在具体指标的选取上，遵循相关理论原理，且指标选取的目的明确、定义准确。同时，规范所有定量指标的计算及其含义，规范指标数据来源，且所运用的计算方法和模型也确保科学规范，以保证评价结果的真实和客观。

四是有效性原则。为提升评价指标体系的科学性和合理性，在指标选取上，坚持有效性的基本原则，剔选出每类因素中的关键性指标，借助对关键性指标的评价来反映总体情况。在指标构建的逻辑上，借助国内外经典的指标评价体系理论，力争指标体系各因素之间逻辑关联紧密，在逻辑关系和作用机理上保证指标选取的有效性。

五是可操作性原则。指标体系的设计应该在保证有效性和合理性的基础上，强调可操作性。在某种意义上，指标体系的可操作性决定了其使用价值和适用范围，好的评价体系一定是具有可操作性的评价体系。

（三）评价体系架构

“用益-信托公司综合实力评价体系”中的指标选取及指标值设定应符合最新监管要求及市场情况，并兼顾指标选取原则，主要数据或指标来源为中国信托业协会及信托公司披露的年报数据中的相关经营及财务数据指标。

本体系是一个基于递阶层次结构的指标体系，体系架构的建立采用目标法。目标法又叫分层法，其原理为：首先确定研究对象的评价目标，即目标层；然后在目标层下建立一个或数个较为具体的分目标，称为准则层（或类目指标）。准则层由更为具体的指标（又叫项目指标）组成。采用这种结构的优越性在于：①层次分明，能够明确体系所要达到的总目标，以及为达到总目标而设立的各个分层次目标；②能够体现评价指标体系的整体性、系统性、相关性；③易于进行量化评价。

根据信托公司综合实力指标体系各评价指标所属的类型，可以划分成不同的指标层次，即目标层（设为A）、准则层（设为B）和指标层（设为C）。目标层是结构模型的最高层次，或称为理想结果层，用于描述评价目的。本体系将信托公司的综合实力作为目标层（A）。准则层（B）由反映目标层的指标构成，并由每个子系统的项目组成。本体系则由资本实力（B1）、盈利能力（B2）、业务能力（B3）、理财能力（B4）和抗风险能力（B5）类指标组成。指标层（C）是结构模型的最低层，用来反映各准则层的具体内容。本体系的具体指标共有42个。

另外，依据层次分析法的基本原理，本体系基于行业数据、监管导向、专家意见和系统分析人员的经验，并经过反复研究后确定了各个因素的权重，构建了判断矩阵P（A_k），进而对判断矩阵进行了检验。

$$P(A_k)=(b_{ij})=\begin{pmatrix} b_{11} & b_{12} & \cdots & b_{1n} \\ b_{21} & b_{21} & \cdots & b_{2n} \\ \vdots & \vdots & \ddots & \vdots \\ b_{m1} & b_{m2} & \cdots & b_{mn} \end{pmatrix}$$

经检验，上述判断矩阵中b_{ij}满足以下三条关系式，因此，该判断矩阵P（A_k）具有完全的一致性。

$b_{ii}=1$；$b_{ji}=1/b_{ij}$；$b_{ij}=b_{ik}/b_{jk}$

（i，j，k=1，2，…，n）

在基于上述分析的基础上，本体系对b_{ij}的各个权重进行逐层加总，最终得到B1（资本实力）、B2（盈利能力）、B3（业务能力）、B4（理财能力）、B5（抗风险能力）5个指标的权重，分别为16%、21%、20.5%、20%和22.5%。详细的指标（不含权重）分布见

表8-13。

表8-13　　用益-信托公司综合实力评价体系指标

目标层（A）	准则层（B）	指标层（C）	计算公式
信托公司综合实力评价	资本实力	总资产	
		净资产	
		注册资本（总股本）	
	盈利能力	营业总收入	
		营业费用收入比	营业费用÷营业收入×100%
		净利润	
		净利润增长率	（本年净利润-上年净利润）÷上年净利润×100%
		人均净利润	净利润÷员工总人数
		每股收益	净利润÷注册资本（股本）
		信托报酬率	信托业务收入÷实收信托资产平均余额×100%
		固有业务投入产出率	固有业务收入÷所有者权益平均余额×100%
		资本利润率	净利润÷所有者权益平均余额×100%
	业务能力	信托资产余额	
		信托资产余额年度增量	期末信托资产余额-期初信托资产余额
		人均信托资产	信托资产期末余额÷期末公司员工总数
		年度新增信托业务规模	
		人均年度新增信托业务规模	年度新增信托业务规模÷信托业务人员数量
		信托业务增长率	（本期新增信托规模÷上期新增信托规模-1）×100%
		固有总资产年度增量	固有总资产期末余额-固有总资产期初余额
		固有资产增长率	（本期固有资产余额÷上期固有资产余额-1）×100%
		信托业务收入	
		信托业务收入增长率	（本期信托业务收入÷上期信托业务收入-1）×100%
		信托业务收入占比	信托业务收入÷营业总收入×100%
		自营业务收入	
		自营业务收入增长率	（本期自营业务收入÷上期自营业务收入-1）×100%
	理财能力	信托产品年度清算综合收益率	
		集合信托年度清算收益率	
		人均信托净收益	年内向受益人分配的信托收益÷公司平均人数
		主动管理型信托资产余额	
		主动管理型信托资产占比	主动管理型信托资产余额÷信托资产余额×100%
		集合信托资产余额	
		集合信托资产占比	集合信托资产余额÷信托资产余额×100%
		信托净利润	
		信托资产利润率	信托净利润÷信托总资产平均余额
	抗风险能力	净资本	
		净资本/净资产	
		风险覆盖率	净资本÷各项风险资本准备之和
		信托杠杆率	固有净资产余额÷融资类信托资产余额
		固有资产不良率	
		信托赔偿准备金提取率	信托赔偿准备金余额÷注册资本×100%
		信托风险准备金余额	信托赔偿准备金余额+一般风险准备金余额
		信托风险赔偿率	信托风险准备余额÷信托资产余额×100%

尽管已经确定了本体系的所有指标及其权重，但随着信托业的发展和市场的变化，对个别指标进行修改以及对指标的权重进行调整是每年必不可少的工作。为了保证整个评价

体系的稳定性和可连续性，用益每年都把指标的修正范围控制在5%以内。

（四）评价数据处理

本评价体系的评价流程是：先从官方监管机构、行业协会、信托公司信息披露中提取数据，生成信托行业数据库，然后计算产生5个分类得分，最后对分类得分加权求和，生成最终的综合得分（如图8-1所示）。

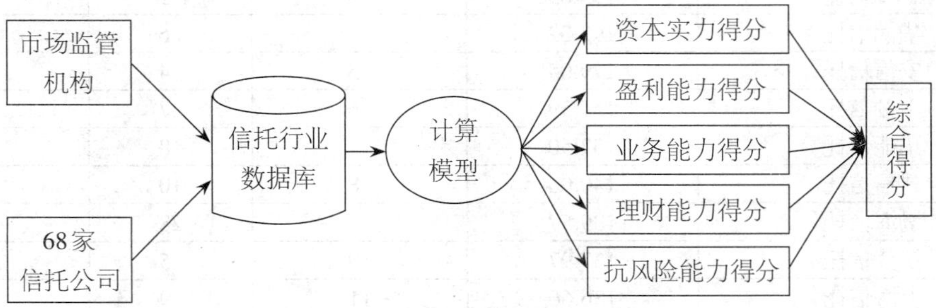

图8-1　评价数据处理路径

考虑到我国信托行业的特点和发展现状，对于信托公司综合实力的评价范围，用益选取了全部68家信托公司作为分析样本，且整个评价体系的指标数据来源皆为母公司。

在坚持评价原则的基础上，本体系构建的信托公司综合实力评价指标体系共包含42个三级指标，其中绝大多数指标都可以从信托公司年报、中国银保监会、中国信托业协会及其他官方公开渠道获得。所有的指标数据均以考核年度的权威公开数据为准。

在计分方法上，由于各类原始数据的单位和量纲存在显著差异，这需要对数据样本进行统一化的量化处理。针对各类原始数据，本体系以分析样本中对应指标的算术平均为基准，将所有指标除以平均值进行无量纲化处理。在进行无量纲化处理的基础上，按照分析样本中各指标的得分和指标权重进行加权求和，进而得到样本信托公司的最终评价结果。

在结果处理上，本体系采取百分制，将相应的加权结果乘以系数100，进而得到三级指标的评分结果。以最终得分和分级指标得分对信托公司的综合实力进行评价。

（五）评价结果

本评价体系的评价结果包含1个综合得分和排名，以及5个分类项目得分和排名。5个分类项目得分分别是资本实力得分、盈利能力得分、业务能力得分、理财能力得分和抗风险能力得分。再根据这些得分，得出综合排名和5个分类项目排名。由于整个评价体系的数据来源主要基于信托公司的年度报告，因此，评价结果一般在全部68家信托公司年报披露结束后两周内在用益的网站和微信公众号上公布。特殊情况下，若有个别信托公司的年报数据迟迟不对外公布，本评价结果最迟也会在每年的6月底前公布，但公布的数据和排名不包含未公开披露年报的信托公司。

按照用益评价体系评价的信托公司的综合排名情况见表8-14。

上述分析说明，对信托业的监管需要符合行业监管规定的要求；同时，可以考虑采用银保监会、信托业协会以及第三方机构的方法，对信托公司的综合能力进行科学评价。

表8-14 **用益-信托公司综合实力排名**

（2017—2018年度）

信托公司	得分	本期排名	上期排名	变化
中信信托	207.73	1	1	0
重庆信托	197.60	2	3	1
平安信托	193.83	3	2	-1
华润信托	193.32	4	6	2
安信信托	179.05	5	4	-1
中融信托	157.59	6	7	1
华能信托	157.50	7	8	1
建信信托	140.06	8	10	2
渤海信托	139.57	9	28	19
江苏信托	137.97	10	5	-5
上海信托	136.66	11	9	-2
兴业信托	133.19	12	13	1
中航信托	132.69	13	17	4
民生信托	130.71	14	14	0
外贸信托	130.06	15	23	8
五矿信托	125.76	16	26	10
中诚信托	124.96	17	16	-1
中铁信托	124.84	18	15	-3
交银信托	124.75	19	18	-1
华信信托	109.27	20	12	-8
昆仑信托	108.81	21	49	28
长安信托	105.63	22	30	8
山东信托	105.26	23	31	8
湖南信托	103.79	24	41	17
华融信托	102.92	25	25	0
百瑞信托	101.54	26	27	1
北京信托	101.14	27	24	-3
华宝信托	98.26	28	29	1
四川信托	95.15	29	22	-7
中原信托	94.08	30	32	2
中建投信托	94.05	31	35	4
中海信托	92.97	32	20	-12
粤财信托	92.95	33	34	1
爱建信托	87.53	34	45	11
杭州信托	86.95	35	39	4
西藏信托	86.66	36	19	-17
陕西国投	86.29	37	37	0
新时代信托	85.62	38	21	-17
中粮信托	82.24	39	58	19

续表

信托公司	得分	本期排名	上期排名	变化
光大信托	82.20	40	48	8
英大信托	79.92	41	40	−1
国元信托	79.28	42	42	0
国投信托	78.24	43	38	−5
厦门信托	78.08	44	46	2
新华信托	77.60	45	36	−9
天津信托	76.98	46	57	11
华鑫信托	76.37	47	43	−4
国通信托	75.95	48	50	2
东莞信托	75.06	49	55	6
中泰信托	72.99	50	54	4
万向信托	72.73	51	56	5
中江信托	71.65	52	11	−41
西部信托	71.58	53	33	−20
苏州信托	71.08	54	44	−10
北方信托	69.99	55	53	−2
紫金信托	69.95	56	52	−4
大业信托	69.82	57	62	5
国民信托	69.24	58	59	1
华澳信托	67.63	59	66	7
陆家嘴信托	67.50	60	47	−13
国联信托	65.86	61	51	−10
云南信托	65.31	62	63	1
金谷信托	64.23	63	64	1
长城信托	63.83	64	61	−3
浙金信托	63.03	65	68	3
吉林信托	59.70	66	60	−6
华宸信托	55.71	67	67	0
山西信托	47.10	68	65	−3

资料来源：用益信托网。

注：1.本次排名的基础数据全部来源于各信托公司公开披露的2017年及2016年年报。

2.排名所用指标皆为量化指标，涉及信托公司业务及财务指标达40多项，但这些数据除山东信托外均采自母公司。山东信托因在港交所上市，其披露的数据为合并报表数据。

3.排名只反映信托公司在2017年的经营管理情况，不代表各公司未来的发展趋势。

4.本表中的数据均来源于用益金融信托研究院认为可靠的公开可获得资料，但对这些资料或数据的准确性、完整性和正确性不做任何保证。

重要概念

信托　信托业务　广义的信托业务　狭义的信托业务　固有业务　私人股权投资（PE）类信托业务　资产证券化信托业务　信息披露　信用风险　流动性风险　市场风险　操作风险　合规风险　声誉风险

复习思考

1. 信托具有哪些基本特征？
2. 我国对信托业务的基本分类有哪些方法？
3. 信托公司对外披露信息的作用有哪些？
4. 信托公司对信托业务的信息披露包含哪几个部分？
5. 信托公司在开展信托业务的过程中可能面临哪些业务风险？
6. 我国对信托公司的分类监管与评级有哪两套系统？
7. 2014年版信托公司监管评级与分类监管的功能体现在哪些方面？
8. 2017年银监会发布的《信托公司监管评级办法》中的评分指标主要由哪八个部分组成？
9. 信托业协会对信托公司的分类监管与评级包含哪四个方面的要素？
10. 金融时报社与中诚信托战略研究部对信托公司的综合评级分为哪四个维度？
11. 用益-信托公司综合实力评价体系指标包含哪三个层次的要素？

操作练习

1. 请下载安信信托2017年度报告，以了解年度报告的信息披露内容。
2. 查看用益信托网的信息，了解第三方机构对信托公司进行综合评价的方法与结果。

第九章

信托业财务报告的解读与分析

【导语】本章将依据选定的案例公司，说明信托业自营资产与信托资产项目财务报告的基本格式与内容，演示财务报告解读与分析的方法，最后借助于财务及监管指标，对信托业进行分析评价。

本章内容要点

第一节　信托业财务报告的规范与列报

本节的目的在于梳理信托业财务报告规范的演变历程以及列报要求，以明晰信托业自营资产与信托资产项目财务报告的由来。

一、信托业财务报告的规范

同其他金融业一样，信托业的财务报告格式也经过了系列变化过程，才形成今天的范式。

1993年3月17日，为了适应社会主义市场经济发展的需要，规范和加强金融企业的会计核算工作，财政部、中国人民银行根据《企业会计准则》，统一制定了《金融企业会计制度》（〔93〕财会字第11号）。

2001年11月27日，为规范金融企业的会计核算、提高会计信息质量，财政部发布了《金融企业会计制度》，要求自2002年1月1日起暂在上市的金融企业范围内实施。同时，也鼓励其他股份制金融企业实施《金融企业会计制度》。根据我国新颁布的《金融企业会计制度》，金融企业应当按照《企业财务会计报告条例》的规定，编制和对外提供真实、完整的财务会计报告。金融企业的财务会计报告由会计报表、会计报表附注和财务情况说明书组成（不要求编制和提供财务情况说明书的金融企业除外）。金融企业对外提供的会计报表包括：（1）资产负债表；（2）利润表；（3）现金流量表；（4）利润分配表；（5）所有者权益变动表；（6）分部报表；（7）信托资产管理会计报表；（8）其他有关附表。

《金融企业会计制度》的第十四章对信托业务及信托资产管理会计报告也作出了规定。信托资产管理会计报告由信托资产管理会计报表和会计报表附注组成。对外提供的信托资产管理会计报表包括：信托资产来源、运用表，信托业务利润表及其附表等。信托投资公司应按季或按信托计划的约定，定期向委托人或受益人报送其信托资产运用及收益情况表。

2006年2月15日，为了规范企业会计确认、计量和报告行为，保证会计信息质量，根据《中华人民共和国会计法》和其他有关法律、行政法规，财政部制定发布了《企业会计准则——基本准则》(财政部令第33号)，要求自2007年1月1日起施行。

2009年12月14日，为提高信托业务有关会计信息的质量和可比性、完善信托业务风险管理，中国银监会办公厅发布了《关于信托业务会计核算执行〈企业会计准则〉有关问题的通知》[①]，要求自2010年1月1日起，所有正常经营的信托公司对信托业务的会计核算均应执行新会计准则，原《信托业务会计核算办法》同时废止。为便于进行会计报表和信息披露等相关信息的对比分析，并尽量减少监管信息的报送压力，在会计学会信托分会的协助下，银监会设计制定了与《企业会计准则》要求接轨的《信托项目资产负债及利润汇总统计表》。各信托公司可参照报表格式设定符合本公司核算需求的信托业务会计核算科目和会计报表格式。

2017年12月25日，为解决执行企业会计准则的企业在财务报告编制中的实际问题，规范企业财务报表列报，提高会计信息质量，针对2017年施行的《企业会计准则第42号——持有待售的非流动资产、处置组和终止经营》[②]和《企业会计准则第16号——政府补助》[③]的相关规定，财政部对一般企业财务报表格式进行了修订，并印发了《关于修订印发一般企业财务报表格式的通知》，要求：执行企业会计准则的非金融企业应当按照企业会计准则和本通知要求编制2017年度及以后期间的财务报表；金融企业应当根据经营活动的性质和要求，比照一般企业财务报表的格式进行相应调整。2018年又出台了新的企业财务报表格式要求。

这说明，随着会计改革的深化，信托业的财务报告格式也将随之变化。

二、信托业财务报告的列报

在学习信托业财务报告的内容时，应明确信托业财务报告分为两部分：一是自营资产财务报告；二是信托资产项目财务报告。之所以作出这样的区分，原因在于：

（一）信托资产不属于信托投资公司的资产和负债

信托资产是指信托投资公司因接受信托而取得的财产，以及因信托资产的管理、处分或者其他情形而取得的财产。与一般企业不同的是，信托投资公司的主要业务是信托业务，即为他人管理财产，并收取一定的信托报酬即管理费或佣金。管理费是信托投资公司的主要收入来源。此外，信托投资公司也有与其他金融或非金融企业相同的业务，如自有

① 银监办发〔2009〕408号。
② 财会〔2017〕13号。
③ 财会〔2017〕15号。

资金的贷款和投资业务以及一些中间业务等。2001年版的《金融企业会计制度》第一百五十五条规定："信托资产不属于信托投资公司的自有资产，也不属于信托投资公司对受益人的负债。信托投资公司终止时，信托资产不属于其清算资产。"

（二）信托资产与自有资产应分开管理和分别核算

信托投资公司与其他企业在会计核算方面最大的不同在于信托业务的特殊性。根据《信托法》及其他相关法规，信托财产既不是信托投资公司的资产，也不是信托投资公司的负债。信托财产不能体现和反映在信托投资公司的资产负债表中，只能进行独立的核算。

《金融企业会计制度》第一百五十六条规定："信托投资公司的自有资产与信托资产应分开管理，分别核算。信托投资公司管理不同类别的信托业务，应分别按项目设置信托业务明细账进行核算管理。"

（三）信托资产的运用和来源应进行明细核算

《金融企业会计制度》第一百五十七条规定："信托投资公司对不同信托资产来源和运用，应设置相应会计科目进行核算反映，来源类科目应按其类别、委托人等设置明细账。运用类科目应按其类别、使用人和委托人等设置明细账。信托投资公司对信托货币资金应设置专用银行账户予以反映。"

第二节 自营资产财务报告格式与项目解释

本节将就信托投资公司自营资产财务报告的格式和项目加以解释。目前，我国68家信托公司中只有安信信托和陕西信托两家上市公司。在此，以安信信托为例加以说明。

安信信托投资股份有限公司（简称安信信托）是全国第一批股份制金融机构。公司成立于1987年，1992年转制为股份制有限公司，1994年在上海证券交易所上市（股票代码：600816），成为最早的一批金融类上市公司，公司受银监会和中国证监会监管。截止到2017年年末，安信信托合并资产负债表、利润表、现金流量表以及所有者权益变动表分别见表9-1、表9-2、表9-3和表9-4。

一、资产负债表的格式与项目解释

资产负债表是依据"资产=负债+所有者权益"的原理编制的反映信托公司在一定期末的资产、负债和所有者权益变动情况的报表，是企业经营活动的静态体现。安信信托披露的是账户式资产负债表。

资产负债表的作用主要体现在以下几方面：

（1）了解某一时点上信托公司的各类资产、负债和所有者权益的规模、结构及其数量对应关系。

（2）明确信托公司的责任和义务。

（3）作出优化资产结构、降低风险和提高运营效率的判断和决策。

（4）与利润表和现金流量表结合，分析信托公司的各项财务与监管指标。

表9-1　**安信信托合并资产负债表**

2017年12月31日　单位：万元

项　目	2017年年末余额	2016年年末余额
资产：		
现金及存放中央银行款项	22 601.54	21 552.35
存放同业款项	2 985 728 343.97	3 445 451 410.65
结算备付金	3 078 368.18	
贵金属		
拆出资金		
以公允价值计量且其变动计入当期损益的金融资产	5 409 521 917.11	5 683 470 402.50
衍生金融资产		
买入返售金融资产		75 000 750.00
应收利息	47 685 911.67	15 467 696.36
存出保证金	43 435.03	
发放贷款和垫款	5 553 722 338.51	3 894 031 016.20
可供出售金融资产	4 182 141 093.13	4 650 870 809.68
持有至到期投资		
应收款项类投资	4 738 523 076.94	
持有待售资产		
长期股权投资	1 020 734 386.23	870 779 159.85
投资性房地产		
固定资产	9 170 500.44	7 291 358.51
在建工程	6 616 801.20	822 304.47
无形资产	3 568 955.13	4 648 979.81
长期待摊费用	8 518 446.08	12 295 946.84
商誉		
递延所得税资产	18 427 831.57	
其他资产	1 138 611 633.97	465 543 675.02
资产总计	25 126 115 640.70	19 125 695 062.24
负债：		
向中央银行借款		
同业及其他金融机构存放款项		
拆入资金		
以公允价值计量且其变动计入当期损益的金融负债	920 607 764.77	1 124 526 394.10
衍生金融负债		
卖出回购金融资产款		
吸收存款		
应付职工薪酬	507 142 015.54	547 021 733.12
应交税费	1 223 370 971.66	968 328 474.55
应付利息		
划分为持有待售的负债		
应付债券		
其中：优先股		
永续债		

续表

项　　目	2017年年末余额	2016年年末余额
长期应付职工薪酬		
预计负债	403 151 086.12	440 640 524.78
递延所得税负债		118 391 547.13
其他负债	5 880 361 942.58	2 208 619 815.28
负债合计	8 934 633 780.67	5 407 528 488.96
所有者权益（或股东权益）：		
实收资本（或股本）	4 557 614 932.00	2 071 643 151.00
其他权益工具		
其中：优先股		
永续债		
资本公积	4 012 381 177.83	6 498 352 958.83
减：库存股		
其他综合收益	72 739 695.48	24 650 776.11
盈余公积	984 876 518.04	618 055 292.24
一般风险准备	720 438 585.68	470 664 389.78
未分配利润	5 843 430 951.00	4 034 800 005.32
外币报表折算差额		
归属于母公司所有者权益合计	16 191 481 860.03	13 718 166 573.28
少数股东权益		
股东权益合计	16 191 481 860.03	13 718 166 573.28
负债和股东权益总计	25 126 115 640.70	19 125 695 062.24

资料来源：安信信托2017年度报告。

资产负债表中有关项目解释如下：

（一）资产端

1.“现金及存放中央银行款项”项目，反映信托投资公司的库存现金以及存放于中央银行的各种存款。

2.“存放同业款项”项目，反映存放于境内外其他金融机构的各种款项。

3.“结算备付金”项目，反映信托投资公司为证券交易的资金清算与交收而存入指定清算代理机构的款项。

4.“贵金属”项目，反映在国家允许的范围内买入的黄金、白银等贵重金属。

5.“拆出资金”项目，反映信托投资公司拆借给境内、境外其他金融机构的款项。

6.“以公允价值计量且其变动计入当期损益的金融资产”项目，反映公司直接指定的以公允价值计量且其变动计入当期损益的金融资产和交易性金融资产，但衍生金融资产除外。

7.“衍生金融资产”项目，反映公司期末持有的衍生工具、套期工具、被套期项目中属于衍生金融资产的金额，应根据“衍生工具”“套期工具”“被套期项目”等科目的期末余额分析计算填列。

8.“买入返售金融资产”项目，反映按照返售协议约定先买入再按固定价格返售的票据、证券、贷款等金融资产所融出的资金。

9.“应收利息”项目，反映公司交易性金融资产、持有至到期投资、可供出售金融资产、发放贷款、存放中央银行款项、拆出资金、买入返售金融资产等应收取的利息。

10.“存出保证金”项目，反映公司按规定比例缴存的资本保证金。

11.“发放贷款和垫款”项目，反映公司发放的贷款和贴现资产扣减贷款损失准备期末余额后的金额，应根据“贷款”“贴现资产”等科目的期末借方余额合计，减去“贷款损失准备”科目所属明细科目期末余额后的金额分析计算填列。

12.“可供出售金融资产”项目，反映公司持有的以公允价值计量的可供出售股票投资、债券投资等金融资产。

13.“持有至到期投资”项目，反映到期日固定、回收金额固定或可确定，且公司有明确意图和能力持有至到期的非衍生金融资产。

14.“应收款项类投资”项目，反映公司持有的非上市凭证式国债及其他债权投资，此类资产在境内外没有公开市价，具体可分为标准债权投资和非标准债权投资两大类。其中，标准类投资主要包括政府债券、金融机构债券和公司债券等；非标类投资又可分为信贷类和非信贷类，主要包括信托受益权、券商资产管理计划、保险资产管理计划等。

15.“持有待售资产”项目，反映公司资产负债表日划分为持有待售类别的非流动资产及划分为持有待售类别的处置组中的流动资产和非流动资产的期末账面价值。该项目应根据在资产类科目新设置的“持有待售资产”科目的期末余额，减去“持有待售资产减值准备”科目的期末余额后的金额填列。[①]

16.“长期股权投资”项目，反映公司持有的对子公司、联营企业和合营企业的长期股权投资。

17.“投资性房地产”项目，反映公司持有的投资性房地产。

18.“固定资产”项目，反映公司持有固定资产的账面价值扣减累计折旧、减值准备后的账面余额。

19.“在建工程”项目，反映公司尚未达到预定可使用状态的在建工程的成本扣减减值准备后的账面价值。

20.“无形资产”项目，反映公司持有无形资产的成本（包括专利权、非专利技术、商标权、著作权、土地使用权等）扣减累计摊销、无形资产减值准备后的账面余额。

21.“长期待摊费用”项目，反映公司已经发生但应由本期和以后各期负担的分摊期限在1年以上的各项费用。

22.“商誉”项目，反映公司合并中形成的商誉的价值。

23.“递延所得税资产”项目，反映公司确认的可抵扣暂时性差异产生的递延所得税资产。

---

① 财政部发布的《关于修订印发一般企业财务报表格式的通知》（财会〔2017〕30号）对一般企业财务报表格式进行了修订，执行企业会计准则的非金融企业应当按照企业会计准则和该通知要求编制2017年度及以后期间的财务报表；金融企业应当根据经营活动的性质和要求，比照一般企业财务报表格式进行相应调整。目前执行2018年的新规定。

24.“其他资产”项目，反映除以上资产以外的其他资产。

（二）负债端

1.“向中央银行借款”项目，反映向中国人民银行借入1年期以内的各类款项。

2.“同业及其他金融机构存放款项”项目，反映因清算和业务合作等需要，由其他金融机构存放于信托投资公司的款项。

3.“拆入资金”项目，反映公司从境内、境外金融机构拆入的款项。

4.“以公允价值计量且其变动计入当期损益的金融负债”项目，反映公司承担的以公允价值计量且其变动计入当期损益的金融负债和交易性金融负债，但衍生金融负债除外。

5.“衍生金融负债”项目，反映衍生工具、套期项目、被套期项目中属于衍生金融负债的金额，应根据“衍生工具”“套期项目”“被套期项目”等科目的期末贷方余额分析计算填列。

6.“卖出回购金融资产款”项目，反映公司按照回购协议先卖出再按固定价格买入的票据、证券、贷款等金融资产所融入的资金。

7.“吸收存款”项目，反映公司吸收的除同业及其他金融机构存放款项以外的其他各种单位存款。

8.“应付职工薪酬”项目，反映公司根据有关规定应付给职工的工资、职工福利、社会保险费、住房公积金、工会经费、职工教育经费、非货币性福利、辞退福利等各种薪酬。

9.“应交税费”项目，反映公司按照税法等的规定计算并缴纳的各种税费。企业代扣代缴的个人所得税等也通过本项目反映。

10.“应付利息”项目，反映公司按照合同约定应支付的利息，包括吸收存款、分期付息到期还本的长期借款、企业债券等应支付的利息。企业发行的一次还本付息债券的利息费用在“应付债券”项目填列。

11.“划分为持有待售的负债”项目，反映资产负债表日处置组中与划分为持有待售类别的资产直接相关的负债的期末账面价值。该项目应根据在负债类科目新设置的“持有待售负债”科目的期末余额填列。

12.“应付债券”项目，反映公司为筹集（长期）资金而发行债券的本金和利息。

13.“优先股”项目，反映公司发行的归类为债务工具并以摊余成本计量的优先股账面余额。

14.“永续债”项目，反映公司发行的归类为债务工具并以摊余成本计量的永续债账面余额。

2014年3月17日财政部发布的《金融负债与权益工具的区分及相关会计处理规定》[①]要求，相关企业应当严格按照企业会计准则中的相关具体准则和该规定，对发行和持有的优先股、永续债等金融工具进行会计处理。企业应当按照金融工具准则的规定，根据所发

① 财会〔2014〕13号。

行金融工具的合同条款及其所反映的经济实质而非仅以法律形式，结合金融资产、金融负债和权益工具的定义，在初始确认时将该金融工具或其组成部分分类为金融资产、金融负债或权益工具。

15.“长期应付职工薪酬”项目，反映公司根据有关规定应付给职工的工资、职工福利、社会保险费、住房公积金、工会经费、职工教育经费、非货币性福利、辞退福利等各种在一年以上的薪酬。

16.“预计负债”项目，反映公司对外提供担保、未决诉讼等或有事项产生的负债。

17.“递延所得税负债”项目，反映公司确认的应纳税暂时性差异产生的所得税负债。

18.“其他负债”项目，反映除以上负债以外的其他负债。

（三）权益端

1.“实收资本（或股本）”项目，反映公司接受投资者投入的实收资本（或股本）。

2.“其他权益工具”项目，反映公司发行的除普通股以外的归类为权益工具的各种金融工具的账面价值。发行方发行的金融工具归类为权益工具的，应按实际收到的金额，借记“银行存款”科目，贷记“其他权益工具——优先股、永续债等”科目。

在财务报表方面，财政部发布的《金融负债与权益工具的区分及相关会计处理规定》要求发行方企业应在资产负债表“实收资本”项目和“资本公积”项目之间增设“其他权益工具”项目，反映企业发行的除普通股以外归类为权益工具的金融工具的账面价值，并在“其他权益工具”项目下增设“优先股”和“永续债”两个项目，分别反映企业发行的归类为权益工具的优先股和永续债的账面价值。

3.“资本公积”项目，反映资本公积的期末余额。

4.“库存股”项目，反映公司持有的尚未转让或注销的本公司股份金额。

5.“其他综合收益”项目，反映公司根据会计准则规定未在当期损益中确认的各项利得和损失的余额。

6.“盈余公积”项目，反映公司从净利润中提取的盈余公积。

7.“一般风险准备”项目，反映公司一般风险准备的期末余额。

8.“未分配利润”项目，反映公司尚未分配的利润。未弥补的亏损在本项目内以“-”号填列。

9.“外币报表折算差额”项目，反映企业当期产生的外币报表折算差额，应在合并资产负债表所有者权益项目下单独作为“外币报表折算差额”项目列示。

10.“归属于母公司所有者权益合计”项目，反映在合并报表中归属于母公司的所有者权益部分。

11.“少数股东权益”项目，反映编制合并报表时，子公司所有者权益中由母公司以外的其他投资者所拥有的权益份额。

二、利润表的格式与项目解释

利润表是反映信托公司在一定会计期间的经营成果的报表，包含了营业收入、营业支出、营业利润等在内的多个项目。

表9-2 安信信托合并利润表

2017年 单位：元

项 目	2017年	2016年
一、营业收入	5 592 427 918.12	5 245 959 043.75
利息净收入	126 032 190.00	177 676 532.03
利息收入	498 222 989.17	326 509 529.46
利息支出	372 190 799.17	148 832 997.43
手续费及佣金净收入	5 279 503 420.34	4 516 142 027.80
手续费及佣金收入	5 279 503 420.34	4 524 108 944.15
手续费及佣金支出		7 966 916.35
投资收益（损失以“–”号填列）	784 631 390.01	279 774 308.92
其中：对联营企业和合营企业的投资收益	108 711 642.89	25 577 955.68
资产处置收益（损失以“–”号填列）		
公允价值变动收益（损失以“–”号填列）	（597 739 082.23）	272 366 175.00
汇兑损益（损失以“–”号填列）		
其他收益		
其他业务收入		
二、营业支出	891 253 271.10	1 223 363 532.48
税金及附加	46 408 477.06	97 410 072.19
业务及管理费	831 679 829.41	1 126 051 947.26
资产减值损失	13 164 964.63	（98 486.97）
其他业务成本		
三、营业利润（损失以“–”号填列）	4 701 174 647.02	4 022 595 511.27
加：营业外收入	178 525 360.05	142 528 614.78
减：营业外支出	5 486 391.42	11 902 835.59
四、利润总额（损失以“–”号填列）	4 874 213 615.65	4 153 221 290.46
减：所得税费用	1 206 001 357.67	1 119 273 842.76
五、净利润（损失以“–”号填列）	3 668 212 257.98	3 033 947 447.70
（一）按经营持续性分类		
1.持续经营净利润（净亏损以“–”号填列）	3 668 212 257.98	
2.终止经营净利润（净亏损以“–”号填列）		
（二）按所有权归属分类		
1.少数股东损益		
2.归属于母公司所有者的净利润	3 668 212 257.98	3 033 947 447.70
六、每股收益		
（一）基本每股收益	0.8049	1.7142
（二）稀释每股收益	0.8049	1.7142
七、其他综合收益税后净额	48 088 919.37	21 754 315.66
归属于母公司所有者的其他综合收益的税后净额	48 088 919.37	21 754 315.66
（一）以后不能重分类进损益的其他综合收益		
（二）以后将重分类进损益的其他综合收益	48 088 919.37	21 754 315.66
可供出售金融资产公允价值变动损益	48 088 919.37	21 754 315.66
归属于少数股东的其他综合收益的税后净额		
八、综合收益总额	3 716 301 177.35	3 055 701 763.36
归属于母公司所有者的综合收益总额	3 716 301 177.35	3 055 701 763.36
归属于少数股东的综合收益总额		

资料来源：安信信托2017年度报告。

利润表项目解释如下：

1.“营业收入”项目，反映“利息净收入”“手续费及佣金净收入”“投资收益”“资产处置收益”“公允价值变动收益”“汇兑损益”“其他收益”“其他业务收入”等项目的合计金额。

2.“利息净收入”项目，反映公司存贷业务取得的利息净收入。

3.“利息收入”项目，反映公司发放贷款、存出款项等业务的利息收入。

4.“利息支出”项目，反映公司在办理存款、借款等业务中发生的利息支出。

5.“手续费及佣金净收入”项目，反映公司手续费及佣金收入与手续费及佣金支出的差额。

6.“手续费及佣金收入”项目，反映公司确认的手续费及佣金收入，包括办理结算业务、咨询业务、担保业务、代保管等代理业务以及办理受托贷款和投资业务等取得的手续费及佣金。

7.“手续费及佣金支出”项目，反映公司发生的与其经营活动相关的各项手续费、佣金等支出。

8.“投资收益”项目，反映公司以各种方式对外投资取得的收益或投资损失。其中，对联营企业和合营企业的投资收益应单独列示。

9.“资产处置收益”项目，反映企业出售划分为持有待售的非流动资产（金融工具、长期股权投资和投资性房地产除外）或处置组时确认的利得或损失，以及处置未划分为持有待售的固定资产、在建工程、生产性生物资产及无形资产而产生的处置利得或损失。债务重组中因处置非流动资产产生的利得或损失和非货币性资产交换产生的利得或损失也包括在本项目内。该项目应根据在损益类科目新设置的“资产处置损益”科目的发生额分析填列；如为处置损失，以“-”号填列。①

10.“公允价值变动收益”项目，反映公司应当计入当期损益的资产或负债公允价值的变动收益。如为净损失，本项目以“-”号填列。

11.“汇兑损益”项目，反映公司外币货币性项目因汇率变动形成的净收益。

12.“其他收益”项目，反映政府补助准则修订后核算的与公司日常活动相关的政府补助。

13.“其他业务收入”项目，反映租赁收入等其他营业收入。

14.“营业支出”项目，反映“税金及附加”“业务及管理费”“资产减值损失”“其他业务成本”等项目的金额合计。

15.“税金及附加”项目，反映公司按规定缴纳的应由营业收入负担的各种税金，包括城市维护建设税和教育费附加等。

16.“业务及管理费”项目，反映公司在业务经营和管理过程中所发生的电子设备运转费、安全防范费、物业管理费等费用。

17.“资产减值损失”项目，反映公司计提（或恢复后转回）各项资产减值准备所形

---

① 财会〔2017〕30号文件新增了包含“资产处置收益”在内的利润报表项目。

成的损失。

18.“其他业务成本”项目，反映公司除“税金及附加”、“业务及管理费”和“资产减值损失”之外的其他业务成本。

19.“营业利润”项目，反映公司当期的经营利润，经营亏损以“-”号填列。

20.“营业外收入”项目，反映公司发生的与经营业务无直接关系的各项收入，包括非流动资产处置利得、非货币性资产交换利得、债务重组利得、政府补助、盘盈利得、捐赠利得等。

21.“营业外支出”项目，反映公司发生的与经营业务无直接关系的各项支出，包括非流动资产处置损失、非货币性资产交换损失、债务重组损失、公益性捐赠支出、非常损失、盘亏损失等。

22.“所得税费用”项目，反映公司确认的应从当期利润总额中扣除的所得税费用。

23.“净利润”项目，反映公司实现的净利润或发生的亏损。

24.“少数股东损益”项目，反映编制合并会计报表时子公司净利润中归属于母公司以外的其他投资者部分。

25.“归属于母公司所有者的净利润”项目，反映公司编制合并报表时净利润中归属于母公司所有者的部分。

26.“基本每股收益”“稀释每股收益”项目，反映按照每股收益准则的规定计算确定的金额，本项目仅由普通股或潜在普通股已公开交易的公司以及正处于公开发行普通股或潜在普通股过程中的公司填报。

27.“其他综合收益税后净额”项目，反映公司根据企业会计准则规定未在当期损益中确认的各项利得和损失扣除所得税影响后的净额，按照归属于母公司所有者和归属于少数股东的其他综合收益的税后净额分别统计。其中，归属于母公司所有者的其他综合收益的税后净额分为：

（1）以后不能重分类进损益的其他综合收益，包括重新计量设定受益计划净负债或净资产导致的变动、按照权益法核算的在被投资单位以后会计期间不能重分类进损益的其他综合收益中所享有的份额等。

（2）以后将重分类进损益的其他综合收益，包括按照权益法核算的在被投资单位以后会计期间在满足规定条件时将重分类进损益的其他综合收益中所享有的份额、可供出售金融资产公允价值变动形成的利得或损失、持有至到期投资重分类为可供出售金融资产形成的利得或损失、现金流量套期工具产生的利得或损失中属于有效套期的部分、外币财务报表折算差额等。

28.“综合收益总额”项目，反映公司净利润与其他综合收益的合计金额。

三、现金流量表的格式与项目解释

现金流量表，是反映信托公司在一定会计期间现金和现金等价物流入和流出的报表。这里的现金，是指公司库存现金以及可以随时用于支付的存款。现金等价物，是指公司持有的期限短、流动性强、易于转换为已知金额的现金、价值变动风险很小的投资。根据《企业会计准则第31号——现金流量表》的要求，信托公司应当区分经营活动、投资活动和筹资活动列报现金流量。

表9-3 安信信托合并现金流量表

2017年

单位：元

项目	2017年	2016年
一、经营活动产生的现金流量		
销售商品、提供劳务收到的现金		
客户存款和同业存放款项净增加额		
向中央银行借款净增加额		
向其他金融机构拆入资金净增加额		
收到原保险合同保费取得的现金		
收到再保险业务现金净额		
保户储金及投资款净增加额		
以公允价值计量且其变动计入当期损益的金融负债净增加额		
以公允价值计量且其变动计入当期损益的金融资产净减少额		
收取利息、手续费及佣金的现金	5 873 921 085.73	5 221 788 863.31
拆入资金净增加额		
回购业务资金净增加额		
收到的税费返还		
收到其他与经营活动有关的现金	2 202 692 256.06	675 321 557.29
经营活动现金流入小计	8 076 613 341.79	5 897 110 420.60
购买商品、接受劳务支付的现金		
客户贷款及垫款净增加额	3 401 691 322.31	800 943 425.00
存放中央银行和同业款项净增加额		
支付原保险合同赔付款项的现金		
支付利息、手续费及佣金的现金	372 435 536.94	152 502 537.61
支付保单红利的现金		
支付给职工以及为职工支付的现金	466 144 313.56	291 673 735.92
支付的各项税费	1 525 523 315.00	1 163 114 682.04
支付的其他与经营活动有关的现金	580 778 929.52	495 082 131.07
经营活动现金流出小计	6 346 573 417.33	2 903 316 511.64
经营活动产生的现金流量净额	1 730 039 924.46	2 993 793 908.96
二、投资活动产生的现金流量		
收回投资收到的现金	30 899 116 464.93	14 593 359 102.05
取得投资收益收到的现金	719 917 575.87	321 832 139.25

续表

项　　目	2017年	2016年
处置固定资产、无形资产和其他长期资产收回的现金净额		
处置子公司及其他营业单位收到的现金净额		
收到其他与投资活动有关的现金		
投资活动现金流入小计	31 619 034 040.80	14 915 191 241.30
购建固定资产、无形资产和其他长期资产支付的现金	13 890 116.23	6 434 443.02
投资支付的现金	33 850 439 128.81	21 402 487 884.79
质押贷款净增加额		
取得子公司及其他营业单位支付的现金净额		
支付其他与投资活动有关的现金		
投资活动现金流出小计	33 864 329 245.04	21 408 922 327.81
投资活动产生的现金流量净额	（245 295 204.24）	（6 493 731 086.51）
三、筹资活动产生的现金流量		
吸收投资收到的现金		5 025 999 962.42
其中：子公司吸收少数股东投资收到的现金		
取得借款收到的现金	1 560 150 000.00	1 200 000 000.00
发行债券收到的现金		
收到其他与筹资活动有关的现金		
筹资活动现金流入小计	1 560 150 000.00	6 225 999 962.42
偿还债务支付的现金	210 000 000.00	
分配股利、利润或偿付利息支付的现金	1 242 985 890.60	628 667 006.67
其中：子公司支付给少数股东的股利、利润		
支付其他与筹资活动有关的现金		
筹资活动现金流出小计	1 452 985 890.60	628 667 066.67
筹资活动产生的现金流量净额	107 164 109.40	5 597 332 955.75
四、汇率变动对现金及现金等价物的影响		
五、现金及现金等价物净增加额	（408 091 170.38）	2 097 395 778.20
加：期初现金及现金等价物余额	3 393 842 115.89	1 296 446 337.69
六、期末现金及现金等价物余额	2 985 750 945.51	3 393 842 115.89

资料来源：安信信托2017年度报告。

信托公司现金流量表的项目解释可参看其他金融企业，在此不作解释。为了解按间接法编制的经营活动现金流量信息，也可以查看安信信托会计报表附注中的现金流量表补充资料。

四、所有者权益变动表的格式与项目解释

所有者权益变动表，是反映信托公司年末股东权益增减变动情况的报表。

表9-4

安信信托合并所有者权益变动表

2017年12月31日

单位：元

项目	归属于母公司股东权益						少数股东权益	合计
	股本	资本公积	其他综合收益	盈余公积	一般风险准备	未分配利润		
一、上年期末余额	2 071 643 151.00	6 498 352 958.83	24 650 776.11	618 055 292.24	470 664 389.78	4 034 800 005.32		13 718 166 573.28
加：会计政策变更								
前期差错更正								
同一控制下企业合并								
其他								
二、本年期初余额	2 071 643 151.00	6 498 352 958.83	24 650 776.11	618 055 292.24	470 664 389.78	4 034 800 005.32		13 718 166 573.28
三、本期增减变动金额（减少以"–"号填列）	2 485 971 781.00	–2 485 971 781.00	48 088 919.37	366 821 225.80	249 774 195.90	1 808 630 945.68		2 473 315 286.75
（一）综合收益总额			48 088 919.37			3 668 212 257.98		3 716 301 177.35
（二）所有者投入和减少资本								
1.股东投入的普通股								
2.其他权益工具持有者投入资本								
3.股份支付计入所有者权益的金额								
4.其他								
（三）利润分配				366 821 225.80	249 774 195.90	–1 859 581 312.30		–1 242 985 890.60
1.提取盈余公积				366 821 225.80		–366 821 225.80		
2.提取一般风险准备					249 774 195.90	–249 774 195.90		
3.对所有者（或股东）的分配						–1 242 985.60		–1 242 985.60
4.其他								
（四）所有者权益内部结转	2 485 971 781.00	–2 485 971 781.00						
1.资本公积转增资本（或股本）	2 485 971 781.00	–2 485 971 781.00						
2.盈余公积转增资本（或股本）								
3.盈余公积弥补亏损								
4.其他								
（五）专项设备								
1.本期提取								
2.本期使用								
四、本期期末余额	4 557 614 932.00	4 012 381 177.83	72 739 695.48	984 876 518.04	720 438 585.68	5 843 430 951.00		16 191 481 860.03

资料来源：安信信托2017年度报告。

所有者权益变动表的项目解释如下：

1．“上年期末余额”项目，反映公司上年资产负债表中“实收资本（或股本）”“资本公积”“其他综合收益”“盈余公积”“一般风险准备”“未分配利润”等科目的年末余额。

（1）“会计政策变更”项目，反映公司采用追溯调整法处理的会计政策变更的累积影响金额。

（2）“前期差错更正”项目，反映公司采用追溯重述法处理的会计差错更正的累积影响金额。

（3）“同一控制下企业合并”项目，反映公司同一控制下的企业合并项目对本年期初余额的影响。

（4）“其他”项目，反映公司除了上述项目以外的影响本年期初余额的项目。

2.“本年期初余额”项目，反映公司为体现会计政策变更和前期差错更正的影响，而在上年年末所有者权益余额的基础上进行调整得出的本年年初所有者权益余额。该项目应根据“盈余公积”“一般风险准备”“利润分配”“以前年度损益调整”等科目的发生额分析填列。

3.“本期增减变动金额”项目。

（1）“综合收益总额”项目，反映公司当年的综合收益总额，应根据当年利润表中“净利润”和“其他综合收益的税后净额”填列，并对应列在“未分配利润”和“其他综合收益”栏。

（2）“所有者投入和减少资本”项目，反映公司当年所有者投入的资本和减少的资本。其中：

①股东投入的普通股：反映公司接受投资者投入形成的股本和资本公积，对应列在“股本”和“资本公积”栏。

②其他权益工具持有者投入资本：反映其他权益工具持有者投入形成的其他权益工具和其他权益工具溢价，对应列在“其他权益工具”和“资本公积”栏。

③股份支付计入所有者权益的金额：反映公司处于等待期中的权益结算的股份支付当年计入资本公积的金额，对应列在“资本公积”栏。

（3）“利润分配”项目，反映当年按照规定提取的盈余公积、一般风险准备金额和对所有者（或股东）分配的利润（或股利）金额等，对应列在“盈余公积”、“一般风险准备”和“未分配利润”栏。其中：

①提取盈余公积：反映公司按照规定提取的盈余公积。

②提取一般风险准备：反映公司按照规定提取的一般风险准备。

③对所有者（或股东）的分配：反映对所有者（或股东）分配的利润（或股利）金额，包含对其他权益工具持有者的股利分配。

（4）“所有者权益内部结转”项目，反映不影响当年所有者权益总额的所有者权益各组成部分之间当年的增减变动。其中：

①资本公积转增资本（或股本）：反映公司以资本公积转增资本或股本的金额。

②盈余公积转增资本（或股本）：反映公司以盈余公积转增资本或股本的金额。

③盈余公积弥补亏损：反映公司以盈余公积弥补亏损的金额。

④其他：反映公司其他影响所有者权益内部结转的金额。

4.“本期期末余额”项目，反映公司本年资产负债表中“实收资本（或股本）”“资本公积”“其他综合收益”“盈余公积”“一般风险准备”“未分配利润”等科目的年末余额。

第三节 信托项目财务报告格式与项目解释

本节继续以安信信托为例，说明信托项目财务报告的格式，并对相关项目加以解释。信托项目财务报告包括资产负债汇总表、利润及利润分配汇总表。

一、资产负债汇总表的格式与项目解释

信托项目是指受托人根据信托文件的约定，单独或者集合管理运用、处分信托财产的基本单位。信托项目资产负债表是反映信托公司在一定时点的信托资产、信托负债和信托权益情况的报表。

以安信信托为例，其信托项目资产负债汇总表的格式见表9-5（本表中信托资产总计等于信托负债和信托权益总计）。

表9-5 **安信信托项目资产负债汇总表**

2017年12月31日 单位：万元

信托资产	2017年年末	2016年年末	信托负债和信托权益	2017年年末	2016年年末
信托资产：			信托负债：		
货币资金	425 664.13	1 236 925.99	交易性金融负债		
拆出资金			衍生金融负债		
存出保证金			应付受托人报酬	75 933.36	
交易性金融资产			应付托管费	87.43	
衍生金融资产			应付受益人收益	53 572.15	26 439.37
买入返售金融资产			应交税费		
应收款项	5 910 801.98	5 638 504.28	应付销售服务费		
发放贷款	12 479 505.77	12 080 593.45	其他应付款项	21 880.40	52 700.56
可供出售金融资产		38 160.00	其他负债		
持有至到期投资	1 039 243.99	2 109 197.18	信托负债合计	151 473.34	79 139.93
长期应收款					
长期股权投资	3 399 916.38	2 391 786.50	信托权益：		
投资性房地产			实收信托	22 852 791.94	23 323 893.34
固定资产			资本公积		4 840.00
无形资产			外币报表折算差额		
长期待摊费用			未分配利润	250 866.97	87 294.13
其他资产			信托权益合计	23 103 658.91	23 416 027.47
信托资产总计	23 255 132.25	23 495 167.40	信托负债及信托权益总计	23 255 132.25	23 495 167.40

注：表中数据来自安信信托2017年度报告。

信托项目资产负债汇总表的作用是：由于信托财产的实际所有权属于委托人而不属于信托公司，信托公司作为受托人只是协助承担信托业务会计核算的责任，按照会计信息质量的实质重于形式原则，信托公司只是形式上的会计主体，而委托人才是真正的会计主体。对于不同的委托人，信托项目所涉及的交易或事项必须单独核算，以信托项目为会计主体。而信托公司作为受托人，则需要将所有存续的信托项目当作会计主体进行会计核算，通过资产负债汇总表向所有委托人披露信息，便于委托人了解信托公司对受托资产的管理能力、盈利能力、运营能力、增长能力等。

二、资产负债表汇总表的项目解释

1.信托资产

信托资产是指根据信托文件的要求，由受托人受托管理运用、处分信托财产而形成的各项资产，包括银行存款、短期投资、应收账款、长期股权投资、客户贷款、固定资产、无形资产等。

（1）“货币资金”项目，反映期末信托财产银行账户中存放款项以及其他货币资金的总和。本项目应根据“银行存款”“其他货币资金”科目的期末余额加总填列。

（2）“拆出资金”项目，反映信托项目尚未收回的同业拆出资金本金。本项目应根据“拆出资金”科目的期末借方余额减去“坏账准备”科目所属明细科目期末余额后的金额填列。

（3）“存出保证金”项目，参看自营资产的相关解释。

（4）“交易性金融资产”项目，参看自营资产的相关解释。

（5）“衍生金融资产”项目，参看自营资产的相关解释。

（6）“买入返售金融资产”项目，反映期末已买入但尚未到期返售的证券、信贷资产的实际成本。本项目应根据“买入返售证券”“买入返售信贷资产”科目的期末余额填列。

（7）“应收款项”项目，反映信托项目期末尚未收回的各种应收款项。本项目应根据“应收股利”“应收利息”“应收账款”“其他应收款”“应收票据”“应收经营租赁款”科目的期末借方余额减去“坏账准备”科目所属明细科目期末余额后的金额填列。

（8）“发放贷款”项目，参看自营资产的相关解释。

（9）“可供出售金融资产”项目，参看自营资产的相关解释。

（10）“持有至到期投资”项目，参看自营资产的相关解释。

（11）“长期应收款”项目，参看自营资产的相关解释。

（12）“长期股权投资”项目，反映期末持有的不准备在1年内（含1年）变现的各种股权性质投资的可收回金额。本项目应根据“长期股权投资”科目的期末余额减去“长期投资减值准备”科目所属明细科目期末余额后的金额分析填列。

（13）“投资性房地产”项目，参看自营资产的相关解释。

（14）“固定资产”项目，反映期末各项固定资产的可收回金额。本项目应根据“固定资产”科目期末余额减去“固定资产减值准备”科目和“累计折旧”科目所属明细科目期末余额后的金额分析填列。期末，“融资租赁资产”和“未担保余值”科目有余额的，也在本项目反映。

（15）“无形资产”项目，反映期末各项无形资产的可收回金额。本项目应根据“无形资产”科目的期末余额减去“无形资产减值准备”科目期末余额后的金额填列。

（16）“长期待摊费用”项目，反映尚未摊销的摊销期限在1年以上（不含1年）的各项费用。本项目应根据“长期待摊费用”科目的期末余额填列。

（17）“其他资产”项目，反映期末除以上项目外的其他信托资产。本项目应根据有关科目的期末余额填列。如其他资产价值较大，应在会计报表附注中披露其主要项目和金额。

2. 信托负债

信托负债是指信托项目管理运用、处分信托财产而形成的负债，包括应付受托人报酬、应付受益人收益、应付托管费、卖出回购信贷资产款等。

（1）“交易性金融负债”项目，参看自营资产的相关解释。

（2）“衍生金融负债”项目，参看自营资产的相关解释。

（3）“应付受托人报酬”项目，反映期末尚未支付给受托人的报酬。本项目应根据“应付受托人报酬”科目的期末余额填列。

（4）“应付托管费”项目，反映期末应付未付给托管人的管理费用。本项目应根据“应付托管费”科目的期末余额填列。

（5）“应付受益人收益”项目，反映期末尚未支付给受益人的信托利润。本项目应根据“应付受益人收益”科目的期末余额填列。

（6）“应交税费”项目，参看自营资产的相关解释。

（7）“应付销售服务费”项目，反映期末应付未付的销售服务费。

（8）“其他应付款项”项目，反映期末应付未付的其他款项。本项目应根据“其他应付款项”等科目的期末余额填列。

（9）“其他负债”项目，反映期末除以上项目外的其他信托负债，如“应付利息”等。本项目应根据有关科目的期末余额填列。如其他信托负债价值较大，应在会计报表附注中披露其主要项目和金额。

3. 信托权益

信托权益是指信托受益人在信托财产中享有的经济利益。其金额为信托资产减去信托负债后的余额，包括实收信托、资本公积、外币报表折算差额和未分配利润等。

（1）“实收信托”项目，反映期末信托项目中信托本金的余额。本项目应根据“实收信托”科目的期末余额填列。

（2）“资本公积”项目，反映期末信托项目中资本公积的余额。本项目应根据“资本公积”科目的期末余额填列。

（3）“外币报表折算差额”项目，参看自营资产的相关解释。

（4）“未分配利润”项目，反映期末尚未分配的信托利润。本项目应根据“利润分配”“本年利润”科目的余额计算填列。累计亏损在本项目以“-”号填列。

三、利润及利润分配汇总表的格式与项目解释

（一）利润及利润分配汇总表的格式

信托项目利润及利润分配汇总表反映一定期间内信托项目的经营结果、信托利润分配

情况和期末未分配利润的结余情况。以安信信托为例，其基本格式见表9-6。

表9-6　　安信信托项目利润及利润分配汇总表

2017年1—12月　　单位：万元

项　　目	2017年累计	2016年累计
1.营业收入	2 430 816.73	2 225 976.50
1.1 利息收入	1 317 405.58	1 292 033.81
1.2 投资收益	453 197.94	505 841.07
1.2.1 对联营企业和合营企业的投资收益		
1.3 公允价值变动损益		
1.4 租赁收入		
1.5 汇兑损益		
1.6 其他收入	660 213.21	428 101.62
2.营业支出	672 480.08	580 787.48
2.1 税金及附加		
2.2 受托人报酬	616 997.10	442 457.47
2.3 保管费	8 038.63	10 413.81
2.4 投资管理费		
2.5 销售服务费	3 012.69	6 742.65
2.6 交易费用		
2.7 资产减值损失	5 734.44	25 504.85
2.8 其他费用	38 697.22	95 668.70
3.信托净利润	1 758 336.65	1 645 189.02
4.其他综合收益	（4 840.00）	−6 840.00
5.综合收益	1 753 496.65	1 638 349.02
6.加：期初未分配信托利润	87 294.13	79 564.90
7.可供分配的信托利润	1 845 630.78	1 724 753.92
8.减：本期已分配信托利润	1 594 763.81	1 637 459.79
9.期末未分配信托利润	250 866.97	87 294.13

注：表中数据来自安信信托2017年度报告。

（二）对利润和利润分配表项目的解释

1.营业收入

营业收入反映信托资产的利息收入、投资收益、公允价值变动损益、租赁收入、汇兑损益以及其他收入的合计。

（1）“利息收入”项目，反映以信托资金存放、拆放金融机构、贷款、办理买入返售证券、信贷资产业务而实现的利息收入。本项目应根据“利息收入”科目期末结转“本年利润”科目的数额填列。

（2）“投资收益”项目，反映通过股票、债券、基金等金融产品投资以及股权投资等直接投资而实现的收益。本项目应根据“投资收益”科目期末结转“本年利润”科目的数额填列。

（3）“公允价值变动损益”项目，反映公司应当计入当期损益的资产或负债公允价值的变动收益。如为净损失，本项目以“-”号填列。

（4）“租赁收入”项目，反映因信托资产租赁而实现的收入。本项目应根据“租赁收入”科目期末结转“本年利润”科目的数额填列。

（5）“其他收入”项目，反映除以上收入外的其他收入。本项目应根据“其他收入”科目期末结转“本年利润”科目的数额填列。

2.营业支出

营业支出反映因使用、管理信托财产而发生的费用，包括税金及附加、受托人报酬、保管费、投资管理费、销售服务费、交易费用、资产价值损失以及其他费用。

（1）“税金及附加”项目，反映应由信托项目承担的流转税费。本项目应根据“税金及附加”科目期末结转“本年利润”科目的数额填列。

（2）“资产减值损失”项目，反映本期计提的信托资产各项减值准备。本项目应根据“资产减值损失”科目期末结转“本年利润”科目的数额填列。

3.其他项目

（1）“信托净利润”项目，反映信托资产营业收入扣减营业支出后的经营利润。

（2）“其他综合收益”项目，反映信托资产带来的其他综合收益。

（3）“综合收益”项目，反映信托资产净利润与其他综合收益的合计数。

（4）“期初未分配信托利润”项目，反映上期期末未分配的信托利润，如为累计亏损，以“-”号填列。本项目数字应与本表上期“本期数”栏的“期末未分配信托利润”项目一致。

（5）“可供分配的信托利润”项目，反映信托资产期初未分配利润与实现的综合收益之和，是可供信托项目分配的利润。

（6）“本期已分配信托利润”项目，反映本期已宣布应付给信托受益人的收益。本项目应根据“利润分配”科目本期发生额填列。

（7）“期末未分配信托利润”项目，反映期末未分配的信托利润；累计亏损以“-”号填列。

第四节 财务报告的解读与分析

本节分别从信托公司自营资产和信托资产项目的角度，说明各自财务报告的解读与分析方法。

一、自营资产财务报告的解读与分析

（一）资产负债表的解读与分析

依据信托公司的资产负债表可以进行结构分析和趋势分析。针对资产负债表的左方，可以运用资产组合理论，分析信托公司的资产组合以及与行业优秀企业在资产组合方面的差异，从而分析资产组合对信托公司未来收入和净利润的影响；针对资产负债表的右方，

可以运用资本结构理论，分析信托公司的资金来源结构，了解该公司的资本结构，分析公司在满足法律监管和资金需要的前提下，能否保持最佳资本结构，降低综合资金成本，管控财务风险，增加公司盈利，最终实现公司价值增长的目标。

1.资产角度：结构与趋势分析

下面仍以安信信托为例，说明资产负债表的解读与分析方法。截止到2017年年末，公司总资产达251.26亿元，比上年年末增长31.37%；负债总额89.35亿元，比上年年末增长65.23%；资产负债率35.56%，比上年度增加7.29个百分点。依据安信信托的资产负债表所进行的资产结构和趋势分析见表9–7。

表9–7　　安信信托资产结构与趋势分析表　　单位：万元

项　目	2017年年末余额	2016年年末余额	2017年占比（%）	2016年占比（%）	绝对数增减变动趋势（%）
资产：					
现金及存放中央银行款项	2.26	2.16	0	0	4.87
存放同业款项	298 572.83	344 545.14	11.88	18.01	−13.34
结算备付金	307.84			0	不适用
贵金属					
拆出资金					
以公允价值计量且其变动计入当期损益的金融资产	540 952.19	568 347.04	21.53	29.72	−4.82
衍生金融资产					
买入返售金融资产		7 500.08	0	0.39	不适用
应收利息	4 768.59	1 546.77	0.19	0.08	208.29
存出保证金	4.34	0	0	0	
发放贷款和垫款	555 372.23	389 403.10	22.10	20.36	42.62
可供出售金融资产	418 214.11	465 087.08	16.64	24.32	−10.08
持有至到期投资					
应收款项类投资	473 852.31		18.86		不适用
持有待售资产					
长期股权投资	102 073.44	87 077.92	4.06	4.55	17.22
投资性房地产					
固定资产	917.05	729.14	0.04	0.04	25.77
在建工程	661.68	82.23	0.03	0	704.67
无形资产	356.90	464.90	0.01	0.02	−23.23
长期待摊费用	851.84	1 229.59	0.03	0.06	−30.72
商誉					
递延所得税资产	1 842.78		0.07	0	不适用
其他资产	113 861.16	46 554.37	4.53	2.43	144.58
资产总计	2 512 611.56	1 912 569.51	100.00	100.00	31.37
负债：					
向中央银行借款					
同业及其他金融机构存放款项					
拆入资金					

续表

项　　目	2017年年末余额	2016年年末余额	2017年占比（%）	2016年占比（%）	绝对数增减变动趋势（%）
以公允价值计量且其变动计入当期损益的金融负债	92 060.78	112 452.64	3.66	5.88	−18.13
衍生金融负债					
卖出回购金融资产款					
吸收存款					
应付职工薪酬	50 714.20	54 702.17	2.02	2.86	−7.29
应交税费	122 337.10	96 832.85	4.87	5.06	26.34
应付利息					
划分为持有待售的负债					
应付债券					
其中：优先股					
永续债					
长期应付职工薪酬					
预计负债	40 315.11	44 064.05	1.60	2.30	−8.51
递延所得税负债		11 839.15		0.62	−100.00
其他负债	588 036.19	220 861.98	23.40	11.55	166.25
负债合计	893 463.38	540 752.85	35.56	28.27	65.23
所有者权益（或股东权益）：					
实收资本（或股本）	455 761.49	207 164.32	18.14	10.83	120.00
其他权益工具					
其中：优先股					
永续债					
资本公积	401 238.12	649 835.30	15.97	33.98	−38.26
减：库存股					
其他综合收益	7 273.97	2 465.08	0.29	0.13	195.08
盈余公积	98 487.65	61 805.53	3.92	3.23	59.35
一般风险准备	72 043.86	47 066.44	2.87	2.46	53.07
未分配利润	584 343.10	403 480.00	23.26	21.10	44.83
外币报表折算差额					
归属于母公司所有者权益合计	1 619 148.19	1 371 816.66	64.44	71.73	18.03
少数股东权益					
股东权益合计	1 619 148.19	1 371 816.66	64.44	71.73	18.03
负债和股东权益总计	2 512 611.56	1 912 569.51	100.00	100.00	31.37

不同行业企业的资产结构都有其差异性。观察了解一个行业时，首先要了解其显著特征，即资产组合，也即各种资产的分布结构，尤其是主要资产的占比情况。本例中，2017年安信信托主要资产为发放贷款和垫款、以公允价值计量且其变动计入当期损益的金融资产以及应收款项类投资，其占比分别为22.10%、21.53%和18.86%，三者合计占比62.49%。

从资产项目变动趋势看，如果不考虑资产占比，安信信托2017年度变化最大的3项资产分别为在建工程、应收利息和其他资产，其增长趋势分别为7.05倍、2.08倍和1.45倍。从企业管理的角度，其最看重的是占比较大的资产及其增减变化趋势。本例中发放贷款和垫款以及以公允价值计量且其变动计入当期损益的金融资产，绝对数增减变动趋势分别为42.62%和-4.82%，应收款项类投资在2017年度为新增资产项目。信托公司要分析这些数据的变化对其未来的收入和盈利的影响。

此外，信托公司还要结合资产投向以及管理状况分析其资产管理质量。下面以报表中涉及的贷款和垫款为例加以说明（见表9-8）。

表9-8　**安信信托信贷资产质量情况分析**　单位：万元

项　目	2017年年末	2016年年末	2017年占贷款总额的比例（%）	2016年占贷款总额的比例（%）	绝对数增减变动趋势（%）
贷款总额	556 292.23	389 403.10	100.00	100.00	42.86
贷款损失准备	920.00		0.17		不适用
贷款净额	555 372.23	389 403.10	99.83	100.00	42.62
按五级分类：					
正常贷款	510 292.23	389 403.10	91.73	100.00	31.04
关注贷款	46 000.00	0	8.27	0	不适用
次级贷款					
可疑贷款					
损失贷款					
合计	556 292.23	389 403.10	100.00	100.00	42.86
按重组和逾期贷款情况：					
逾期贷款	20 000.00	0	3.60	0	不适用
按贷款行业的不同：					
房地产业	150 050.00	174 200.00	26.97	44.74	-13.86
批发和零售业	261 935.47	93 706.34	47.09	24.06	179.53
文化、体育和娱乐业	54 996.76	54 996.76	9.89	14.12	0
租赁和商务服务业	85 310.00	48 000.00	15.34	12.33	77.73
信息传输、计算机服务和软件业		14 500.00		3.72	-100.00
科学研究、技术服务和地质勘查业	4 000.00	4 000.00	0.72	1.03	0
合计	556 292.23	389 403.10	100.00	100.00	42.86
按贷款方式分类：					
信用贷款	24 360.00	186 200.00	4.38	47.82	-86.92
保证贷款	276 935.47	118 206.34	49.78	30.36	134.28
附担保物贷款	254 996.76	84 996.76	45.84	21.83	200.01
——抵押贷款	166 000.00	26 000.00	29.84	6.68	538.46
——质押贷款	88 996.76	58 996.76	16.00	15.15	50.85
合计	556 292.23	389 403.10	100.00	100.00	42.86

资料来源：根据安信信托2017年度报告和2016年度报告中的商业银行信息披露内容整理计算。

从表9-8中不仅可以了解对贷款业务的五级分类、逾期贷款、贷款行业分布以及贷款方式的结构，而且可以了解其变化趋势。以按贷款五级分类为例，2017年安信信托关注贷款的比重上升、正常贷款的比重下降。

2. 负债权益端：资金来源结构与趋势分析

不同行业的资金来源结构都有其差异性。了解一个行业，首先需要了解这个行业的资金来源及其分布情况。不考虑负债内部的构成因素以及信托业在资产负债率有关指标计算上要剔除的因素，依据安信信托的资产负债表所进行的资金来源结构与趋势分析见表9–9。

表9–9　　安信信托资金来源结构与趋势分析　　单位：万元

项　　目	2017年 年末余额	2016年 年末余额	2017年 占比（%）	2016年 占比（%）	绝对数 增减变动 趋势（%）
负债：					
以公允价值计量且其变动计入当期损益的金融负债	92 060.78	112 452.64	3.66	5.88	−18.13
应付职工薪酬	50 714.20	54 702.17	2.02	2.86	−7.29
应交税费	122 337.10	96 832.85	4.87	5.06	26.34
预计负债	40 315.11	44 064.05	1.60	2.30	−8.51
递延所得税负债		11 839.15		0.62	−100.00
其他负债	588 036.19	220 861.98	23.40	11.55	166.25
负债合计	893 463.38	540 752.85	35.56	28.27	65.23
所有者权益（或股东权益）：					
实收资本（或股本）	455 761.49	207 164.32	18.14	10.83	120.00
资本公积	401 238.12	649 835.30	15.97	33.98	−38.26
其他综合收益	7 273.97	2 465.08	0.29	0.13	195.08
盈余公积	98 487.65	61 805.53	3.92	3.23	59.35
一般风险准备	72 043.86	47 066.44	2.87	2.46	53.07
未分配利润	584 343.10	403 480.00	23.26	21.10	44.83
归属于母公司所有者权益合计	1 619 148.19	1 371 816.66	64.44	71.73	18.03
少数股东权益					
股东权益合计	1 619 148.19	1 371 816.66	64.44	71.73	18.03
负债和股东权益总计	2 512 611.56	1 912 569.51	100.00	100.00	31.37

本例中，在2017年安信信托的资金总额中，负债合计占比35.56%、权益占比为64.44%。负债中主要负债为其他负债；股东权益中实收资本（股本）占比18.14%、资本公积占比15.97%，留存收益占比30.05%。

从资金来源项目变动趋势看，如果不考虑资金来源占比，安信信托2017年度变化最大的三项资金来源分别为其他综合收益、其他负债以及实收资本（或股本），分别增长1.95倍、1.66倍和1.20倍。从企业管理的角度，企业最看重的应是占比较大的资金来源及其增减变动趋势。本例中其他负债、未分配利润以及实收资本（或股本）的变动趋势分别为1.66倍、0.45倍和1.20倍。

对于上述项目，应结合安信信托公司年度报告中的会计报表附注说明查找其变化原因，并分析这种变化对企业未来发展的影响。

（二）利润表的解读与分析

此处同样以安信信托为例，说明利润表的解读与分析方法。报告期内，公司共实现营业收入55.92亿元，归属于母公司的净利润为36.68亿元。依据安信信托的利润表所进行的利润表项目变动趋势和营业收入结构分析见表9-10。

表9-10　**安信信托利润表变动趋势与营业收入结构分析**　单位：万元

项　目	2017年	2016年	2017年占营业收入（%）	2016年占营业收入（%）	绝对数增减变动趋势（%）
一、营业收入	559 242.79	524 595.90	100.00	100.00	6.60
利息净收入	12 603.22	17 767.65	2.25	3.39	-29.07
利息收入	49 822.30	32 650.95	8.91	6.22	52.59
利息支出	37 219.08	14 883.30	6.66	2.84	150.07
手续费及佣金净收入	527 950.34	451 614.20	94.40	86.09	16.90
手续费及佣金收入	527 950.34	452 410.89	94.40	86.24	16.70
手续费及佣金支出		796.69		0.15	-100.00
投资收益（损失以"-"号填列）	78 463.14	27 977.43	14.03	5.33	180.45
其中：对联营企业和合营企业的投资收益	10 871.16	2 557.80	1.94	0.49	325.02
资产处置收益（损失以"-"号填列）					
公允价值变动收益（损失以"-"号填列）	（59 773.91）	27 236.62	-10.69	5.19	-319.46
汇兑损益（损失以"-"号填列）					
其他收益					
其他业务收入					
二、营业支出	89 125.33	122 336.35	15.94	23.32	-27.15
税金及附加	4 640.85	9 741.01	0.83	1.86	-52.36
业务及管理费	83 167.98	112 605.19	14.87	21.47	-26.14
资产减值损失	1 316.50	（9.85）	0.24	0	-13 467.21
其他业务成本					
三、营业利润（损失以"-"号填列）	470 117.46	402 259.55	84.06	76.68	16.87
加：营业外收入	17 852.54	14 252.86	3.19	2.72	25.26
减：营业外支出	548.64	1 190.28	0.10	0.23	-53.91
四、利润总额（损失以"-"号填列）	487 421.36	415 322.13	87.16	79.17	17.36
减：所得税费用	120 600.14	111 927.38	21.56	21.34	7.75
五、净利润（损失以"-"号填列）	366 821.23	303 394.74	65.59	57.83	20.91
六、每股收益					
（一）基本每股收益	0.8049	1.7142			-53.05
（二）稀释每股收益	0.8049	1.7142			-53.05
七、其他综合收益税后净额	4 808.89	2 175.43			121.05
八、综合收益总额	371 630.12	305 570.18			21.62

资料来源：安信信托2017年度报告。

数据显示，2017年度在安信信托营业收入内部，利息净收入、手续费及佣金净收入、投资收益以及公允价值变动收益的占比分别为2.25%、94.40%、14.03%和-10.69%，说明手续费及佣金净收入是信托公司主要的收入来源。与2016年度相比，手续费及佣金净收入占营业收入的比例上升了8.31个百分点。

从营业收入的支出结构看，2017年度安信信托的营业支出占营业收入的比例为15.94%，较2016年度下降7.38个百分点，其中主要支出是业务及管理费，占营业收入的比例为14.87%，较2016年的21.47%下降6.60个百分点。公司应具体分析业务及管理费上升的原因，以便进行有效的管控。

从营业收入反映的盈利能力信息看，2017年度安信信托的营业利润率和营业净利率分别为87.16%和65.59%，均高于2016年的同期数据，说明公司的盈利能力在增强。

从税负信息来看，2017年度安信信托税金及附加占营业收入的比例为0.83%，而2016年同期为1.86%，这与2017年营改增税收政策的实施有关。所得税费用占营业收入的比例，2017年和2016年分别为21.56%和21.34%。如果从所得税税负方面分析（所得税费用/利润总额），2017年和2016年的所得税税负占比分别为24.74%和26.95%。

安信信托2017年度综合收益总额上升21.62%，主要是因为归属于母公司所有者的综合收益总额上升。

（三）现金流量表的解读与分析

从现金流量表中可以了解如下信息：一是信托公司现金流入和流出项目的变动趋势；二是信托公司的现金流入和流出结构；三是信托公司的现金偿债能力、股利支付能力和纳税能力。依据安信信托现金流量表，可制作出结构与增减变动趋势表，并加以分析（见表9-11）。为了了解该信托公司现金流入和现金流出的内部结构，也可以编制现金流入结构分析表和现金流出结构分析表（分别见表9-12和表9-13）。

表9-11 **安信信托合并现金流量表主要项目增减变动趋势**

2017年度 单位：万元

项　目	2017年	2016年	绝对数增减变动趋势（%）
经营活动产生的现金流量净额	173 003.99	299 379.39	-42.21
投资活动产生的现金流量净额	-24 529.52	-649 373.11	-96.22
筹资活动产生的现金流量净额	10 716.41	559 733.30	-98.09

1.现金流量总体情况分析

针对信托公司合并现金流量表项目变动趋势，需要关注以下两个问题：一是要关心经营活动、投资活动和筹资活动三大活动的总体变化趋势；二是要关注哪些具体项目变动幅度比较大及其原因。两个年度比较，三大主要活动的现金流量净额均出现下降趋势，其中经营活动、投资活动和筹资活动产生的现金流量净额分别下降42.21%、96.22%和98.09%。

表9-12　安信信托现金流入结构分析表*　单位：万元

项　　目	2017年	2016年	2017年占比（%）	2016年占比（%）	绝对数增减变动趋势（%）
一、经营活动产生的现金流量					
收取利息、手续费及佣金的现金	587 392.11	522 178.89	14.24	19.31	12.49
收到其他与经营活动有关的现金	220 269.23	67 532.16	5.34	2.50	226.17
经营活动现金流入小计	807 661.33	589 711.04	19.58	21.81	36.96
二、投资活动产生的现金流量					
收回投资收到的现金	3 089 911.65	1 459 335.91	74.90	53.97	111.73
取得投资收益收到的现金	71 991.76	32 183.21	1.75	1.19	123.69
投资活动现金流入小计	3 161 903.40	1 491 519.12	76.64	55.16	111.99
三、筹资活动产生的现金流量					
吸收投资收到的现金		502 600.00	0	18.59	-100.00
取得借款收到的现金	156 015.00	120 000.00	3.78	4.44	30.01
筹资活动现金流入小计	156 015.00	622 600.00	3.78	23.03	-74.94
现金流入合计	4 125 579.74	2 703 830.16	100.00	100.00	52.58

*为简化，此表去掉了无数据部分。

表9-13　安信信托现金流出结构分析表*　单位：万元

项　　目	2017年	2016年	2017年占比（%）	2016年占比（%）	绝对数增减变动趋势（%）
一、经营活动产生的现金流量					
客户贷款及垫款净增加额	340 169.13	80 094.34	8.16	3.21	324.71
支付利息、手续费及佣金的现金	37 243.55	15 250.25	0.89	0.61	144.22
支付给职工以及为职工支付的现金	46 614.43	29 167.37	1.12	1.17	59.82
支付的各项税费	152 552.33	116 311.47	3.66	4.66	31.16
支付的其他与经营活动有关的现金	58 077.89	49 508.21	1.39	1.99	17.31
经营活动现金流出小计	634 657.34	290 331.65	15.23	11.64	118.60
二、投资活动产生的现金流量					
购建固定资产、无形资产和其他长期资产支付的现金	1 389.01	643.44	0.03	0.03	115.87
投资支付的现金	3 385 043.91	2 140 248.79	81.25	85.81	58.16
投资活动现金流出小计	3 386 432.92	2 140 892.23	81.28	85.84	58.18
三、筹资活动产生的现金流量					
偿还债务支付的现金	21 000.00				不适用
分配股利、利润或偿付利息支付的现金	124 298.59	62 866.70	2.98	2.52	97.72
筹资活动现金流出小计	145 298.59	62 866.71	3.49	2.52	131.12
现金流出合计	4 166 388.86	2 494 090.59	100.00	100.00	67.05

*为简化，此表去掉了无数据部分。

2.现金流入和流出结构与趋势分析

依据表9-12和表9-13可以得到以下信息：

现金流入方面：就三大活动而言，2017年投资活动现金流入占比增长显著，占全部流入的76.64%，绝对值增长1.12倍。其次为经营活动，占比达到19.58%，绝对值增长

36.96%。筹资活动产生的现金流入占比3.78%，绝对值下降74.94%。与2016年相比，安信信托投资现金流占比明显上升，而筹资活动现金流占比明显下降。

就现金流入的具体项目而言，2017年度收回投资收到的现金，收取利息、手续费及佣金的现金占比较大，分别为74.90%和14.24%。

现金流出方面：就三大活动而言，2017年投资活动产生的现金流出独占鳌头，占比81.28%；经营活动产生的现金流出占比15.23%；而筹资活动占比较低，只有3.49%。与2016年相比，安信信托的现金流出各项目均呈上升态势。

就现金流出的具体项目而言，2017年度最主要的现金流出为投资支付的现金，高达81.25%，符合信托公司投资是主流的行业特点。

二、信托资产项目财务报告的解读与分析

本部分从信托资产项目的角度，说明信托项目财务报告的解读与分析方法，包括信托资产报表分析的依据和注意事项、对信托项目资产负债汇总表的分析、对信托项目利润及其利润分配表的分析。

（一）对信托项目资产负债汇总表的分析

1.资产运用与分布情况分析

截至2017年年末，安信信托共有存续信托项目276个，受托管理信托资产规模2 325.51亿元；已完成清算的信托项目140个，清算信托规模759.95亿元；新增信托项目91个，新增信托规模735.34亿元。其中，新增集合类信托项目55个，实收信托规模523.95亿元；新增单一类信托项目36个，实收信托规模211.39亿元①。安信信托项目资产运用与分布情况见表9-14。

表9-14　**安信信托项目资产运用与分布情况**

2017年12月31日

单位：万元

资产运用	金额	占比（%）	资产分布	金额	占比（%）
货币资金	425 664.13	1.83	基础产业	863 099.02	3.71
贷款	12 479 505.77	53.66	房地产	5 508 314.40	23.69
交易性金融资产			证券市场		
可供出售金融资产			实业	14 881 599.58	63.99
持有至到期投资	1 039 243.99	4.47	金融机构		
长期股权投资	3 399 916.38	14.62	其他	2 002 119.25	8.61
其他	5 910 801.98	25.42			
信托资产总计	23 255 132.25	100	信托资产总计	23 255 132.25	100

资料来源：安信信托官网。

数据显示，在资产运用方面，信托项目的主要资产为贷款，占比53.66%；在资产分布方面，主要以实业和房地产为主，其中实业投资占比63.99%，房地产投资占比23.69%。

安信信托按信托资金和管理类型分类的情况见表9-15。

① 安信信托2017年度报告。

表9-15 **安信信托资产类型与分布情况** 单位：万元

项 目	2017年年末	2016年年末	2017年占比（%）	2016年占比（%）	绝对数增减变动趋势（%）
按信托资金分类：					
集合	13 840 731.19	11 169 888.31	59.52	47.54	23.91
单一	8 964 803.72	11 746 916.40	38.55	50.00	-23.68
财产权	449 597.34	578 362.69	1.93	2.46	-22.26
合计	23 255 132.25	23 495 167.40	100.00	100.00	-1.02
按管理类型分类：					
主动管理型信托资产：					
证券投资类	9 405 094.24	9 075 384.05	40.44	38.63	3.63
其他投资类	6 445 954.58	5 061 216.87	27.72	21.54	27.36
小计	15 851 048.82	14 136 600.92	68.16	60.17	12.13
被动管理型信托资产：					
融资类	6 523.97	8 181.40	0.03	0.03	-20.26
事务管理类	7 397 559.46	9 350 385.08	31.81	39.80	-20.88
小计	7 404 083.43	9 358 566.48	31.84	39.83	-20.88
合计	23 255 132.25	23 495 167.40	100.00	100.00	-1.02

2017年安信信托集合信托资金占比59.52%，单一信托资金占比38.55%，财产权信托资金占比较低。按管理类型分类，主动管理型信托业务规模占信托资产总规模的68.16%；被动管理型信托资产占比较低，为31.84%。

2. 信托资金来源及其结构分析

利用信托项目资产负债汇总表，可以了解信托资金来源中信托负债与信托权益及其内部结构情况，也可以分析信托负债和信托权益的变化趋势（见表9-16）。

表9-16 **安信信托资金来源及其结构情况** 单位：万元

项 目	2017年年末	2016年年末	2017年占比（%）	2016年占比（%）	绝对数增减变动趋势（%）
信托负债：					
交易性金融负债					
衍生金融负债					
应付受托人报酬	75 933.36		0.33	0	
应付保管费	87.43		0	0	
应付受益人收益	53 572.15	26 439.37	0.23	0.11	102.62
应交税费					
应付销售服务费					
其他应付款项	21 880.40	52 700.56	0.09	0.22	-58.48
其他负债					
信托负债合计	151 473.34	79 139.93	0.65	0.34	91.40
信托权益：					
实收信托	22 852 791.94	23 323 893.34	98.27	99.27	-2.02
资本公积		4 840.00	0	0.02	-100.00
外币报表折算差额					
未分配利润	250 866.97	87 294.13	1.08	0.37	187.38
信托权益合计	23 103 658.91	23 416 027.47	99.35	99.66	-1.33
信托负债及信托权益总计	23 255 132.25	23 495 167.40	100.00	100.00	-1.02

从表9-16中可见，安信信托的负债占比较低，2017年和2016年占比分别为0.65%和0.34%，而同期信托权益的占比分别为99.35%和99.66%。信托权益中的主要项目为实收信托。

（二）对信托项目利润及其分配情况的分析

（1）利润实现情况的分析

对信托项目利润实现情况可以进行变动趋势和结构分析。安信信托利润表项目变动趋势与营业收入结构见表9-17。

表9-17 **安信信托利润表项目变动趋势与营业收入结构分析表** 单位：万元

项　　目	2017年累计	2016年累计	2017年占比（%）	2016年占比（%）	绝对数增减变动趋势（%）
1. 营业收入	2 430 816.73	2 225 976.50	100.00	100.00	9.20
1.1 利息收入	1 317 405.58	1 292 033.81	54.20	58.04	1.96
1.2 投资收益	453 197.94	505 841.07	18.64	22.72	−10.41
1.2.1 对联营企业和合营企业的投资收益					
1.3 公允价值变动损益					
1.4 租赁收入					
1.5 汇兑损益					
1.6 其他收入	660 213.21	428 101.62	27.16	19.23	54.22
2. 支出	672 480.08	580 787.48	27.66	26.09	15.79
2.1 税金及附加					
2.2 受托人报酬	616 997.10	442 457.47	25.38	19.88	39.45
2.3 保管费	8 038.63	10 413.81	0.33	0.47	−22.81
2.4 投资管理费					
2.5 销售服务费	3 012.69	6 742.65	0.12	0.30	−55.32
2.6 交易费用					
2.7 资产减值损失	5 734.44	25 504.85	0.24	1.15	−77.52
2.8 其他费用	38 697.22	95 668.70	1.59	4.30	−59.55
3. 信托净利润	1 758 336.65	1 645 189.02	72.34	73.91	6.88
4. 其他综合收益	−4 840.00	−6 840.00			−29.24
5. 综合收益	1 753 496.65	1 638 349.02			7.03
6. 加：期初未分配信托利润	87 294.13	79 564.90			9.71
7. 可供分配的信托利润	1 845 630.78	1 724 753.92			7.01
8. 减：本期已分配信托利润	1 594 763.81	1 637 459.79			−2.61
9. 期末未分配信托利润	250 866.97	87 294.13			187.38

数据显示，2017年安信信托的主要收入为利息收入，占54.20%；其次是其他收入和

投资收益，占比分别为27.16%和18.64%。从增长趋势来看，其他收入的增幅明显，增长0.54倍。综合收益总体增长7.03%。

从支出与营业收入的关系来看，支出占营业收入的比重在2017年呈现出略升趋势，主要是受托人报酬占比上升，由2016年的19.88%上升至2017年的25.38%。支出的上升导致信托营业净利润率由2016年的73.91%降为2017年的72.34%。

（2）对利润分配情况的分析

利润分配情况主要包括信托项目本年度实现的综合收益、年初未分配利润、可供分配的信托利润、本期已分配的信托利润以及期末未分配利润情况。安信信托项目利润分配情况说明表见表9-18。

表9-18　安信信托项目利润分配情况说明表

2017年1—12月　单位：万元

项　目	2017年	2016年
1.综合收益	1 753 496.65	1 638 349.02
加：期初未分配信托利润	87 294.13	79 564.90
2.可供分配的信托利润	1 845 630.78	1 724 753.92
减：本期已分配信托利润	1 594 763.81	1 637 459.79
3.期末未分配信托利润	250 866.97	87 294.13

注：表中数据来自安信信托2017年度报告。

数据显示，2017年安信信托实现综合收益175.35亿元，上年未分配的信托利润为8.73亿元，累计可供分配的信托利润为184.56亿元，扣掉2017年已分配的信托利润159.48亿元，到2017年年末仍有25.09亿元的利润没有分配。

在对信托项目报表进行分析时，还应关注以下两点：

一是借助会计报表附注进行分析。

按照要求，信托项目会计报表附注至少应包括下列内容：

（1）重要会计政策和会计估计及其变更情况、变更原因及其影响。

（2）信托设立、存续、终止及信托事务管理情况的说明。

（3）会计报表重要项目的明细资料，包括客户贷款按行业和地区分布情况、逾期但未超过3个月和逾期超过3个月的贷款情况、贷款损失准备计提情况等。

（4）披露与委托人、受托人、受益人以及其他信托项目之间的交易。

（5）披露期末信托资产总市值和分类市值，不能披露市值的应说明理由和占信托总资产的比重。

（6）或有事项的说明。

（7）资产负债表日后事项的说明。

（8）有助于理解和分析会计报表的其他事项。

二是查看财务情况说明书。

其包括：利润实现和分配情况、主要财务指标以及对本公司财务状况、经营成果有重大影响的其他事项。

第五节 财务与监管指标分析

本节分别从财务指标和监管指标的角度，分析以信托公司为主体的财务与监管指标信息及其含义。

一、信托公司财务指标分析

对信托公司财务指标的分析，包括对盈利能力、资产管理能力和人均效率、偿债能力、成长能力、分红能力等指标的分析，上市信托公司还要分析与其市场表现有关的财务指标。

（一）盈利能力

盈利能力用来衡量信托公司获取利润的能力。反映信托公司盈利能力的指标很多，通常在实证研究中以营业净利率、总资产收益率、净资产收益率、成本收入比、每股收益作为主要解释因子，计算盈利能力得分，得分越高，说明盈利能力越好。从证监会信息披露要求的角度，反映信托公司盈利能力的指标通常使用净资产收益率和每股收益。

1.营业净利率

安信信托营业净利率相关指标见表9-19。从表中可见，安信信托的营业净利率在2013年后总体呈现出上升趋势，2017年最高，达到65.59%，说明公司在成本管控和增收方面作出了很大努力。

表9-19 **安信信托的营业净利率相关指标** 单位：万元

项目 \ 年度	2017	2016	2015	2014	2013
营业收入	559 242.79	524 595.90	295 476.73	180 937.98	83 762.63
净利润	366 821.23	303 394.74	172 214.85	102 352.79	27 960.18
营业净利率（%）	65.59	57.83	58.28	56.57	33.38

注：表中数据依据安信信托各年度报告计算。

在分析时也可以利用息税折旧摊销前利润或利润总额来计算其盈利能力。计算公式如下：

营业息税折旧摊销前利润比=息税折旧摊销前利润/营业收入×100%

营业利润比=利润总额/营业收入×100%

2.总资产收益率

总资产收益率是信托公司净利润总额与平均资产总额的比率。表9-20反映了安信信托的总资产收益率情况。数据显示，各年份总资产收益率指标并不稳定，2014年表现最好，2015年后出现了下降趋势。通过对总资产收益率的分析，可以了解资产与各种指标的关系；也可以通过同业比较，分析与同业相比自身的优势和不足。在企业内部也可以利用息税折旧摊销前的利润或利润总额来计算其盈利能力。

表9-20　　安信信托总资产收益率指标　　单位：万元

项目＼年度	2017	2016	2015	2014	2013
净利润	366 821.23	303 394.74	172 214.85	102 352.79	27 960.18
资产总额	2 512 611.56	1 912 569.51	915 895.12	295 394.41	160 046.15
平均总资产	2 212 590.54	1 414 232.31	605 644.77	227 720.28	127 580.21
总资产收益率（%）	16.58	21.45	28.43	44.95	21.92

注：表中数据根据安信信托各年报数据计算。

3.净资产收益率

非上市信托公司用净利润除以平均的股东权益即可求得净资产收益率。安信信托作为上市公司公告的净资产收益率信息见表9-21。数据显示，安信信托该项指标在经历了2013—2014年度的上升趋势达到峰值后，2015年出现了下降趋势，但加权平均净资产收益率仍在24%之上。

表9-21　　安信信托净资产收益率指标

项目＼年度	2017	2016	2015	2014	2013
加权平均净资产收益率（%）	25.23	41.15	42.73	76.89	37.40
扣除非经常性损益后的加权平均净资产收益率（%）	24.34	39.83	40.49	77.26	30.59

注：表中数据根据安信信托各年度报告获取。

表中有关数据的计算公式如下：

$$\text{加权平均净资产收益率}=\frac{\text{归属于母公司股东净利润}}{\text{期初和期末归属于母公司股东权益的平均值}}\times 100\%$$

4.成本收入比

成本收入比是信托公司业务及管理费用与营业收入的比率。安信信托的成本收入比指标见表9-22。成本收入比越低，表明公司的业务及管理费用管控得越好，或者说创造同样收入的业务及管理费用投入越少。数据显示，虽然安信信托的成本在年度间有波动性的一面，但是成本收入比指标由2013年的37.25%下降到2017年的14.87%，说明公司在业务及管理费用的管控方面还是做了很大的努力，呈现出利好的一面。

表9-22　　安信信托的成本收入比指标　　单位：万元

项目＼年度	2017	2016	2015	2014	2013
营业收入	559 242.79	524 595.90	295 476.73	180 937.98	83 762.63
业务及管理费用	83 167.98	112 605.19	48 966.45	32 613.42	31 201.11
成本收入比（%）	14.87	21.47	16.57	18.02	37.25

注：表中数据依据安信信托各年度报告计算。

5.每股收益

安信信托每股收益指标见表9-23，从该表中仍然可以看到每股收益指标呈现出波动趋势。2016年伴随着股本规模的增大，其每股收益也在上升，说明净利润增加是公司每股收益上升的主要原因。2017年虽然归属于母公司所有者的净利润上升了20.91%，但由于股本规模的增幅超过净利润的增幅，导致每股收益却下降。

表9-23　**安信信托每股收益指标**

项目＼年度	2017	2016	2015	2014	2013
期末总股本（万元）	455 761.49	207 164.32	176 988.98	45 410.98	45 410.98
基本每股收益（元/股）	0.8049	1.7142	1.0482	0.9016	0.2463
稀释每股收益（元/股）	0.8049	1.7142	1.0482	0.9016	0.2463
扣除非经常性损益后的基本每股收益（元/股）	0.7764	1.6588	0.9933	0.9059	0.2015

注：表中数据均来自安信信托年度报告中的公告数据。

（二）资产管理能力和人均效率

要反映信托公司的管理效率，可以对资产管理能力和人均效率指标加以分析。

1.资产管理能力

资产管理能力是用于衡量信托公司资产管理效率的指标，可以总资产周转率作为主要解释因子，计算资产经营得分，得分越高，说明资产经营得越好。银监会没有要求披露此项指标，其可用于企业内部管理以及与同业的比较。

安信信托的资产管理能力指标见表9-24。指标值越大，表明相应的资产投入带来的营业收入越多，资产的效率也就越高。总体上看，相对于信托公司的总资产规模而言，总资产周转率较低，2013—2017年的均值为0.51，说明安信信托每投资1元的资产能带来0.51元的营业收入。

表9-24　**安信信托资产管理能力指标**　单位：万元

项目＼年度	2017	2016	2015	2014	2013	5年均值
营业收入	559 242.79	524 595.90	295 476.73	180 937.98	83 762.63	
资产总额	2 512 611.56	1 912 569.51	915 895.12	295 394.41	160 046.15	
平均总资产	2 212 590.54	1 414 232.31	605 644.77	227 720.28	127 580.21	
总资产周转率（次）	0.25	0.37	0.49	0.79	0.66	0.51

注：根据安信信托各年度报告数据计算。

2.人均效率

信托业是知识和资本密集型行业，信托业的发展对智力要素和资本要求的依赖大于对其他要素的依赖。表9-25是安信信托的人均效率指标情况。数据显示，随着员工数量的上升，2013—2017年各项人均效率指标均呈现出向好趋势，说明公司的人均效率在提高。人均效率指标对提升人力资源管理效率、合理配置人力资源具有重要意义。

表9-25　　安信信托的人均效率指标　　单位：万元

项目＼年度	2017	2016	2015	2014	2013
基础数据：					
营业收入	559 242.79	524 595.90	295 476.73	180 937.98	83 762.63
营业利润	470 117.46	402 259.55	230 563.50	137 961.86	40 197.20
利润总额	487 421.36	415 322.13	236 143.57	137 721.97	40 162.70
净利润	366 821.23	303 394.74	172 214.85	102 352.79	27 960.18
在职员工的数量合计（人）	257	210	185	191	163
人均效率指标计算结果：					
人均营业收入	4 510.02	4 230.61	2 382.88	1 459.18	675.51
人均营业利润	3 791.27	3 244.03	1 859.38	1 112.60	324.17
人均利润总额	3 930.82	3 349.37	1 904.38	1 110.66	323.89
人均净利润	2 958.24	2 446.73	1 388.83	825.43	225.49

注：表中数据来自安信信托各年度报告，相关指标由作者计算。

（三）偿债能力

偿债能力用来衡量上市公司对负债及时、足额偿还的保证程度。它以流动比率、速动比率、资产负债率、EBITDA全部债务比、利息保障倍数、现金利息保障倍数、EBITDA利息保障倍数、贷款偿还率以及利息偿付率作为主要解释因子，计算偿债能力得分。得分越高，说明偿债能力越好。

由于安信信托年度没有发债计划，也没有公告相关信息，因此表9-26中的数据只能依据年报附注提供的信息加以分析计算。

表9-26　　安信信托偿债能力指标　　单位：万元

主要指标	2017年	2016年	本期比上年同期增减（%）
息税折旧摊销前利润（EBITDA）①	525 582.66	431 093.44	21.92
投资活动产生的现金流量净额	-24 529.52	-649 373.11	-96.22
筹资活动产生的现金流量净额	10 716.41	559 733.30	-98.09
期末现金及现金等价物余额	298 575.09	339 384.21	-12.02
流动比率	3.1859	3.4924	-8.78
速动比率	3.1859	3.4924	-8.78
资产负债率	35.56%	28.27%	上升7.29个百分点
EBITDA全部债务比	58.82%	79.72%	下降20.90个百分点
利息保障倍数（倍）	14.10	28.91	-51.23
现金利息保障倍数*			
EBITDA利息保障倍数	14.12	28.96	-51.24
贷款偿还率*			
利息偿付率*			

资料来源：安信信托2017年和2016年年报。*代表因为信息披露不充分无法计算。

① EBITDA，即Earnings before Interest，Taxes，Depreciation and Amortization，息税折旧摊销前利润。

其中，安信信托息税折旧摊销前利润（EBITDA）见表9-27。

表9-27 安信信托息税折旧摊销前利润（EBITDA）指标 单位：万元

主要指标	2017年	2016年	增减变动趋势（%）	资料来源
利润总额	487 421.36	415 322.13	17.36	
固定资产折旧、油气资产折耗、生产性生物资产折旧	352.96	338.02	4.42	现金流量表补充资料
无形资产摊销	211.51	195.35	8.27	
长期待摊费用摊销	377.75	354.64	6.52	
利息支出	37 219.08	14 883.30	150.07	利润表附注说明
息税折旧摊销前利润（EBITDA）	525 582.66	431 093.44	21.92	
息税前利润（利润总额+利息支出）	524 640.44	430 205.43	21.95	

2017年EBITDA全部债务比=525 582.66/893 463.38=58.82%

2016年EBITDA全部债务比=431 093.44/540 752.85=79.72%

2017年利息保障倍数（倍）=524 640.44/37 219.08=14.10

2016年利息保障倍数（倍）=430 205.43/14 883.30=28.91

2017年EBITDA利息保障倍数=525 582.66/37 219.08=14.12

2016年EBITDA利息保障倍数=431 093.44/14 883.30=28.96

（四）成长能力

成长能力用来衡量信托公司扩展经营的能力，以营业收入、息税折旧摊销前利润、利润总额、净利润、投资收益增长率以及总资产增长率和股东权益增长率作为主要解释因子，计算成长能力得分，得分越高，说明成长能力越好。成长能力指标主要用趋势分析法通过两个年度的增减幅度比较来计算。

表9-28是安信信托的成长能力指标数据，多年度比较看到的是一种波动趋势，这要通过同业的比较才能得出结论。

表9-28 安信信托成长能力指标

项目 \ 年度	2017	2016	2015	2014	2013
增长率计算结果（%）：					
营业收入	6.60	77.54	63.30	116.01	76.23
净利润	20.91	76.17	68.26	266.07	104.22
归属于母公司股东的净利润	20.91	76.17	68.26	266.07	104.22
归属于母公司股东的扣除非经常性损益的净利润	20.52	79.90	58.69	349.60	617.87
资产总额	31.37	108.82	210.06	84.57	68.27
归属于母公司股东的权益	18.03	117.44	249.59	108.69	37.14

注：根据安信信托历年披露的数据计算。

（五）分红能力

对于上市信托公司的分红能力，需要通过分红总额、现金分红率、股息率以及优先股股息率指标来分析。

1.分红总额和现金分红率

表9-29反映的是安信信托的分红状况和现金分红率。其中，第5列是现金分红总额情况，第7列反映了现金分红率，从中可见2017年的分红比例高达62.12%。

表9-29　安信信托分红状况和现金分红率　单位：除特别标明外均为元

分红年度	每10股送红股数（股）	每10股派息数（元）（含税）	每10股转增股数（股）	现金分红的数额（含税）	分红年度合并报表中归属于上市公司普通股股东的净利润	占合并报表中归属于上市公司普通股股东的净利润的比率（%）
2017年	0	5.00	2	2 278 807 466.00	3 668 212 257.98	62.12
2016年	0	6.00	12	1 242 985 890.60	3 033 947 447.70	40.97
2015年	0	3.50	15	619 461 439.80	1 722 148 466.81	35.97
2014年	0	7.00		317 876 844.60	1 023 527 923.64	31.06
2013年	0	2.00		90 821 955.60	279 601 800.18	32.48

注：数据来自安信信托各年度报告。第7列数据为该公司的现金分红率。

现金分红率[①]是指统计期内预案实施分红总额与年度上市公司净利润分红总额的比率。计算公式为：

现金分红率=统计期内预案实施分红总额/年度上市公司净利润分红总额

2.股息率以及优先股股息率

股息率是每股现金分红与股票价格之间的比率。为了消除股本变动带来的影响，通常用对应的实际分红总额与期末股票市值的比率来计算股息率。另外，也可以采用预案分红总额与期末股票市值的比率来计算预案分红股息率。

表9-30反映了安信信托的股息率情况。2017年该公司最高的股息率达到3.82%，超过了一年期银行定期存款利率。投资者可与其他投资回报比较作出选择。

表9-30　安信信托的股息率

分红年度	每10股派息数（元）（含税）	每股市价（元）	股息率（%）
2017年	5.00	13.08	3.82
2016年	6.00	23.62	2.54
2015年	3.50	22.77	1.54
2014年	7.00	29.38	2.38
2013年	2.00	14.25	1.40

资料来源：每股市价来自新浪财经安信信托月K线各年年末股票收盘价。分红数据来自安信信托各年度报告。表中数据计算公式如下：

股息率=每股现金分红/每股市价=实际分红总额/期末股票市值

---

① 相关制度规则见《公开发行证券的公司信息披露解释性公告第1号——非经常性损益（2008）》（证监会公告〔2008〕43号）。

预案分红股息率=预案分红总额/期末股票市值

本例中安信信托没有发行优先股，所以在此不加以分析。

（六）市场表现指标

市场表现指标是用来衡量上市公司股东获得收益的能力和股票市价与净资产偏离度的指标，通常以市盈率、市净率、每股净资产作为主要解释因子，计算市场表现得分，得分越高，说明市场表现越好。安信信托主要市场表现指标见表9-31。

表9-31 安信信托主要市场表现指标

项　　目	2017年年末	2016年年末	2015年年末	2014年年末	2013年年末
市盈率	16.25	13.78	21.72	32.59	57.86
市净率	3.68	3.57	6.39	7.39	7.48

注：表中数据来自公司各年度报告。市盈率和市净率的计算公式如下：

市盈率（PE）=每股市价/每股收益=股票市值/该股份对应的母公司股东的净利润

市净率=每股市价/每股净资产=股票市值/该股份对应的母公司股东权益

数据显示，安信信托的每股收益、每股净资产以及市盈率、市净率等指标随着盈利以及资本市场股票价格的波动而波动。

二、信托公司监管指标分析

报告期内，安信信托依据《信托公司净资本管理办法》积极推进净资本管理，在优化存量风险资产结构的同时，进一步强化增量业务的资本约束机制，确立了以净资本管理为核心的业务发展模式和管理体系。截至2017年年末，公司净资本为1 238 524.14万元，各项业务风险资本之和为575 171.69万元，净资本与各项业务风险资本之和的比率为215.33%，净资本与净资产的比率为76.49%。净资本各项指标均在监管底线要求之上（见表9-32）。

表9-32 净资本风险控制指标（按母公司口径）

指标名称	2017年年末余额（万元）	监管指标
净资本	1 238 524.14	≥2亿元
固有业务风险资本	343 965.84	
信托业务风险资本	231 205.85	
各项业务风险资本之和	575 171.69	
净资本/各项业务风险资本之和	215.33%	≥100%
净资本/净资产	76.49%	≥40%

资料来源：安信信托2017年度报告。

净资本是用于衡量信托公司资产流动性强弱的指标，一般特指净资产中流动性较高、变现能力较强的部分。

当从上述角度对各项能力指标进行单一计算后，为了更好地评价公司的综合管理能力，可以利用统计原理中的归因分析法等进行综合能力评估。

重要概念

结算备付金　衍生金融资产　发放贷款和垫款　应收款项类投资　同业及其他金融机构存放款项　优先股　永续债　其他权益工具　资产处置收益　公允价值变动收益　信托资产　信托负债　信托权益　应收款项　应付受托人报酬　实收信托　信托净利润　成本收入比　息税折旧摊销前利润　EBITDA　全部债务比　利息保障倍数　现金利息保障倍数　EBITDA利息保障倍数

复习思考

1. 信托公司的自营资产财务报告与信托项目财务报告的格式有何不同？
2. 为什么信托资产项目要单独列示财务报告？
3. 信托公司自营资产财务报告包括哪些具体报表？
4. 信托资产项目财务报告包括哪些具体报表？
5. 信托项目资产负债表的作用是什么？
6. 对信托公司自营资产的资产负债表、利润表和现金流量表可以进行哪些方面的分析？
7. 对信托资产项目的资产负债汇总表、利润及利润分配表可以进行哪些方面的分析？
8. 信托公司有哪些基本的财务分析指标？
9. 目前信托公司的监管指标有哪些？

操作练习

1. 请查看陕西信托2017年度报告，比照安信信托的方式，对陕西信托的自营资产财务报告以及信托项目财务报告进行结构和趋势分析。
2. 利用陕西信托2017年度报告进行财务指标以及监管指标分析。

第十章

期货业信息披露与监管要求

【导语】本章将在对期货业的基本业务与发展情况综述的基础上，梳理期货业的信息披露与监管要求，这有助于我们对期货业财务报告及其信息披露的理解与分析。

本章内容要点

第一节　期货业的基本业务与发展

要深入分析期货业的财务状况，揭示财务状况变化的原因和后续影响，首先必须了解期货业是做什么的，期货业的基本状况、我国期货业务的发展、我国期货业的盈利模式及发展概况。

一、期货业的基本状况

（一）期货的概念与种类

1.期货的概念

期货是一种跨越时间的交易方式，买卖双方通过签订期货合约，同意按指定的时间、价格与其他交易条件，交收指定数量的现货。期货的英文为Futures，是由“未来”一词演化而来的，其含义是：交易双方不必在买卖发生的初期就交收实货，而是共同约定在未来的某一时间交收实货。因此，在我国就称其为“期货”。通常期货集中在期货交易所进行买卖，但亦有部分期货合约可通过柜台交易（OTC，Over The Counter）进行买卖。

2.期货的种类

期货大致可以分为商品期货与金融期货。

（1）商品期货

商品期货交易的品种随着市场的发展而不断增加。从传统的谷物、畜产品等农产品期货，发展到各种有色金属、贵金属和能源等大宗初级产品的期货交易。商品期货可以分为农产品期货、金属期货、能源期货三大类。

农产品期货一直是期货市场的主流，从标的物来看，农产品期货主要可以分为粮食期货、经济作物类期货、畜产品期货以及林产品期货。

金属期货是当今世界期货市场中比较成熟的期货品种之一，在我国期货市场也占有较大的比重。金属期货可分为贵金属期货和有色金属期货。其中，贵金属期货包括黄金与白银期货合约，而有色金属期货则包括铜、铅、铝、锌、锡和镍等期货合约。

能源期货是商品期货中相当重要的一环，其影响力不低于现货市场。目前比较重要的商品有轻原油、重原油以及燃油期货；新兴品种包括气温、二氧化碳排放期货等；化工期货在国内起步较晚，产品包括聚乙烯、聚氯乙烯和聚丙烯等期货。

（2）金融期货

金融期货是指交易所按照一定规则反复交易的标准化金融商品合约。在成交时，双方对规定品种、数量的金融商品协定交易的价格，在未来一个约定的时间按照协定的价格进行实际交割，承担着在若干日后买进或卖出该金融商品的义务和责任。金融期货包括外汇期货、利率期货和股指期货。

外汇期货是指以汇率为标的物的期货合约，主要用来回避汇率风险。它是金融期货中最早出现的品种。目前，外汇期货交易的主要品种有美元、英镑、德国马克、日元、瑞士法郎、加拿大元、澳大利亚元、法国法郎、荷兰盾等。

利率期货是指以债券类证券为标的物的期货合约，它可以回避银行利率波动所引起的证券价格变动的风险。利率期货的种类繁多，分类方法也有多种。通常，按照合约标的的期限，利率期货可分为短期利率期货和长期利率期货两大类。

股指期货就是以股票指数为标的物的期货。双方交易的是一定期限后的股票指数价格水平，通过现金结算差价来进行交割。

股指期货交易与股票交易相比，有很多明显的区别：

①股指期货合约有到期日，不能无限期持有。股票买入后正常情况下可以一直持有，但交易股指期货必须注意合约到期日，以决定是提前平仓了结持仓，还是等待合约到期进行现金交割。

②股指期货采用保证金交易，即在进行股指期货交易时，投资者不需支付合约价值的全额资金，只需支付一定比例的资金作为履约保证；而目前我国股票交易则需要支付股票价值的全部金额。

③在交易方向上，股指期货交易可以卖空，既可以先买后卖，也可以先卖后买，因而股指期货交易是双向交易；而部分国家的股票市场没有卖空机制，股票只能先买后卖，不允许卖空，股票交易是单向交易。

④在结算方式上，股指期货交易采用当日无负债结算制度，交易所当日要对交易保证金进行结算，如果账户保证金余额不足，必须在规定的时间内补足，否则可能会被强行平仓；而股票交易采取全额交易，并不需要投资者追加资金。

（二）期货业的基本业务

根据2017年修订的《期货交易管理条例》[①]，我国对期货公司的定位、业务范围等进行了新的调整，指出期货公司是依照《中华人民共和国公司法》和本条例规定设立的经营期货业务的金融机构。期货公司业务实行许可制度，由国务院期货监督管理机构按照商品期货、金融期货业务种类的不同颁发许可证。期货公司除申请经营境内期货经纪业务外，还可以申请经营境外期货经纪、期货投资咨询以及国务院期货监督管理机构规定的其他期货业务。期货公司不得从事与期货业务无关的活动，法律、行政法规或者国务院期货监督管理机构另有规定的除外。期货公司不得从事或者变相从事期货自营业务。期货公司不得为其股东、实际控制人或者其他关联人提供融资，不得对外担保。

期货业的基本业务如下：

1.期货经纪业务

期货经纪业务主要包括代理客户的经纪业务和代理客户的结算业务，是期货公司最基本的一项业务。期货经纪业务收入主要包含三个方面：交易手续费、交割手续费和交易所手续费返还或减收。期货经纪业务的主要营销渠道包括传统网点渠道、券商IB业务渠道和居间人渠道。

2.期货投资咨询业务

期货投资咨询业务是指期货公司基于客户委托，提供包括风险管理顾问咨询、行业研究分析、交易策略咨询等服务。期货投资咨询服务的对象有普通投资者、产业客户、机构投资者。期货投资咨询业务作为公司开展差异化竞争的服务模式，通过专业化金融衍生品及策略研究，为客户量身打造个性化的风险管理和投资管理的服务模块，帮助产业客户实现保值增值，帮助机构客户实现资产优化配置的多样化需求。

3.资产管理业务

资产管理业务是指期货公司接受单一客户或者特定多个客户的书面委托，根据相关规定及合同约定，运用客户委托资产进行投资，并按照合同约定收取费用或者报酬的业务活动。投资范围包括：期货、期权及其他金融衍生品；股票、债券、证券投资基金、集合资产管理计划、央行票据、短期融资券、资产支持证券等；中国证监会认可的其他投资品种。

期货公司资产管理业务收入主要来自两个方面：一是管理费收入，二是基于资产管理业绩的分成收入。期货公司收取的管理费率以合同约定比例为准。管理业绩分成收入是公司与管理的受托资产盈利水平挂钩的利润分成，产品到期时公司按照约定的比例收取管理业绩分成。

4.基金销售业务

基金销售业务是指公司接受基金管理人的委托，签订书面代销协议，代理基金管理人销售经国家有关部门或者其授权机构批准或者备案在境内发行的基金产品，受理投资者基

---

① 我国《期货交易管理条例》于2007年3月6日由中华人民共和国国务院令第489号公布，并分别于2012年10月24日、2013年7月18日和2016年2月6日进行了第一次、第二次和第三次修订，现在执行的是2017年3月1日第四次修订的版本。

金认购、申购和赎回等业务申请，同时提供配套服务的一项中间业务。

5. 风险管理业务

期货公司风险管理业务主要通过设立的风险管理子公司开展包括基差交易、仓单服务、合作套保、定价服务、做市业务及其他与风险管理服务相关的试点业务，涵盖期货上市品种及其产业链相关品种的现货贸易、远期交易和期货交割等。公司风险管理业务以服务实体产业客户为宗旨，以品种基本面研究为基础，依靠期、现货各方面的渠道资源，结合场内交易和场外交易两个市场，综合利用期货、期权、互换等金融衍生工具，致力于为客户提供一流的期现结合的风险管理产品与服务，形成稳定、可持续的盈利模式和交易体系，从而发展成为业内领先的商品、金融市场风险管理服务商。

6. 自有资金投资业务

自有资金投资业务是指公司通过战略性投资、财务性投资和资本市场运作，促使公司实现更高的资本回报和更快的业务增长，是公司投研能力的直接体现，为公司创新业务提供支持的同时兼顾开拓稳定、可持续的收入来源。

（三）期货公司的权利和义务

1. 期货公司的权利

一是选择投资者的权利。期货交易具有高风险特点，期货公司在接受投资者委托时，可以对投资者情况进行审查评估，之后决定接受或是拒绝委托。其实，这也是对投资者的保护。

二是报酬请求权。期货公司在为投资者提供服务后，有权要求对方支付佣金。期货公司有权根据期货交易所的规定和市场状况，确定收取佣金的标准，并对不同投资者采用不同的佣金标准。另外，投资者账户保证金的利息一般不返还给投资者，将其视为期货公司获得报酬的一部分。

三是管理投资者账户的权利及冲抵权、强行平仓权和合同解除权。期货公司有向投资者收取保证金、调整保证金收取比例的权利，当保证金不足且未及时追加时，期货公司有权对投资者强行平仓、停止接受委托、解除合同等。

四是请求投资者接受期货交易后果的权利。投资者与期货公司之间是合同法上的行纪关系，投资者应当承担期货交易的后果。

2. 期货公司的义务

一是公开的义务。期货公司应当如实向投资者告知期货交易的性质及风险，向投资者普及期货知识，必要时对投资者进行培训，向投资者公开自身的资信和业务状况，如实回答投资者咨询。另外，还要向投资者提供市场及行情信息，反馈投资者委托事项进展情况，向投资者提供交易结算报告账目等。

二是遵从投资者指令的义务。

三是遵守期货交易规则的义务。该项义务内容广泛，总的来说，是要求期货公司不得为自己的利益而牺牲投资者的利益，或未尽善良管理人的注意义务给投资者造成损失。

四是交付与转移义务。期货公司代为买卖所取得的盈利或实物应当转移给投资者。期货公司不得与投资者约定分享盈利。

（四）期货投资者的必要素质

1.期货专业知识方面

在进行期货交易之前，投资者应当确认自己是否掌握了必要的期货专业知识，包括期货基础知识、交易规则、法律法规，以及自己是否有一定的交易经历。

（1）期货基础知识

在这方面，投资者需要判断自己对以下知识的了解程度：期货市场概况、市场组织结构和投资者情况、产品情况、交易目的和交易方式、交易分析方法、风险控制等。其中，期货市场概况包括期货交易的特征、期货市场的功能与作用；市场组织结构和投资者情况包括期货交易所、结算机构、期货公司、其他期货中介和服务机构、投资者等；产品情况包括产品特点和风险特性；交易目的和交易方式主要指套期保值、投机、套利；交易分析方法包括期货行情解读、基本面分析方法、技术分析方法；风险控制包括期货市场风险的类型和识别、“五位一体”的监管体系、市场参与者的风险控制。

另外，由于期货市场由现货市场发展而来，并且为现货市场、实体经济服务，期货市场行情容易受国内外政治经济等多重因素影响，期货交易在一定意义上可以说是信息交易，投资者对相关知识和资讯进行充分了解也非常必要。

（2）交易规则

期货交易规则是期货市场运行的基础。投资者在进行期货交易前，应当确保对期货合约、交易规则等有基本、必要的了解，否则有可能因违反交易规则而受到期货交易所或监管部门的处理。投资者可以到各期货交易所网站，以及中国证监会、中国期货保证金监控中心网站等查询和了解这些规则内容。

期货交易的基本制度和规则包括：保证金制度、当日无负债结算制度、涨跌停板制度、持仓限额制度、大户报告持仓制度、强行平仓制度、强制减仓制度、套期保值审核制度、交割制度、风险准备金制度、风险警示制度、信息披露制度等。

（3）法律法规

除了期货交易规则，投资者也需要知晓期货市场法律法规。相比于期货基础知识、交易规则，投资者在日常交易中一般并不直接用到法律法规，但是期货市场的法律法规是期货市场运行的基础，也是投资者权益的重要保障，而且期货基础知识、交易规则很多以法律法规为基础。因此，投资者在进行自我评估时，知晓自己对期货市场法律法规的了解程度，对未来交易的顺利进行、权益的充分保障很有帮助。

（4）交易经历

对于投资者来说，交易经历的重要性不言而喻。具备期货交易经历可以更好地掌握交易技巧，更加熟练地应对各种行情变化。这里所说的交易经历指的是投资者的亲身交易经历。书本上的或者通过其他途径获取的别人的交易经验，虽然能够对投资者交易起到一定的指导作用，但是不能等同于亲身交易经历；其他金融、现货的交易经历对期货交易可能会有帮助，但其相互之间没有必然关系，不能生搬硬套或者纸上谈兵。

2.抗风险能力方面

由于期货交易的高风险特点，因此对抗风险能力的评估是投资者自我评估的核心之一。投资者在进行抗风险能力评估时，可以从自身财务状况、风险控制和承受能力方面进行评估。其中，财务状况包括资产情况和收入情况，特别是金融资产情况，财务状况越好，抗风险能力越强。风险控制和承受能力包括风险识别、处置和承受损失的能力。投资者应当充分考虑期货交易的高风险特点，选择合适数量的资金入市交易，避免将全部或大部分资金用于期货交易，从而影响自身的生产、生活。另外，投资者也不要使用借贷资金进行期货交易，避免进一步放大杠杆或者在损失发生后出现偿债困难，更不要利用配资参与交易。

3. 身心条件方面

投资者在进行期货交易前，除了要进行上述几个方面的评估外，也不能遗漏评估自身的身心条件。期货的交易特点和风险特性，在放大盈利的同时也放大了亏损，这对投资者的心理素质提出了更高的要求。投资者在准备进行期货交易前需要树立正确的交易理念，做好“买卖自负”的心理准备，克服各种不良心态，避免因心理素质不过关影响自身交易，加大交易风险。同时，由于国内外期货价格联动性强、部分期货品种推出了夜盘连续交易、投资者需要随时关注市场行情走势等原因，期货交易也对投资者的身体条件提出了一定要求。因此，投资者在进行期货交易前应当评估自己的身心条件。

投资者在进行期货交易时，在自我评估、确定自身投资风险偏好的基础上，还要选择适合自己的交易策略。

（五）期货市场的组织机构

期货市场是现货市场发展的高级形式，是现货市场规避风险的有力工具。中国期货市场由中国证监会、期货经纪公司、期货交易所、各类投资者（客户）构成。

1. 中国证监会

中国证监会是国家行政管理机构，负责制定宏观管理政策，监控市场风险，对新建期货交易所、期货经纪公司进行审批，审核期货交易所的交易规则和上市品种，任命期货交易所高级管理人员。

2. 期货经纪公司

期货经纪公司是经中国证监会批准并在国家工商行政管理局（现组建为国家市场监督管理总局）注册的独立法人。期货经纪公司至少应成为一家期货交易所的会员。按照中国证监会的规定，期货经纪公司不能从事自营交易，只能为客户进行代理交易。其是收取佣金的中介机构，接受客户的买卖委托指令，通过交易所完成交易。

3. 期货交易所

2017版的《期货交易管理条例》规定，期货交易所的管理办法由国务院期货监督管理机构制定。期货交易所不以营利为目的，按照其章程的规定实行自律管理。期货交易所以其全部财产承担民事责任。期货交易所的负责人由国务院期货监督管理机构任免。

在期货交易中进行结算是一项不可或缺的制度与操作，也是交易进行的基础，而每日无负债结算制度是一切有关结算业务的核心。每日无负债结算制度又称每日盯市制度，在每日结束后由交易所根据当日每个合约结算价结算所有合约的盈亏、交易保证金以及手续费、税金等费用，对应收应付的款项实行净额的一次划转，相应增加或者减少会员的结算准备金额，而经纪会员负责按照同样的方法对客户进行结算操作。也就是说，期货交易所的结算分为两个层次：第一个层次是由期货交易所对会员进行结算；第二个层次是由会员根据结算的结果对其所代理的客户进行结算操作。也就是交易所只负责对会员进行结算工作，非会员单位以及个人通过期货经纪公司进行会员结算。

目前，我国共有四家期货交易所，分别是上海期货交易所、郑州商品交易所、大连商品交易所、中国金融期货交易所。

4. 各类投资者（客户）

参与期货交易的各类投资者包括套期保值者和投机商。套期保值者是从事商品生产、储运、加工以及金融投资活动的主体。他们利用期货市场的价格发现机制来完成对现货市场交易的套期保值，同时放弃在期货市场营利的目的。

投机商是以自己在期货市场的频繁交易，低买高卖赚取差价利润的主体。他们是期货市场的润滑剂和风险承担者，没有投机商的参与就无法达到套期保值的目的。在现实市场中，投机商与套期保值者并不是截然可分的。

（六）期货市场的职能

随着市场经济的发展，期货市场在国民经济的发展中发挥着越来越大的作用。

期货市场的两个基本功能：套期保值功能和价格发现功能，正为越来越多的企业和投资者所认识，同时期货独特的投资魅力也为越来越多的投资者所认同。

1. 回避价格风险

期货市场最突出的功能就是为生产经营者提供回避价格风险的手段，即生产经营者通过在期货市场上进行套期保值业务来回避现货交易中价格波动带来的风险，锁定生产经营成本，实现预期利润。也就是说，期货市场弥补了现货市场的不足。

2. 发现价格

在市场经济条件下，价格是根据市场供求状况形成的。期货市场上众多的交易者带来了大量的供求信息，标准化合约的转让又增加了市场流动性，期货市场中形成的价格能真实地反映供求状况，同时又为现货市场提供了参考价格，起到了“发现价格”的作用。

3. 有利于市场供求和价格的稳定

首先，期货市场上交易的是在未来一定时间履约的期货合约。它能在一个生产周期开始之前，就使商品的买卖双方根据期货价格预期商品未来的供求状况，指导商品的生产和需求，起到稳定供求的作用。其次，投机者的介入和期货合约的多次转让，使买卖双方应承担的价格风险平均分散到参与交易的众多交易者身上，降低了价格变动的幅度和每个交易者承担的风险。

4. 节约交易成本

期货市场为交易者提供了一个安全、准确、有信用的交易场所，不会发生“三角债”等信用危机，有助于市场经济的建立和完善。

5. 利用社会闲置资金

期货市场是一个重要的投资市场，有助于合理利用社会闲置资金。

二、我国期货业务的发展

目前我国期货业形成了以中国证监会依法进行集中统一监督管理为主，中国期货业协会、期货交易所和中国期货保证金监控中心等自律性组织对期货行业会员实施自律管理的管理体制。期货公司正朝着风险管理服务和财富管理服务等方向加快创新发展，强化风险防范意识，完善内控体系建设，提升风险管控能力，保护投资者合法权益，充分发挥期货经营机构作为期货及衍生品服务供应商的专业能力，促进期货市场持续、健康、稳定发展。

截至2017年年末，我国共设有3家商品期货交易所（上海期货交易所、大连商品交易所、郑州商品交易所）和1家金融期货交易所（中国金融期货交易所），已上市期货品种55个，其中商品期货47个、金融期货5个、商品期权2个、金融期权1个，基本形成了覆盖农业、金属、能源、化工以及金融等国民经济主要领域的产品体系，每个商品期货品种都连接着一个实体产业链，与实体经济密切相关，期货市场已经成为现代金融体系的重要组成部分。2017年，我国商品期货成交量已经连续8年位居世界第一，金融期货的重要作用不断显现，市场运行日趋规范，监管有效性不断提升，期货市场发展在我国深入推进供给侧结构性改革的新形势下，以服务实体经济为着力点，创新服务"三农"模式，助力产业结构调整和企业转型，服务国家"一带一路"倡议和脱贫攻坚战略，稳妥推进品种创新，加大对外开放，市场核心竞争力和国际影响力不断增强。

三、我国期货业的盈利模式及发展概况

中国期货业协会2017年6月23日公布的149家期货公司财务信息披露数据表明，2016年全行业实现净利润65.85亿元，创历史新高，有20家期货公司净利润为负，129家期货公司盈利。相比2015年全行业22家期货公司亏损、127家公司盈利，出现亏损公司减少、盈利公司增加的良好局面。2016年券商系期货公司的发展势头有所减缓，多项财务指标的占比出现下滑，除净利润以外的五项财务指标占比均下滑，这主要与2016年以来券商整体经营形势不佳、股票市场弱势震荡、投资者投资热度下降有密切关系。但是，2016年度我国中小期货公司和非券商期货公司发展势头迅猛，从注册资本、净利润、手续费收入、客户权益等指标增幅情况来看，部分中小期货公司排名居前，这一方面说明部分中小期货公司在激烈的市场竞争中优化资源配置、坚持不懈地开拓市场并找准了自身市场定位；另一方面说明部分中小期货公司股东重视衍生品工具和金融牌照，加大了资本投入和股东客户的资源利用。

第二节　期货业的信息披露

本节的目的，一是使读者了解期货业信息披露的相关规定；二是为从事期货业案例研究和实证研究的学员提供查找信息源的路径。

一、信息披露的重要性与披露情况

（一）期货市场信息披露的重要性

期货市场信息披露，是指在市场公开原则下，市场主体（包括期货经纪公司、监管部

门、期货交易所、期货业协会和会计师事务所等中介机构）依照法律规定，将其掌握的经营、财务、行业、监管等有关信息以一定方式向社会公开的活动。期货市场信息披露制度，就是规定期货市场信息披露的内容、范围、时间、方式、程序及监管的一系列法律规范，具有强制性的特点，其偏重于监管部门的强制性信息披露。

目前，国内期货经纪公司虽然没有上市，市场对期货经纪公司信息披露的要求似乎没有上市公司强烈，但是作为吸收公众资金的金融企业，通过制定信息披露制度进行必要的市场监督，对于市场健康发展具有重大意义。

1.信息披露制度有助于降低期货市场风险

各类信息是产生期货价格的基础，只有规范信息发布的渠道，增加市场交易的透明度，遏制谣言的传播，杜绝内幕交易的滋生，营造“三公”的市场投资环境，才能保证期货市场经济功能的充分发挥。

2.信息披露制度有助于保护投资者合法权益

任何会影响投资者作出正确决策的信息都需要披露，这有助于市场参与者在信息的获取上处于平等的地位。增加信息透明度，有利于投资者减少由于信息不对称所引起的交易风险，减少由于期货经纪公司选择不当而引起的代理风险等。

3.信息披露制度有助于实施有效、广泛的监督

公开的信息披露制度，相当于为期货市场建立了一套由市场各类主体共同参与的风险预警体系，有助于发挥信息披露对期货市场主体的市场惩戒作用。完善的信息披露制度将要求监管部门公开部分监管信息，对于市场主体自己的信息披露将是有益的补充。

（二）期货市场信息披露情况

1.美国和其他地区的期货市场信息披露

美国期货市场具有完备的信息披露制度，其信息披露制度具有一定的代表性。美国期货市场通过立法，强制性地要求期货市场主体披露相关信息。美国《信息自由法》（Freedom of Information Act）中明确规定，美国联邦政府各机构应当公开政府信息，包括金融市场监管信息。《美国商品交易法》（Commodity Exchange Act）和美国全国期货业协会（NFA）的《机构注册手册》中明确规定了期货经纪商（FCM）、期货介绍商（IB）以及期货基金（CTA & CPO）等主体对投资者进行信息披露的内容、格式、时间和方式。对于不能达到以上要求的机构，将按照违规程度进行现金处罚，直至取消期货机构在NFA的注册资格，而且对处罚记录将进行公示。

美国商品期货监管委员会（CFTC）和美国全国期货业协会（NFA）是期货经纪公司监管信息披露的主要机构，在其网站上可以查询所有注册登记期货经纪公司的基本信息和历史记录，包括公司地址、目前和历史上的注册状态、公司被监管部门（CFTC、NFA和交易所）处罚的次数及详细情况、发生争端的次数及角色、对外赔偿的次数及详细情况、公司的高管人员名单及其简历等。CFTC的网站上还系统地公布了期货经纪商和期货介绍商的月度财务数据以及经调整的净资本等财务安全性信息，使投资者可以清楚地了解各家机构的财务状况和抵御风险的能力。

交易信息方面，根据CFTC的规定，期货经纪商都要定期向CFTC或者相应交易所申

报其持有的大头寸数量，以供CFTC或者交易所定期向外公布大头寸报告。投资者也被要求根据自身持仓数量做好不定期的头寸申报工作。

此外，期货经纪商还向股东及代理客户进行定期或不定期的信息披露。美国瑞富期货公司（REFCO）在遭遇破产风险的处理进程中，对公司发生的重要事项都会在第一时间进行公告并通过各种方式告知投资者，从而大大缓解了投资者的恐慌情绪。

其他一些期货市场，如英国和我国台湾地区，在期货监管信息披露制度方面也做得比较完善。除各国家和地区自身制定各自的期货市场信息披露制度外，国际金融监管和协调机构在这方面也有一致的协议。例如，巴塞尔银行监管委员会和国际证监会组织（IOSCO）于1998年9月公布了《衍生活动和其他金融交易活动监管信息框架》。在文件中，两个委员会不仅明确确认监管所需的有关衍生交易和其他交易活动的信息，而且还对金融机构应向监管当局提供的信息提出了最低要求。

2.我国期货市场的信息披露

（1）现有信息披露规章制度

我国期货市场目前尚未出台专门的信息披露规章制度，有关信息披露的规定分散在《期货交易管理条例》、《期货交易所管理办法》和《期货经纪公司管理办法》等法规中，而且这些规定主要针对期货交易所和期货经纪公司。期货交易所的信息披露规定要求：期货交易所应及时公布上市品种的全部交易、交割和仓储等数据，应定期向证监会报送财务数据、审计报告及其他相关材料和报告。期货经纪公司的信息披露规定要求：期货经纪公司应每年至少一次在公众媒体上公布其合法分支机构名称、地址、电话及主要负责人的姓名，应向客户提供真实、准确的交易和结算数据，不得隐瞒重要事项，应定期向证监会报送财务数据、审计报告及其他相关材料和报告。

（2）证监会、期货交易所和期货业协会披露的期货相关信息

目前，证监会、期货交易所和期货业协会会披露期货交易的相关信息。

证监会的监管信息披露方式主要有两种：一种是通过证监会网站披露信息，如对公司或高管的处罚决定，对行政许可的决定等。另一种是通过《期货日报》等指定媒体披露信息，如不定期公布各种汇总数据，公布每年通过年检的期货经纪公司和高管人员名单等。

期货交易所披露的信息主要是交易数据方面，包括即时行情、成交结算数据、交割数据、仓储数据等。此外，期货交易所网站上还公布交易会员名单和简单的联系信息，但没有相关违规处罚信息。

中国期货业协会成立于2000年12月29日，是根据《社会团体登记管理条例》和《期货交易管理条例》成立的全国期货业自律性组织，是非营利性社会团体法人，接受业务主管单位中国证监会和社团登记管理机关国家民政部的业务指导和监督管理。

会员大会是协会的最高权力机构。

期货业协会披露的信息主要有两部分：一部分是各年度期货经纪公司的成交排名，以及市场年度总体成交数据。另一部分是期货从业和执业人员的资格公示。

（3）期货市场信息披露存在的问题

目前，我国在期货市场的信息披露方面还存在以下问题：

一是信息披露主体单一。我国期货市场信息披露的主体主要是证监会和期货交易所，而期货经纪公司和期货业协会的信息披露功能极度弱化。并且，监管部门的信息披露不是针对整个期货市场，主要供内部使用，像期货经纪公司的诚信记录、收益状况、财务以及公司内资金大户的信息等资料，社会公众很难获得。

二是信息披露渠道过窄。目前，期货市场的监管信息披露主要是以下发通知或不定期披露的形式，其中的一部分同时通过《期货日报》和其他金融、证券类报纸披露，其覆盖范围有限，影响也有限。而期货交易所方面的有关信息，其披露的渠道缺乏统一标准，具有一定的随机性，从而影响其信息披露的效果。

二、期货公司的信息披露

（一）信息披露制度的相关文件

信息披露制度，是期货公司及营业部面向所服务的投资者披露、提供相关信息并进行必要培训的工作安排。为了进一步提高期货公司的规范运作水平，加大对年报信息披露责任人的问责力度，提高年报信息披露的质量和透明度，确保公司年报信息披露的真实性、准确性、完整性和及时性，我国陆续发布了《中华人民共和国公司法》《中华人民共和国证券法》《中华人民共和国会计法》《非上市公众公司监督管理办法》《全国中小企业股份转让系统业务规则（试行）》《全国中小企业股份转让系统挂牌公司信息披露细则》《全国中小企业股份转让系统挂牌公司年度报告内容与格式指引》等法律、法规、规范性文件，以及公司章程等制度规定。

（二）期货公司信息披露的内容

期货公司及营业部的信息披露是期货市场信息披露制度的重要组成部分，其建立和完善对于防范潜在风险、保护投资者权益具有重要的作用。

期货公司信息披露的内容包括：

1.公司概况

公司概况应至少包括以下内容：

（1）公司法定中、英文名称；

（2）法定代表人、总经理名称；

（3）经营范围、注册资本；

（4）公司注册地址、办公地址、互联网网址、电子邮箱、联系电话、投诉联系人、投诉电话；

（5）公司历史沿革，包括历年改制重组、增资扩股的情况；

（6）公司员工情况，包括全体员工名册、是否具有期货从业资格、专业结构、受教育程度等，公司员工信息应当每月更新；

（7）公司组织架构，包括公司总部主要职能部门，境内外分、子公司和境内营业部的设立时间、负责人、联系电话和经营范围等。

其中（1）、（2）、（3）、（4）和（7）项内容如发生变更，应在有关部门批准，办理工商变更后10个工作日内在协会网站进行披露，（5）、（6）项内容应于每半年进行更新。

2.董事、监事和高管人员信息

应披露有关人员信息包括：董事长，监事会主席，独立董事，总经理，副总经理，首席风险官，除董事长、监事会主席、独立董事以外的董事、监事、财务负责人、营业部负责人以及实际履行上述职责的人。披露内容应包括高管人员姓名、职务、年龄和简要经历，其中独立董事还应披露在公司以外担任的职务。董事、监事和高管人员的任职如发生变化，应在公司任用后10个工作日内在协会网站进行披露。

3.股东信息

股东信息应包括股东名称、持股比例、股东法人代表和注册地址。股东情况如发生变化，应在有关部门批准，变更工商登记后10个工作日内在协会网站进行披露。

4.公司银行保证金账户信息

公司应披露所有银行保证金账户信息，包括开户行名称（具体到支行）、开户人名称、账号等信息，公司变更银行保证金账户时应在变更后10个工作日内在协会网站上更新。

5.居间人信息

公司应披露所有居间人或经纪人的有关信息，包括：居间人或经纪人姓名、照片、是否具有期货从业资格、简历等基本信息。对于法人居间，应披露居间法人的有关信息以及具体居间人的相关信息。居间人或经纪人信息每半年更新一次。

6.财务信息

财务信息指标包括客户保证金、总资产、总负债、净资产、代理交易额、代理交易量、营业收入、手续费收入、手续费率（单位：万分之）、净利润、净资本、净资本与客户权益比率、净资本与净资产比率、流动比率、负债与净资产比率、返佣比率。期货公司应于年度报告及中期报告中披露并更新财务信息。各个指标计算如下：

（1）客户保证金=报告期末的客户权益总额（亿元）

（2）总资产=报告期末的各项资产总和（亿元）

（3）总负债=报告期末的各项负债总和（亿元）

（4）净资产=报告期末公司所有者权益总和（亿元）

（5）代理交易额=报告期间各期货品种代理交易额总和（亿元）

（6）代理交易量=报告期间各期货品种代理交易量总和（亿手）

（7）营业收入=报告期间各项收入总和（万元）

（8）手续费收入=报告期间手续费净收入（万元）

（9）手续费率=报告期间手续费净收入/代理交易额（万分之）

（10）净利润=报告期间净利润（万元）

（11）净资本=报告期末按照证监会净资本计算规则计算净资本金额（亿元）

（12）净资本与客户权益比率=报告期末净资本/客户权益×100%

（13）净资本与净资产比率=报告期末净资本/净资产×100%

（14）流动比率=报告期末（流动资产－客户权益）/（流动负债－客户权益）×100%

（15）负债与净资产比率=报告期末（负债－客户权益）/净资产×100%

（16）返佣比率=报告期间返佣总额/手续费总收入

7.年度及中期报告

公司应于每年4月30日前披露上年度的年度报告。年度报告主要包括经具有从事证券期货相关业务资格的会计师事务所审计的财务报表、风险监管报表、审计报告等，具体包括审计意见全文、资产负债表、利润表及利润分配表、现金流量表、会计报表附注及风险监管指标汇总表。公司应于每年8月30日前披露当年的中期报告，主要包括资产负债表、利润表及利润分配表和风险监管指标汇总表等。

8.重大事件信息

公司如发生下列重大事件，应在重大事件发生后5个工作日内予以披露：

（1）公司更换会计师事务所。

（2）公司高级管理人员、独立董事受到重大处罚。

（3）公司遭受重大亏损或遭受超过净资产10%以上的重大损失。

（4）公司或有负债超过净资产20%。

（5）公司合并、分立。

（6）涉及公司的重大诉讼、仲裁。

（7）其他法律法规规定的事项。

公司如果就重大传闻进行澄清或证实，应当及时在协会网站进行披露。

9.其他定期或不定期披露信息

公司应于每月结束后7个工作日内披露如下信息：

（1）期货保证金监控中心当月有效预警信息次数和预警内容概要。

（2）风险监管指标的预警或不达标情况。

（3）收到监管部门的书面监管意见主要内容。

（4）公司及营业部未及时报送监管部门要求材料的信息统计。

公司及其高管人员被监管部门采取《期货交易管理条例》（国务院令第489号）第五十九条规定的有关措施，应在接到有关处罚通知5个工作日内在协会网站上披露有关信息。

（三）信息披露的方式和途径

期货公司应将所有应披露信息通过中国期货业协会网站公开披露，协会按照管理制度的要求，在网站上对各期货经营机构分别建立诚信档案，并按要求对档案进行更新及公示。

（四）信息披露管理

1.期货公司要指定一名副总经理负责对外信息披露，如更改人选须经公司董事会审议通过，并报中国证监会证监局备案。营业部指定一名副经理负责对外信息披露，如更改人选须经其公司总部审核通过后，报中国证监会证监局及营业部所属证监局备案。

2.期货公司董事及高级管理人员应当勤勉尽责，密切关注信息披露的编制情况，保证有关信息在规定期限内披露，配合公司履行信息披露义务。营业部负责人应当勤勉尽责，密切关注信息披露的编制情况，保证有关信息在规定期限内披露。

3. 期货公司监事应当对公司董事、高级管理人员履行信息披露职责的行为进行监督；关注公司信息披露情况，发现信息披露存在违规行为的，应当进行调查并提出处理建议。

三、全国股份转让系统对挂牌公司的信息披露要求

2017年12月22日，为规范和引导挂牌公司年度报告的编制及信息披露行为，落实对市场不同层次挂牌公司年报信息披露工作差异化安排，提高年度报告披露质量，全国中小企业股份转让系统有限责任公司（以下简称全国股转公司）制定发布了《全国中小企业股份转让系统创新层挂牌公司年度报告内容与格式指引》及《全国中小企业股份转让系统基础层挂牌公司年度报告内容与格式指引》。

2018年1月17日，为了维护注册会计师执行审计业务的独立性，提高审计质量和挂牌公司信息披露质量，保证挂牌公司信息披露内容的真实、准确、完整，全国股转公司制定发布了《挂牌公司信息披露及会计业务问答（四）——业绩预告、业绩快报与签字注册会计师定期轮换》、《挂牌公司业绩预告公告模板》、《挂牌公司业绩预告修正公告模板》、《挂牌公司业绩快报公告模板》及《挂牌公司业绩快报修正公告模板》，对创新层挂牌公司签字注册会计师定期轮换问题及业绩预告、业绩快报的披露问题作进一步的指导与规范。[①]

为满足差异化信息披露要求，规范从事期货业务的申请挂牌公司（以下简称公司或期货公司）首次公开信息披露行为，提高期货行业信息披露针对性和有效性，保障投资者的合法权益，根据《中华人民共和国公司法》《期货交易管理条例》《期货公司监督管理办法》《非上市公众公司监督管理办法》《非上市公众公司监管指引第1号——信息披露》《非上市公众公司信息披露内容与格式准则第1号——公开转让说明书》《全国中小企业股份转让系统业务规则（试行）》《全国中小企业股份转让系统公开转让说明书内容与格式指引（试行）》等法律、行政法规、部门规章、规范性文件和业务规则，全国股转公司制定了《全国中小企业股份转让系统公开转让说明书信息披露指引第3号——期货公司（试行）》。指出凡根据《中华人民共和国公司法》《期货交易管理条例》《期货公司监督管理办法》等规定设立，申请股票在全国股转系统挂牌并公开转让的期货公司，适用本指引规定。公司合并报表范围内的子公司从事期货业务的，也应按照本指引披露。

（一）对信息披露的规范性要求

1. 期货公司申请在全国股转系统挂牌时，除应遵循本指引外，还应遵循《全国中小企业股份转让系统公开转让说明书内容与格式指引（试行）》以及法律法规及中国证监会和全国股转系统有关信息披露的其他规定。

2. 期货公司披露行业经营性信息时，应当使用简明易懂的语言，对行业专业术语、专业背景、行业知识等进行必要的介绍和解释说明，便于投资者理解公司实际经营状况和风险信息。

3. 期货公司在披露行业经营性信息时引用相关数据、资料的，应当保证引用内容充分可靠、客观权威，并注明其来源。

---

① 股转系统公告〔2018〕48号。

4. 期货公司应充分揭示和披露与行业及业务特点相关的各种风险因素。对这些风险因素能作出定量分析的，应进行定量分析；不能作出定量分析的，应进行定性描述。其包括但不限于：

（1）分析可能存在的经营风险，如公司的决策人员和管理人员在经营管理中出现失误而导致公司盈利水平变化带来不利影响的风险。

（2）分析可能存在的管理风险，如因内部制度不健全、自身执业操守不严格、职员道德水准不高等可能对公司产生直接或间接的经济损失的风险。

（3）分析可能存在的盈利风险，如资本市场存在的不确定性和较强的周期性，使公司盈利水平存在一定波动的风险。

（4）分析可能存在的财务风险，如资产结构和财务结构不合理而产生的风险。

（5）分析可能存在的金融产品创新风险，如过度追求金融创新而忽视风险管理引发的风险。

（6）分析可能存在的系统操作风险，如因电脑系统落后、网络技术不完善、业务技术创新等产生的风险。

（7）分析可能存在的行业内竞争风险，如在行业同质性较高的情况下，职员离职及客户交易成本相对较高，造成客户流失的风险。

（8）分析可能存在的政策风险，如因国家法律、法规、政策的可能变化而产生的政策性风险。

（二）设立与日常管理情况

1. 信息披露范围

期货公司应披露设立与日常管理情况，包括但不限于以下信息：

（1）设立履行的审批程序及合法合规性。

（2）公司挂牌需要主管部门审批的，应披露相关审批程序、取得的审批结果。

（3）主管部门对公司挂牌后股权变更，融资，董、监、高变动等需要履行审批或备案程序的事项及具体安排。

（4）各子公司、分公司、营业部设立及运营的审批程序及合法合规性。

2. 核准以及依法经备案开展的业务范围的披露

期货公司应披露核准以及依法经备案开展的业务范围，管理总部及分公司的名称、地点、职员总数，以及营业部的数量、职员总数、分布等情况。

期货公司应披露业务核心人员、投资业务核心人员及关键岗位（如风险管理岗）关键人员的从业资格（若需要）、职业经历、专业性、独立性、稳定性、报告期内变动情况及原因，公司对上述人员的职业道德风险、内幕交易及市场操纵等风险的内控体系建设及执行情况。

期货公司应单独披露其研究情况，包括经费支出、研究人员总数、研究人员结构（年龄、学历、从业年限、技术职称等）、主要研究成果及研究成果对公司开展业务的积极影响等。

（三）业务规模、成本管理能力、盈利能力等情况

期货公司应披露业务规模、成本管理能力、盈利能力等情况，包括但不限于以下

信息：

（1）日均客户权益。

（2）期货业务收入。

（3）成本管理能力。

（4）客户日均持仓。

（5）报告期内日均客户权益环比增长量。

（四）业务经营涉及的全部资质情况

期货公司应披露业务经营涉及的全部资质情况，以及报告期内各单项业务资格的变化情况。

（五）内部控制制度情况

期货公司应建立健全内部控制制度，并对其内部控制制度的完整性、合理性及有效性进行充分信息披露。包括但不限于以下信息：

（1）客户资产保护：应对客户资产安全保障机制、客户资产安全性、客户服务及客户管理水平等情况进行披露，体现其风险管理能力。

（2）资本充足：应对公司以净资本为核心的风险监管指标及管理情况进行披露，体现其资本实力及流动性状况。

（3）公司治理：应对公司治理和规范运作情况进行披露，体现其合规风险管理能力。

（4）内部控制：应对公司内部控制制度有效运行情况进行披露，体现其内部控制管理水平。

（5）信息系统安全：应对公司信息系统的稳定与安全情况进行披露，体现其技术风险管理能力。

（6）信息公示：应对公司信息公示的及时性、真实性、准确性、完整性进行披露，体现其诚信风险管理能力。

（7）客户资料保护：应对公司客户资料保护具体措施的安全性进行披露，体现其信息安全管理能力。

（六）对董、监、高的信息披露

期货公司应披露公司及其董事、监事和高级管理人员报告期内被相关监管部门或自律组织采取的行政监管措施、自律监管措施情况，以及正在接受立案调查、尚未形成处罚结论的情况等。

（七）监管风险指标

期货公司应根据实际业务开展情况，对各监管风险指标进行量化分析，并在公开转让说明书中对其风险控制能力进行充分信息披露。

（八）主要财务指标披露

期货公司应披露最近两年及一期的如下主要财务指标：净资本、风险资本准备总额、净资本与风险资本准备总额的比例、净资产、净资本与净资产的比例、扣除客户保证金的流动资产、扣除客户权益的流动负债、流动资产与流动负债的比例、负债、负债与净资产的比例、规定的最低限额的结算准备金要求等，分析以上各项指标在最近两年及一期的趋势变化、原因及符合监管指标的相关情况。

（九）对期货公司的分类监管评级结果及变动情况

期货公司应披露报告期内主管机关对期货公司的分类监管评级结果及变动情况。

（十）会计政策方面

期货公司应披露以下信息：

（1）公司应披露按照企业会计准则的规定对相关项目计提资产减值准备的情况。

（2）公司应披露按照企业会计准则的规定确认预计负债的情况。

（3）公司应充分披露期末未决诉讼、未决仲裁等或有负债的性质、涉及金额、形成原因、进展情况、可能发生的损失和预计损失的会计处理情况。

（4）公司应披露报告期内的债券融资情况，包括融资金额、期限、募集资金用途、履约还款情况以及融资审批情况等。

《全国中小企业股份转让系统公开转让说明书信息披露指引第3号——期货公司（试行）》中所涉期货公司业务指标，均按照相关监管部门或自律组织的规定及要求计算。

如在新三板挂牌公司永安期货2017年度报告目录中披露了以下信息（扫码阅读）：

第三节 期货业的风险与监管

本节将在分析期货业风险的基础上，概括期货业分类监管和评级的目的，梳理期货业分类监管的演变历程，从而明晰期货业监管的由来与制度规定。

一、期货业的风险

对于期货业的风险分类，大家的观点并非一致。这里根据期货公司可能发生的风险加以说明。

（一）期货经纪业务风险

目前期货公司经纪业务手续费收入仍是我国期货业的主要收入来源，手续费收入水平主要取决于客户交易规模和手续费率等因素。由于市场竞争的缘故，近年来期货公司的客户交易规模在增长，但手续费率和手续费收入却持续下滑，期货公司经纪业务面临着竞争风险以及盈利能力下降的风险。

（二）利息收入下滑风险

利息收入是我国期货公司营业收入的重要来源之一，公司利息收入包括客户保证金存款和自有资金存款产生的利息。虽然公司的客户保证金和自有资金规模逐年上升，利息收入逐年增长，但是利率水平的变化也将影响公司的营业收入和净利润水平。如果利率水平大幅下滑，或者客户保证金和自有资金规模大幅下滑，可能导致期货公司出现业绩波动的风险。另外，随着市场竞争加剧、客户保证金规模持续上升、市场关注度提高，如果未来行业政策发生变化，期货公司的利息收入可能存在下滑风险。

（三）期货投资咨询业务风险

由于客户习惯于接受免费的咨询服务，导致营利性质的期货投资咨询业务的盈利模式难以大规模推广，且公司未能在研究分析、市场推广、客户体验等方面做到进一步提高或突破，可能导致期货投资咨询业务收入仍难以取得实质性突破。同时，期货投资咨询业务依赖于投资咨询部门及工作人员的专业能力，客户根据公司对行情、风险等要素的判断进行交易，若投资策略出现重大失误或者员工出现违规行为，可能导致客户亏损或与公司产生纠纷，从而影响公司期货投资咨询业务的开展及公司声誉。

（四）资产管理业务风险

资产管理业务面临证券公司、基金公司、保险公司、信托公司、银行及其他期货公司等金融机构类似产品的激烈竞争，同时期货行业专业投资人才相对缺乏。若期货公司不能在投资团队、产品设计、市场推广、投资绩效、客户服务等方面保持竞争力，可能会影响公司资产管理业务的进一步拓展。此外，在资产管理业务拓展过程中，可能存在投资团队建设和投资管理能力不足的风险，导致公司为客户设定的资产组合方案由于市场波动、投资决策失误、资产管理措施不当、人员操作失误等原因无法达到预期收益或遭受损失，从而导致公司资产管理规模的降低和收入的下降。

（五）基金销售业务风险

基金销售业务面临证券公司、银行及其他第三方销售机构等金融机构类似产品的激烈竞争。若公司不能在尽职调查、产品设计、市场推广、客户服务等方面保持竞争力，可能会影响公司基金销售业务的进一步拓展。

（六）业务创新风险

由于我国期货行业的创新业务尚处于发展期，公司在开展创新业务过程中可能存在因业务经验、人才储备和经营管理水平等不相匹配，从而出现产品设计不合理、市场预测不准确、管理措施不到位、风险管理及内控措施不健全而导致的风险。同时，如果公司对创新业务风险的认识不全、评估不足、机制不健全、措施不完善或执行不力，可能发生较大规模的风险事件或出现严重亏损，从而造成公司经营业绩大幅下滑。

（七）自有资金投资风险

在风险可控的情况下，期货公司使用自有资金开展投资业务，目前的配置范围包括证券市场、基金、信托产品等金融产品。虽然公司对自有资金投资制定了相关管理制度，但仍面临较大的操作风险和市场风险，存在因自有资金投资收益大幅下降甚至亏损影响公司盈利能力的可能。

（八）合规风险

金融行业属于国家特许经营行业，期货公司具体开展业务时需在净资本、风险管理、公司治理、人才储备、机构设置、合规运营等方面满足监管部门的要求。目前中国证监会根据监管需要，以期货公司风险管理能力为基础，结合期货公司市场影响力和持续合规状况，对期货公司进行分类评价，其分类结果是期货公司风险管理水平的审慎监管指标，如果公司未来获得的评级结果出现下调，将可能对公司现有业务开展、申请增加新业务或新业务试点范围等方面产生不利影响。

（九）信息技术系统风险

信息技术系统是期货公司开展各项业务的重要载体，信息系统的安全性、有效性及合理性对业务发展至关重要，期货公司各项业务均依赖于信息技术系统的支持。公司应重视信息技术系统的搭建和完善，持续加大对软硬件的投入，并制定完整的信息技术相关制度，确保信息技术系统稳定运行。然而由于各种原因，信息技术系统仍可能出现硬件故障、软件崩溃、通信线路中断、病毒及黑客攻击、数据丢失与泄露等情况。期货公司向客户提供的交易系统主要来源于与外部公司的合作，自主研发能力相对不足。如果期货公司遭受上述突发性事件，或信息技术系统未能及时、有效地改进或升级而发生故障，可能对公司的声誉、竞争力和经营业绩造成不利影响。此外，随着业务量的不断扩大、创新业务的不断推出，公司信息技术系统的处理能力和功能模块需要不断升级和扩展，以适应业务发展需要。若信息技术系统不能得到相应提升，期货公司的内部管理能力、客户服务水平、风险管理及内部控制能力将可能因此受到不利影响。

（十）信用风险

期货公司期货业务可能存在的信用风险主要包括：（1）客户在保证金不足时未及时追加保证金或者自行平仓而导致的保证金透支或穿仓的风险；（2）客户在期货交易或交割中违约，导致期货公司须先行履约再向客户追偿，可能发生追偿不能的风险；（3）存放在期货交易所的结算担保金由于其他结算会员无法履约而被承担连带结算担保责任的风险；（4）存放在期货交易所的客户保证金或结算准备金届时不能提取的风险；（5）存放在银行的客户保证金届时不能提取的风险；（6）代理客户向期货交易所办理仓单充抵保证金业务过程中，由于客户违约需要变现仓单时不能变现的风险；（7）涉及实物交割的指定交割仓库不能履约的风险；（8）基差业务中，交易对手不按合同约定履行其业务的风险；（9）非标仓单不能按照仓单所示内容提取货物的风险。

（十一）居间人管理风险

居间人不是期货公司的员工，而是与期货公司签订居间合同，为期货公司和客户提供订立期货经纪合同，并根据居间合同的约定取得手续费返佣的个人或法人。居间人独立承担基于居间关系产生的民事责任。期货公司与居间人合作拓宽了开发客户的渠道，是重要的营销补充方式。目前期货监管体系并未形成居间业务的统一规定。由于管理难度较大，公司不能完全控制拥有丰富客户资源的居间人流动，若公司的经纪业务开展较为依赖居间人，将对公司盈利情况产生不利影响。同时，居间人素质参差不齐，部分居间人可能给期货公司带来诉讼风险。如果期货公司由于管理不当发生此类情形，可能被监管部门采取监管措施或处以行政处罚，亦有可能产生诉讼风险。

（十二）人才流失和储备不足风险

期货行业是知识密集型行业，需要大批高素质专业人才。随着期货市场的发展，以及期货分支机构的大规模扩张，期货人才竞争日趋激烈。近年来金融衍生品推出的步伐加快，资产管理业务发展迅速，不但对期货人才提出了更高要求，也加剧了对期货人才尤其是复合型人才的需求和竞争。若公司流失部分关键优秀管理人员和专业人才，将会对公司的经营发展造成一定障碍；同时，面对各个金融子行业的竞争，公司将存在人才流失和储备不足的风险。

（十三）政策风险

期货公司所处的行业受到严格监管，业务经营与开展受到国家各种法律、法规及规范性文件的监管。如果国家关于期货行业的有关法律、法规和政策，如税收政策、业务许可、利率政策、业务收费标准及收费方式等发生变化，可能会引起期货市场的波动和期货行业发展环境的变化，进而对公司的各项业务产生影响。目前，随着期货市场的快速发展和行政管制的逐渐放松，相关期货法律、法规的建设也处于完善阶段，部分限制性的规定正逐步取消，关于新业务及新产品的规定可能逐步出台。相关法律、法规、规章和其他规范性文件的变化可能会对期货行业的经营模式和竞争方式产生影响，期货公司无法保证上述变化不会对公司的业务、经营业绩和财务状况产生重大不利影响，也无法保证能够及时调整以充分适应上述变化。如果期货公司未能完全遵守相关法律、法规、规章和其他规范性文件的规定，可能导致公司被罚款、暂停或取消业务资格，从而对公司的业务、经营业绩和财务状况产生不利影响。

（十四）重大诉讼、仲裁风险

期货公司作为金融衍生品服务提供商，因金融行业的风险属性，容易受到市场波动、业务经营及其他因素影响，如未来出现相关重大诉讼或仲裁，将可能对公司经营带来不利影响。

二、证监会关于期货公司的风险监管

期货公司净资本监管制度是期货公司监管的核心制度之一，也是期货市场发达国家监控期货市场的通行做法。

2007年4月，中国证监会发布了《期货公司风险监管指标管理试行办法》，正式引入了以净资本为核心的期货公司风险监管体制。该办法于2013年2月进行第一次修订。

近年来期货行业发展较快，为进一步提高期货行业风险监管指标体系的适应性和有效性，加强期货公司监管，促进期货公司稳健经营，贯彻落实依法、全面、从严的监管要求，2016年10月28日，中国证监会就《期货公司风险监管指标管理试行办法》及其配套文件向社会公开征求意见。主要内容包括：

1.提高最低净资本要求至3 000万元，加强风险防范。

2.按照流动性、可回收性及风险程度大小，进一步细化资本计算比例，提高净资本计算的科学性。

3.调整资产管理业务资本范围和标准，提升风险覆盖的全面性。

4.鼓励期货公司多渠道补充资本，允许期货公司将次级债按规定比例计入净资本。

5.进一步强化对期货公司的监管要求，加大监管力度。

2017年4月18日，中国证监会发布《期货公司风险监管指标管理办法》①（以下简称《办法》），同时，证监会制定了《期货公司风险监管报表编制与报送指引》②，作为实施该规章的配套文件。

考虑到行业适应性和市场承受力，为确保《办法》及其配套文件平稳实施，给予过渡

① 证监会令第131号。
② 证监会公告〔2017〕8号。

期，于2017年10月1日起施行。期货公司应根据自身资本结构和业务发展需要，建立与风险监管指标相适应的内部控制制度，建立动态的风险监控和资本补足机制，完善风险管理体系，全面提升抗风险能力。中国证监会将坚持依法、全面、从严监管的原则，加强对期货公司的监管，促进期货行业健康发展。

（一）对期货公司的要求

1.期货公司应当按照证监会的有关规定计算风险监管指标。

2.期货公司应当建立与风险监管指标相适应的内部控制制度及风险管理制度，建立动态的风险监控和资本补充机制，确保净资本等风险监管指标持续符合标准。

3.期货公司应当及时根据监管要求、市场变化及业务发展情况对公司风险监管指标进行压力测试。压力测试结果显示潜在风险超过期货公司承受能力的，期货公司应当采取有效措施，及时补充资本或控制业务规模，将风险控制在可承受范围内。

4.期货公司应当聘请具备证券、期货相关业务资格的会计师事务所对期货公司年度风险监管报表进行审计。会计师事务所及其注册会计师应当勤勉尽责，对出具报告所依据的文件资料内容的真实性、准确性和完整性进行核查和验证，并对出具审计报告的合法性和真实性负责。

（二）风险监管指标标准及计算要求

1.期货公司应当持续符合以下风险监管指标标准

（1）净资本不得低于人民币3 000万元。

（2）净资本与公司风险资本准备的比例不得低于100%。

（3）净资本与净资产的比例不得低于20%。

（4）流动资产与流动负债的比例不得低于100%。

（5）负债与净资产的比例不得高于150%。

（6）规定的最低限额结算准备金要求。

证监会对风险监管指标设置预警标准。规定“不得低于”一定标准的风险监管指标，其预警标准是规定标准的120%，规定“不得高于”一定标准的风险监管指标，其预警标准是规定标准的80%。最低限额结算准备金不设预警标准。

2.风险监管指标

（1）净资本

期货公司净资本是在净资产基础上，按照变现能力对资产负债项目及其他项目进行风险调整后得出的综合性风险监管指标。

净资本的计算公式为：

净资本=净资产－资产调整值+负债调整值－/+其他调整项

（2）风险资本准备

期货公司风险资本准备是指期货公司在开展各项业务过程中，为应对可能发生的风险损失所需要的资本。

（3）最低限额结算准备金

最低限额结算准备金是指期货公司按照交易所及登记结算机构的有关要求以自有资金

缴存用于履约担保的最低金额。

（4）资产和流动资产

资产、流动资产是指期货公司的自身资产，不含客户保证金。

（5）负债与流动负债

负债、流动负债是指期货公司的对外负债，不含客户权益。

3. 风险监管指标计算要求

（1）期货公司计算净资本时，应当按照企业会计准则的规定充分计提资产减值准备，确认预计负债。中国证监会派出机构可以要求期货公司对资产减值准备计提的充足性和合理性、预计负债确认的完整性进行专项说明，并要求期货公司聘请具有证券、期货业务资格的会计师事务所出具鉴证意见；有证据表明期货公司未能充分计提资产减值准备或未能准确确认预计负债的，中国证监会派出机构应当要求期货公司相应核减净资本金额。

（2）期货公司应当根据期末未决诉讼、未决仲裁等或有事项的性质、涉及金额、形成原因、进展情况、可能发生的损失和预计损失进行会计处理，在计算净资本时按照一定比例扣减，并在风险监管报表附注中予以说明。

（3）期货公司借入次级债务、向股东或者其关联企业借入具有次级债务性质的长期借款以及其他清偿顺序在普通债之后的债务，可以按照规定计入净资本。期货公司应当在相关事项完成后5个工作日内向住所地中国证监会派出机构报告。期货公司不得互相持有次级债务。

（4）中国证监会及其派出机构认为期货公司开展某项业务存在未预期风险特征的，可以根据潜在风险状况确定所需资本规模，并要求期货公司补充计提风险资本准备。

（三）编制和披露

1. 期货公司应当按照中国证监会规定的方式编制并报送风险监管报表。中国证监会可以根据监管需要及行业发展情况调整风险监管报表的编制及报送要求。中国证监会派出机构可以根据审慎监管原则，要求期货公司不定期编制并报送风险监管报表，或要求期货公司在一段时期内提高风险监管报表的报送频率。

2. 期货公司法定代表人、经营管理主要负责人、首席风险官、财务负责人应当在风险监管报表上签字确认，并应当保证其真实、准确、完整。上述人员对风险监管报表内容持有异议的，应当书面说明意见和理由，向期货公司住所地中国证监会派出机构报告。

3. 期货公司应当保留书面月度及年度风险监管报表，法定代表人、经营管理主要负责人、首席风险官、财务负责人等责任人员应当在书面报表上签字，并加盖公司印章。风险监管报表的保存期限应当不少于5年。

4. 期货公司应当每半年向公司董事会提交书面报告，说明各项风险监管指标的具体情况，该报告应当经期货公司法定代表人签字确认。该报告经董事会审议通过后，应当向期货公司全体股东提交或进行信息披露。

5. 净资本与风险资本准备的比例与上月相比向不利方向变动超过20%的，期货公司应当向公司住所地中国证监会派出机构提交书面报告，说明原因，并在5个工作日内向全体董事提交书面报告。

6.期货公司风险监管指标达到预警标准的，期货公司应当于当日向全体董事提交书面报告，详细说明原因、对期货公司的影响、解决问题的具体措施和期限，书面报告应当同时抄送期货公司住所地中国证监会派出机构。期货公司风险监管指标不符合规定标准的，期货公司除履行上述程序外，还应当及时向全体股东报告或进行信息披露。

三、期货公司风险监管报表

期货公司风险监管报表包括期货公司净资本计算表、期货公司风险资本准备计算表、期货公司风险监管指标汇总表。

（一）编制报表应注意的事项

1.期货公司应当以母公司报表数据为基础编制风险监管报表。风险监管报表的数据应当与财务报表和业务报表的相关数据构成严格勾稽关系。

2.期货公司应当严格按照净资本计算表所列项目的含义填列期初、期末金额，各项金融资产期末金额应当与财务报表附表明细数据一致，资产调整项目调整前金额之和应当与财务报表的资产总计相等。

3.期货公司在“其他股票”“其他公募基金”“其他金融资产投资”三项填列数额的，应当在净资本计算表最后一行备注说明投资项目的具体内容。

4.剩余到期期限在5年、3年、2年、1年以上的长期次级债务原则上分别按100%、90%、70%、50%的比例计入净资本。剩余到期期限在1年以内的短期次级债务不得计入净资本。次级债务计入净资本的数额不得超过净资本（不含次级债务累计计入净资本的数额）的30%。

5.期货公司提前偿还长期次级债务后1年之内再次借入新的长期次级债务的，新借入的次级债务应先按照提前偿还的长期次级债务剩余到期期限对应的比例计入净资本；在提前偿还的次级债务合同期限届满后，再按规定比例计入净资本。新借入的长期次级债务数额超出提前偿还的长期次级债务数额的，超出部分的次级债务可按规定比例计入净资本。

6.次级债务附带投资者回售选择权的，期货公司应当以投资者可执行选择权的时间视为次级债务到期期限确定计入净资本的比例。投资者放弃回售选择权对应的次级债务金额，期货公司可继续按照规定比例计入净资本。

7.客户保证金未足额追加的，期货公司应当相应调减净资本和结算准备金。客户保证金在报表报送日之前已足额追加的，期货公司可在报表附注中说明，但不得对报表日净资本和结算准备金的金额进行调增。未足额追加的客户保证金应当按期货交易所规定的保证金标准计算，不包括已经记入“应收风险损失款”科目的客户因穿仓形成的对期货公司的债务。

8.期货公司从事期货期权经纪业务的，应当按客户权益总额的一定比例计算风险资本准备，基准比例为4%；其中从事全面结算业务的期货公司，按其客户权益总额与其代理结算的非结算会员权益或者非结算会员客户权益之和计算风险资本准备。

9.期货公司及子公司按照规定从事资产管理业务，应当按照业务收入一定比例计算操作风险资本准备，并按照定向资产管理业务、非结构化资产管理业务及结构化资产管理业务规模的一定比例计算特定风险资本准备，两者相加计算资产管理业务风险资本准备。资产管理业务收入包括期货公司及子公司向客户收取的管理费及提取的业绩报酬，收入金额以近三个年度平均值为基础计算，业务开展不足三年的以开展至报告期年度平均值为基础计算，业务开展不足一年的以截至报告期累计收入为基础计算。资产管理产品规模按照受托资金余额与净值孰高计算。

10.资产管理子公司净资本可以抵扣期货公司风险资本准备，但抵扣金额不得超过以子公司资产管理业务数据为基础计算的风险资本准备。期货公司以资产管理子公司的净资本抵扣风险资本准备的，应当向期货公司住所地派出机构提交资产管理子公司财务报表及净资本计算表（参照期货公司）。

11.不同类别期货公司应当按照最近一期分类评价结果对应的分类计算系数乘以基准比例计算各项业务风险资本准备。系数为：连续三年A类0.7，最近一期分类评价结果A、B、C、D类分别为0.8、0.9、1、2。

12.期货公司应当于月度终了后的7个工作日内、年度终了后的4个月内通过期货公司监管综合信息系统（FISS）报送月度风险监管报表及经具备证券、期货相关业务资格的会计师事务所审计的年度风险监管报表。

（二）期货公司风险监管报表的格式

2017年4月18日证监会发布并于10月1日起施行的《期货公司风险监管报表编制与报送指引》①三个附表基本格式如表10-1、表10-2和表10-3所示。

1.期货公司净资本计算表（见表10-1）

表10-1　期货公司净资本计算表

编制单位　年　月　日　单位：元

项　目	行次	期初金额	期末余额	调整比例	调整后金额	
					期初金额	期末余额
净资产	1					
减：金融资产调整合计[1]	2					
1.股票	3					
上证180、深证100、沪深300成分股	4			15%		
沪深交易所一般上市股票	5			30%		
全国股份转让系统挂牌的做市转让股票	6			50%		
流通受限的股票[2]	7			80%		
持有股票市值超过股票总市值5%的部分	8			80%		
其他股票（在备注中说明）	9			80%		
2.固定收益证券	10					

① 证监会〔2017〕8号。

续表

项目	行次	期初金额	期末余额	调整比例	调整后金额	
					期初金额	期末余额
国债、中央银行票据、国开债	11			0%		
政策性银行金融债[3] 政府支持机构债券[4]	12			2%		
地方政府债[5]	13			5%		
信用评级AAA级的信用债券[6]	14			10%		
信用评级AAA级以下、AA级（含）以上的信用债券	15			15%		
信用评级AA级以下、BBB级（含）以上的信用债券	16			50%		
信用评级BBB以下的信用债券	17			80%		
出现违约风险的信用债券	18			100%		
流通受限的信用债券[7]	19			80%		
3.公开募集证券投资基金	20					
货币基金	21			5%		
债券基金	22			10%		
股票基金、混合基金、权益类ETF及分级基金中优先级基金	23			15%		
商品基金（包括黄金ETF）	24			15%		
分级基金中的非优先级基金	25			30%		
处于封闭期或暂停赎回的开放式基金	26			30%		
其他公募基金（在备注中说明）	27			30%		
4.定向、集合及信托等资产管理产品[8]	28					
剩余存续期在7天以内（含）的封闭型集合产品或距离最近一次产品开放日7天以内（含）的定期开放型集合产品	29			15%		
剩余存续期在7天以上30天以内（含）的封闭型集合产品或距离最近一次产品开放日7天以上30天以内（含）的定期开放型集合产品	30			30%		
剩余存续期在30天以上的封闭型集合产品或距离最近一次产品开放日30天以上的定期开放型集合产品	31			50%		

续表

项　　目	行次	期初金额	期末余额	调整比例	调整后金额	
					期初金额	期末余额
集合产品的劣后级份额[9]	32			100%		
定向产品	33			100%		
5.其他金融资产投资[10]（在备注中说明）	34			100%		
减：长期股权投资调整合计	35			100%		
减：应收款项调整合计[11]	36					
（1）应收非关联方款项	37					
账龄1年以内（含1年）	38			10%		
账龄1年以上	39			100%		
（2）应收关联方款项	40			100%		
减：其他资产调整合计	41					
（1）货币资金、应收货币保证金、应收质押担保金、应收结算担保金	42			0%		
（2）沪深交易所或银行间市场债券逆回购	43			2%		
（3）存出保证金	44			10%		
（4）应收利息、股利、佣金	45			10%		
（5）其他[12]	46			100%		
加：负债调整合计	47					
（1）次级债务	48					
剩余到期期限1至2年（含2年）	49			50%		
剩余到期期限2至3年（含3年）	50			70%		
剩余到期期限3至5年（含5年）	51			90%		
剩余到期期限5年以上	52			100%		
（2）期货风险准备金	53			100%		
加：经中国证监会认可的其他可调增项目	54					
减：其他调减项	55					
（1）或有负债	56			100%		

续表

项　　目	行次	期初金额	期末余额	调整比例	调整后金额	
					期初金额	期末余额
（2）所有权受限等无法变现的资产[13]	57			100%		
（3）客户和代理非结算会员未足额追加的保证金	58			100%		
（4）其他调减项目	59					
净资本金额	60					
附：备注说明事项						

注：1. 金融资产分类项目中，若投资标的同时符合两个或两个以上标准，应采用最高的比例进行扣减。

2. 流通受限情形包括新股发行但暂未上市流通、股票处于禁售期或被锁定、股票停牌且剩余停牌期超过1个月、股票在股转系统协议转让及其他限制股票流动性的情形。

3. 政策性银行金融债指进出口银行、农业发展银行等政策性银行发行的金融债券。

4. 政府支持机构债券指由中央政府支持的公司或金融机构发行并由中央政府提供担保的债券，如中央汇金投资有限公司发行的“汇金债”和中国铁路总公司（原铁道部）发行的“铁道债”。

5. 地方政府债指地方政府作为发行主体发行的债券。

6. 本表所称“信用债券”指在沪深交易所或银行间市场公开交易的公司信用债、资产支持证券、可转换债券、可交换债券等。信用评级以长期信用评级为基准，短期信用评级 A-1 归入 AAA 级信用债券中，短期信用评级 A-2 归入 AAA 级以下、AA 级（含）以上的信用债券中，短期信用评级 A-3 归入 AA 级以下、BBB 级（含）以上的信用债券中，短期信用评级 B 级（含）以下归入信用评级 BBB 级以下的信用债券中。未评级的信用债券参照债券发行主体评级，发行主体无评级的归入 BBB 级以下信用债券中。债券信用评级信息以中央国债登记结算有限责任公司公布的信息为准。

7. 流通受限是指信用债券因发行人、交易场所等原因导致债券不能公开交易或转让的情形。

8. 资产管理产品包括：证券公司、期货公司、基金公司及其子公司发行的资产管理计划，信托产品，商业银行理财产品等。

9. 劣后级份额的认定标准为，该类份额的风险收益水平高于产品整体风险收益水平，或在合同中约定承担超过所持份额比例的亏损并获得相应比例的收益。

10. 不能明确归类为上述金融资产明细项目的，按照审慎监管原则，暂按100%比例进行调整，且需在备注中说明。

11. 此处所称应收款项，是指与期货经纪业务无关的，一般计入其他应收款科目进行会计核算的各类应收款与预付款。

12. 包括未在表格中提及的其他类资产，包括但不限于应收风险损失款、期货会员资格投资、投资性房地产、固定资产、无形资产、商誉、递延所得税资产及其他资产。

13. 所有权受限的情形，如资产被冻结、资产用于抵债等。

2. 期货公司风险资本准备计算表（见表10-2）

表10-2　　期货公司风险资本准备计算表

编制单位　　年　月　日　　单位：元

项　　目	行次	规模		分类计算系数					调整比例	风险资本准备	
		期初余额	期末余额	连续三年评A	A	B	C	D		期初余额	期末余额
1. 期货期权经纪业务风险资本准备	1										
期货期权经纪业务客户保证金总额	2			0.7	0.8	0.9	1	2	4%		
2. 资产管理业务风险资本准备	3										
资产管理业务收入	4			0.7	0.8	0.9	1	2	15%		
定向资产管理业务规模	5			0.7	0.8	0.9	1	2	1%		
非结构化集合资产管理业务规模	6			0.7	0.8	0.9	1	2	1%		
3. 其他风险资本准备	7			0.7	0.8	0.9	1	2	2%		
减：资产管理子公司净资本可抵扣部分	8										
公司风险资本准备	9										
附：备注事项说明	10										

3. 期货公司风险监管指标汇总表（见表10-3）

表10-3　　期货公司风险监管指标汇总表

编制单位　　年　月　日　　单位：元

指标序号	指标名称	行次	上期数	本期数	变动比例	监管指标	预警标准	备注
1	净资本	1				30 000 000	36 000 000	
	风险资本准备总额	2						
2	净资本与风险资本准备总额的比例（净资本/风险资本准备总额）	3				100%	120%	
	净资产	4						
3	净资本与净资产的比例	5				20%	24%	
	扣除客户保证金的流动资产	6						
	扣除客户权益的流动负债	7						
4	流动资产与流动负债的比例	8				100%	120%	
	负债（扣除客户权益）	9						
5	负债与净资产的比例	10				150%	120%	
	拥有结算会员资格的交易所家数	11						
	代为本公司结算的结算会员家数	12						
6	结算准备金额	13						

四、期货业分类评价情况

随着期货公司业务规模的扩大，我国期货公司一直致力于积极扩张融资渠道。2015年3月，创元期货登陆新三板，成为内地首家挂牌新三板的期货公司；2015年7月，鲁证期货在香港主板上市，成为国内首家成功赴港上市的期货公司。此后又有十余家期货公司挂牌新三板，弘业期货也成功登陆港交所。由于新三板和港股自身的特点，A股仍是期货公司期待的选择。

期货公司之间实力差距较大，大型期货公司多为大型上市国企或上市券商子公司，政策规定上市公司控股子公司不能在主板上市，所以还未有大型期货公司登陆A股。而IPO上市条件苛刻，中小期货公司由于业绩无法达到上市要求，也不能上市。

根据中国期货业协会发布的2017年期货公司分类评价结果，获评AA级的期货公司有：永安、华泰、中信、国泰君安、银河、光大、海通、广发、申银万国、上海东证、浙商、国投安信、方正中期、中国国际、南华等22家期货公司，其中券商系期货公司达16家。

重要概念

期货　商品期货　金融期货　外汇期货　利率期货　股指期货　期货经纪业务　期货投资咨询业务　资产管理业务　基金销售业务　风险管理业务　自有资金投资业务　期货经纪公司　期货市场信息披露　净资本　风险资本准备　最低限额结算准备金

复习思考

1. 股指期货交易与股票交易的区别在哪里？
2. 期货公司有哪些基本业务？
3. 期货公司有哪些基本权利和义务？
4. 我国的期货市场是由哪几部分组成的？
5. 期货市场具有哪些基本职能？
6. 期货市场信息披露制度的意义是什么？
7. 目前我国的期货市场有没有出台专门的期货信息披露规章制度？
8. 期货公司应于年报中披露哪16个财务信息指标？
9. 全国股份转让系统对挂牌期货公司的信息披露有没有披露要求？
10. 期货公司在开展业务的过程中可能遭遇哪些风险？
11. 我国于2017年10月1日起施行《期货公司风险监管指标管理办法》，期货公司应当持续符合风险监管指标的哪些标准？
12. 期货公司统计口径下的资产和流动资产是否包含客户保证金？
13. 期货公司统计口径下的负债、流动负债是否包含客户权益？
14. 期货公司计算净资本时是否应计提资产减值准备、确认预计负债？

操作练习

1. 请查看永安期货2017年度报告，了解其中披露的信息内容。
2. 请查看期货行业官网信息，了解行业协会的研究成果与出版物。

第十一章

期货公司财务报告的解读与分析

【导语】截至2017年年末，我国内地尚未有上市类期货公司，只有鲁证期货在香港上市，部分期货公司在新三板挂牌交易。考虑到信息披露制度的差异，本教材以新三板挂牌期货公司永安期货为例说明期货公司财务报告的解读与分析方法。

本章内容要点

第一节 财务报告的规范、格式与项目解释

本节的主要目的是了解期货业财务报告的基本格式与内容，理解财务报表中每个项目所反映的信息，以便更好地分析每个项目的变化所揭示的内部信息。

一、期货业财务报告的规范

同其他金融业一样，期货业的财务报告格式也是伴随着会计制度和会计准则的变迁经过了系列变化过程。

1993年3月17日，为规范期货公司的会计核算与财务报告编制工作，财政部连同中国人民银行印发了《金融企业会计制度》的通知（财会字〔1993〕11号）。

2000年1月11日，为规范期货公司财务报告编制工作，证监会发布了《期货经纪公司年度报告参考内容与格式》（证监会计字〔2000〕3号）。

2000年11月29日，为规范商品期货市场业务的会计核算，维护商品期货市场的秩序，促进商品期货市场的健康发展，财政部发布了关于印发《商品期货业务会计处理暂行规定》的通知（财会字〔2000〕19号）。

2001年11月27日，为了贯彻执行《中华人民共和国会计法》和《企业财务会计报告条例》，规范金融企业的会计核算工作，提高会计信息质量，满足上市金融企业的需求，财政部制定了《金融企业会计制度》（财会〔2001〕49号），并自2002年1月1日起暂在上市的金融企业范围内实施。同时，也鼓励其他股份制金融企业实施《金融企业会

计制度》。

2002年1月14日，为规范期货公司财务报告编制工作，证监会发布实施了修订后的《期货经纪公司年度报告参考内容与格式》。

2006年2月，财政部颁布了新的《企业会计准则》（以下简称新会计准则），要求自2007年1月1日起在上市公司范围内施行，同时鼓励其他企业执行。

2007年1月23日，证监会下发了《关于期货经纪公司执行〈企业会计准则〉有关新旧衔接事宜的通知》（证监会计字〔2007〕8号），规定期货经纪公司应按照新会计准则和证监会的相关要求，于2007年6月30日之前将会计核算系统等调整到位。自2007年7月1日起，期货经纪公司应按照新会计准则进行账务处理。为了进一步规范期货公司新旧会计标准的衔接和报表编制工作，确保期货公司执行新会计准则的平稳过渡，提高期货公司会计信息的可比性和可靠性，证监会拟定了《期货公司财务监管报备表》，对期货公司的财务会计报表格式作出了统一规定。要求自2007年7月1日起，期货公司应按新会计准则及其配套文件和证监会的相关规定，设置会计科目，进行会计核算，编制会计报表，披露相关信息。

2007年6月18日，中国期货业协会为指导、规范期货公司会计科目设置和核算等，发布了《关于发布期货公司会计科目设置及核算指引的通知》。

2014年3月13日，为规范国债期货投资的会计核算，真实、完整地提供会计信息，并为行业内产品参与国债期货投资提供统一的会计核算和估值方法，中国证券投资基金业协会制定了《证券投资基金国债期货投资会计核算业务细则（试行）》（中基协发〔2014〕9号）），并予发布之日起实施。

2015年11月26日，为了适应商品期货市场发展需要，规范企业商品期货套期业务的会计处理，使财务报表更好地反映企业商品价格风险管理活动的目标、过程和结果，促进企业利用商品期货进行风险管理，根据《中华人民共和国会计法》和企业会计准则等相关规定，财政部制定了《商品期货套期业务会计处理暂行规定》（财会〔2015〕18号）。

为适应社会主义市场经济发展需要，规范金融工具的会计处理，提高会计信息质量，根据《企业会计准则——基本准则》，财政部对《企业会计准则第22号——金融工具确认和计量》《企业会计准则第23号——金融资产转移》《企业会计准则第24号——套期会计》进行了修订。在境内外同时上市的企业以及在境外上市并采用国际财务报告准则或企业会计准则编制财务报告的企业，自2018年1月1日起施行；其他境内上市企业自2019年1月1日起施行；执行企业会计准则的非上市企业自2021年1月1日起施行。

二、期货业财务报告的格式与项目解释

本节以永安期货为例说明期货业财务报告的格式，并对相关项目加以解释。

永安期货公司创办于1994年5月，1997年7月正式注册成立，是一家国有控股的专业期货公司，注册资本人民币13.1亿元，并于2015年10月28日在新三板挂牌上市，证券代码833840。2017年度公司在由期货日报社联合证券时报社共同主办的“第十届中国最佳期货经营机构暨最佳期货分析师评选”活动上，荣获包括中国最佳期货公司在内的19个奖项。

公司的业务范围包括：商品期货经纪、金融期货经纪、期货投资咨询、资产管理、基金销售。

2017年永安期货的资产负债表、利润表、现金流量表和所有者权益变动表分别如表11-1、表11-2、表11-3和表11-4所示。

（一）资产负债表的格式与项目解释

永安期货的资产负债表是一种报告式的资产负债表。该报表为上下结构，上半部列示资产，下半部列示负债和所有者权益。不管采取什么格式，资产各项目的合计等于负债和所有者权益各项目的合计这一等式不变。

资产负债表的作用主要体现在以下几个方面：

（1）了解某一时点上期货公司各类资产、负债和所有者权益的规模、结构及其数量对应关系。

（2）明确期货公司的责任和义务。

（3）作出优化期货公司资产结构、降低风险和提高运营效率的判断和决策。

（4）与利润表和现金流量表结合分析期货公司的各项财务与监管指标。

表11-1　**永安期货合并资产负债表**

2017年12月31日　　单位：万元

项　　目	2017年末	2016年末
流动资产：		
货币资金	1 616 416.57	1 902 897.71
其中：期货保证金存款	1 480 109.79	1 787 700.97
应收货币保证金	961 549.66	897 177.30
应收质押保证金	28 448.64	38 703.56
存出保证金		
以公允价值计量且其变动计入当期损益的金融资产	3 158.70	5 729.19
衍生金融资产		
应收票据		
应收账款	68.32	482.61
预付款项	11 009.44	11 085.13
应收结算担保金	2 551.39	2 548.29
应收风险损失款	6.62	12.02
应收佣金	399.49	624.11
应收利息	1 535.19	146.53
应收股利		
其他应收款	5 957.66	3 740.08
存货	90 962.19	47 821.27
持有待售资产		
一年内到期的非流动资产		

续表

项　　目	2017年末	2016年末
其他流动资产	26 071.84	12 832.33
流动资产合计	2 748 135.70	2 923 791.03
非流动资产：		
可供出售金融资产	215 116.38	156 257.54
持有至到期投资		
长期应收款		
长期股权投资	29 432.03	14 058.67
期货会员资格投资	140.00	140.00
投资性房地产	373.73	327.07
固定资产	10 828.80	12 187.74
在建工程	4 930.89	2 689.26
无形资产	25 229.34	25 613.32
开发支出		
商誉		
长期待摊费用	1 400.88	1 764.71
递延所得税资产	7 036.31	2 928.88
其他非流动资产		
非流动资产合计	294 488.36	215 967.19
资产总计	3 042 624.06	3 139 758.22
流动负债：		
短期借款	56 000.00	15 000.00
应付货币保证金	2 192 332.23	2 391 372.87
应付质押保证金	17 332.87	28 706.24
以公允价值计量且其变动计入当期损益的金融负债	528.56	456.30
期货风险准备金	19 182.50	16 714.40
衍生金融负债		
应付票据		
应付账款	2 714.27	
预收款项	16 346.44	12 985.40
应付期货投资者保障基金	53.59	116.93
应付手续费及佣金	150.10	203.84
应付职工薪酬	41 656.06	22 650.03
应交税费	15 469.93	12 617.50
应付利息	945.33	1 774.32
应付股利	19 650.00	

续表

项　　目	2017年末	2016年末
其他应付款	35 918.02	38 450.89
持有待售负债		
一年内到期的非流动负债		
其他流动负债		11 527.10
流动负债合计	2 418 279.88	2 552 575.81
非流动负债：		
长期借款		
应付债券	43 000.00	60 000.00
其中：优先股		
永续债		
长期应付款		
长期应付职工薪酬		
专项应付款		
预计负债	5 255.20	6 617.23
递延收益		
递延所得税负债	9 020.80	5 187.12
其他非流动负债	0.00	20 000.00
非流动负债合计	57 276.00	91 804.35
负债合计	2 475 555.88	2 644 380.16
所有者权益（或股东权益）：		
股本	131 000.00	131 000.00
其他权益工具		
其中：优先股		
永续债		
资本公积	150 086.89	148 944.43
减：库藏股		
其他综合收益	24 260.46	16 958.07
专项储备		
盈余公积	22 913.25	14 543.56
一般风险准备	28 902.35	20 532.66
未分配利润	197 044.88	144 681.38
归属于母公司股东权益合计	554 207.84	476 660.11
少数股东权益	12 860.34	18 717.95
所有者权益合计	567 068.18	495 378.06
负债和所有者权益总计	3 042 624.06	3 139 758.22

资料来源：永安期货2017年度报告。

资产负债表中有关项目解释如下：

1.资产端

（1）“货币资金”项目，反映公司期末持有的现金、银行存款和其他货币资金总额。其中，客户存款应在本项目下单独反映。

（2）“期货保证金存款”项目，反映公司收到客户或分级结算制度下全面结算会员收到非结算会员缴存的货币保证金以及期货公司存入期货保证金账户的款项。

（3）“应收货币保证金”项目，反映公司向期货结算机构（指期货交易所或分级结算制度下的特别结算会员和全面结算会员，下同）划出的货币保证金，以及期货业务盈利形成的货币保证金。

（4）“应收质押保证金”项目，反映公司代客户或非结算会员向期货交易所办理有价证券充抵保证金业务形成的可用于期货交易的保证金。本科目可按期货交易所或实行分级结算制度下的特别结算会员和全面结算会员名称进行明细核算。

（5）“存出保证金”项目，反映公司因办理业务需要存出或交纳的各种保证金款项期末余额。

（6）“以公允价值计量且其变动计入当期损益的金融资产”项目，反映公司直接指定的以公允价值计量，且其变动计入当期损益的金融资产和交易性金融资产，但衍生金融资产除外。

（7）“衍生金融资产”项目，反映公司期末持有的衍生工具、套期工具、被套期项目中属于衍生金融资产的金额，应根据“衍生工具”“套期工具”“被套期项目”等科目的期末余额分析计算填列。

（8）“应收票据”项目，反映公司销售材料、商品和提供劳务供应等收的商业汇票，包括银行承兑汇票和商业承兑汇票。

（9）“应收账款”项目，反映公司因销售材料、商品和提供劳务等经营活动应收的款项。

（10）“预付款项”项目，反映公司按照合同规定或交易双方之约定，向销售单位或提供劳务的单位预付的款项。

（11）“应收结算担保金”项目，反映公司分级结算制度下结算会员（包括全面结算会员和交易结算会员，下同）按照规定向期货交易所缴纳的结算担保金。可按期货交易所进行明细核算。

（12）“应收风险损失款”项目，反映期货公司为客户垫付尚未收回的风险损失款。可按客户进行明细核算。

（13）“应收佣金”项目，反映期货公司应收取的与其经营活动相关的佣金。可按佣金支付对象进行明细核算。

（14）“应收利息”项目，反映公司交易性金融资产、持有至到期投资、可供出售金融资产、发放贷款、存放中央银行款项、拆出资金、买入返售金融资产等应收取的利息。

（15）“应收股利”项目，反映公司因股权投资而应收取的现金股利以及应收其他单位的利润，包括企业股票实际支付的款项中所包括的已宣告发放但尚未领取的现金股利和企业对外投资应分得的现金股利或利润等，但不包括应收的股票股利。

（16）“其他应收款”项目，反映公司除买入返售金融资产、应收票据、应收账款、预付账款、应收股利、应收利息、应收代位追偿款、应收分保账款、应收分保合同其他应收款准备金、长期应收款等以外的其他各种应收及暂付款项。其他应收款通常包括暂付款，是指企业在商品交易业务以外发生的各种应收、暂付款项。

（17）“存货”项目，反映期货公司期末存货余额。

（18）“持有待售资产”项目，反映公司持有待售的非流动资产和持有待售的处置组中资产的账面余额。[①]

（19）“一年内到期的非流动资产”项目，反映公司将于1年内到期的非流动资产项目期末余额。

（20）“其他流动资产”项目，反映公司除了货币资金、短期投资、应收票据、应收账款、其他应收款、存货等流动资产以外的流动资产。

（21）“可供出售金融资产”项目，反映公司持有的以公允价值计量的可供出售股票投资、债券投资等金融资产。本项目应根据“可供出售金融资产”科目的期末余额，减去“可供出售金融资产减值准备”科目期末余额后的金额填列。

（22）“持有至到期投资”项目，反映到期日固定、回收金额固定或可确定，且公司有明确意图和能力持有至到期的非衍生金融资产。本项目应根据“持有至到期投资”科目的期末余额减去“持有至到期投资减值准备”科目期末余额后的金额填列。

（23）“长期应收款”项目，反映公司按长期应收款科目余额减去未实现融资损益科目余额后的净额。长期应收款指的是企业融资租赁产生的应收款项和采用递延方式分期收款、实质上具有融资性质的销售商品和提供劳务等经营活动产生的应收款项。根据2007年新会计准则的规定，由于分期收款销售商品核算方法与以前不同，新增加科目“长期应收款”。

（24）“长期股权投资”项目，反映公司持有的对子公司、联营企业和合营企业的长期股权投资。本项目应根据“长期股权投资”科目的期末余额，减去“长期股权投资减值准备”科目期末余额后的金额填列。

（25）“期货会员资格投资”项目，反映期货公司为取得会员制期货交易所会员资格，以交纳会员资格费形式对期货交易所的投资。可按期货交易所进行明细核算。

（26）“投资性房地产”项目，反映公司持有的投资性房地产。采用成本模式计量投资性房地产的，本项目应根据“投资性房地产”科目的期末余额，减去“投资性房地产累计折旧（摊销）”和“投资性房地产减值准备”科目期末余额后的金额填列；采用公允价值计量投资性房地产的，本项目应根据“投资性房地产”科目的期末余额填列。

（27）“固定资产”项目，反映公司持有固定资产的账面价值扣减累计折旧、减值准备

① 《企业会计准则解释第1号》（财政部财会〔2007〕14号，简称1号解释）规定，同时满足下列条件的非流动资产应当划分为持有待售资产：①企业已经就处置该非流动资产作出决议。此处“企业”应指企业章程规定的有作出相应资产处置决议权限的企业经理或董事会、股东会、股东大会或相似机构。②企业已与受让方签订了不可撤销的转让协议。不可撤销的转让协议是指除遇到不可抗力等情况外，双方当事人都必须按照协议履行义务，否则将承担违约责任的协议。③该转让将在一年内完成。此规范的含义和用途，一是转让协议约定相关资产转让行为应在一年内履行完毕，二是在会计上应将相关资产归类流动资产列报。

后的账面余额。

（28）“在建工程”项目，反映公司尚未达到预定可使用状态的在建工程的成本扣减减值准备后的账面价值。

（29）“无形资产”项目，反映公司持有无形资产的成本，包括专利权、非专利技术、商标权、著作权、土地使用权等，扣减累计摊销、无形资产减值准备后的账面余额。

（30）“开发支出”项目，反映公司开发无形资产过程中的资本化支出期末余额。

（31）“商誉”项目，反映公司合并中形成的商誉的价值。本项目应根据“商誉”科目的期末余额，减去相应减值准备后的金额填列。

（32）“长期待摊费用”项目，反映公司已经发生但应由本期和以后各期负担的分摊期限在一年以上的各项费用。

（33）“递延所得税资产”项目，反映公司确认的可抵扣暂时性差异产生的递延所得税资产。

（34）“其他非流动资产”项目，反映除以上非流动资产以外的其他资产。

2. 负债端

（1）“短期借款”项目，反映公司向银行或其他金融机构借入的期限在1年期以下（含1年）的各种借款。

（2）“应付货币保证金”项目，反映期货公司收到客户或分级结算制度下全面结算会员收到非结算会员缴存的货币保证金，以及期货业务盈利形成的货币保证金。可按客户或分级结算制度下非结算会员进行明细核算。

（3）“应付质押保证金”项目，反映期货公司代客户向期货交易所办理有价证券充抵保证金业务形成的可用于期货交易的保证金。可按客户（或分级结算制度下非结算会员）和有价证券类别进行明细核算。

（4）“以公允价值计量且其变动计入当期损益的金融负债”项目，反映公司承担的以公允价值计量且其变动计入当期损益的金融负债和交易性金融负债，但衍生金融负债除外。

（5）“期货风险准备金”项目，反映期货公司按规定提取的期货风险准备金。

（6）“衍生金融负债”项目，反映衍生工具、套期项目、被套期项目中属于衍生金融负债的金额，应根据“衍生工具”“套期项目”“被套期项目”等科目的期末贷方余额分析计算填列。

（7）“应付票据”项目，反映公司购买材料、商品和接受劳务供应等开出、承兑的商业汇票，包括银行承兑汇票和商业承兑汇票。

（8）“应付账款”项目，反映公司因购买材料、商品和接受劳务等经营活动应支付的款项。

（9）“预收款项”项目，反映公司按照合同规定或交易双方之约定，而向购买单位或接受劳务的单位在未发出商品或提供劳务时预收的款项。

（10）“应付期货投资者保障基金”项目，反映期货公司按规定提取的期货投资者保障基金。

（11）“应付手续费及佣金”项目，反映期货公司为期货结算机构代收尚未支付的手续费，可按期货结算机构进行明细核算。核算期货公司应支付的与其经营活动相关的佣金，可按佣金支付对象进行明细核算。

（12）“应付职工薪酬”项目，反映公司根据有关规定应付给职工的工资、职工福利、社会保险费、住房公积金、工会经费、职工教育经费、非货币性福利、辞退福利等各种薪酬。外商投资企业按规定从净利润中提取的职工奖励及福利基金，也在本项目填列。

（13）“应交税费”项目，反映公司按照税法等规定计算应交纳的各种税费。公司代扣代缴的个人所得税等也通过本项目反映。

（14）“应付利息”项目，反映公司按照合同约定应支付的利息，包括吸收存款、分期付息到期还本的长期借款、公司债券等应支付的利息。公司发行的一次还本付息债券的利息费用在“应付债券”项目填列。

（15）“应付股利”项目，反映公司经董事会或股东大会或类似机构决议确定分配的应付现金股利或利润。公司分配的股票股利，不通过“应付股利”科目核算。

（16）“其他应付款”项目，反映公司除了应付账款、应付票据、应付工资、应交税金、应付股利、其他应交款等以外的各种应付、暂收款项，主要包括存入保证金、应付租金、应付赔偿款、应付工会经费等。

（17）“持有待售负债”项目，反映公司持有待售的处置组中的负债。本科目按照负债类别进行明细核算。公司将相关处置组划分为持有待售类别时，按相关负债的账面余额，借记“应付账款”“应付职工薪酬”等科目，贷记本科目。本科目期末贷方余额，反映公司持有待售的处置组中的负债的账面余额。①

（18）“一年内到期的非流动负债”项目，反映公司各种非流动负债在一年之内到期的金额，包括一年内到期的长期借款、长期应付款和应付债券。

（19）“长期借款”项目，反映公司向银行或其他金融机构借入的期限在一年以上（不含一年）的各项借款。

（20）“应付债券”项目，反映公司为筹集（长期）资金而发行债券的本金和利息。

（21）“优先股”项目，反映公司通过发行优先股募集资金的期末余额。

（22）“永续债”项目，反映公司通过发行永续债募集资金的期末余额。永续债不是非金融企业债务融资工具，而是一种标准化债务融资工具。

（23）“长期应付款”项目，反映公司除长期借款和应付债券以外的其他各种长期应付款项，包括应付融资租入固定资产的租赁费、具有融资性质的延期付款购买资产发生的应付款项等。

（24）“长期应付职工薪酬”项目，反映公司根据有关规定应付给职工的工资、职工福利、社会保险费、住房公积金、工会经费、职工教育经费、非货币性福利、辞退福利等各种一年以上的薪酬。

（25）“专项应付款”项目，反映公司取得的国家指定为资本性投入的具有专项或特定

---

①　财政部于2017年5月印发了《企业会计准则第42号——持有待售的非流动资产、处置组和终止经营》（财会〔2017〕13号），以下简称持有待售准则。

用途的款项，如属于工程项目的资本性拨款等。

（26）“预计负债”项目，反映公司确认的对外提供担保、未决诉讼、产品质量保证、重组义务、亏损性合同等预计负债。

（27）“递延收益”项目，是指尚待确认的收入或收益，也可以说是暂时未确认的收益，它是权责发生制在收益确认上的运用。与国际会计准则相比较，在中国会计准则和《企业会计制度》中，递延收益应用的范围非常有限，主要体现在租赁准则和收入准则的相关内容中。

（28）“递延所得税负债”项目，反映公司确认的应纳税暂时性差异产生的所得税负债。

（29）“其他非流动负债”项目，反映除以上非流动负债以外的其他负债。

3.权益端

（1）“实收资本（或股本）”项目，反映公司接受投资者投入的实收资本（或股本）。

（2）“其他权益工具”项目，反映公司发行除普通股以外的归类为权益工具的各种金融工具账面价值，包括优先股和永续债。

（3）“资本公积”项目，反映公司收到投资者出资额超出其在注册资本或股本中所占份额的部分。

（4）“库存股（或库藏股）”项目，反映公司持有尚未转让或注销的本公司股份金额。

（5）“其他综合收益”项目，反映公司根据会计准则规定未在当期损益中确认的各项利得和损失的余额。

（6）“专项储备”项目，根据《企业会计准则解释第3号》，企业按照国家规定提取的安全生产费和维简费，应当计入相关产品的成本或当期损益，同时记入所有者权益中的“专项储备”。

（7）“盈余公积”项目，反映公司从净利润中提取的盈余公积。

（8）“一般风险准备”项目，反映期货公司按规定从税后利润提取的一般风险准备金。

（9）“未分配利润”项目，反映公司尚未分配的利润。未弥补的亏损，在本项目内以“-”号填列。

（10）“归属于母公司股东权益合计”项目，反映在合并报表中归属于母公司的股东权益部分。

（11）“少数股东权益”项目，反映编制合并报表时，子公司所有者权益中由母公司以外的其他投资者所拥有的权益份额。

（二）利润表的格式与项目解释

利润表是反映期货公司一定会计期间（如月度、季度、半年度或年度）经营成果的会计报表。其遵守的原则是权责发生制。它全面揭示了期货公司在某一特定时期实现的各种收入，发生的各种成本费用支出，以及实现的利润或发生的亏损情况。利润表是根据“收入－费用=利润”的基本关系来编制的，其具体内容取决于收入、成本费用、利润等会计要素的构成。

利润表的作用主要体现在以下几个方面：

（1）可以了解期货公司本期取得的收入、发生的成本费用、纳税、盈利总水平、利润来源及其结构。

（2）可以分析期货公司盈亏产生的原因。

（3）与资产负债表和现金流量表结合计算分析公司的财务与监管指标。

表11-2

永安期货合并利润表

2017年度

单位：万元

项　目	2017年	2016年
一、营业总收入	968 414.89	680 343.24
手续费及佣金净收入	59 334.75	58 573.22
其中：经纪业务手续费收入	52 845.11	52 150.27
资产管理业务收入	1 499.23	2 635.52
投资咨询业务收入	1 350.69	3 426.70
代理销售金融产品收入	3 639.72	360.73
其他代理业务收入		
利息净收入	52 423.78	49 632.29
投资收益	91 917.64	34 865.56
其中：对联营企业和合营企业的投资收益	20 596.89	7 435.75
公允价值变动收益	4 315.36	−892.08
汇兑收益	−248.96	130.32
其他业务收入	760 206.18	538 033.93
其中：风险管理业务收入		
资产处置收益		
其他收益	466.13	
二、营业总成本	848 042.74	594 408.71
提取期货风险准备金	2 475.13	2 360.77
税金及附加	537.53	1 263.05
业务及管理费	85 757.84	65 582.66
资产减值损失	26 700.75	3 770.76
其他业务成本	732 571.49	521 431.48
三、营业利润	120 372.15	85 934.53
加：营业外收入	234.91	1 269.22
减：营业外支出	7 969.07	7 397.78
四、利润总额	112 637.99	79 805.97

续表

项　　目	2017年	2016年
减：所得税费用	22 465.59	18 300.93
五、净利润	90 172.40	61 505.04
其中：被合并方在合并前实现的净利润		
（一）按经营持续性分类		
1.持续经营净利润	90 172.40	61 505.04
2.终止经营净利润		
（二）按所有者权益归属分类		
1.少数股东损益	1 419.52	651.32
2.归属于母公司股东的净利润	88 752.88	60 853.71
六、其他综合收益的税后净额	6 876.47	14 479.98
归属于母公司股东的其他综合收益的税后净额	7 302.39	14 054.06
（一）以后不能重分类进损益的其他综合收益		
1.重新计量设定受益计划净负债或净资产的变动		
2.权益法下在被投资单位以后会计期间不能重分类进损益的其他综合收益中享有的份额		
（二）以后将重分类进损益的其他综合收益	7 302.39	14 054.06
1.权益法下在被投资单位以后会计期间将重分类进损益的其他综合收益中享有的份额	526.54	81.78
2.可供出售金融资产公允价值变动损益	8 374.07	12 652.49
3.持有至到期投资重分类为可供出售金融资产损益		
4.现金流量套期损益的有效部分		
5.外币财务报表折算差额	−1 598.22	1 319.80
6.其他		
归属于少数股东的其他综合收益的税后净额	−425.92	425.92
七、综合收益总额	97 048.87	75 985.02
归属于母公司所有者的综合收益总额	96 055.27	74 907.78
归属于少数股东的综合收益总额	993.60	1 077.24
八、每股收益		
（一）基本每股收益	0.68	0.46
（二）稀释每股收益	0.68	0.46

资料来源：永安期货2017年度报告。

利润表项目解释如下：

1.“营业总收入”项目，反映“手续费及佣金净收入”、“利息净收入”、“投资收益”、“公允价值变动收益”、“汇兑收益”、“其他业务收入”、“资产处置收益”以及“其他收益”等项目的合计金额。

2.“手续费及佣金净收入”项目，反映公司确认的经纪业务手续费收入、资产管理业务收入、投资咨询业务收入、代理销售金融产品收入和其他代理业务收入的净收入。

3.“利息净收入”项目，反映“利息收入”项目金额减去“利息支出”项目金额后的余额。

4.“投资收益”项目，反映公司以各种方式对外投资取得的收益。如为投资损失，本项目以“-”号填列。其中，对联营企业和合营企业的投资收益应单独列示。

5.“公允价值变动收益”项目，反映公司应当计入当期损益的资产或负债公允价值的变动收益。如为净损失，本项目以“-”号填列。

6.“汇兑收益”项目，反映公司外币货币性项目因汇率变动形成的净收益，应根据“汇兑损益”科目的发生额分析填列。如为净损失，以“-”号填列。

7.“其他业务收入”项目，反映公司确认的除主营业务活动以外的其他经营活动实现的收入。

8.“资产处置收益”项目，反映公司出售划分为持有待售的非流动资产（金融工具、长期股权投资和投资性房地产除外）或处置组时确认的利得或损失，以及处置未划分为持有待售的固定资产、在建工程、生产性生物资产及无形资产而产生的处置利得或损失。债务重组中因处置非流动资产产生的利得或损失和非货币性资产交换产生的利得或损失也包括在本项目内。

资产处置收益报表项目不包括以下内容：（1）存货、消耗性生物资产、应收账款等流动性资产处置；（2）金融工具、长期股权投资；（3）投资性房地产；（4）债务重组利得或损失和非货币性资产交换利得或损失。[①]

9.“其他收益”项目，反映公司计入其他收益的政府补助等。该项目应根据在损益类科目新设置的“其他收益”科目的发生额分析填列。

政府补助准则规定，与公司日常活动相关的政府补助，应当按照经济业务实质，计入其他收益或冲减相关成本费用。与公司日常活动无关的政府补助，应当计入营业外收支。政府补助准则不对“日常活动”进行界定。通常情况下，若政府补助补偿的成本费用是营业利润之中的项目，或该补助与日常销售等经营行为密切相关（如增值税即征即退等），则认为该政府补助与日常活动相关。

政府补助有两种会计处理方法：总额法和净额法。总额法是在确认政府补助时，将其全额一次或分次确认为收益，而不是作为相关资产账面价值或者成本费用等的扣减。净额法是将政府补助确认为对相关资产账面价值或者所补偿成本费用等的扣减。公司选择总额法对与日常活动相关的政府补助进行会计处理的，应增设“6117其他收益”科目进行

① 2017年12月财政部发布的《关于修订印发一般企业财务报表格式的通知》（财会〔2017〕30号）新增了一个“资产处置收益”报表项目和一个“资产处置损益”会计科目。

核算。

对于总额法下与日常活动相关的政府补助，公司在实际收到或应收时，或者将先确认为“递延收益”的政府补助分摊计入收益时，借记“银行存款”“其他应收款”“递延收益”等科目，贷记“其他收益”科目。期末，应将本科目余额转入“本年利润”科目，本科目结转后应无余额。

10.“提取期货风险准备金”项目，反映公司提取的期货风险准备金。本科目核算期货公司按规定以手续费收入的一定比例提取的期货风险准备金。

11.“税金及附加”项目，反映公司经营业务应负担的增值税、城市维护建设税、资源税和教育费附加等。

12.“业务及管理费”项目，反映公司在业务经营和管理过程中所发生的电子设备运转费、安全防范费、物业管理费等费用。

13.“资产减值损失”项目，反映公司计提（或恢复后转回）各项资产减值准备所形成的损失，本项目如为恢复后转回的金额，以“-”号填列。

14.“其他业务成本”项目，反映除“税金及附加”、“业务及管理费”和“资产减值损失”之外的其他业务成本。

15.“营业外收入”项目，反映公司发生的与经营业务无直接关系的各项收入，包括非流动资产处置利得、非货币性资产交换利得、债务重组利得、政府补助、盘盈利得、捐赠利得等。

16.“营业外支出”项目，反映公司发生的与经营业务无直接关系的各项支出，包括非流动资产处置损失、非货币性资产交换损失、债务重组损失、公益性捐赠支出、非常损失、盘亏损失等。

17.“所得税费用”项目，反映公司确认的应从当期利润总额中扣除的所得税费用。

18.“净利润”项目，反映公司实现的净利润。

19.“持续经营净利润”和“终止经营净利润”项目，分别反映净利润中与持续经营相关的净利润和与终止经营相关的净利润；如为净亏损，以“-”号填列。

20.“少数股东损益”项目，反映编制合并会计报表时子公司净利润中属于母公司以外的其他投资者部分。

21.“归属于母公司股东的净利润”项目，反映公司编制合并报表时净利润中归属于母公司所有者的部分。

22.“其他综合收益的税后净额”项目，反映公司根据企业会计准则规定未在当期损益中确认的各项利得和损失扣除所得税影响后的净额，按照归属于母公司股东和归属于少数股东的其他综合收益的税后净额分别统计。其中归属于母公司所有者的其他综合收益的税后净额分为：

（1）以后不能重分类进损益的其他综合收益，包括重新计量设定受益计划净负债或净资产的变动、权益法下在被投资单位以后会计期间不能重分类进损益的其他综合收益中享有的份额；

（2）以后将重分类进损益的其他综合收益，包括权益法下在被投资单位以后会计期间将重分类进损益的其他综合收益中所享有的份额、可供出售金融资产公允价值变动损益、持有至到期投资重分类为可供出售金融资产损益、现金流量套期损益的有效部分、外币财务报表折算差额等。

23.“综合收益总额”项目，反映公司净利润与其他综合收益的合计金额。

24.“基本每股收益”“稀释每股收益”项目，反映按照每股收益准则的规定计算确定的金额，本项目仅由普通股或潜在普通股已公开交易的公司，以及正处于公开发行普通股或潜在普通股过程中的公司填报。

（三）现金流量表的格式

现金流量表是以现金和现金等价物为基础编制的，提供期货公司在某一特定期间内有关现金和现金等价物的流入和流出信息的报表。其遵守的会计原则是收付实现制。这里的现金包括公司的库存现金、银行存款和其他货币资金。现金等价物是公司持有的期限短、流动性强、易于转换为已知金额的现金，价值变动风险很小的投资，一般指公司购买的期限为3个月以内的国库券。

现金流量表的作用主要体现在以下几个方面：

（1）了解期货公司取得和运用现金的能力。

（2）了解期货公司现金流入和流出项目的结构及其变动趋势。

（3）分析期货公司的现金偿债能力、股利支付能力和纳税能力。

（4）分析期货公司净利润的质量。

（5）预测期货公司未来的现金流量。

如果想查找期货公司按间接法编制的经营活动现金流量净额相关信息，也可以通过年度报告进行查找。

表11-3　　永安期货合并现金流量表

2017年度　　单位：万元

项　　目	2017年	2016年
一、经营活动产生的现金流量		
销售商品、提供劳务收到的现金	867 551.55	636 401.30
处置以公允价值计量且其变动计入当期损益的金融资产净增加额	50 521.84	17 557.90
收取利息、手续费及佣金的现金	122 751.33	116 186.63
收到的税费返还		
收到其他与经营活动有关的现金	78 968.94	310 064.45
经营活动现金流入小计	1 119 793.66	1 080 210.29
购买商品、接受劳务支付的现金	917 209.66	659 779.72
客户贷款及垫款净增加额		
支付利息、手续费及佣金的现金	2 620.27	1 123.72
以现金支付的业务及管理费	20 640.82	20 024.43
支付给职工以及为职工支付的现金	43 465.46	31 828.79

续表

项　　目	2017年	2016年
支付的各项税费	26 111.21	19 368.59
支付其他与经营活动有关的现金	355 161.15	2 586.58
经营活动现金流出小计	1 365 208.57	734 711.83
经营活动产生的现金流量净额	−245 414.91	345 498.46
二、投资活动产生的现金流量		
收回投资收到的现金	99.73	4 900.24
取得投资收益收到的现金	33 707.13	973.77
处置固定资产、无形资产和其他长期资产收回的现金净额		
处置子公司或其他营业单位收到的现金净额		
收到其他与投资活动有关的现金	3.58	64 250.29
投资活动现金流入小计	33 810.44	70 124.31
购建固定资产、无形资产和其他长期资产支付的现金	4 113.14	6 012.91
投资支付的现金	54 646.37	46 234.69
质押贷款净增加额		
取得子公司及其他营业单位支付的现金净额		
支付其他与投资活动有关的现金	79 219.33	22 000.00
投资活动现金流出小计	137 978.84	74 247.60
投资活动产生的现金流量净额	−104 168.40	−4 123.30
三、筹资活动产生的现金流量		
吸收投资收到的现金		20 894.31
其中：子公司吸收少数股东投资收到的现金		
取得借款收到的现金	93 000.00	36 527.10
发行债券收到的现金		
收到其他与筹资活动有关的现金		20 000.00
筹资活动现金流入小计	93 000.00	77 421.41
偿还债务支付的现金	80 527.10	23 000.00
分配股利、利润或偿付利息支付的现金	7 323.07	4 171.96
其中：子公司支付给少数股东的股利、利润		
支付其他与筹资活动有关的现金	26 851.21	20 648.58
筹资活动现金流出小计	114 701.38	47 820.54
筹资活动产生的现金流量净额	−21 701.38	29 600.88
四、汇率变动对现金及现金等价物的影响	−1 591.77	1 448.99
五、现金及现金等价物净增加额	−372 876.46	372 425.03
加：期初现金及现金等价物余额	1 872 283.76	1 499 858.73
六、期末现金及现金等价物余额	1 499 407.30	1 872 283.76

资料来源：永安期货2017年度报告。

由于现金流量表的项目基本上可以通过字面意思加以理解，在此不加以解释。

（四）所有者权益变动表的格式与项目解释

所有者权益变动表是反映期货公司本期（年度或中期）内至截至期末所有者权益变动情况的报表。所有者权益变动表既可以为报表使用者提供所有者权益总量增减变动的信息，也能为其提供所有者权益增减变动的结构性信息，特别是能够让报表使用者理解所有者权益增减变动的根源。

表11-4　**永安期货所有者权益变动表**　单位：万元

项目	本期												
	归属于母公司所有者权益											少数股东权益	所有者权益
	股本	其他权益工具			资本公积	减：库存股	其他综合收益	专项储备	盈余公积	一般风险准备	未分配利润		
		优先股	永续债	其他									
一、上年期末余额	131 000.00				148 944.43		16 958.07		14 543.56	20 532.66	144 681.38	18 717.95	495 378.06
加：会计政策变更													
前期差错更正													
同一控制下企业合并													
其他													
二、本期期初余额	131 000.00				148 944.43		16 958.07		14 543.56	20 532.66	144 681.38	18 717.95	495 378.06
三、本期增减变动金额（减少以"-"号填列）					1 142.46		7 302.39		8 369.69	8 369.69	52 363.50	-5 857.61	71 690.12
（一）综合收益总额							7 302.39				88 752.88	993.60	97 048.87
（二）所有者投入和减少资本												-6 851.21	-6 851.21
1.股东投入的普通股													
2.其他权益工具持有者投入资本													
3.股份支付计入所有者权益的金额													
4.其他												-6 851.21	-6 851.21
（三）利润分配									8 369.69	8 369.69	-36 389.38		-19 650.00
1.提取盈余公积									8 369.69	0.00	-8 369.69		
2.提取一般风险准备										8 369.69	-8 369.69		
3.对所有者（或股东）的分配											-19 650.00		-19 650.00
4.其他													
（四）所有者权益内部结转													
1.资本公积转增资本（或股本）													
2.盈余公积转增资本（或股本）													
3.盈余公积弥补亏损													
4.其他													
（五）专项储备													
1.本期提取													
2.本期使用													
（六）其他					1 142.46								1 142.46
四、本年期末余额	131 000.00				150 086.89		24 260.46		22 913.25	28 902.35	197 044.88	12 860.34	567 068.18

资料来源：永安期货2017年度报告。

所有者权益变动表主要项目解释如下：

1．“上年期末余额”项目，反映公司上年资产负债表中“实收资本（或股本）”“其他权益工具”“资本公积”“库存股”“其他综合收益”“盈余公积”“一般风险准备”“未分配利润”等科目的年末余额。

（1）“会计政策变更”项目，反映公司采用追溯调整法处理的会计政策变更的累积影响金额。

（2）“前期差错更正”项目，反映公司采用追溯重述法处理的会计差错更正的累积影响金额。

2.“本期期初余额”项目，反映公司为体现会计政策变更和前期差错更正的影响，而在上年年末所有者权益余额的基础上进行调整得出的本期期初所有者权益余额。应根据“盈余公积”“一般风险准备”“利润分配”“以前年度损益调整”等科目的发生额分析填列。

3.“本期增减变动金额”项目。

（1）综合收益总额：反映公司当年的综合收益总额，应根据当年利润表中“净利润”和“其他综合收益的税后净额”填列，并对应列在“未分配利润”和“其他综合收益”栏。

（2）所有者投入和减少资本：反映公司当年所有者投入的资本和减少的资本。其中：

①股东投入的普通股：反映公司接受投资者投入形成的股本和资本公积，对应列在“股本”和“资本公积”栏。

②其他权益工具持有者投入资本：反映其他权益工具持有者投入形成的其他权益工具和其他权益工具溢价，对应列在“其他权益工具”和“资本公积”栏。

③股份支付计入所有者权益的金额：反映公司处于等待期中的权益结算的股份支付当年计入资本公积的金额，对应列在“资本公积”栏。

（3）利润分配：反映当年按照规定提取的盈余公积、一般风险准备金额和对所有者（或股东）分配的利润（或股利）金额，对应列在“盈余公积”、“一般风险准备”和“未分配利润”栏。其中：

①提取盈余公积：反映公司按照规定提取的盈余公积。

②提取一般风险准备：反映公司按照规定提取的一般风险准备。

③对所有者（或股东）的分配：反映对所有者（或股东）分配的利润（或股利）金额，包含对其他权益工具持有者的股利分配。

（4）所有者权益内部结转：反映不影响当年所有者权益总额的所有者权益各组成部分之间当年的增减变动。其中：

①资本公积转增资本（或股本）：反映公司以资本公积转增资本或股本的金额。

②盈余公积转增资本（或股本）：反映公司以盈余公积转增资本或股本的金额。

③盈余公积弥补亏损：反映公司以盈余公积弥补亏损的金额。

（5）专项储备：反映公司按规定提取和使用的专项准备金额。

4.“本年期末余额”项目，反映公司本年资产负债表中“实收资本（或股本）”“其他权益工具”“资本公积”“库存股”“其他综合收益”“盈余公积”“一般风险准备”“未分配利润”等科目的年末余额。

了解了永安期货公司的概况及主要财务报表后，即可进行相应的财务报表解读与分析，也可以进行同业对比。

第二节　期货业财务报告分析

一、资产负债表的解读与分析

从永安期货的合并资产负债表中可以看到，截至2017年年末，永安期货的资产总额为304.26亿元，负债总额为247.56亿元，股东权益总额为56.71亿元。这意味着在不扣除一些项目的前提下，永安期货的资产负债率达到81.36%，权益占比为18.64%。

（一）资产结构与变动趋势分析

进行资产结构与变动趋势分析的目的，一是了解永安期货的资产分布结构及其面临的风险；二是通过资产的对比分析，了解资产的增减变动趋势；三是利用资产结合其他报表分析公司的偿债能力、营运能力、盈利能力以及成长能力等。表11-5反映了永安期货的资产结构及其变动趋势。

表11-5　**永安期货资产结构及其变动趋势表**　单位：万元

项　　目	2017年年末	2016年年末	2017年年末结构（%）	2016年年末结构（%）	绝对数增减变动趋势（%）
流动资产：					
货币资金	1 616 416.57	1 902 897.71	53.13	60.61	−15.05
其中：期货保证金存款	1 480 109.79	1 787 700.97	48.65	56.94	−17.21
应收货币保证金	961 549.66	897 177.30	31.60	28.57	7.17
应收质押保证金	28 448.64	38 703.56	0.94	1.23	−26.50
存出保证金					
以公允价值计量且其变动计入当期损益的金融资产	3 158.70	5 729.19	0.10	0.18	−44.87
衍生金融资产					
应收票据					
应收账款	68.32	482.61	0.00	0.02	−85.84
预付款项	11 009.44	11 085.13	0.36	0.35	−0.68
应收结算担保金	2 551.39	2 548.29	0.08	0.08	0.12
应收风险损失款	6.62	12.02	0.00	0.00	−44.94

续表

项　　目	2017年年末	2016年年末	2017年年末结构（%）	2016年年末结构（%）	绝对数增减变动趋势（%）
应收佣金	399.49	624.11	0.01	0.02	−35.99
应收利息	1 535.19	146.53	0.05	0.00	947.67
应收股利					
其他应收款	5 957.66	3 740.08	0.20	0.12	59.29
存货	90 962.19	47 821.27	2.99	1.52	90.21
持有待售资产					
一年内到期的非流动资产					
其他流动资产	26 071.84	12 832.33	0.86	0.41	103.17
流动资产合计	2 748 135.70	2 923 791.03	90.32	93.12	−6.01
非流动资产：					
可供出售金融资产	215 116.38	156 257.54	7.07	4.98	37.67
持有至到期投资					
长期应收款					
长期股权投资	29 432.03	14 058.67	0.97	0.45	109.35
期货会员资格投资	140.00	140.00	0.00	0.00	0.00
投资性房地产	373.73	327.07	0.01	0.01	14.26
固定资产	10 828.80	12 187.74	0.36	0.39	−11.15
在建工程	4 930.89	2 689.26	0.16	0.09	83.35
无形资产	25 229.34	25 613.32	0.83	0.82	−1.50
开发支出					
商誉					
长期待摊费用	1 400.88	1 764.71	0.05	0.06	−20.62
递延所得税资产	7 036.31	2 928.88	0.23	0.09	140.24
其他非流动资产					
非流动资产合计	294 488.36	215 967.19	9.68	6.88	36.36
资产总计	3 042 624.06	3 139 758.22	100.00	100.00	−3.09

从资产结构看，数据显示，2017年永安期货的资产中，占比最大的前三项资产分别为货币资金、应收货币保证金和可供出售金融资产，占总资产的比例分别为53.13%、31.60%和7.07%，三项合计占总资产的比例为91.80%。其他类资产占比较少。在货币资金中主要是期货保证金存款，这与期货行业的特点有关。

从资产变动趋势看，2017年和2016年比较，永安期货总资产下降了3.09%。在资产项目中变动幅度比较大的前三项，分别为应收利息、递延所得税资产和长期股权投资，增减变动幅度分别为947.67%、140.24%和109.35%。对资产项目的变动趋势分析，重点是要查看占资产比重比较大的项目，其资产增减变动趋势，以2017年度为例，公司的前三项主要资产货币资金下降15.05%、应收货币保证金增长7.17%，可供出售金融资产增长37.67%。

永安期货2017年度报告中对增幅较大的项目具体解释如下：

1. 以公允价值计量且其变动计入当期损益的金融资产：期末较期初下降44.87%，主要系期末持有的股票、基金减少。

2. 应收账款：期末较期初下降85.84%，主要系本期加大了收款力度，期末客户欠款大部分得以归还所致。

3. 应收风险损失款：期末较期初下降44.94%，主要系公司本期将无法收回的穿仓损失款进行了核销所致。

4. 应收佣金：期末较期初下降35.99%，主要系本期加大了收款力度，收回了大部分欠款，导致期末存续应收佣金减少。

5. 应收利息：期末较期初增长947.67%，主要系本期末尚未到期的定期存款金额较上期末增加，部分尚未到期的定期存款利率较上期末更高、计息期更长，从而导致应计利息增加所致。

6. 其他应收款：期末较期初增长59.29%，主要系子公司新永安实业放债业务规模扩大，导致期末应收客户贷款增加。

7. 存货：期末较期初增长90.21%，主要系永安资本本期加大基差贸易力度，匹配期货的现货贸易规模扩大，导致期末库存商品增加。

8. 其他流动资产：期末较期初增长103.17%，主要系待抵扣增值税大幅度增加，较期初增长50.04%。买入反售金融资产较期初增加7 323.50万元，增长519.26%。

9. 可供出售金额资产：期末较期初增长37.67%，主要系本期公司自有资金投资业务日常化，利用闲置资金拓展投资业务规模所致。

10. 长期股权投资：期末较期初增长109.35%，主要系投资联营企业永安国富业绩大幅度增长所致。

11. 在建工程：期末较期初增长83.35%，主要系公司联建办公楼仍处于在建阶段，增加投入所致。

12. 递延所得税资产：期末较期初增长140.24%，主要系公司本期计提尚未发放的工资、奖金增加所致。

为了了解永安期货的资产构成结构与行业的差异，也可以进行行业主要资产结构的对比分析。

（二）资金来源结构与变动趋势分析

进行资金来源结构分析的目的，一是通过负债、权益结构分析，了解期货公司的资金来源分布及其利用情况；二是通过资本结构分析，了解期货公司资本成本的高低以及公司面临的偿债风险；三是进行主要财务比率的计算。表11-6反映了永安期货资金来源结构及其变动趋势情况。

表11-6　**永安期货资金来源结构及其变动趋势表**　单位：万元

项　目	2017年年末	2016年年末	2017年年末结构（%）	2016年年末结构（%）	绝对数增减变动趋势（%）
流动负债：					
短期借款	56 000.00	15 000.00	1.84	0.48	273.33
应付货币保证金	2 192 332.23	2 391 372.87	72.05	76.16	-8.32
应付质押保证金	17 332.87	28 706.24	0.57	0.91	-39.62
以公允价值计量且其变动计入当期损益的金融负债	528.56	456.30	0.02	0.01	15.84
期货风险准备金	19 182.50	16 714.40	0.63	0.53	14.77
衍生金融负债					
应付票据					
应付账款	2 714.27		0.09		不适用
预收款项	16 346.44	12 985.40	0.54	0.41	25.88
应付期货投资者保障基金	53.59	116.93	0.00	0.00	-54.17
应付手续费及佣金	150.10	203.84	0.00	0.01	-26.36
应付职工薪酬	41 656.06	22 650.03	1.37	0.72	83.91
应交税费	15 469.93	12 617.50	0.51	0.40	22.61
应付利息	945.33	1 774.32	0.03	0.06	-46.72
应付股利	19 650.00		0.65		不适用
其他应付款	35 918.02	38 450.89	1.18	1.22	-6.59
持有待售负债					
一年内到期的非流动负债					
其他流动负债		11 527.10	0.00	0.37	-100.00
流动负债合计	2 418 279.88	2 552 575.81	79.48	81.30	-5.26
非流动负债：					

续表

项　　目	2017年年末	2016年年末	2017年年末结构（%）	2016年年末结构（%）	绝对数增减变动趋势（%）
长期借款					
应付债券	43 000.00	60 000.00	1.41	1.91	−28.33
其中：优先股					
永续债					
长期应付款					
长期应付职工薪酬					
专项应付款					
预计负债	5 255.20	6 617.23	0.17	0.21	−20.58
递延收益					
递延所得税负债	9 020.80	5 187.12	0.30	0.17	73.91
其他非流动负债	0.00	20 000.00	0.00	0.64	−100.00
非流动负债合计	57 276.00	91 804.35	1.88	2.92	−37.61
负债合计	2 475 555.88	2 644 380.16	81.36	84.22	−6.38
所有者权益（或股东权益）：					
股本	131 000.00	131 000.00	4.31	4.17	0.00
其他权益工具					
其中：优先股					
永续债					
资本公积	150 086.89	148 944.43	4.93	4.74	0.77
减：库藏股					
其他综合收益	24 260.46	16 958.07	0.80	0.54	43.06
专项储备					
盈余公积	22 913.25	14 543.56	0.75	0.46	57.55
一般风险准备	28 902.35	20 532.66	0.95	0.65	40.76
未分配利润	197 044.88	144 681.38	6.48	4.61	36.19
归属于母公司股东权益合计	554 207.84	476 660.11	18.21	15.18	16.27
少数股东权益	12 860.34	18 717.95	0.42	0.60	−31.29
所有者权益合计	567 068.18	495 378.06	18.64	15.78	14.47
负债和所有者权益总计	3 042 624.06	3 139 758.22	100.00	100.00	−3.09

数据显示，如果不考虑客户权益，永安期货的资产负债率为81.36%。按现行的期货公司资产负债率计算办法，如果考虑客户权益，永安期货的资产负债率为31.92%（资产、负债均不含客户权益）。

从结构上看，2017年永安期货的全部资金来源中，占比最大的筹资方式分别为应付货币保证金、未分配利润和资本公积，占比分别为72.05%、6.48%和4.93%，资金来源相对比较集中，这与行业特点有关。

从趋势上看，2017年和2016年比较，不考虑占比大小，在资金来源项目中变动幅度比较大的为短期借款，增长2.73倍。考虑到占比大小，应付货币保证金下降8.32%、未分配利润增长36.19%，资本公积略增。

永安期货2017年度报告中对增幅较大的项目具体解释如下：

1. 短期借款：期末较期初增长273.33%，主要系子公司永安资本业务规模扩大，间接融资金额增加所致。

2. 应付质押保证金：期末较期初下降39.62%，主要系客户质押物减少所致。

3. 应付账款：期末较期初增加2 714.27万元，主要系子公司永安资本本期期末存续的应付未付仓储费等费用所致。

4. 应付期货投资者保障基金：期末较期初下降54.17%，主要原因是按照财政部令第129号、财政部公告2016年第26号等相关政策规定，期货投资者保障基金计缴比例由千万分之五点五下调至亿分之五点五。

5. 应付职工薪酬：期末较期初增长83.91%，主要系公司已计提尚未发放的工资奖金余额增加所致。

6. 应付利息：期末较期初下降46.72%，主要系本期公司提前偿还部分次级债并结清应付利息所致。

7. 应付股利：期末较期初增加19 650万元，原因是本期公司股东大会决议向股东分配现金红利尚未支付。

8. 其他流动负债：期末较期初下降100%，主要原因是子公司永安资本期初应付锁定终值的期权款已经到期偿还完毕。

9. 递延所得税负债：期末较期初增长73.91%，主要系本期可供出售金融资产公允价值变动增加尚未到期分红所致。

10. 其他非流动负债：期末较期初下降100%，系公司提前偿还次级债务2亿元所致。

为了了解永安期货的资金来源构成结构与行业的差异，也可以进行行业主要资金来源结构的比较分析。

二、利润表的解读与分析

本节的目的一是演示如何对利润表进行初加工，二是如何依据加工后的信息对利润表进行多角度的分析。

2017年，永安期货实现营业总收入96.84亿元，净利润9.02亿元，综合收益总额9.70亿元，每股收益0.68元。对利润表的分析包括项目变动趋势分析和营业收入内部结构分析。

（一）利润表项目变动趋势分析

对于利润表，首先我们会观察其各个项目的变动趋势，然后再查找影响营业收入和净利润构成的因素。

表11-7反映了永安期货利润表项目的总体变化趋势情况，从中可知2017年永安期货的营业收入、营业总成本、营业利润、利润总额、净利润、综合收益总额均呈现增长趋势，分别比上年增长了42.34%、42.67%、40.07%、41.14%、46.61%和27.72%。每股收益增长了47.83%。

表11-7　　永安期货利润表项目的总体变化趋势　　单位：万元

项　　目	2017年	2016年	绝对数增减变动趋势（%）
一、营业收入	968 414.89	680 343.24	42.34
手续费及佣金净收入	59 334.75	58 573.22	1.30
其中：经纪业务手续费收入	52 845.11	52 150.27	1.33
资产管理业务收入	1 499.23	2 635.52	−43.11
投资咨询业务收入	1 350.69	3 426.70	−60.58
代理销售金融产品收入	3 639.72	360.73	909.00
其他代理业务收入			
利息净收入	52 423.78	49 632.29	5.62
投资收益	91 917.64	34 865.56	163.63
其中：对联营企业和合营企业的投资收益	20 596.89	7 435.75	177.00
公允价值变动收益	4 315.36	−892.08	583.74
汇兑收益	−248.96	130.32	−291.04
其他业务收入	760 206.18	538 033.93	41.29
其中：风险管理业务收入			
资产处置收益			
其他收益	466.13		
二、营业总成本	848 042.74	594 408.71	42.67
提取期货风险准备金	2 475.13	2 360.77	4.84
税金及附加	537.53	1 263.05	−57.44
业务及管理费	85 757.84	65 582.66	30.76
资产减值损失	26 700.75	3 770.76	608.10
其他业务成本	732 571.49	521 431.48	40.49
三、营业利润	120 372.15	85 934.53	40.07
加：营业外收入	234.91	1 269.22	−81.49

续表

项　　目	2017年	2016年	绝对数增减变动趋势（%）
减：营业外支出	7 969.07	7 397.78	7.72
四、利润总额	112 637.99	79 805.97	41.14
减：所得税费用	22 465.59	18 300.93	22.76
五、净利润	90 172.40	61 505.04	46.61
其中：被合并方在合并前实现的净利润			
（一）按经营持续性分类：			
1.持续经营净利润	90 172.40	61 505.04	46.61
2.终止经营净利润			
（二）按所有者权益归属分类			
1.少数股东损益	1 419.52	651.32	117.94
2.归属于母公司股东的净利润	88 752.88	60 853.71	45.85
六、其他综合收益的税后净额	6 876.47	14 479.98	−52.51
归属于母公司股东的其他综合收益的税后净额	7 302.39	14 054.06	−48.04
（一）以后不能重分类进损益的其他综合收益			
1.重新计量设定受益计划净负债或净资产的变动			
2.权益法下在被投资单位不能重分类进损益的其他综合收益中享有的份额			
（二）以后将重分类进损益的其他综合收益	7 302.39	14 054.06	−48.04
1.权益法下在被投资单位以后将重分类进损益的其他综合收益中享有的份额	526.54	81.78	543.84
2.可供出售金融资产公允价值变动损益	8 374.07	12 652.49	−33.81
3.持有至到期投资重分类为可供出售进行融资产损益			
4.现金流量套期损益的有效部分			
5.外币财务报表折算差额	−1 598.22	1 319.80	−221.10
6.其他			
归属于少数股东的其他综合收益的税后净额	−425.92	425.92	−200.00
七、综合收益总额	97 048.87	75 985.02	27.72
归属于母公司所有者的综合收益总额	96 055.27	74 907.78	28.23
归属于少数股东的综合收益总额	993.60	1 077.24	−7.76
八、每股收益			
（一）基本每股收益	0.68	0.46	47.83
（二）稀释每股收益	0.68	0.46	47.83

表中主要项目的变动情况永安期货在年报附注中做了解释。主要收入、成本项目变动原因如下：

1.资产管理业务收入：本期较上期下降43.11%，主要系公司业务结构调整，本期资产管理业务规模缩小所致。

2.投资咨询业务收入：本期较上期下降60.58%，主要系公司业务结构调整，本期投资咨询业务规模缩小所致。

3.代理销售金融产品收入：本期较上期增长909.00%，主要原因是公司自2016年取得基金业务销售资格后，代理基金销售业务规模不断扩大，本期取得新的突破。

4.投资收益：本期较上期增长163.63%，主要原因是联营企业永安国富本期盈利大幅增加，公司按比例享受的投资收益增加；期现业务期货端收入增加；同时公司利用闲置自有资金购买理财产品取得了良好收益。

5.公允价值变动收益：本期较上期增加5 207.44万元，主要系本期永安资本期货端浮盈所致。

6.汇兑收益：本期较上期下降291.04%，主要系汇率波动所致。

7.其他业务收入：本期较上期增长41.29%，主要系子公司永安资本现货业务规模扩大所致。

8.其他收益：本期新增项目，系根据《企业会计准则第16号——政府补助》（财会〔2017〕15号）、《关于修订印发一般企业财务报表格式的通知》（财会〔2017〕30号）等相关规定，将与公司日常经营活动相关的政府补助，按照经济业务实质，计入其他收益。

9.税金及附加：本期较上期下降57.44%，主要系营改增制度实施影响所致。

10.业务及管理费：本期较上期增长30.76%，主要系本期人力费用增加所致。

11.资产减值损失：本期较上期增长608.10%，主要系本期期末持有的期货对冲存货贬值，导致本期计提的存货跌价准备增加所致。

12.其他业务成本：本期较上期增长40.49%，主要系永安资本现货业务规模扩大所致。

13.营业外收入：本期较上期下降81.49%，主要原因是上期公司收购中邦实业合并成本低于可辨认净资产公允价值的差额计入营业外收入，本期无此项营业外收入，且本期与公司日常经营活动相关的政府补助等按照相关规定计入其他收益。

（二）营业收入内部结构分析

永安期货营业收入内部结构分析见表11-8。永安期货公司主营业务收入包括手续费及佣金净收入、利息净收入、投资收益、公允价值变动收益、汇兑收益等内容，其中手续费及佣金净收入又分为经纪业务手续费收入、资产管理业务收入、投资咨询业务收入和代理销售金融产品收入；其他业务收入主要为永安期货公司全资子公司永安资本的现货贸易业务收入。

表11-8 **永安期货营业收入内部结构分析表**

2017年度 单位：万元

项目	2017年	2016年	2017年结构（%）	2016年结构（%）
营业收入	968 414.89	680 343.24	100.00	100.00
手续费及佣金净收入	59 334.75	58 573.22	6.13	8.61
其中：经纪业务手续费收入	52 845.11	52 150.27	5.46	7.67
资产管理业务收入	1 499.23	2 635.52	0.15	0.39
投资咨询业务收入	1 350.69	3 426.70	0.14	0.50
代理销售金融产品收入	3 639.72	360.73	0.38	0.05
其他代理业务收入				
利息净收入	52 423.78	49 632.29	5.41	7.30
投资收益	91 917.64	34 865.56	9.49	5.12
其中：对联营企业和合营企业的投资收益	20 596.89	7 435.75	2.13	1.09
公允价值变动收益	4 315.36	−892.08	0.45	−0.13
汇兑收益	−248.96	130.32	−0.03	0.02
其他业务收入	760 206.18	538 033.93	78.50	79.08
其中：风险管理业务收入				
资产处置收益				
其他收益	466.13		0.05	0.00

为了进一步了解手续费及佣金净收入的情况，可以分析其内部结构，见表11-9。

表11-9 **永安期货手续费及佣金净收入结分析** 单位：万元

项目	2017年	2016年	2017年结构（%）	2016年结构（%）
手续费及佣金净收入	59 334.75	58 573.22	100.00	100.00
其中：经纪业务手续费收入	52 845.11	52 150.27	89.06	89.03
资产管理业务收入	1 499.23	2 635.52	2.53	4.50
投资咨询业务收入	1 350.69	3 426.70	2.28	5.85
代理销售金融产品收入	3 639.72	360.73	6.13	0.62
其他代理业务收入				

从表11-9中可见，永安期货的手续费及佣金净收入中，主要的收入来源为经纪业务手续费收入，占比高达89.06%。与2016年比较，代理销售金融产品收入呈现上升趋势，而资产管理业务收入和投资咨询业务收入呈现下降趋势。这说明期货公司的盈利模式还是依赖于传统的经纪业务，收入相对单一。

业务创新是拓展盈利模式的主要途径。目前我国期货公司盈利模式存在的主要问题是利润来源单一化、同质化竞争严重、附加值较低和产品差异化程度较小。随着期货市场的发展，期货公司经营模式将由传统佣金收费兼推崇营销的经营模式，转变为佣金加上增值服务收费的多元化收费模式。

（三）营业收入中成本盈利类项目占比分析

为了解营业收入中的成本、纳税及盈利结构情况，编制永安期货营业收入中成本盈利类项目占比分析表，见表11-10。

表11-10　**永安期货营业收入中成本盈利类项目占比分析**　单位：万元

项　　目	2017年	2016年	2017年结构（%）	2016年结构（%）
一、营业收入	968 414.89	680 343.24	100.00	100.00
二、营业总成本	848 042.74	594 408.72	87.57	87.37
提取期货风险准备金	2 475.13	2 360.77	0.26	0.35
税金及附加	537.53	1 263.05	0.06	0.19
业务及管理费	85 757.84	65 582.66	8.86	9.64
资产减值损失	26 700.75	3 770.76	2.76	0.55
其他业务成本	732 571.49	521 431.48	75.65	76.64
三、营业利润	120 372.15	85 934.52	12.43	12.63
加：营业外收入	234.91	1 269.22	0.02	0.19
减：营业外支出	7 969.07	7 397.78	0.82	1.09
四、利润总额	112 637.99	79 805.96	11.63	11.73
减：所得税费用	22 465.59	18 300.93	2.32	2.69
五、净利润	90 172.40	61 505.03	9.31	9.04

从表11-10中可见，2017年永安期货营业收入中，营业总成本占比为87.57%，主要是其他业务成本所致。2017年营业利润占比为12.43%，利润总额占比为11.63%，净利润占比为9.31%，相比于2016年，由于营业总成本的上升，导致三项利润占比都呈现降幅。

为了解永安期货的所得税负担情况，利用所得税费用占利润总额的比重计算的2017年和2016年的所得税税负分别为19.94%和22.93%。

三、现金流量表的解读与分析

通过对现金流量表的变动趋势进行分析，一是了解期货公司的现金流入和现金流出项目的变动趋势及其原因；二是了解期货公司的现金流入和现金流出结构；三是分析期货公司的现金投资能力、偿债能力以及股利支付能力等。

（一）现金流量总体情况分析

为了分析永安期货合并现金流量表项目的增减变动趋势，编制永安期货合并现金流量表项目增减变动趋势表，见表11-11。

表11-11　永安期货合并现金流量表项目增减变动趋势表　单位：万元

项　目	2017年	2016年	增长额	绝对数增加变动幅度分析（%）
经营活动产生的现金流量净额	−245 414.91	345 498.46	−590 913.37	−171.03
投资活动产生的现金流量净额	−104 168.40	−4 123.30	−100 045.10	2 426.34
筹资活动产生的现金流量净额	−21 701.38	29 600.88	−51 302.26	−173.31
汇率变动对现金及现金等价物的影响	−1 591.77	1 448.99	−3 040.76	−209.85
期末现金及现金等价物余额	1 499 407.30	1 872 283.76	−372 876.46	−19.92

从表11-11中可以看出，2017年，永安期货经营活动产生的现金流量净额为−24.54亿元，投资活动产生的现金流量净额为−10.42亿元，筹资活动产生的现金流量净额为−2.17亿元，期末现金及现金等价物余额为149.94亿元。从绝对数中也可以了解其变化趋势。

永安期货对上述项目的解释是：

1.经营活动产生的现金流量净额：本期较上期减少约59.09亿元，主要系期货市场行情波动，金融监管从严，客户风险承受意愿降低，更倾向于风险较低的投资项目，本期客户出金金额大于客户入金金额，净出金约34.06亿元，上年同期客户出金金额小于客户入金金额，净入金约16.89亿元。

2.投资活动产生的现金流量净额：本期较上期减少约10.00亿元，主要系本期银行存款利率升高，公司本期期末定期存款约10.92亿元，较上期期末3亿元增加约7.92亿元；同时，在新的监管制度下公司可用净资本增加，自由资金投资的空间增加，本期公司自有资金投资规模增大。

3.筹资活动产生的现金流量净额：本期较上期减少约5.13亿元，主要系本期公司提前偿还部分债务所致。

4.本期经营活动产生的现金流量净额比本期净利润金额少约33.56亿元，主要系公司客户权益的变动体现在现金流量中，而不体现在净利润中所致。

（二）现金流入和现金流出结构分析

为进一步了解现金流入和现金流出信息，依据合并现金流量表，编制永安期货现金流入结构表和现金流出结构表，见表11-12、表11-13。

表11-12　　永安期货现金流入结构分析表

2017年度　　单位：万元

项　目	2017年	2016年	2017年占比（%）	2016年占比（%）	绝对数增减变动幅度（%）
一、经营活动产生的现金流量					
销售商品、提供劳务收到的现金	867 551.55	636 401.30	69.59	51.77	36.32
处置以公允价值计量且其变动计入当期损益的金融资产净增加额	50 521.84	17 557.90	4.05	1.43	187.74
收取利息、手续费及佣金的现金	122 751.33	116 186.63	9.85	9.45	5.65
收到的税费返还					
收到其他与经营活动有关的现金	78 968.94	310 064.45	6.33	25.22	-74.53
经营活动现金流入小计	1 119 793.66	1 080 210.29	89.83	87.88	3.66
二、投资活动产生的现金流量					
收回投资收到的现金	99.73	4 900.24	0.01	0.40	-97.96
取得投资收益收到的现金	33 707.13	973.77	2.70	0.08	3 361.51
处置固定资产、无形资产和其他长期资产收回的现金净额					
处置子公司或其他营业单位收到的现金净额					
收到其他与投资活动有关的现金	3.58	64 250.29	0.00	5.23	-99.99
投资活动现金流入小计	33 810.44	70 124.31	2.71	5.70	-51.78
三、筹资活动产生的现金流量					
吸收投资收到的现金		20 894.31		1.70	-100.00
其中：子公司吸收少数股东投资收到的现金					
取得借款收到的现金	93 000.00	36 527.10	7.46	2.97	154.61
发行债券收到的现金					
收到其他与筹资活动有关的现金		20 000.00		1.63	-100.00
筹资活动现金流入小计	93 000.00	77 421.41	7.46	6.30	20.12
四、汇率变动对现金及现金等价物的影响		1 448.99		0.12	-100.00
现金流入合计	1 246 604.10	1 229 205.00	100.00	100.00	1.42

表11-13　　**永安期货现金流出结构分析表**

2017年度　　单位：万元

项　目	2017年	2016年	2017年占比（%）	2016年占比（%）	绝对数增减变动幅度（%）
一、经营活动产生的现金流量					
购买商品、接受劳务支付的现金	917 209.66	659 779.72	56.64	77.01	39.02
客户贷款及垫款净增加额					
支付利息、手续费及佣金的现金	2 620.27	1 123.72	0.16	0.13	133.18
以现金支付的业务及管理费	20 640.82	20 024.43	1.27	2.34	3.08
支付给职工以及为职工支付的现金	43 465.46	31 828.79	2.68	3.71	36.56
支付的各项税费	26 111.21	19 368.59	1.61	2.26	34.81
支付其他与经营活动有关的现金	355 161.15	2 586.58	21.93	0.30	13 630.92
经营活动现金流出小计	1 365 208.57	734 711.83	84.30	85.75	85.82
二、投资活动产生的现金流量					
购建固定资产、无形资产和其他长期资产支付的现金	4 113.14	6 012.91	0.25	0.70	-31.59
投资支付的现金	54 646.37	46 234.69	3.37	5.40	18.19
质押贷款净增加额					
取得子公司及其他营业单位支付的现金净额					
支付其他与投资活动有关的现金	79 219.33	22 000.00	4.89	2.57	260.09
投资活动现金流出小计	137 978.84	74 247.60	8.52	8.67	85.84
三、筹资活动产生的现金流量					
偿还债务支付的现金	80 527.10	23 000.00	4.97	2.68	250.12
分配股利、利润或偿付利息支付的现金	7 323.07	4 171.96	0.45	0.49	75.53
其中：子公司支付给少数股东的股利、利润					
支付其他与筹资活动有关的现金	26 851.21	20 648.58	1.66	2.41	30.04
筹资活动现金流出小计	114 701.38	47 820.54	7.08	5.58	139.86
四、汇率变动对现金及现金等价物的影响	1 591.77		0.10	0.00	
现金流出合计	1 619 480.56	856 779.97	100.00	100.00	89.02

1.现金流入结构分析

在现金流入方面，永安期货2017年度来自经营活动、投资活动、筹资活动以及汇率变动影响的现金流入占比分别为89.83%、2.71%、7.46%和0，可见，经营活动现金流入是永安期货最主要的现金流入源。

对于现金流入具体到项目上来说，2017年占比较大的前三项中销售商品、提供劳务收到的现金占比为69.59%；收取利息、手续费及佣金的现金占比为9.85%；取得借款收到的现金占比为7.46%。

当然从趋势上也能看到现金流入的变化幅度。

2.现金流出结构分析

在现金流出方面，永安期货2017年度用于经营活动、投资活动、筹资活动以及汇率变动影响的现金流出占比分别为84.30%、8.52%、7.08%和0.10%。可见，经营活动现金流出是公司最主要的现金流出项目。

对于现金流出具体到项目上来说，2017年占比较大的前三位分别是购买商品、接受劳务支付的现金，占比为56.64%；支付其他与经营活动有关的现金，占比为21.93；偿还债务支付的现金，占比为4.97%。

当然从趋势上也能看到现金流出的变化幅度。

第三节　主要财务与监管指标分析

本节主要基于期货公司的特点，说明反映期货业相关财务指标以及期货监管指标的计算和分析方法。

一、财务指标分析

期货公司财务指标的分析包括盈利能力、偿债能力、营运能力、成长能力等指标的分析。由于我国内地没有正式的期货上市公司，因此无法比较其分红能力以及市场表现指标。

（一）盈利能力指标分析

永安期货盈利能力指标如表11-14所示。从盈利情况看，2017年永安期货的营业收入、归属于挂牌公司股东的净利润以及归属于挂牌公司股东的扣除非正常损益后的净利润均较上年明显增长，分别增长42.34%、45.85%和51.37%，这是利好消息。

表11-14　**永安期货盈利能力指标**　单位：万元

项　目	2017年	2016年	增减比例
营业收入	968 414.89	680 343.24	42.34%
毛利率	12.43%	12.63%	
归属于挂牌公司股东的净利润	88 752.88	60 853.71	45.85%
归属于挂牌公司股东的扣除非正常损益后的净利润	91 025.70	60 133.37	51.37%
加权平均净资产收益率（依据归属于挂牌公司股东的净利润计算）	16.91%	13.85%	
加权平均净资产收益率（依据归属于挂牌公司股东的扣除非正常损益后的净利润计算）	17.34%	13.69%	
基本每股收益	0.68	0.46	47.83%

注：表中各种指标的计算请参看证券公司相关指标的计算，不再赘述（下同）。

1. 毛利率分析

毛利率反映的是期货公司的毛利与营业收入的比率，该比例受营业收入和营业总成本两个因素的制约，毛利率越高，对期货公司而言，就越有利于提升其营业利润以及净利润。

从毛利率看，2017年永安期货的毛利率较上年下降0.2个百分点，基本与上年持平。

2. 净资产收益率指标

数据显示，2017年无论是扣非前还是扣非后的净资产收益率，永安期货的加权平均净资产收益率都分别比上年呈现增长趋势，其中扣非前的加权平均净资产收益率由2016年的13.85%升至16.91%，增加3.06个百分点；扣非后的加权平均净资产收益率由2016年的13.69%升至17.34%，增加3.65个百分点。

当然对于外部人而言，很难知道加权数据是如何计算出来的，可贵的是永安期货提供了加权平均净资产收益率的计算过程，见表11-15。

表11-15　**永安期货加权平均净资产收益率的计算过程**　金额单位：万元

项　目		序号	2017年度
归属于公司普通股股东的净利润		A	88 752.88
非经常性损益		B	−2 272.83
扣除非经常性损益后的归属于公司普通股股东的净利润		C=A−B	91 025.71
归属于公司普通股股东的期初净资产		D	476 660.11
发行新股或债转股等新增的、归属于公司普通股股东的净资产		E	
新增净资产次月起至报告期期末的累计月数		F	
回购或现金分红等减少的、归属于公司普通股股东的净资产		G	19 650.00
减少净资产次月起至报告期期末的累计月数		H	
其他	权益法下在被投资单位以后将重分类进损益的其他综合收益中所享有的份额	I1	526.54
	增减净资产次月起至报告期期末的累计月数	J1	
	可供出售金融资产公允价值变动	I2	
	增减净资产次月起至报告期期末的累计月数	J2	6
	外币报表折算差额变动	I3	8 374.07
	增减净资产次月起至报告期期末的累计月数	J3	
	其他	I4	6
	增减净资产次月起至报告期期末的累计月数	J4	−1 598.22
报告期月份数		K	6
加权平均净资产		L= D+A/2+E×F/K−G×H/K±I×J/K	1 142.46
加权平均净资产收益率		M=A/L	3
扣除非经常损益加权平均净资产收益率		N=C/L	12

资料来源：永安期货2017年报第145页。

3. 每股收益指标

数据显示，永安期货的每股收益指标由2016年的0.46元升至0.68元，说明每股收益能力在提高，对公司的投资者来说是好消息。永安期货2017年年报披露了其每股收益的计算过程，基本每股收益的计算和稀释每股收益的计算相同，计算结果见表11-16。

表11-16　**永安期货基本每股收益和稀释每股收益的计算**　金额单位：万元

项　目	序号	2017年度
归属于公司普通股股东的净利润	A	88 752.88
非经常性损益	B	−2 272.83
扣除非经常性损益后的归属于公司普通股股东的净利润	C=A−B	91 025.71
期初股份总数	D	131 000.00
因公积金转增股本或股票股利分配等增加股份数	E	
发行新股或债转股等增加股份数	F	
增加股份次月起至报告期期末的累计月数	G	
因回购等减少股份数	H	
减少股份次月起至报告期期末的累计月数	I	
报告期缩股数	J	
报告期月份数	K	12
发行在外的普通股加权平均数	L=D+E+F×G/K−H×I/K−J	131 000.00
基本每股收益	M=A/L	0.68
扣除非经常损益基本每股收益	N=C/L	0.69

资料来源：永安期货2017年报第145页。

（二）偿债能力指标分析

期货公司的偿债能力指标包括资产负债率、流动比率以及利息保障倍数等。永安期货偿债能力指标见表11-17。数据显示，2017年相较于2016年，永安期货无论是资产规模还是负债规模均呈现下降趋势，但归属于挂牌公司股东的每股净资产规模增长16.21%。

表11-17　**永安期货偿债能力指标**　单位：万元

项　目	2017年	2016年	增减比例
资产总计	3 042 624.06	3 139 758.22	−3.09%
负债合计	2 475 555.88	2 644 380.16	−6.38%
归属于挂牌公司股东的每股净资产	4.23	3.64	16.21%
资产负债率（母公司）	20.68%	22.45%	—
资产负债率（合并）	31.92%	31.17%	—
流动比率（未扣除客户权益）	1.14	1.15	—
利息保障倍数	13.36	15.18	—

资料来源：永安期货2017年年报第三节“会计数据和财务指标摘要”。

1.资产负债率

资产负债率反映了期货公司规定计算范围的负债总额与资产总额的比例关系，适度范围内的资产负债率有利于提高公司的净资产收益率，但负债过度有可能导致净资产收益率的下降。

2017年与2016年相比，永安期货合并口径的资产负债率基本持平，分别为31.92%和31.17%。

2.流动比率

流动比率是流动资产与流动负债的比率，反映了期货公司的短期偿债能力状况。数据显示，2017年永安期货的流动比率与2016年基本持平，分别为1.14和1.15。其计算公式为：

流动比率=流动资产÷流动负债

以2017年为例，永安期货的流动资产合计274.81亿元，流动负债合计241.83亿元，则：

流动比率=274.81÷241.83=1.14

3.利息保障倍数

利息保障倍数又称已获利息倍数，反映了获利能力对债务偿付的保证程度，是分析期货公司长期偿债能力的指标。该比例越高，表明该公司的付息能力越强。数据显示，与2016年相比，2017年永安期货的利息保障倍数低于上年水平。由上年的15.18倍降为13.36倍。该比率需要与同业比较才能说明问题。

其计算公式为：

利息保障倍数=息税前利润÷利息支出

以2017年为例，永安期货的利润总额为112 637.99万元，利息支出9 114.34万元（来自2017年年报中的利息净收入说明），息税前利润为121 752.33万元，则：

利息保障倍数=121 752.33÷9 114.34=13.36

（三）营运能力指标分析

永安期货营运能力指标显示，应收账款周转率由2016年的1 094.06次上升至2017年的3 248.18次，存货周转率由2016年的19.10次降至2017年的11.43次，说明占用同样的存货资金，其创收能力在下降，见表11-18。

表11-18 **永安期货营运能力指标分析**

项　目	2017年	2016年
应收账款周转率（次数）	3 248.18	1 094.06
存货周转率（次数）	11.43	19.10

资料来源：永安期货2017年年报第11页。

（四）成长能力指标分析

2017年永安期货的成长能力指标见表11-19。数据显示，在资产规模缩减的情况下，永安期货的营业收入和净利润实现40%以上的双增长。

表11-19 永安期货在2017年的成长能力指标

项　　目	2017年	2016年
总资产增长率（%）	-3.09	27.28
营业收入增长率（%）	42.34	56.00
净利润增长率（%）	46.61	26.83

二、监管指标分析

表11-20反映了永安期货根据监管要求披露的其他主要会计数据和指标，主要用于分析公司的各项监管指标是否达到监管要求。

表11-20 永安期货其他主要会计数据和指标 金额单位：万元

项　　目	2017年年末	2016年年末	增减比例
净资本	183 562.78	225 721.00	-18.68%
风险资本准备总额	61 474.47	90 097.26	-31.77%
净资本与风险资本准备总额的比例	299%	251%	—
净资本与净资产的比例	36%	51%	—
扣除客户保证金的流动资产	274 510.68	301 942.80	-9.09%
扣除客户权益的流动负债	134 695.82	127 921.55	5.30%
流动资产与流动负债的比例（扣除客户权益）	204%	236%	—
负债与净资产的比例（扣除客户权益）	26%	29%	—
计算准备金额	213 692.28	266 235.01	-19.74%

注：（1）此表为期货公司监管指标数据，数据口径根据监管要求为母公司口径。

（2）中国证监会于2017年4月21日发布《期货公司风险监管指标管理办法》（证监会令第131号）、《期货公司风险监管报表编制与报送指引》（证监会公告〔2017〕8号），自2017年10月1日起施行。此处本期期末数据按照新制度的口径、方法计算，上期期末数据未作调整。

永安期货（母公司本级）自2011年起监管评级保持A类AA级，各项风险监管指标持续符合监管部门的要求。截至2017年年末，公司净资本为18.36亿元，风险资本准备总额为6.15亿元，净资本与风险资本准备总额的比例为299%，净资产为51.66亿元，净资本与净资产的比例为36%，流动资产与流动负债的比例为204%，负债与净资产的比例为26%，各项风险监管指标数据按照《期货公司风险监管指标管理办法》《期货公司风险监管报表编制与报送指引》的要求计算，持续符合监管标准。

重要概念

期货保证金存款　应收货币保证金　应收质押保证金　存出保证金　应收结算担保金　应收风险损失款　应收佣金　持有待售资产　应付货币保证金　应付质押保证金　期货风险准备金　持有待售负债　优先股　永续债　递延所得税负债　其他权益工具　提取期货风险准备金　其他收益　其他权益工具 持有者投入资本

复习思考

1. 对期货公司的资产负债表可以进行哪些方面的分析?
2. 对期货公司的利润表可以进行哪些方面的分析?
3. 对期货公司的现金流量表可以进行哪些方面的分析?
4. 期货公司可以从哪些方面进行财务指标的分析?
5. 证监会对期货公司的监管目前主要关注哪些指标?
6. 目前我国在内地有无期货类上市公司? 在新三板有多少家挂牌期货上市公司?

操作练习

为了解期货行业上市公司的状况，请收集在香港上市的鲁证期货2017年度财务报告信息。

要求：

1. 对鲁证期货的合并财务状况表（视同内地的资产负债表）进行结构和趋势分析，并写出分析结论；
2. 对鲁证期货合并利润表进行分析，并写出分析结论；
3. 对鲁证期货的合并现金流量表进行趋势分析，并写出分析结论；
4. 结合鲁证期货的财务指标进行相应分析，并写出分析结论。

第十二章

基金业信息披露与监管要求[①]

【导语】本章将在对基金业的基本业务与发展情况进行综述的基础上，梳理基金业的信息披露与监管要求，这有助于我们对基金业财务报告及其信息披露的理解与分析。

本章内容要点

第一节 基金业的基本业务与发展

本节的目的在于了解基金业的基本业务以及发展概况，通过对各类基金的识别，让读者明晰基金的类型，以便为后期的归类分析和研究奠定基础。

一、基金业的基本业务

基金是证券投资基金的简称，指通过基金管理公司发售基金份额，吸收投资者资金，形成独立财产，由基金托管人托管，基金管理人管理，按照投资组合和风险分散原理进行证券投资的一种利益共享、风险共担的投资方式。按照基金法的规定，基金业的主要业务包括基金公司发行赎回业务和基金公司投资业务。基金公司发行赎回业务包括基金发行和基金的赎回；基金公司投资业务包括买入证券、申购新股、证券派息以及卖出证券。

由于基金业的业务都是围绕基金进行，因此首先要了解基金的分类，有这助于我们深刻地认识基金。

（一）基金的类型

目前业界较为流行的基金分类方式有以下几种：

扫码阅读

① 限于篇幅，本章中大部分文字内容采用电子阅读方式，表格与图示除外。

（二）基金业务的当事人

为了规范证券投资基金活动，保护投资人及相关当事人的合法权益，促进证券投资基金和资本市场的健康发展，我国全国人民代表大会常务委员2015年修订了《基金法》，指出，在我国国境内公开或者非公开募集资金设立证券投资基金（简称“基金”），由基金管理人管理，基金托管人托管，为基金份额持有人的利益，进行证券投资活动，必须遵守相关规定。

根据《基金法》和相关行政法规，证券投资基金主要有以下三个当事人：

扫码阅读

（三）基金业的服务机构

中国证券投资基金业协会（简称“协会”）成立于2012年6月，是依据《基金法》和《社会团体登记管理条例》，经国务院批准，在国家民政部登记的社会团体法人，是证券投资基金行业的自律性组织，接受中国证监会和国家民政部的业务指导和监督管理。根据《基金法》，基金管理人、基金托管人应当加入协会，基金服务机构可以加入协会。

大家在协会的网站中能够查看到关于基金公司管理、基金运作、基金从业人员管理、基金托管、基金销售、基金评价以及基金信息披露等部门的规章。

二、我国基金业的发展

中国经济的快速增长以及居民可支配收入水平的提高，在客观上为基金市场拓展业务提供了巨大的发展空间。基金业从业人员的专业水平、资产组合以及风险分担能力，使不具备专业知识和技能的普通居民能够享受到股票市场增长带来的利益，同时也避免了承担过大的投资风险。

在我国，1998年经证监会批准，当时新成立的南方基金管理公司和国泰基金管理公司分别发起设立了规模均为20亿元的两只封闭基金——基金开元和基金金泰，从此宣告了中国证券投资基金正式走进中国资本市场的舞台①。

截至2017年12月底，我国境内共有公募基金管理公司113家，其中中外合资公司45家，内资公司68家。113家基金管理公司中取得公募基金管理资格的证券公司或证券公司资管子公司共12家，保险资管公司2家。

2017年第四季度末，我国公募基金的规模情况如表12-1所示。该表显示，此时基金只数已增至4 841只，基金份额达11.02万亿份，公募基金资产合计11.6万亿元。

从公募基金结构上看，混合型基金只数占比最高，达到43.30%，其次是债券型和股票型；基金期末总份额中货币型基金占比达到61.03%，其次是混合型和债券型；基金资产净值中货币型基金占比最高达到58.07%，其次是混合型和债券型（见表12-2）。

① 人们对基金何时何地产生并无一致的看法。有人认为是1822年由荷兰国王威廉一世所创立的私人信托投资基金，也有人认为是由1774年荷兰商人凯特威士（Ketwich）所创办的信托基金。比较一致的观点认为，1868年英国的“海外及殖民地政府信托基金”是世界上第一只封闭基金，而1924年美国的“马萨诸塞投资信托基金”是世界上第一只开放式基金。

表 12-1　　**公募基金市场数据**

2017 年 12 月

类　别	基金数量（只）	份额（亿份）	净值（亿元）	基金数量（只）	份额（亿份）	净值（亿元）
	2017.12.31	2017.12.31	2017.12.31	2017.11.30	2017.11.30	2017.11.30
封闭式基金	480.00	5 863.27	6 097.99	454.00	5 801.63	6 019.27
开放式基金	4 361.00	104 326.82	109 898.87	4 288.00	102 954.10	108 060.96
其中：股票基金	791.00	5 847.66	7 602.40	771.00	5 746.23	7 462.69
混合基金	2 096.00	16 315.05	19 378.46	2 052.00	15 423.53	17 972.29
货币基金	348.00	67 253.81	67 357.02	347.00	67 902.13	68 045.26
债券基金	989.00	14 091.62	14 647.40	982.00	13 030.83	13 635.02
QDII 基金	137.00	818.68	913.59	136.00	851.38	945.70
合计	4 841.00	110 190.09	115 996.86	4 742.00	108 755.73	114 080.23

资料来源：中国证券投资基金业协会官网的基金公司数据。

表 12-2　　**公募基金市场数据结构分析**

2017 年 12 月　　单位：%

类　别	基金数量（只）	份额（亿份）	净值（亿元）	基金数量（只）	份额（亿份）	净值（亿元）
	2017.12.31	2017.12.31	2017.12.31	2017.11.30	2017.11.30	2017.11.30
封闭式基金	9.92	5.32	5.26	9.57	5.33	5.28
开放式基金	90.08	94.68	94.74	90.43	94.67	94.72
其中：股票基金	16.34	5.31	6.55	16.26	5.28	6.54
混合基金	43.30	14.81	16.71	43.27	14.18	15.75
货币基金	7.19	61.03	58.07	7.32	62.44	59.65
债券基金	20.43	12.79	12.63	20.71	11.98	11.95
QDII 基金	2.83	0.74	0.79	2.87	0.78	0.83
合计	100.00	100.00	100.00	100.00	100.00	100.00

第二节　基金业的信息披露

基金信息披露是指基金市场上的有关当事人在基金募集、上市交易、投资运作等一系列环节中，依照法律法规规定向社会公众进行的信息披露。透明度较高是基金的一个突出特点，这主要得益于基金的强制信息披露制度。强制信息披露制度可以有效地防止利益冲突与利益输送，有利于保护投资者的利益。根据证监会的要求，证券投资基金的信息披露主要包括招募说明书、上市交易公告书、基金净值表现、定期报告、会计报表附注以及主要财务指标的披露等内容。

一、招募说明书

2004年7月1日，根据《基金法》、《证券投资基金运作管理办法》（简称《运作办法》）、《证券投资基金销售管理办法》（简称《销售办法》）、《证券投资基金信息披露管理办法》（简称《信息披露办法》）及其他有关规定，中国证监会发布了《证券投资基金信息披露内容与格式准则第5号——〈招募说明书的内容与格式〉》，对招募说明书的内容与格式作出了规定。同时废止了1997年12月18日发布的《证券投资基金管理暂行办法实施准则第3号——〈证券投资基金招募说明书的内容与格式〉（试行）》。

按照2004准则的规定，凡在我国境内募集证券投资基金（简称“基金”）的基金管理人，在申请募集基金时，应当依照本准则编制招募说明书。基金管理人应当按照本准则的要求披露招募说明书，保证招募说明书的内容真实、准确、完整，并就其保证承担相应的责任。基金管理人编制招募说明书应将所有对投资人作出投资判断有重大影响的信息予以充分披露，并充分披露投资于基金的风险，以便投资人更好地作出投资决策。凡对投资人作出投资决策有重大影响或有助于其作出决策的信息，无论本准则是否有规定，均应予以披露。本准则某些具体要求确不适用的，经报中国证监会同意后，管理人可作出合理调整和变动。

招募说明书必须载明（但不限于）以下事项：

扫码阅读

二、上市交易公告书

为规范证券投资基金上市交易的信息披露行为，保护基金份额持有人的合法权益，根据《基金法》及《信息披露管理办法》，中国证监会发布了《证券投资基金信息披露内容与格式准则第1号——〈上市交易公告书的内容与格式〉》，要求凡根据《基金法》等有关法律法规在中华人民共和国境内公开发售基金份额并申请在证券交易所上市交易的基金，基金管理人应当按照本准则的规定编制基金上市交易公告书。同时废止了此前发布的《证券投资基金管理暂行办法实施准则第五号——〈证券投资基金信息披露指引〉》（证监发〔1999〕11号）第二章中的上市公告书的内容与格式（试行）。

按照2004版的要求，上市交易公告书主要包括以下内容：

扫码阅读

三、基金净值表现

2004年1月1日，为规范证券投资基金的信息披露行为，提高基金净值表现编制与披露的合理性和可比性，中国证监会发布了《证券投资基金信息披露编报规则第2号——

〈基金净值表现的编制及披露〉》，并于当日实施。基金信息披露义务人在基金定期报告等公开披露信息文件中披露有关基金净值表现时，应按照本规则进行编制或披露，并保证基金净值表现编制所采用的数据准确、连贯和完整。基金应当按照《证券投资基金会计核算办法》的估值原则，以及基金契约和招募说明书载明的估值事项，对资产进行估值。具体应符合以下要求：

扫码阅读

四、定期报告

定期报告包括年度报告、半年度报告以及季度报告。

（一）年度报告

2004年7月1日，为规范证券投资基金年度报告的编制及披露行为，保护基金份额持有人合法权益，根据《基金法》及《信息披露管理办法》，中国证监会发布了《证券投资基金信息披露内容与格式准则第2号——〈年度报告的内容与格式〉》，要求凡根据《基金法》在中华人民共和国境内公开发售基金份额并依法办理备案手续的基金，其基金管理人应当按照本准则的要求编制和披露年度报告。

扫码阅读

2010年2月8日，为进一步提高基金信息披露质量，推进基金信息披露XBRL（eXtensible Business Reporting Language，可扩展商业报告语言）应用工作，证监会制定了《证券投资基金信息披露XBRL模板第3号——〈年度报告和半年度报告〉》，并自2010年2月9日起施行。

下面以博时现金收益证券投资基金（简称“博时现金收益基金”或“博时基金”）为例，说明其2017年度报告的主要内容：

扫码阅读

（二）半年度报告

2004年7月1日，中国证监会发布了《证券投资基金信息披露内容与格式准则第3号——〈半年度报告的内容与格式〉》，同时废止了此前发布的《证券投资基金管理暂行办法实施准则第五号——〈证券投资基金信息披露指引〉》（证监发〔1999〕11号）第四部分中期报告的内容与格式（试行）。

按2004版的规定，基金托管人应当对基金半年度报告中的财务指标、净值表现、财务会计报告、投资组合报告等内容进行复核、审查，并出具意见，保证复核内容的真实性、准确性和完整性，承诺其中不存在虚假记载、误导性陈述或者重大遗漏。

其披露的基本内容类似年度报告，只是更加简明扼要、通俗易懂。

半年度报告正文包括以下内容：

扫码阅读

（三）季度报告

2004年7月1日，中国证监会发布了《证券投资基金信息披露内容与格式准则第4号——〈季度报告的内容与格式〉》，要求凡根据《基金法》在中国境内公开发售基金单位并依法办理备案手续的基金，其基金管理人应当按照本准则的要求编制和披露季度报告。基金托管人应当对基金季度报告中的财务指标、净值表现、投资组合报告等内容进行复核、审查，并出具意见，保证复核内容的真实性、准确性和完整性，承诺其中不存在虚假记载、误导性陈述或者重大遗漏。

相对于年报和半年报而言，季度报告要求体现其时效性，披露的信息和内容更加简单。

扫码阅读

2008年8月26日，为了提高基金信息披露质量，推进基金信息披露XBRL（eXtensible Business Reporting Language，可扩展商业报告语言）应用工作，中国证监会制定了《证券投资基金信息披露XBRL模板第1号〈季度报告〉》，自发布之日起用于基金管理公司向中国证监会报备基金季度报告XBRL实例文档中应用，自2009年1月1日起在基金管理公司对外公开披露季度报告中应用。以非货币市场基金季度报告模板为例，《季度报告》分别列式了非货币市场基金季度报告模板、货币市场基金季度报告模板以及QDII基金季度报告模板。

证监会对季度报告的内容与格式与内容也作出了规定，主要内容包括以下七项内容：重要提示、基金产品概况、主要财务指标和基金净值表现、管理人报告、投资组合报告、开放式基金份额变动以及备查文件目录。

基金报告模式内容扫码可见

QDII基金季度报告模板内容与货币市场基金季度报告模板一致。

五、会计报表附注

基金会计报表附注是基金财务会计报告中不可缺少的一个组成部分，它主要对会计报表内未提供的或披露不详尽的内容作进一步的解释说明。为规范证券投资基金会计报表附注的编制及披露行为，保护基金份额持有人的合法权益，中国证监会发布了《证券投资基金信息披露编报规则第3号——〈会计报表附注的编制及披露〉》规定，要求信息披露义务人在基金年度报告、半年度报告等公开披露信息文件中编制和披露基金会计报表附注时，除遵循中国证监会有关基金信息披露内容与格式的规定外，还应遵循本规则的相关要求。基金会计报表附注在披露基金的基本情况时，应简要说明基金的历史沿革（若有）、基金募集申请的核准机构、核准文号和核准文件名称、基金运作方式、基金管理人、基金托管人、基金备案情况、基金合同生效日及该日的基金份额总额等，报告期内合同生效的基金，还应披露基金募集情况。基金募集情况至少应包括基金募集期间、募集资金总额、募集资金的银行存款利息、募集期间相关费用明细及节余（若有）、验资机构名称等。

扫码阅读

六、主要财务指标

2004年1月1日，为规范证券投资基金的信息披露行为，提高基金各主要财务指标计算的合理性和可比性，中国证监会发布了《证券投资基金信息披露编报规则第1号——〈主要财务指标的计算及披露〉》，要求基金信息披露义务人在基金定期报告等公开披露信息文件中披露相关财务指标时，应按本规则进行计算和披露；并保证计算财务指标所采用的数据真实、准确、完整。按照证监会对基金公司的要求，必须披露的指标如表12-3所示。

表12-3　**主要财务指标的计算及披露**

序号	主要财务指标
1	加权平均单位基金本期净收益
2	期末可供分配基金收益
3	期末可供分配单位基金收益
4	期末单位基金资产净值
5	基金加权平均净值收益率
6	本期单位基金净值增长率
7	单位基金累计净值增长率

1.加权平均单位基金本期净收益的计算公式如下：

$$\text{加权平均单位基金本期净收益}=\frac{P}{S_0+\sum_{i-1}^{n}\frac{\Delta S_i\times(n-i)}{n}}$$

其中：P为本期基金净收益，S_0为期初基金单位总份额，n为报告期内所含的交易天数，i为报告期内的第i个交易日，ΔS_i=i交易日基金单位总份额-（i-1）交易日基金单位总份额。

2.期末可供分配基金收益的计算公式如下：

$$\text{期末可供分配基金收益}=\text{本期净收益}+\text{期初未分配收益}+\text{本期损益平准金（若有）}-\text{本期已分配收益}-\text{期末未实现利得损失（若有）}$$

其中，期末未实现利得损失为“未实现利得”科目期末借方余额。

3. 期末可供分配单位基金收益的计算公式如下：

期末可供分配单位基金收益=期末可供分配基金收益÷期末基金单位总份额

4. 期末单位基金资产净值的计算公式如下：

期末单位基金资产净值=期末基金资产净值÷期末基金单位总份额

5. 基金加权平均净值收益率的计算公式如下：

$$\text{开放式基金加权平均净值收益率}=\frac{P}{NAV_o+\sum_{i-1}^{n}\Delta NAV_i\times\frac{n-i}{n}}$$

$$\text{封闭式基金加权平均净值收益率}=\frac{P}{NAV_o+\sum_{k-1}^{w}\Delta NAV_k\times\frac{w-k+0.5}{w}}$$

其中：P为本期基金净收益，NAV_o为期初基金资产净值；n为报告期内所含交易天数，i为报告期内的第i个交易日，ΔNAV_i=i交易日基金资产净值–（i–1）交易日基金资产净值；w为报告期内所含交易周数，k为报告期内的第k个交易周数，ΔNAV_x=i交易周披露的基金资产净值–（i–1）交易周披露的基金资产净值。

6. 本期单位基金净值增长率的计算公式如下：

本期单位基金净值增长率=（本期第一次分红或扩募前单位基金资产净值÷期初单位基金资产净值）×（本期第二次分红或扩募前单位基金资产净值÷本期第一次分红或扩募后单位基金资产净值）×…×（期末单位基金资产净值÷本期最后一次分红或扩募后单位基金资产净值）–1

其中，分红前单位基金资产净值按除息日前一交易日的单位基金资产净值计算。

分红后单位基金资产净值=分红前单位基金资产净值–单位分红金额

扩募前单位基金资产净值=实收基金除权日前一交易日基金资产净值÷扩募前基金总份额

扩募后单位基金资产净值=（实收基金除权日前一交易日基金资产净值+扩募金额+扩募期间冻结利息+扩募费结余）÷扩募后基金总份额

计算期内成立基金的期初单位基金资产净值=（成立日实收基金+未折为基金份额的发行期间冻结利息+封闭式基金的发行费结余）÷成立日基金单位总份额

7. 单位基金累计净值增长率的计算公式如下：

单位基金累计净值增长率=（第一年度单位基金资产净值增长率+1）×（第二年度单位基金资产净值增长率+1）×（第三年度单位基金资产净值增长率+1）×…×（上年度单位基金资产净值增长率+1）×（本期单位基金资产净值增长率+1）–1

规定要求，基金财务指标的计算方法在连续披露中应当保持一致，不得任意调整。如果法规要求确实需要调整相关财务指标的计算方法，应当说明调整原因。基金因会计政策及会计差错更正追溯调整以前年度财务指标中相关数据的，应当同时披露调整前后的财务指标。如果基金在某一披露时段中成立，其财务指标应按实际存续期计算，不能按整个时段进行折算。

本规则是对基金财务指标计算及披露的最低要求。为使投资者充分了解相关指标的含义，信息披露义务人在认为必要时，可以浅显的语言对基金财务指标的计算方法进行补充说明，但该补充说明的内容或披露形式不得与本规则的其他要求相冲突。

对于私募基金的信息披露管理，2016年2月4日，中国证券投资基金协会在其官网上发布了《私募投资基金信息披露管理办法》。该管理办法作为私募基金行业的自律规则发布，对于整个行业的规范发展具有非常重要的作用。同时，对于私募基金管理人也提出了更多的要求。

2016年11月14日，中国证券投资基金业协会发布了《关于发布〈私募投资基金信息披露内容与格式指引2号——适用于私募股权（含创业）投资基金〉的通知》，对私募股权（含创业）投资基金的信息披露作了规范。

第三节　基金业的风险与监管

本节首先总结归纳基金业在开展业务活动过程中面临的风险，然后综述对基金业的监管要求。

一、基金业的风险

鉴于基金业的业务特点，按照风险控制对象和风险来源的不同，可以将基金业的风险划分为以下七个类别。

详细内容扫码阅读

二、基金业的风险监管指标

2012年10月29日，为了适应证券投资基金管理公司（简称“基金管理公司”）专业化经营管理的需要，规范证券投资基金管理公司子公司（简称“子公司”）的行为，保护基金份额持有人及相关当事人的合法权益，根据《基金法》《公司法》《证券投资基金管理公司管理办法》和其他有关法律法规，中国证监会制定发布了《证券投资基金管理公司子公司管理暂行规定》。基金管理公司向中国证监会和基金管理公司所在地中国证监会派出机构报送的公司年度报告、内部控制评价报告、监察稽核季度报告、监察稽核年度报告、财务报表等资料，应当包含子公司的有关情况，必要时应当单独报送反映子公司治理结构、内部控制、业务运营、财务状况等情况的资料。

为进一步完善对子公司的监管，2016年8月12日证监会公布《基金子公司管理规定》以及《基金专户子公司风控办法（征求意见稿）》。根据“风控规定”的要求，基金子公司净资本不得低于1亿元、不得低于净资产的40%、不得低于负债的20%，调整后的净资本不得低于各项风险资本之和的100%。

《风控指标暂行规定》附有净资本计算表、风险资本准备计算表和风险控制指标监管报表。

（一）《风控指标暂行规定》的主要内容

1.风险控制指标及风险准备金机制

要求专户子公司应当符合四项风险控制指标：一是净资本绝对指标，即“净资本不低于1亿元”，保证专户子公司具有基本的展业实力。二是净资本相对指标，即“净资本不得低于各项业务风险资本准备之和的100%”，保证专户子公司具有足够的资本抵御各项业务可能造成的非预期损失。三是净资本流动性指标，即“净资本不得低于净资产的40%”，旨在防范流动性风险、保证专户子公司能够及时变现相关资产履行到期债务。四是杠杆率指标，即“净资产不得低于负债的20%”，旨在控制和防范公司负债风险。

同时，为进一步提高应对风险的能力，《风控指标暂行规定》规定专户子公司应当按照管理费收入（含资产支持专项计划管理费收入）的10%计提风险准备金，达到其管理的资产规模净值的1%时，可不再计提。

2.净资本指标

净资本是根据专户子公司资产负债的流动性特点，在净资产的基础上对资产负债表项目及其他项目进行风险调整后得出的综合性控制指标。净资本调整项目包括应收账款、其他资产、或有负债、其他调整项目等四类。为保持证券期货经营机构资管业务监管标准的统一，在调整项目扣减比例上，专户子公司与证券公司、期货公司大体一致。

$$\text{净资本}=\text{净资产}-\frac{\text{相关}}{\text{资产余额}}\times\frac{\text{扣减}}{\text{比例}}-\frac{\text{或有负债}}{\text{调整项目}}+\text{或}-\frac{\text{中国证监会认定或}}{\text{核准的其他调整项目}}$$

3.风险资本准备指标

风险资本准备是指专户子公司为抵御各项业务可能引起的非预期损失所需要的资本。专户子公司风险资本准备计提项目包括固有资金投资市场风险资本准备、受托资产管理业务特定风险资本准备、其他业务风险资本准备等三类。

各类业务风险资本准备=该类业务规模×风险资本准备计算系数

详细内容扫码阅读

4.风控指标的控制机制

《风控指标暂行规定》的日常监管安排与其他证券期货经营机构的成熟做法基本一致：

详细内容扫码阅读

5.适用范围

现阶段，《风控指标暂行规定》仅适用于专户子公司，对基金管理公司开展的特定客户资产管理业务、其他基金子公司开展的私募基金业务，暂未纳入风险控制指标体系的管控范围。对此，《风控指标暂行规定》在第26条对未来扩大风险控制指标体系适用范围预留了政策空间。下一步，中国证监会可出于控制金融风险、保护投资者等需要，要求基金管理公司及其他子公司参照本规定建立风险控制指标体系。

（二）专户子公司风险指标计算表的格式

基金专户子公司净资本计算表请见表12-4、表12-5和表12-6。

表12-4　　基金专户子公司净资本计算表

编制单位：　　　　　　　　　年　月　日　　　　　　　　　金额单位：元

项　目	期初余额	期末余额	扣减比例	应计算金额	
				期初余额	期末余额
注册资本					
净资产					
减：应收账款调整合计[注1]					
1.应收非关联方款项					
（1）账龄一年以内（含一年）			10%		
（2）账龄一年以上			100%		
2.应收关联方款项			100%		
减：其他资产调整合计[注2]					
1.长期股权投资			100%		
2.投资性房地产、固定资产			100%		
3.其他（备注1）					
减：或有负债调整合计（备注2）[注3]			100%		
减：中国证监会认可或核准的其他调整项目合计					
1.所有权受限等无法变现的资产（如被冻结）			100%		
2.其他项目					
加：中国证监会认可或核准的其他调整项目合计					
净资本金额					
附：备注说明事项					

注1：此处所称应收账款包括计入应收类科目进行会计核算的各类应收款与预付款，与受托资产相关的应收管理费可以不予扣减。

注2：其他资本扣除项包括商誉、递延所得税资产、无形资产、长期待摊费用、预付职工薪酬等。

注3：专户子公司应当根据公司期末或有事项的性质（如未决诉讼、未决仲裁、对外提供担保等）、涉及金额、形成原因和进展情况、可能发生的损失和预计损失进行相应的会计处理。对于很可能导致经济利益流出公司的或有事项，应当确认预计负债；对于未确认预计负债，但仍可能导致经济利益流出公司的或有事项，在计算净资本时，应当作为或有负债，按或有事项涉及金额的20%或可能发生的损失孰高者扣除，相关事项须在备注中予以说明。

表12-5　　基金专户子公司风险资本准备计算表

编制单位：　　年　月　日　　金额单位：元

项　目	期初余额	期末余额	扣减比例	应计算金额	
				期初余额	期末余额
一、固有资金投资市场风险资本准备[注1]					
（一）固定收益证券[注2]					
1.国债、中央银行票据			0%		
2.政策性银行金融债、政府支持机构债券			2%		
3.地方政府债			5%		
4.信用评级AAA级的信用债券			10%		
5.信用评级AAA级以下，AA级（含）以上的信用债券			15%		
6.信用评级AA级以下，BBB级（含）以上的信用债券			50%		
7.信用评级BBB级以下的信用债券、出现违约风险的信用债券、流通受限的信用债券			80%		
（二）公开募集基金					
1.货币市场基金			5%		
2.债券基金			10%		
3.股票基金、混合基金及分级基金中优先级份额			15%		
4.分级基金中的非优先级份额			30%		
5.其他公募基金（备注1）			20%		
（三）定向、集合及信托等资产管理产品[注3]					
1.本公司资产管理计划			15%		
2.持牌金融机构资产管理产品			25%		
3.私募投资基金			40%		
4.投资资管产品的劣后级份额			50%		
（四）其他金融资产投资（备注2）			100%		
二、受托资产管理业务特定风险资本准备					
（一）一对一特定客户资产管理业务风险资本准备[注5]					
1.投资类资产管理计划[注6]					
（1）标准化金融工具			0.00%		
（2）投资类资管产品（备注3）			0.20%		
（3）未上市股权			0.40%		
（4）其他投资（备注4）			0.80%		
2.债权融资类资产管理计划[注7]					
（1）贷款、非标债权资产			0.80%		
（2）融资类资管产品			1.00%		

续表

项　　目	期初余额	期末余额	扣减比例	应计算金额	
				期初余额	期末余额
3.其他（备注5）[注8]			1.50%		
（二）一对多特定客户资产管理业务风险资本准备[注5]					
1.投资类资产管理计划[注6]					
（1）标准化金融工具			0.00%		
（2）投资类资管产品			0.40%		
（3）未上市股权			0.60%		
（4）其他投资（备注6）			1.00%		
2.债权融资类资产管理计划[注7]					
（1）贷款、非标债权资产[注9]					
a.融资主体信用外部评级AA+以上（包含AA+）			1.50%		
b.融资主体信用外部评级AA+以下及未评级					
其中：抵押、质押类			1.50%		
保证类			2.00%		
信用类			3.00%		
（2）融资类资管产品			2.00%		
3.其他（备注7）[注8]			3.00%		
（三）资产证券化业务风险资本准备[注10]					
1.交易所挂牌资产支持专项计划			0.40%		
2.其他资产支持专项计划			0.80%		
（四）附加风险资本准备[注11]					
1.开展跨境投融资的资管计划			0.50%		
2.结构化资管计划			1.00%		
3.委托第三方机构提供投资建议的证券投资资管计划			0.50%		
三、其他业务风险资本准备[注12]					
1.下设机构私募投资基金管理业务（备注8）					
2.其他					
调整前各项风险资本准备合计[注13]					
调整后各项风险资本准备合计[注14]					
附：备注说明事项					

注1：固有资金投资业务的业务规模按照公司自有资金投资形成的各项金融资产的账面价值计算，资产期末金额应当与公司财务报表明细数据一致。

注2：政策性金融债是指国家开发银行、进出口银行、农业发展银行等政策性银行发行的金融债券。政府支持机构债券是指由中央政府支持的公司或金融机构发行并由中央政府提供担保的债券，如中央汇金投资有限公司发行的“汇金债”和中国铁路总公司（原铁道部）发行的“铁道债”等。地方政府债是指地方政府及地方投融资平台作为发行主体发行的债券。信用评级以长期信用评级为基准，短期信用评级A-1归入AAA级信用债券中，短期信用评级A-2、A-3归入AAA级以下、BBB级（含）以上的信用债券，短期信用评级B级（含）以下归入信用评级BBB级以下的信用债券。未评级的信用债券参照债券发行主体评级，发行主体无评级的归入BBB级以下信用债券。债券信用评级信息以中央国债登记结算有限责任公司公布的信息为准。资产支持证券、资产支持专项计划按照其评级参照信用债标准计算填列。流通受限是指因发行人、交易场所等原因导致不能公开交易或转让的情形。

注3：购买本公司资产管理计划不包括资产支持专项计划，购买本公司资产管理计划劣后级份额按照“投资产品的劣后级份额”计算风险资本。持牌金融机构资产管理产品指国务院金融监管部门颁发金融牌照的金融机构受托管理的理财产品，包括证券期货经营机构及其子公司发行的资产管理计划、信托计划、商业银行理财产品、保险资产管理产品等（商业银行保本型理财产品按照5%扣减净资本，须在备注中具体说明）。劣后级份额的认定标准为，该类份额的风险收益水平高于产品整体风险收益水平，或在合同中明确约定以先行承担产品亏损的方式提供有限风险补偿。

注4：不能明确归类为上述金融资产明细项目的，按照审慎监管原则，暂按100%比例进行调整，且须在备注中说明。

注5：特定客户资产管理业务的业务规模按照资产管理计划受托资金的原始投资额（含净申赎引起的变化金额）计算。资产管理计划进一步区分为投资类资产管理计划和债权融资类资产管理计划，并按照主要投向（80%以上）的资产分类确定资产管理计划整体适用的风险系数。

资产管理计划的主要投向应当按照合同约定进行判断，并按照实质重于形式的原则，综合考虑法律性质、收益方式、风险属性等因素。合同未明确约定主要投向、投资于多类标的的混合型资产管理计划，拆分投向各类标的的业务规模，按照相应的风险系数分别计算风险资本。

本公司管理的资产管理计划存在互投情形的，可按照最终底层资产管理计划的业务规模计提风险资本准备，不再重复计算（经监管认定不具备合理交易目的或法律法规禁止的互投情形除外）。

注6：标准化金融工具是指《基金管理公司特定客户资产管理业务试点办法》第九条第一款第（一）项规定的投资品种。

投资类资管产品是指同时具备下述条件的资产管理产品：

（1）由国务院金融监管部门颁发金融牌照的金融机构或在基金业协会登记的私募基金管理机构受托管理。

（2）产品合同明确约定主要投资于标准化金融工具。

（3）采用公允的估值方法，定期披露单位份额净值（商业银行保本型理财产品参照标准金融工具按照0%计算风险资本准备，须在备注中具体说明）。

扫码阅读下文

总之，随着基金业的发展以及风险的存在，未来基金业的监管以及监管指标会更加完善化。

表12-6　　基金专户子公司风险控制指标监管报表

编制单位：　　　　年　月　日　　　　金额单位：元

项　　目	期初余额	期末余额	监管标准	备注
一、净资本			≥1亿元	
二、净资本/调整后各项风险资本之和			≥100%	
（一）固有资金投资市场风险资本准备				
（二）受托资产管理业务特定风险资本准备				
1.一对一特定客户资产管理业务风险资本准备				
2.一对多特定客户资产管理业务风险资本准备				
3.资产证券化业务风险资本准备				
4.附加项目风险资本				
（三）其他业务风险资本准备				
调整前各项风险资本合计				
调整后各项风险资本合计				
三、净资本/净资产			≥40%	
四、净资产/负债			≥20%	

重要概念

基金　封闭式基金　开放式基金　货币基金　债券基金　股票基金　混合基金　指数基金/ETF基金　分级基金　私募证券　私募股权投资　创业投资　基金份额持有人　基金管理人　基金托管人

复习思考

1.基金业信息披露是否包括基金信息披露以及对基金公司的信息披露？

2.我国的开放式基金和封闭式基金的主要区别在哪里？

3.我国对基金有哪些分类方法？

4.证券投资基金主要有哪三个当事人？

5.基金份额持有人享有哪些权利？

6.招募说明书主要披露哪些内容？

7.上市交易公告书主要披露哪些内容？

8.年报、半年报、季度报告以及会计报表附注主要披露哪些内容？

9.基金净值表现主要披露哪些内容？

10.主要财务指标主要披露哪些内容？

11.基金公司在业务发展中主要面临哪些风险？

12.证监会在《基金管理公司特定客户资产管理子公司风险控制指标管理暂行规定》中对资产管理子公司风险控制指标作出了哪些规定？

操作练习

1.请查看博时基金官网查看其披露的主要内容，以便了解基金相关基础知识。

2.请查看天天基金网披露的各种基金信息，以便增强对基金业的了解。

第十三章

基金业财务报告解读与分析[①]

【导语】基金业的财务报告分为基金财务报告以及基金公司财务报告两部分。因此基金业财务报告分析包括对基金财务报告的分析以及对基金公司财务报告的分析。由于基金公司财务报告是对旗下基金的汇总报告，其格式和内容与单一基金财务报告的格式、内容和分析方法相同，因此本章重点介绍对基金财务报告的分析，并以博时基金为例说明解读与分析方法。

本章内容要点

第一节 基金财务报告的规范与格式

一、基金业会计核算与财务报告规范

首先需要明确的是，基金业财务报告的格式和内容也是几经变迁才形成今天的范式。

在我国，基金业的会计核算最早来自工商银行总行发布的规定。经中国证券监督委员会和中国人民银行批准，工行成为国内第一家具有基金托管人资格、办理证券投资基金托管业务的商业银行。1998年3月30日，工商银行发布了《证券投资基金管理暂行办法》，指出总行已设立证券投资基金托管部，并在上海、深圳分行分别设立托管分部。为了规范基金会计核算，经与基金主管部门和有关基金管理公司协商，总行制定了《证券投资基金会计核算暂行办法》，要求证券投资基金托管机构根据有关法律法规和《证券投资基金会计核算暂行办法》对所托管的基金进行及时、准确、全面的核算，基金资产必须与工商银行自有资产严格分开，不同的基金要分别设置账户，实行分账管理。

扫码阅读

① 限于篇幅，本章中大部分文字内容采用电子阅读方式，表格与图示除外。

二、基金财务报告的格式与项目解释

基金具有集合理财、专业管理、组合投资、分散风险的优势和特点。因此在投资前要深入分析了解基金概况。为了了解基金财务报告的格式、内容及项目含义，本节仍以博时现金收益基金2017年度报告为例加以说明①。

博时现金收益基金的基本情况以及基金产品说明分别如表13-1和表13-2所示。截至日2017年12月31日，本基金份额总额19 312 320 767.95份。其中A类基金份额净值1.0000元，基金份额总额3 689 403 307.61份；B类基金份额净值1.0000元，基金份额总额15 622 917 460.34份。表13-2的基金产品说明是对基金投资目标、投资策略、业绩比较基准以及风险收益特征的说明。

表13-1　基金基本情况

项　　目	数　　值	
基金名称	博时现金收益基金	
基金简称	博时现金收益货币	
基金主代码	050003	
基金运作方式	契约型开放式	
基金合同生效日	2004年1月16日	
基金管理人	博时基金管理有限公司	
基金托管人	交通银行股份有限公司	
报告期末基金份额总额	19 312 320 767.95份	
基金合同存续期	不定期	
下属分级基金的基金简称	博时现金收益货币A	博时现金收益货币B
下属分级基金的交易代码	050003	000665
报告期末下属分级基金的份额总额	3 689 403 307.61份	15 622 917 460.34份

资料来源：博时现金收益证券投资基金2017年度报告。

表13-2　基金产品说明

投资目标	在保证低风险和高流动性的前提下获得高于投资基准的回报
投资策略	本基金根据短期利率的变动和市场格局的变化，积极主动地在债券资产和回购资产之间进行动态的资产配置
业绩比较基准	本基金成立于2004年1月16日，业绩比较基准是一年期定期存款利率（税后）；自2009年7月1日起，本基金的业绩比较基准变更为：活期存款利率（税后）
风险收益特征	现金收益基金投资于短期资金市场基础工具，由于这些金融工具的特点，因此整个基金的风险处于较低的水平。但是，本基金依然处于各种风险因素的暴露之中，包括利率风险、再投资风险、信用风险、操作风险、政策风险和通货膨胀风险等

资料来源：博时现金收益证券投资基金2017年度报告。

基金财务报告是基金管理公司对外提供的反映基金某一特定日期的财务状况和某一会计期间的经营成果，现金流量等会计信息的文件。财务报告包括基金财务报表、财务报表附注和其他应当在财务报告中披露的相关基金信息和资料。财务报表至少应包括基金资产

① 资料来源：中国证券监督管理委员会的基金信息披露。

负债表、基金利润表和基金所有者权益（基金净值）变动表。博时现金收益基金的相关报表分别如表13-3、表13-4和表13-5所示。

表13-3 资产负债表

会计主体：博时现金收益证券投资基金

报告截止日：2017年12月31日 单位：人民币元

项目	本期末 2017年12月31日	上年度末 2016年12月31日
资产：		
银行存款	8 864 987 873.80	27 898 913 963.17
结算备付金	5 821 182.76	13 573 555.29
存出保证金		
交易性金融资产	3 472 130 378.75	37 143 945 165.34
其中：股票投资		
基金投资		
债券投资	3 472 130 378.75	37 092 329 165.34
资产支持证券投资		51 616 000.00
衍生金融资产		
买入返售金融资产	6 835 485 703.29	7 874 165 291.33
应收证券清算款		
应收利息	77 428 376.60	231 078 701.85
应收股利		
应收申购款	91 220 974.54	1 008 931 235.73
递延所得税资产		
其他资产	45 000.00	95 275.00
资产总计	19 347 119 489.74	74 170 703 187.71
负债：		
短期借款		
交易性金融负债		
衍生金融负债		
卖出回购金融资产款		800 000 000.00
应付证券清算款		
应付赎回款		
应付管理人报酬	4 922 683.09	18 309 419.08
应付托管费	21 650 391.57	25 376 431.22
应付销售服务费	837 522.52	1 658 123.43
应付交易费用	57 748.35	190 774.11
应交税费	4 080 249.01	4 080 249.01
应付利息		133 333.32
应付利润	2 393 327.75	6 113 075.15
递延所得税负债		
其他负债	856 799.50	756 799.50
负债合计	34 798 721.79	856 618 204.82
所有者权益：		
实收基金	19 312 320 767.95	73 314 084 982.89
未分配利润		
所有者权益合计	19 312 320 767.95	73 314 084 982.89
负债和所有者权益总计	19 347 119 489.74	74 170 703 187.71

资料来源：博时现金收益证券投资基金2017年度报告。

（一）资产负债表及其项目解释

资产负债表是反映基金在某一期末的资产、负债和所有者变动情况的报表。其作用主要体现在：（1）了解某一时点上基金各类资产、负债和所有者权益的规模、结构及其数量对应关系。（2）作出优化资产结构、降低风险和提高运营效率的判断。（3）与其他报表结合分析基金的各种能力。

资产负债表项目解释如下：

1. 资产端

详情扫码可见

2. 负债端

详情扫码可见

3. 所有者权益端

详情扫码可见

（二）利润表及其项目解释

利润表是反映基金在一定会计期间（如月度、季度、半年度或年度）经营成果的会计报表。利润表的主要作用体现在：（1）可以了解基金本期取得的收入、发生的费用和纳税情况。（2）可以了解基金的盈利总水平、利润来源及结构。（3）可以分析基金盈亏的原因。

表13-4　**利润表**

会计主体：博时现金收益证券投资基金

报告截止日：2017年12月31日　　单位：人民币元

项　　目	本期 2017年1月1日 至2017年12月31日	上年度可比期间 2016年1月1日至 2016年12月31日
一、收入	860 194 644.73	2 651 161 899.41
1.利息收入	865 551 864.03	2 635 563 282.51
其中：存款利息收入	500 594 231.48	1 106 815 045.64
债券利息收入	304 200 970.75	1 502 512 721.54
资产支持证券利息收入	891 431.26	910 488.74
买入返售金融资产收入	59 865 230.54	25 325 026.59
其他利息收入		
2.投资收益（损失以“-”填列）	-5 357 219.30	15 598 616.90

续表

项　　目	本期 2017年1月1日 至2017年12月31日	上年度可比期间 2016年1月1日至 2016年12月31日
其中：股票投资收益		
基金投资收益		
债券投资收益	−5 357 219.30	15 598 616.90
资产支持证券投资收益		
贵金属投资收益		
衍生工具收益		
股利收益		
3.公允价值变动收益（损失以“−”号填列）		
4.汇兑收益（损失以“－”号填列）		
5.其他收入（损失以“−”号填列）		
二、费用	130 418 307.65	446 591 633.22
1.管理人报酬	71 446 292.78	271 701 955.64
2.托管费	21 650 391.57	82 333 925.83
3.销售服务费	11 496 080.92	23 353 098.53
4.交易费用		53 175.00
5.利息支出	25 267 460.75	68 560 807.68
其中：卖出回购金融资产支出	25 267 460.75	68 560 807.68
6.其他费用	558 081.63	588 670.54
三、利润总额（亏损总额以“−”号填列）	729 776 337.08	2 204 570 266.19
减：所得税费用		
四、净利润（净亏损以“−”号填列）	729 776 337.08	2 204 570 266.19

数据来源：博时现金收益基金2017年度报告。

利润表项目解释如下：

详情扫码可见

（三）所有者权益（基金净值）变动表及其项目解释

所有者权益（基金净值）变动表是反映一定时期基金净值变动情况的报表。其作用体现在：（1）本表可以了解期初所有者权益（基金净值）构成、本期基金经营活动产生的基金净值变动（基金净利润）、本期基金份额交易产生的基金净值变动、本期向基金份额持有人分配利润产生的基金净值变动、期末所有者权益（基金净值）构成等情况。（2）通过本表“未分配利润”栏目，可以了解当期基金的利润分配情况，包括期初基金未分配利润、当期利润总额、当期损益平准金、当期已分配利润以及期末未分配利润等信息。

表13-5　所有者权益（基金净值）变动表

会计主体：博时现金收益证券投资基金

报告截止日：2017年12月31日　单位：人民币元

项　目	本期 2017年1月1日至2017年12月31日		
	实收基金	未分配利润	所有者权益合计
一、期初所有者权益（基金净值）	73 314 084 982.89		73 314 084 982.89
二、本期经营活动产生的基金净值变动数（本期净利润）		729 776 337.08	729 776 337.08
三、本期基金份额交易产生的基金净值变动数（净值减少以“-”号填列）	-54 001 764 214.94		-54 001 764 214.94
其中：1.基金申购款	99 000 468 979.69		99 000 468 979.69
2.基金赎回款	-153 002 233 194.63		-153 002 233 194.63
四、本期向基金份额持有人分配利润产生的基金净值变动（净值减少以“-”号填列）		-729 776 337.08	-729 776 337.08
五、期末所有者权益（基金净值）	19 312 320 767.95		19 312 320 767.95

项　目	上年度可比期间 2016年1月1日至2016年12月31日		
	实收基金	未分配利润	所有者权益合计
一、期初所有者权益（基金净值）	73 741 132 412.38		73 741 132 412.38
二、本期经营活动产生的基金净值变动数（本期净利润）		2 204 570 266.19	2 204 570 266.19
三、本期基金份额交易产生的基金净值变动数（净值减少以“-”号填列）	-427 047 429.49		-427 047 429.49
其中：1.基金申购款	319 396 923 661.80		319 396 923 661.80
2.基金赎回款	-319 823 971 091.29		-319 823 971 091.29
四、本期向基金份额持有人分配利润产生的基金净值变动（净值减少以“-”号填列）		-2 204 570 266.19	-2 204 570 266.19
五、期末所有者权益（基金净值）	73 314 084 982.89		73 314 084 982.89

数据来源：博时现金收益证券投资基金2017年度报告。

所有者权益（基金净值）变动表项目解释如下：

详情扫码可见

第二节 基金财务报告的解读与分析

本节继续以博时现金收益基金为例，说明基金财务报告分析的方法。包括基金财务报告分析的目的与内容，以及具体的分析方法。

一、基金财务报告分析的目的

基金收益和投资风险是投资者最为关注的问题，而这一切都源于基金管理公司能否有效地管理基金并带动基金业绩的增长。从基金投资人的角度，除了关注基金净值的增长所带来的投资回报外，还需要分析能够引起基金净值变化的各种因素。通过对基金财务报告以及基金所披露的其他信息资料（如投资组合报告）的分析，能够更为深入地了解基金情况，从而为投资决策提供参考。

扫码阅读

二、基金财务报告的分析

基金作为一种进行证券投资的资产组合，业务特点决定了基金财务报告分析与普通企业的财务报告分析有着很大的不同。不同类型的基金其分析内容的范围和关注点也不同。

一般来说，对基金财务报告的分析包括如下内容：（1）基金持仓结构分析；（2）基金投资风格分析；（3）基金风险管理政策及风险分析；（4）基金收入情况分析；（5）基金费用情况分析；（6）基金盈利能力；（7）基金分红能力分析；（8）基金份额变动分析。其中对（1）-（3）项的分析可以结合基金资产负债表来进行，对（4）-（6）项的分析可以结合利润表进行，其他项目可结合基金变动表进行分析。

（一）资产负债表分析

资产负债表分析包括基金持仓结构分析、基金资金来源结构分析。

扫码阅读具体内容

表13-6 **期末基金资产组合情况** 单位：元

项目	金额	占基金总资产的比例（%）
1.固定收益投资	3 472 130 378.75	17.95
其中：债券	3 472 130 378.75	17.95
资产支持证券		
2.买入返售金融资产	6 835 485 703.29	35.33
其中：买断式回购的买入返售金融资产		
3.银行存款和结算备付金合计	8 870 809 056.56	45.85
4.其他各项资产	168 694 351.14	0.87
5.合计	19 347 119 489.74	100.00

资料来源：博时现金收益证券投资基金2017年度报告中的投资组合报告，这种排列方式也可以根据资产负债表的资产部分进行资产组合和趋势分析。

表13-7　**期末按债券品种分类的债券投资组合**　单位：元

债券品种	摊余成本	占基金资产净值比例（%）
1.国家债券	398 818 184.83	2.07
2.央行票据		
3.金融债券	589 703 855.04	3.05
其中：政策性金融债	589 703 855.04	3.05
4.企业债券		
5.企业短期融资券		
6.中期票据		
7.同业存单	2 483 608 338.88	12.86
8.其他		
合计	3 472 130 378.75	17.98

资料来源：博时现金收益证券投资基金2017年度报告中的投资组合报告。

表13-8　**博时现金收益基金资金来源结构分析**　单位：元

项目	本期末 2017年12月31日	上年度末 2016年12月31日	2017年占全部资金比例（%）	2016年占全部资金比例（%）
负债：				
短期借款				
交易性金融负债				
衍生金融负债				
卖出回购金融资产款		800 000 000.00	0.00	1.08
应付证券清算款				
应付赎回款				
应付管理人报酬	4 922 683.09	18 309 419.08	0.03	0.02
应付托管费	21 650 391.57	25 376 431.22	0.11	0.03
应付销售服务费	837 522.52	1 658 123.43	0.00	0.00
应付交易费用	57 748.35	190 774.11	0.00	0.00
应交税费	4 080 249.01	4 080 249.01	0.02	0.01
应付利息		133 333.32	0.00	0.00
应付利润	2 393 327.75	6 113 075.15	0.01	0.01
递延所得税负债				
其他负债	856 799.50	756 799.50	0.00	0.00
负债合计	34 798 721.79	856 618 204.82	0.18	1.15
所有者权益：				
实收基金	19 312 320 767.95	73 314 084 982.89	99.82	98.85
未分配利润				
所有者权益合计	19 312 320 767.95	73 314 084 982.89	99.82	98.85
负债和所有者权益总计	19 347 119 489.74	74 170 703 187.71	100.00	100.00

（二）利润表分析

利用基金利润表，可以进行基金收入、基金费用、基金盈利能力等分析。

扫码阅读具体内容

表13-9　　**本基金年度对比**　　单位：元

项　目	本期 2017年1月1日至2017年12月31日	上年度可比期间 2016年1月1日至2016年12月31日	2017年收入结构（%）	2016年收入结构（%）	增减变动趋势（%）
一、收入	860 194 644.73	2 651 161 899.41	100.00	100.00	−67.55
1.利息收入	865 551 864.03	2 635 563 282.51	100.62	99.41	−67.16
其中：存款利息收入	500 594 231.48	1 106 815 045.64	58.20	41.75	−54.77
债券利息收入	304 200 970.75	1 502 512 721.54	35.36	56.67	−79.75
资产支持证券利息收入	891 431.26	910 488.74	0.10	0.03	−2.09
买入返售金融资产收入	59 865 230.54	25 325 026.59	6.96	0.96	136.39
其他利息收入					
2.投资收益（损失以“−”号填列）	−5 357 219.30	15 598 616.90	−0.62	0.59	−134.34
其中：债券投资收益	−5 357 219.30	15 598 616.90	−0.62	0.59	−134.34
3.公允价值变动收益（损失以“−”号填列）					
4.汇兑收益（损失以“−”号填列）					
5.其他收入（损失以“−”号填列）					

表13-10　　**基金净值与费用之间的关系分析**　　单位：元

项　目	本期 2017年1月1日至2017年12月31日	上年度可比期间 2016年1月1日至2016年12月31日	2017年费用占期末基金资产净值（未扣除）比例	2016年费用占期末基金资产净值（未扣除）比例
减：二、费用	130 418 307.65	446 591 633.22	0.68%	0.61%
1.管理人报酬	71 446 292.78	271 701 955.64	0.37%	0.37%
2.托管费	21 650 391.57	82 333 925.83	0.11%	0.11%
3.销售服务费	11 496 080.92	23 353 098.53	0.06%	0.03%
4.交易费用		53 175.00	0.00%	0.00%
5.利息支出	25 267 460.75	68 560 807.68	0.13%	0.09%
其中：卖出回购金融资产支出	25 267 460.75	68 560 807.68	0.13%	0.09%
6.其他费用	558 081.63	588 670.54	0.00%	0.00%
期末基金资产净值	19 312 320 767.95	73 314 084 982.89		
期末基金资产净值（未扣除管理人报酬、托管费和销售服务费）	19 416 913 533.22	73 691 473 962.89	100.00%	100.00%

资料来源：依据本基金2017年利润表和资产负债表数据进行的计算。

（三）所有者权益（基金净值）变动表分析

利用所有者权益（基金净值）变动表，结合利润表的信息，可以进行公司主要财务指标、基金净值表现及利润分配情况的分析。

从所有者权益（基金净值）变动表中，不仅可以了解基金净值的期初数，还可以了解基金净值的期末数据及其变化原因。该基金的期初基金净值为7 331 408.49亿元，年度内实现净利润72 977.63亿元，本期向基金份额持有人分配利润72 977.63亿元；本期增加基金申购款9 900 046.90亿元，基金赎回款减少基金15 300 223.32亿元，以上合计使得期末基金净值为1 931 232.08亿元。

第三节　基金财务与监管指标分析

本节继续利用博时现金收益基金2017年度报告公告的数据，进行主要会计数据和财务指标分析以及基金净值表现分析。

一、主要会计数据和财务指标分析

博时现金收益基金2017年度报告公告的两种不同类别基金的主要会计数据和财务指标如表13-11所示。利用此表可以进行期间数据和指标分析、期末数据和指标分析以及累计期末指标分析。

表13-11　主要会计数据和财务指标　单位：元

博时现金收益货币A			
1.期间数据和指标	2017年	2016年	2015年
本期已实现收益	126 578 974.35	155 821 030.64	378 843 203.35
本期利润	126 578 974.35	155 821 030.64	378 843 203.35
本期净值收益率	3.3628%	2.4958%	3.5234%
2.期末数据和指标	2017年末	2016年末	2015年末
期末基金资产净值	3 689 403 307.61	7 197 080 241.07	7 216 037 659.27
期末基金份额净值	1.0000	1.0000	1.0000
3.累计期末指标	2017年末	2016年末	2015年末
累计净值收益率	54.3520%	49.3303%	45.6940%
博时现金收益货币B			
1.期间数据和指标	2017年	2016年	2015年
本期已实现收益	603 197 362.73	2 048 749 235.55	1 402 117 746.84
本期利润	603 197 362.73	2 048 749 235.55	1 402 117 746.84
本期净值收益率	3.6116%	2.7421%	3.7727%
2.期末数据和指标	2017年末	2016年末	2015年末
期末基金资产净值	15 622 917 460.34	66 117 004 741.82	66 525 094 753.11
期末基金份额净值	1.0000	1.0000	1.0000

续表

3. 累计期末指标	2017年末	2016年末	2015年末
累计净值收益率	13.3992%	9.4464%	6.5253%

资料来源：博时现金收益证券投资基金2017年报中主要会计数据和财务指标。

注：（1）本期已实现收益指基金本期利息收入、投资收益、其他收入（不含公允价值变动收益）扣除相关费用后的余额，本期利润为本期已实现收益加上本期公允价值变动收益，由于货币市场基金采用摊余成本法核算，因此，公允价值变动收益为零，本期已实现收益和本期利润的金额相等。

（2）自2014年6月3日起对本基金实施基金份额分类以及调整收益结转方式，调整后，本基金的A、B基金份额采用统一的收益结转方式。通常情况下本基金的收益结转方式为按日结转，对于目前暂不支持按日结转的销售机构，仍保留按月结转的方式。基金份额分类后，本基金将分设A级和B级两类基金份额，两类基金份额单独设置基金代码，分别公布每万份基金净收益、七日年化收益率，并按照不同的费率计提销售服务费用。

扫码阅读

二、基金净值表现分析

国外的评级机构在评价基金时，一般会把基金按照（1）投资范围，例如股票、债券或者货币市场工具，（2）投资的行业，例如金融业、高科技行业等，（3）投资对象市值的大小，例如大市值、中等市值或小市值公司，或（4）设立的时间长短等标准归类，然后再就同类别的基金进行业绩比较，以评比出各类别中的佼佼者。这样做有利于甄别优劣，为投资者提供重要的参考。国外的评级机构还会将基金的业绩与相应的投资业绩比较基准进行比较，而不是简单地把基金业绩与全市场指数进行比较，要求基金战胜市场。这样做的目的是把风险的因素考虑进来，风险和收益一向都是成正比的，不同类型的基金面对的风险大小可能差异很大，只有在风险相似的前提下，基金的业绩才具有可比性。

对于不同类别基金的累计净值收益率的变化情况，可以结合基金公告中的基金净值表现加以具体分析（见表13-12）。

表13-12　基金净值表现　单位：%

阶　段	份额净值收益率①	份额净值收益率标准差②	业绩比较基准收益率③	业绩比较基准收益率标准差④	①-③	②-④
博时现金收益货币A：						
过去三个月	0.9466	0.0005	0.0894	0.0000	0.8572	0.0005
过去六个月	1.8361	0.0009	0.1789	0.0000	1.6572	0.0009
过去一年	3.3628	0.0016	0.3549	0.0000	3.0079	0.0016
过去三年	9.6753	0.0026	1.0656	0.0000	8.6097	0.0026
过去五年	19.4742	0.0033	1.7753	0.0000	17.6989	0.0033
自基金合同生效起至今	54.3520	0.0056	16.1261	0.0030	38.2259	0.0026
博时现金收益货币B：						
过去三个月	1.0076	0.0005	0.0894	0.0000	0.9182	0.0005

续表

阶　　段	份额净值收益率①	份额净值收益率标准差②	业绩比较基准收益率③	业绩比较基准收益率标准差④	①-③	②-④
过去六个月	1.9593	0.0009	0.1789	0.0000	1.7804	0.0009
过去一年	3.6116	0.0016	0.3549	0.0000	3.2567	0.0016
过去三年	10.4689	0.0026	1.0656	0.0000	9.4033	0.0026
自基金合同生效起至今	13.3992	0.0031	1.2707	0.0000	12.1285	0.0031

资料来源：博时现金收益证券投资基金2017年报中基金净值表现数据。

注：本基金成立于2004年1月16日，业绩比较基准是一年期定期存款利率（税后）；自2009年7月1日起，本基金的业绩比较基准变更为活期存款利率（税后）。

从基金净值表现看，无论是博时现金收益货币A还是B，其基金累计的时间越长份额净值收益率越高，当然随着收益的提高，其份额净值收益率标准差也越来越大，显示风险越高；与业绩比较基准收益率比，博时现金收益货币A和B，都有超出业绩比较基准收益的表现。

三、基金份额变动分析

对于开放式基金来说，基金的份额会随着申购、赎回活动而变动，基金在定期报告中一般会披露基金份额的变动情况和基金持有人的结构。通过对基金份额变动情况和持有人结构的比较分析，可以了解投资者对该基金的认可程度。

一般来说基金份额变动较大，则会对基金管理人的投资有不利影响；反之则有助于基金投资的稳定。如果基金持有人中个人投资者较多，则该基金的规模会相对稳定；反之则基金规模不太稳定。但如果基金持有人中的机构投资者较多，表明机构比较认可该基金的投资。见表13-13、表13-14。

表13-13　**开放式基金份额变动表**　单位：份

项　　目	博时现金收益货币A	博时现金收益货币B
基金合同生效日（2004年1月16日）的基金份额总额	6 285 920 856.25	
本报告期期初基金份额总额	7 197 080 241.07	66 117 004 741.82
本报告期期间基金总申购份额	6 883 130 547.69	92 117 338 432.00
减：本报告期期间基金总赎回份额	10 390 807 481.15	142 611 425 713.48
本报告期期间基金拆分变动份额		
本报告期期末基金份额总额	3 689 403 307.61	15 622 917 460.34

注：根据基金管理人2014年5月29日发布的《博时基金管理有限公司关于博时现金收益证券投资基金实施基金份额分类以及调整收益结转方式的公告》，博时现金收益证券投资基金自2014年6月3日实施基金份额分类以及调整收益结转方式，具体内容请查阅指定报刊上的各项相关公告。

表13-14　**期末基金份额持有人户数及持有人结构**　单位：份

份额级别	持有人户数（户）	户均持有的基金份额	持有人结构			
			机构投资者		个人投资者	
			持有份额	占总份额比例	持有份额	占总份额比例
博时现金收益货币A	209 603	17 601.86	550 356 366.66	14.92%	3 139 046 929.11	85.08%
博时现金收益货币B	102	153 165 857.45	15 582 694 787.27	99.74%	40 222 673.07	0.26%
合计	209 705	92 092.80	16 133 051 153.93	83.54%	3 179 269 602.18	16.46%

数据来源：博时现金收益基金2017年度报告中期末基金份额持有人户数及持有人结构数据。

四、报告期内基金投资策略和运作分析

基金净值的表现与报告期内基金的投资策略有关。博时现金收益基金2017年度的投资策略和运作分期说明如下：

2017年货币市场利率和债券市场收益率均大幅上行，其主要原因：一是宏观经济韧性很强，超越了市场参与者普遍偏空的预期。二是防控金融风险的大背景下，金融去杠杆监管持续高压。三是货币政策为防范化解金融风险创造合适的流动性环境，其基调稳健中性实则偏紧。以上几个因素叠加导致债券市场全年走熊、资金面整体呈现紧平衡状态，收益率曲线平坦化。

组合操作方面，本基金根据对利率趋势的判断结合组合流动性特征，适时调整组合平均剩余期限，维持中性杠杆操作，在保持适度流动性的基础上抓住收益率短期走高的机会配置银行存款和同业存单等资产，为组合取得了较好的投资回报。

五、基金风险分析

风险一直是金融行业最常谈及的话题，有的将它定义为事件未来可能发生结果的不确定性，有的理解为损失的大小和发生的可能性，有的将之具体量化为统计上可以度量的波动性指标。

基金投资存在一定风险，因此基金风险控制是整个基金投资过程中必不可少的环节。对基金的风险分析因基金的投资组合不同，其面临的风险也不同。对博时现金收益证券投资基金而言，由于其投资主要产品为债券投资，因此，决定了其风险包括信用风险、流动性风险以及市场风险。

扫码阅读详文

表13-15 **利率风险敞口** 单位：人民币元

	6个月以内	6个月至1年	1至5年	不计息	合计
本期末2017年12月31日					
资产					
银行存款	8 864 987 873.80				8 864 987 873.80
结算备付金	5 821 182.76				5 821 182.76
交易性金融资产	3 336 031 310.51	136 099 068.24			3 472 130 378.75
买入返售金融资产	6 835 485 703.29				6 835 485 703.29
应收利息				77 428 376.60	77 428 376.60
应收申购款				91 220 974.54	91 220 974.54
其他资产				45 000.00	45 000.00
资产总计	19 042 326 070.36	136 099 068.24		168 694 351.14	19 347 119 489.74

续表

	6个月以内	6个月至1年	1至5年	不计息	合计
负债					
卖出回购金融资产款					
应付管理人报酬				4 922 683.09	4 922 683.09
应付托管费				21 650 391.57	21 650 391.57
应付销售服务费				837 522.52	837 522.52
应付交易费用				57 748.35	57 748.35
应交税费				4 080 249.01	4 080 249.01
应付利息					
应付利润				2 393 327.75	2 393 327.75
其他负债				856 799.50	856 799.50
负债总计				34 798 721.79	34 798 721.79
利率敏感度缺口	19 042 326 070.36	136 099 068.24		133 895 629.35	19 312 320 767.95
本期末2016年12月31日					
利率敏感度缺口	65 596 213 658.40	6 534 384 316.73		1 183 487 007.76	73 314 084 982.89

注：表中所示为本基金资产及负债的账面价值，并按照合约规定的利率重新定价日或到期日孰早者予以分类。

表13-16　**利率风险的敏感性分析**　单位：人民币万元

相关风险变量的变动	本期末 2017年12月31日	上年度末 2016年12月31日
市场利率上升25个基点	减少约384	减少约1 869
市场利率下降25个基点	增加约387	增加约1 873

六、了解基金管理人对宏观经济、证券市场及行业走势的判断

不同类型的基金，都要仔细阅读基金管理人对未来宏观经济、证券市场及行业走势的展望，了解未来基金的收益以及可能面临的风险状况。

扫码阅读详文

第四节　基金公司财务报告与指标分析

基金公司财务报告是由旗下系列基金汇总而成的财务报告。要对一个基金公司的财务报告进行分析，需要在了解基金公司基本财务信息的基础上，进行系统性分析。本节以博时基金旗下的基金为例加以说明。

详文请扫码阅读

表 13-17 **博时基金旗下基金资产负债表合计** 单位：万元

项　　目	2017.12.31	2016.12.31	2015.12.31	2014.12.31	2013.12.31
资产：					
银行存款	14 102 028.92	6 839 842.76	6 490 590.90	2 100 366.23	2 271 482.77
结算备付金	152 902.31	206 235.37	91 113.15	101 225.39	132 422.21
存出保证金	2 469.28	3 875.34	5 112.02	1 495.45	1 608.76
交易性金融资产	29 471 367.34	28 455 482.95	12 007 650.69	9 628 190.31	7 841 558.71
其中：股票投资	4 582 560.55	4 262 182.05	4 459 503.76	6 311 623.71	5 112 996.92
基金投资	114 880.60	82 050.90	61 127.20	118 455.51	92 716.61
债券投资	23 637 727.31	23 261 396.52	7 319 595.16	3 195 755.66	2 635 844.82
资产支持证券投资	432 948.00	362 929.75	27 148.45		
衍生金融资产					
买入返售金融资产	2 983 921.62	2 429 134.75	995 740.06	287 630.73	733 140.52
应收证券清算款	55 327.29	128 993.52	219 137.77	59 410.64	47 609.11
应收利息	416 770.52	318 450.86	120 860.06	79 478.75	58 189.41
应收股利	78.14	31.27	32.93	55.3	24.28
应收申购款	28 009.51	222 091.28	31 314.90	36 197.85	26 712.23
递延所得税资产					
其他资产	2 355.55	12.83	9.53	10.31	180.4
资产总计	47 215 230.49	38 604 150.93	19 961 562.00	12 294 061.76	11 112 927.64
负债和所有者权益	2017.12.31	2016.12.31	2015.12.31	2014.12.31	2013.12.31
负债：					
短期借款					
交易性金融负债		1 187.55		72.18	
衍生金融负债					
卖出回购金融资产款	2 890 659.50	1 844 155.25	1 033 954.77	780 641.01	808 204.30
应付证券清算款	85 596.21	348 212.44	53 495.01	50 367.92	28 064.93
应付赎回款	50 462.27	46 090.03	13 696.82	119 999.26	14 741.60
应付管理人报酬	15 505.89	15 921.98	8 915.42	8 035.21	8 002.55
应付托管费	7 419.56	7 200.83	4 283.39	1 795.67	1 841.33
应付销售服务费	1 402.21	1 010.02	472.42	432.29	842.18
应付税费	1 842.20	1 842.20	1 842.20	1 842.20	1 827.60
应付利息	2 785.90	706.52	290.15	557.23	114.28
应收利润	2 703.54	1 120.78	791.83	590.66	380.67
递延所得税负债					
其他负债	6 867.36	6 160.10	2 092.64	1 910.70	1 527.17
负债合计*	3 075 182.08	2 284 305.35	1 129 859.00	972 629.05	868 823.85
所有者权益：					
实收基金	42 482 648.19	34 908 852.74	17 270 833.49	9 553 881.33	10 462 274.83
所有者权益合计*	44 140 048.41	36 319 845.58	18 831 703.00	11 321 432.86	10 244 103.87
负债和所有者权益合计	47 215 230.49	38 604 150.93	19 961 562.00	12 294 061.76	11 112 927.64

资料来源：天天基金网——基金公司（博时基金管理有限公司）档案。*表中的“负债合计”信息与单一项目汇总后加总之间有统计误差。同样，“所有者权益合计”数据与实收基金之间也有差异。

表13-18　　博时基金旗下基金利润表合计　　单位：万元

项　　目	2017.12.31	2016.12.31	2015.12.31	2014.12.31	2013.12.31
一、收入	1 855 284.54	32 782.78	1 974 140.53	2 396 489.78	216 907.15
1.利息收入	1 487 849.27	782 875.03	312 889.74	288 727.84	269 648.18
其中：存款利息收入	468 925.73	174 154.52	138 649.87	141 098.40	120 777.43
债券利息收入	938 528.55	576 804.67	167 775.65	138 711.27	130 762.70
资产支持证券利息收入	15 345.05	7 914.74	245.92		
2.投资收益（损失以“-”号填列）	96 756.22	-54 449.75	2 576 453.87	682 575.86	66 429.75
其中：股票投资收益	390 553.37	-104 921.49	2 401 256.19	568 542.03	-52 913.17
基金投资收益	1 585.94	-2 543.18	5 460.30	-8 450.43	-8 696.58
债券投资收益	-374 486.39	-16 387.82	110 573.20	38 061.76	16 565.25
资产支持证券投资收益	-1 606.29	228.05	0.92		
衍生工具收益	2 337.68	1 246.07	-1 094.16	-305.41	2 890.83
股利收益	56 583.54	45 162.65	60 749.29	84 838.87	108 583.42
3.公允价值变动收益（损失以“-”号填列）	261 276.42	-701 920.42	-927 430.18	1 420 449.71	-123 463.55
4.汇兑收益（损失以“-”号填列）	-1 150.10	1 308.37	1 202.99	103.2	141.08
5.其他收入（损失以“-”号填列）	10 552.73	4 969.54	11 024.12	4 633.17	4 151.74
减：二、费用	378 939.51	297 838.87	211 701.80	170 705.52	199 818.32
1.管理人报酬	182 624.08	143 858.70	107 173.81	88 498.74	100 451.78
2.托管费	46 228.90	35 690.20	23 622.66	20 305.07	23 226.72
3.销售服务费	12 563.85	10 653.48	4 780.30	7 359.02	10 610.88
4.交易费用	40 694.92	43 033.54	53 381.55	28 436.45	23 970.28
5.利息支出	89 028.02	59 442.99	19 863.54	23 946.38	39 752.20
其中：卖出回购金融资产支出	89 026.61	59 442.99	19 863.54	23 946.37	39 752.17
6.其他费用	7 799.74	5 159.96	2 879.94	2 159.87	1 806.46
三、利润总额（亏损总额以“-”号填列）	1 476 345.02	-265 056.09	1 762 438.73	2 225 784.19	17 088.76
减：所得税费用					
（亏损总额以“-”号填列）	1 476 345.02	-265 056.09	1 762 438.73	2 225 784.19	17 088.76

资料来源：天天基金网——基金公司（博时基金管理有限公司）档案。

表 13-19　　**基金资产配置明细（全部）分析**

报告期	股票占净比	债券占净比	现金占净比	净资产（亿元）
2017.12.31	10.38%	53.58%	32.31%	4 412.80
2016.12.31	11.33%	61.86%	18.75%	3 760.13
2015.12.31	21.71%	35.64%	32.05%	2 053.82
2014.12.31	56.10%	28.41%	19.57%	1 124.84
2013.12.31	47.75%	24.62%	22.45%	1 070.58
2012.12.31	45.22%	24.67%	31.68%	1 371.30
2011.12.31	49.51%	34.20%	16.49%	1 083.21
2010.12.31	66.29%	12.14%	8.46%	1 207.98
2009.12.31	67.78%	8.93%	11.61%	1 531.23
2008.12.31	43.66%	34.13%	19.81%	1 303.18
2007.12.31	66.19%	9.00%	14.48%	2 215.85

资料来源：天天基金网——博时基金旗下基金数据。

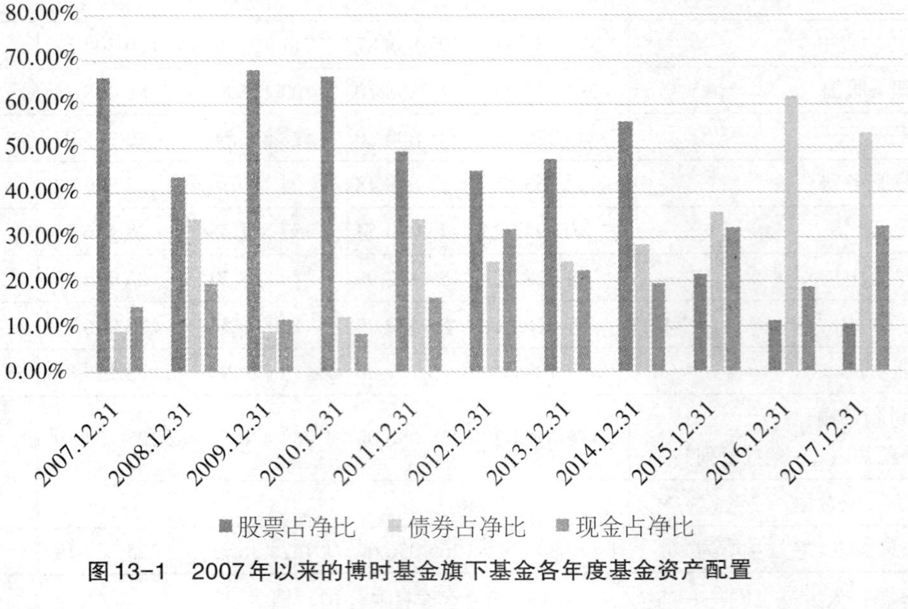

图 13-1　2007 年以来的博时基金旗下基金各年度基金资产配置

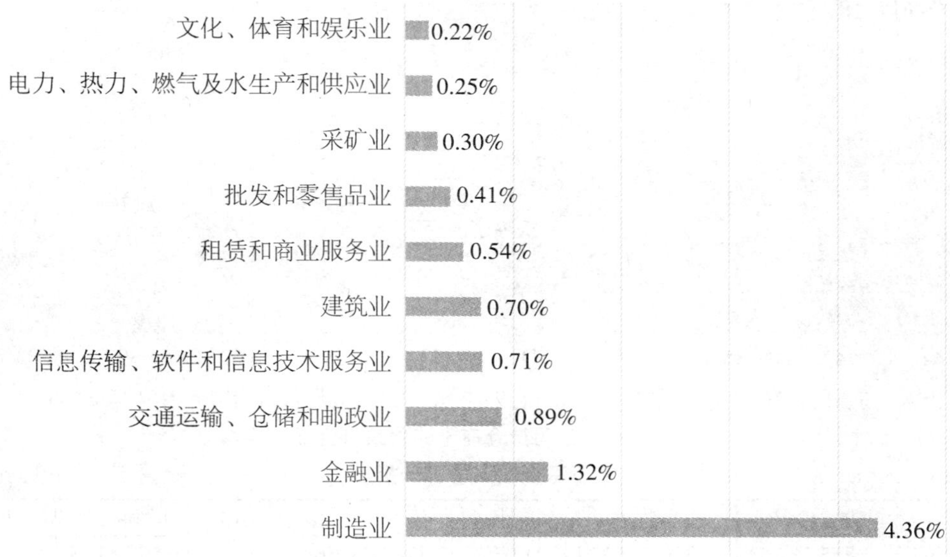

图13-2　博时基金旗下基金行业配置（前十大）

表13-20　公司持仓前十的股票（全部）

截止日2017年12月31日

序号	股票代码	股票名称	本公司持有基金数	占总净值比例	持股数（万股）	持仓市值（万元）
1	002027	分众传媒	44	0.41%	13 014.87	183 034.93
2	002310	东方园林	47	0.40%	8 733.69	176 158.59
3	600115	东方航空	35	0.28%	15 155.69	124 428.22
4	600176	中国巨石	27	0.27%	7 258.61	118 242.81
5	600029	南方航空	41	0.23%	8 683.15	103 503.14
6	601318	中国平安	58	0.22%	1 397.38	97 788.79
7	002624	完美世界	29	0.20%	2 587.51	86 578.13
8	601111	中国国航	32	0.18%	6 499.98	80 079.79
9	002555	三七互娱	39	0.17%	3 646.84	74 906.09
10	000651	格力电器	33	0.15%	1 517.46	66 313.12

资料来源：天天基金网——博时基金2017年4季度股票投资明细（全部）。

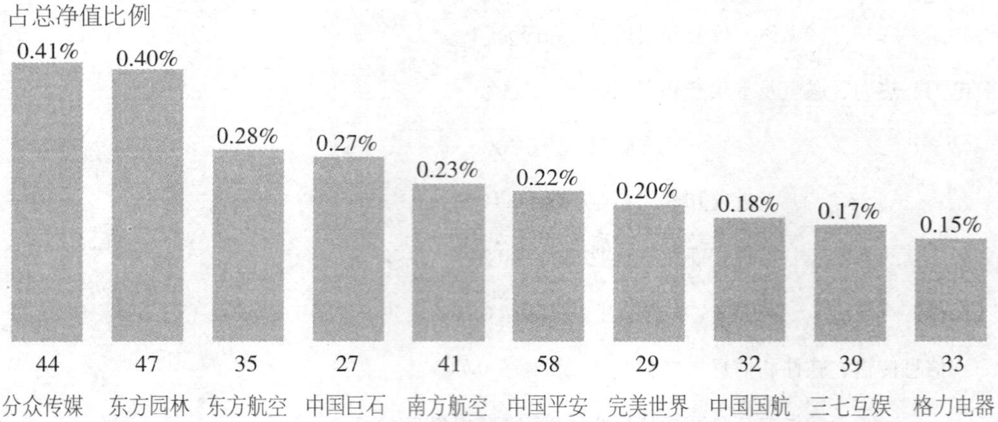

图 13-3 公司持仓前十的股票（全部）

表 13-21 **旗下基金收入情况分析表** 单位：万元

报告期	收入合计	股票收入	占比	债券收入	占比	股利收入	占比
2017.12.31	1 855 284.54	390 553.37	21.05%	−374 486.39		56 583.54	3.05%
2016.12.31	32 782.78	−104 921.49		−16 387.82		45 162.65	137.76%
2015.12.31	1 974 140.53	2 401 256.19	121.64%	110 573.20	5.60%	60 749.29	3.08%
2014.12.31	2 396 489.78	568 542.03	23.72%	38 061.76	1.59%	84 838.87	3.54%
2013.12.31	216 907.15	−52 913.17		16 565.25	7.64%	108 583.42	50.06%
2012.12.31	838 728.39	−701 774.08		35 625.58	4.25%	97 416.19	11.61%
2011.12.31	−1 482 149.25	−394 236.76		−16 258.84		76 562.13	
2010.12.31	−628 166.75	490 815.82		26 905.78		76 837.94	
2009.12.31	5 600 697.56	535 135.39	9.55%	45 273.60	0.81%	85 690.44	1.53%
2008.12.31	−8 739 963.60	−2 640 385.37		42 877.49		85 118.13	
2007.12.31	5 532 671.03	2 859 856.47	51.69%	−6 172.94		37 145.26	0.67%

资料来源：天天基金网——基金公司（博时基金管理有限公司）档案。

表 13-22 **博时基金旗下基金费用分析** 单位：万元

报告期	费用合计	管理人报酬	托管费	交易费	销售服务费
2017.12.31	378 939.51	182 624.08	46 228.90	40 694.92	12 563.85
2016.12.31	297 838.87	143 858.70	35 690.20	43 033.54	10 653.48
2015.12.31	211 701.80	107 173.81	23 622.66	53 381.55	4 780.30
2014.12.31	170 705.52	88 498.74	20 305.07	28 436.45	7 359.02
2013.12.31	199 818.32	100 451.78	23 226.72	23 970.28	10 610.88
2012.12.31	195 132.87	101 651.19	23 568.92	30 250.86	12 033.44
2011.12.31	191 867.24	108 064.66	23 835.88	38 611.17	4 296.03
2010.12.31	197 637.68	123 531.95	26 435.57	42 620.80	2 404.87
2009.12.31	231 261.01	150 763.06	28 947.13	43 559.44	4 937.20
2008.12.31	283 813.07	167 616.37	31 846.40	69 552.89	4 166.33
2007.12.31	285 995.64	145 737.89	25 157.93	102 147.59	1 306.18

资料来源：天天基金网——基金公司（博时基金管理有限公司）档案。

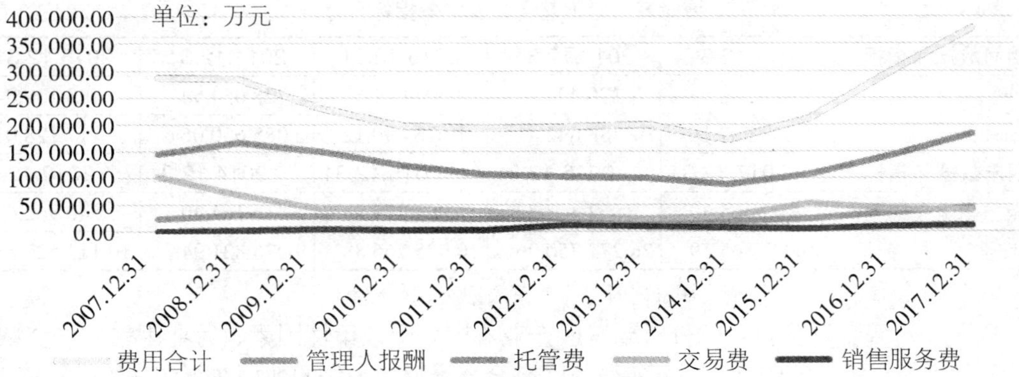

图13-4　博时基金旗下基金年度费用走势

表13-23　博时基金旗下基金全部基金规模变动明细

报告期	期间申购（亿份）	期间赎回（亿份）	期末总份额（亿份）	期末净资产（亿元）
2017.12.31	2 381.70	2 201.55	4 297.29	4 412.80
2016.12.31	2 399.99	1 708.79	3 499.44	3 760.13
2015.12.31	1 174.66	910.24	1 760.50	2 053.82
2014.12.31	729.65	847.69	1 094.42	1 124.84
2013.12.31	523.94	552.61	1 250.76	1 070.58
2012.12.31	801.52	751.09	1 556.97	1 371.30
2011.12.31	469.17	437.02	1 408.37	1 083.21
2010.12.31	151.57	245.54	1 293.74	1 207.98
2009.12.31	241.92	306.63	1 358.88	1 531.23
2008.12.31	485.15	353.13	1 648.99	1 303.18
2007.12.31	430.42	362.76	1 514.28	2 215.85

资料来源：天天基金网——基金公司（博时基金管理有限公司）档案。

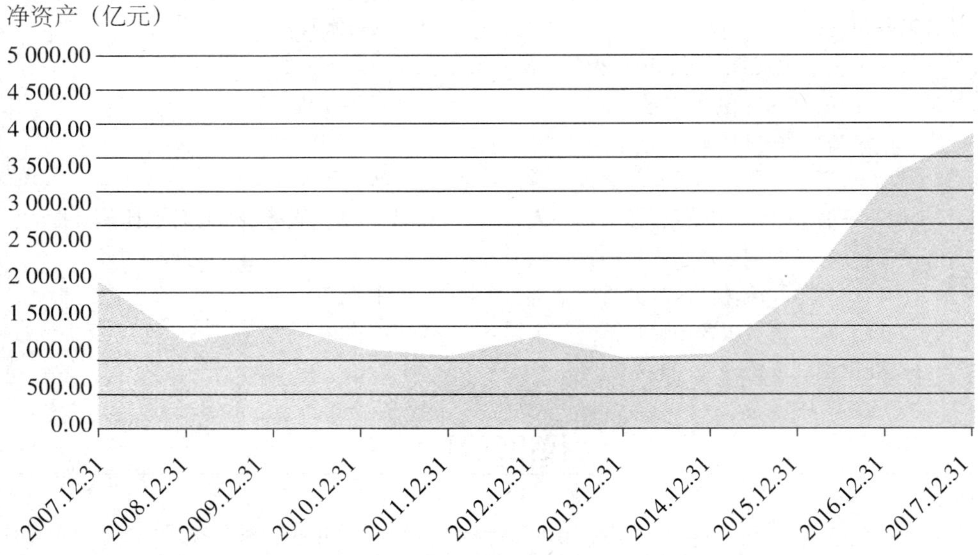

图13-5　博时基金旗下基金期末净资产规模走势

表13-24　博时基金旗下基金主要财务指标合计　单位：万元

期间数据和指标	2017.12.31	2016.12.31	2015.12.31	2014.12.31	2013.12.31
本期已实现收益	1 022 546.58	170 498.94	2 504 081.65	728 054.94	133 139.84
本期利润	1 248 507.16	−488 842.41	1 626 490.12	2 085 660.06	17 128.01
期末数据和指标	2017.12.31	2016.12.31	2015.12.31	2014.12.31	2013.12.31
期末可供分配利润	949 665.39	822 367.72	961 099.53	−416 164.40	−1 540 962.65
期末基金资产净值	36 937 865.19	26 272 750.96	10 925 766.88	9 276 821.94	10 113 527.63

资料来源：天天基金网——基金公司（博时基金管理有限公司）档案。

总之，对基金财务报告的分析与一般企业不同。受政策性因素、行业因素、投资取向以及基金经理对待风险的观念不同等影响，基金资产财务报告的数据在年度间的差异较大。

重要概念

资产支持证券投资　卖出回购金融资产款　应付管理人报酬　应付托管费　应付销售服务费　应付交易费用　实收基金　费用　管理人报酬　卖出回购金融资产支出　基金净值　基金申购款　本期向基金份额持有人分配利润产生的基金净值变动

复习思考

1. 目前我国基金财务报表主要是依据哪些基金行业规则进行编制的？
2. 基金基本情况主要包含哪些信息？
3. 基金产品说明主要包含哪些信息？
4. 基金管理人和基金托管人情况主要包含哪些信息？
5. 什么是基金财务报告？它包含哪些基本内容？基金财务报表至少应当包括哪些内容？
6. 基金财务报告的会计核算主体是基金管理公司还是单一基金本身？
7. 单一基金报表中的未分配利润项目为什么没有数据？
8. 基金财务报告分析的目的是什么？
9. 一般来说对基金财务报告分析通常包括哪些内容？
10. 基金收入包括哪些具体项目？基金投资收益包括哪些具体项目？
11. 基金费用一般包括哪些项目？目前管理人报酬、托管费和销售服务费是按什么比例计提的？
12. 基金风险分析主要包括哪些具体内容？
13. 基金的信用风险和流动性风险分析应分别包括哪些具体内容？
14. 基金管理公司的财务报告项目与单一基金财务报告项目是否相同？
15. 为什么要重视基金管理公司的管理经验？

操作练习

下载任意一家基金管理公司的单一基金2017年度报告或2018半年报、季度报，对基金进行相应的分析。要求说明该基金的投资取向与偏好。

第十四章

金融企业绩效评价

【导语】评价旨在对一件事或人物进行判断、分析后得出结论。对金融企业而言，其运作得怎样，是否达到预期目标，在同行业中的地位和优势几何，这一切都源于对金融企业的绩效评价。本章包括绩效评价及其在国内外的发展、金融企业绩效评价方法以及评价的基础表格三部分内容。这有助于金融企业自身、行业研究者熟悉了解相关内容，同时也有助于改进金融企业的绩效评价。

本章内容要点

第一节 绩效评价及其在国内外的发展

本节将在说明绩效以及企业绩效评价相关概念的基础上，阐述绩效评价及其在国内外的发展，目的在于梳理绩效评价产生的缘由，了解国内外企业的绩效评价方法以及金融企业绩效评价的发展演变。

一、企业绩效评价的概念

绩效是业绩和效率的统称，包括活动过程的效率和活动的结果两层含义。它是组织或个人为了达到某种目标而采取的各种行为的结果。从管理学角度出发，作为组织期望的结果，绩效是指组织为实现自身目标而在不同层面上展示出的有效输出，可以分为个人绩效与组织绩效。Bates 和 Holton 指出："绩效是一种多维建构，测量的因素不同，其结果也会不同。"在充满竞争的市场环境下，企业管理活动的绩效取决于投入产出比，其目标是实现投入产出比的最大化。

企业绩效评价（performance valuation）是指评价主体运用数理统计和运筹学原理，采用一定的指标、标准和方法，对企业某一时期的经营业绩和发展状况作出客观评价的一种行为，其目的是界定评价主体和客体之间的价值关系。长期以来，企业绩效评价被认为是对企业投入产出业绩的评价，是一种历史评价行为。我国国资委对企业综合绩效评价的界定为：是指以投入产出分析为基本方法，通过建立综合评价指标体系，对照相应行业评价标准，对企业特定经营期间的盈利能力、资产质量、债务风险、经营增长以及管理状况等进行的综合评判。企业综合绩效评价由财务绩效定量评价和管理绩效定性评价两部分组成[①]。

二、企业绩效评价的发展演变情况

（一）国外企业绩效评价的研究进展

1.企业绩效评价的发展阶段

企业绩效评价思想由来已久，绩效评价方法经历了从早期的基于财务指标的评价到以战略为出发点，再到将财务指标和非财务指标相结合的综合发展阶段。1939年，美国人Keene首先研究了美国经理人的报酬和绩效评价的关系。20世纪50年代，伴随着Modigliani和Miller对资本结构与价值关系的研究，尤其是建立在假设条件和修正假设条件基础上对资本结构与企业价值之间的研究，激发了人们对于企业绩效评价的关注。

在企业绩效评价的发展进程中，依据评价角度的不同可以将其划分为绩效评价形成期、绩效评价完整期以及绩效评价创新发展期三个阶段。

第一阶段为企业绩效评价形成期（19世纪中期至20世纪初）。此阶段的绩效评价限于财务评价。早期的财务指标仅仅表现为成本指标，进入20世纪后，随着所有权与经营权的分离，财务指标的范围从单一的成本指标扩大到了包括偿债能力、盈利能力、管理能力和成长能力指标在内的更大范围。沃尔评分法以及杜邦分析系统是综合的财务评价方法，更好地提升了评价指标的科学性和系统性。

第二阶段为企业绩效评价完整期（20世纪初至20世纪80年代中期）。20世纪60年代开始，美国的学者开始研究企业战略问题。战略关注的是长远的规划，是对未来企业发展的前瞻性设计，包含的内容不仅涉及数据，还有市场、产品、客户、员工价值实现等。此时评价企业绩效就不能仅考核财务指标，还应当结合企业战略指标来进行。人们开始系统地将客户满意度、战略以及学习与创新能力等非财务指标引入到企业绩效评价体系中来。

第三阶段为企业绩效评价创新发展期（20世纪80年代中期以后）。20世纪90年代，非财务指标受到了更多关注。美国著名管理大师罗伯特·卡普兰（Robert S. Kaplan）和复兴方案国际咨询企业总裁戴维·诺顿（David P. Norton），在总结12家大型企业业绩评价体系经验的基础上，提出了战略管理业绩评价工具——平衡计分卡。平衡计分卡包含了财务、顾客、内部经营过程、学习和成长四个方面的内容。进入21世纪以来，绩效评价理论更是得到了长足发展，一种超越平衡计分卡的战略管理观念被提出来，以绩效棱柱模型为代表的评价系统得以构建[②]。绩效棱柱评价体系是以利益相关者的价值为取向的评价体系，主要包括利益相关者满意、利益相关者贡献、战略、流程与能力五个方面，此时企业的绩效评价从以财务绩效评价为基本逐步过渡到战略性绩效评价。

---

① 国务院国有资产监督管理委员会令（第14号）——《中央企业综合绩效评价管理暂行办法》，2006年5月7日施行。

② “绩效棱柱评价体系”是在英国克尔菲尔德学院的安迪·尼利、克里斯·亚当斯等编著的《战略绩效管理——超越平衡计分卡》一书中提出的创新观念。

2.企业绩效评价的方法

企业绩效评价方法是随着市场经济的发展、企业管理水平的提高，学术界在对企业管理实践的总结的基础上不断改进和前行的。当前企业绩效评价的常用方法主要包括目标管理、平衡计分卡、关键绩效指标、标杆管理以及动态管理法等。企业绩效评价方法的改进与创新，拓宽了绩效评价方法的应用领域，不仅在企业层面而且在政府管理领域也得以应用和改进，极大地提升了政府和企业的管理效率。

（1）目标管理（management by objects）。1954年，现代管理学之父德鲁克在其《管理的实践》一书中最先提出了具有划时代意义的目标管理概念，从此将管理学开创成为一门学科，并奠定了其管理大师的地位。目标管理是遵循系统性管理原则，按照企业层级管理，确定公司管理的总目标、分解目标，规划并落实通向目标的途径，最后将目标实施结果作为评判部门和个人业绩的依据。目标管理法是国内外企业进行绩效考核时最常使用的方法之一。

（2）平衡计分卡（balanced score card）。平衡计分卡是一种基于战略管理的绩效考评工具。平衡计分卡体现的是平衡思想，在考虑财务指标的同时，兼顾客户、业务流程和成长创新三个方面，是一个综合性的评价体系。该方法从企业的使命和战略出发，以企业生命周期中各阶段的具体情况以及战略为依据，科学地从创新与学习、顾客、内部流程和财务绩效四个维度分别设计评价指标和赋予权重，最终构建一套完整的绩效评价指标体系，进而实现对战略目标的阐释、量化和行动方案落地的一种绩效评价方法。

（3）关键绩效指标（key performance indicators）。关键绩效指标是通过对企业组织内部流程的输入输出端的关键参数进行设置、取样、计算、分析，衡量流程绩效的一种目标式量化管理指标，是把企业的战略目标分解为可操作的工作目标工具，是企业绩效管理的基础。关键绩效指标的管理理念来源于二八原理。二八原理，是由意大利经济学家帕累托提出的一个经济学原理，即一个企业在价值创造过程中，各部门和员工80%的工作任务是由20%的关键行为所决定的，抓住了关键行为就抓住了主体。将二八原理用于绩效考核，其指向性信息是要围绕关键绩效指标展开考核，关注关键的行为和结果。借助关键绩效指标的牵引，实现公司战略目标、职能部门目标与员工个人工作目标的协调一致。

（4）标杆管理（benchmarking）。标杆管理是一种基于竞争环境下，通过与竞争对手的比较、学习和改进最后赢得公司绩效改进的方法。标杆管理法由美国施乐公司于1979年首创，西方管理学界将其与企业再造、战略联盟一起并称为20世纪90年代三大管理方法。标杆管理，包括立标、对标、达标和创标四个相互联系和作用的环节。所谓立标，就是找到企业需要赶超的标杆对象；对标就是对照标杆企业寻找自身差距；达标就是达到标杆水平或实现改进取得成效；创标就是通过持续的管理努力成为行业的标杆企业。

（二）国内关于企业绩效的评价

在我国，伴随着企业的发展和管理创新，如何科学、公平、客观地评价企业的绩效，引起政府、企业和学术界的高度关注和探索，并取得了一系列的研究成果、典型案例和管理评价体系。在企业绩效评价中，政府发挥了重要的引领作用。我国自1993年开始陆续发布了一系列企业绩效评价文件。

1993年《企业会计准则》和《企业财务通则》的颁布是我国会计改革和企业绩效评价变革的重要里程碑。《企业财务通则》规定了八项企业绩效评价指标，根据经营权和所有权分离的要求，主要从出资者角度重新设置了新的评价指标。但是八项指标仅从企业偿债能力、营运能力、获利能力三个方面进行绩效评价，忽视了企业的长期发展和社会贡献，容易导致企业经营的短期行为，不利于可持续发展。

1995年财政部又公布了一套涵盖总资产报酬率、保值增值率、社会积累率、资本收益率等十项指标的企业经济效益评价指标体系，但评价体系仍然存在没有考虑诸如企业社会责任的履行、对环境保护和资源节约的贡献和影响、现金流量以及人力资本的作用等问题。

1999年6月财政部、经贸委、人事部、国家计委联合颁布了《国有资本金绩效评价规则》和《国有资本金绩效评价操作细则》。国有资本金绩效评价是指运用科学、规范的评价方法，对企业一定经营期间的资产运营、财务效益等经营成果，进行定量及定性对比分析，作出真实、客观、公正的综合评判。其重点是评价企业资本效益状况、资产经营状况、偿债能力状况和发展能力状况等四项内容，初步形成了财务指标与非财务指标相结合的企业绩效评价指标体系。具体评价方法为综合法，选取净资产收益率、资产总额增长率、利润总额增长率、负债比率、速动比率和全部资本化比率六个指标分别进行考核。

1995年和1999年两个绩效评价办法的出台，标志着新的企业绩效评价体系和评价制度在我国的初步建立。

2002年2月，为了建立有效的激励与约束机制，财政部、国家经贸委等对《国有资本金绩效评价规则》及《国有资本金绩效评价操作细则》进行修订，制定了《企业绩效评价操作细则》。与原评价办法相比，修订后的“操作细则”使得企业绩效评价体系更趋完善，评价方法更具公正性、合理性和可操作性。绩效评价体系更加科学、完整，较好地适应了社会主义市场经济的要求。

在我国，国资委成立以来，一直高度重视中央企业绩效评价工作。2006年国资委颁布的《中央企业综合绩效评价管理暂行办法》[①]和《中央企业综合绩效评价实施细则》[②]，建立了中央企业综合绩效评价体系，该体系既涵盖盈利能力、资产质量、债务风险和经营增长等财务绩效指标，又包括发展战略、经营决策、风险控制、社会贡献等管理绩效指标，引导企业树立正确的业绩观，推动企业不断提高经营管理水平和经济效益。目前，绩效评价工作已在中央企业、地方国有企业广泛开展，评价结果成为企业领导班子和领导人员考核评价的重要组成部分。

自2008年开始，国资委每年在国有资产监督管理年鉴（简称国资年鉴）和官方网站上公布国资委系统监管企业和中央企业的年度总体运行情况。多数中央企业以社会责任报告或可持续发展报告等形式在企业官方网站上公开年度经营情况；上市公司则按照证券法规和证券监管机构的要求，以规范的年报、季报等形式公开披露企业的财务信息；公开发行债券的公司在互联网站和纸质媒体上向特定机构或者社会公众公开披露企业的财务

① 国资委令第14号。
② 国资发评价〔2006〕157号。

信息。

此后，国资委每年都要发布企业绩效评价标准值。企业绩效评价标准值是国务院国资委统计评价局根据《中央企业综合绩效评价管理暂行办法》等文件规定，以全国国有企业财务状况、经营成果等数据资料为依据，并参照国家统计局工业与流通企业月报数据及其他相关统计资料，在对上年度国有经济各行业运行状况进行客观分析和判断的基础上，运用数理统计方法测算制定的。该标准给出了各个行业企业绩效水平的参考值（优秀值、良好值、平均值、较低值、较差值），此为国内最权威、最全面的衡量企业管理运营水平的评价标准。

一般企业的绩效评价标准值包括：

（1）盈利能力状况：净资产收益率，总资产报酬率，销售利润率，盈余现金保障倍数，成本费用利润率。

（2）资产质量状况：总资产周转率，应收账款周转率，不良资产比率，流动资产周转率，资产现金回收率。

（3）债务风险：资产负债率，已获利息倍数，速动比率，现金流动负债比率，带息负债比率，或有负债比率。

（4）经营增长状况：销售增长率，资本保值增值率，销售利润增长率，总资产增长率，技术投入比率。

另外，我国学者也从学术探讨角度，提出了基于不同角度的企业绩效评价指标构建和改进设想，这些都对更好地完善我国企业的绩效评价作出了贡献。

综上所述，我国关于企业绩效评价的多数研究成果都是对国外研究成果的应用或整合。从评价内容和指标属性来看，我国绩效评价体系基本上属于偏财务模式。

第二节　金融企业绩效评价的提出与评价方法

一、我国金融企业绩效评价的提出

在信息时代，人们对于信息的获取、传播、解读及反应能力越来越强。随着我国证券市场的逐步规范与发展，各利益相关者也日益关注公司绩效，同时，作为经济晴雨表的金融企业绩效更成为了风向标。全面正确地评价金融企业绩效，对于正确评估其真正价值、衡量管理层的经营业绩具有重要意义，同时对于政府转变职能、加强宏观调控以及完善监管具有重要的参考价值。

2009年1月13日，为了加强对金融类国有及国有控股企业的财务监管，规范金融企业绩效评价工作，综合反映金融企业资产营运质量，推动金融企业提升经营管理水平，促进金融企业健康发展，财政部根据《金融企业财务规则》等有关法律法规发布了《金融类国有及国有控股企业绩效评价暂行办法》[①]。

2009年12月25日，为了加强对金融类国有及国有控股企业的财务监管，积极稳妥地

① 财金〔2009〕3号。

推进金融类国有及国有控股企业的绩效评价工作，财政部发布了《金融类国有及国有控股企业绩效评价实施细则》，提出了金融企业的绩效评价指标，包括盈利能力指标、经营增长指标、资产质量指标以及偿付能力指标。

2011年5月12日，为了加强对金融企业的财务监管，进一步规范金融企业绩效评价工作，综合反映金融企业资产营运质量，推动金融企业提升经营管理水平，促进金融企业健康发展，财政部印发了《金融企业绩效评价办法》《金融企业绩效评价指标及结果计分表》《金融企业绩效评价指标及计算公式说明》。财政部发布的《金融企业绩效评价办法》，明确以四大类指标评价金融企业的绩效，并要求将绩效评价结果作为评价金融企业绩效、确定金融企业负责人薪酬、加强金融企业经营管理的重要依据。

根据《金融企业绩效评价办法》，金融企业的四大绩效评价指标为盈利能力指标、经营增长指标、资产质量指标和偿付能力指标。分别从投入产出水平和盈利质量、资本增值状况和增长水平、占用资源的利用率和资本安全性及债务负担和偿债能力、风险方面展开全方位综合考评，以加强对金融企业的财务监管，进一步规范金融企业绩效评价工作。该评价办法还对绩效评价的标准与计分形式作出了规定，并对金融企业的加分和扣分进行了明确。如对金融企业发放较多涉农贷款、中小企业贷款，提供较多农业保险的，给予适当加分，以充分反映不同金融企业的社会贡献；对被评价金融企业所评价期间（年度）发生不良重大事项的，予以扣分。

2016年6月2日，为加强对金融企业的财务监管，进一步规范金融企业绩效评价工作，财政部印发了《金融企业绩效评价办法》，要求发布之日起施行，同时废止了财金〔2011〕50号文件。

本节主要以2016年的《金融企业绩效评价办法》为例，说明金融企业绩效评价的相关内容。具体报告金融企业绩效评价的范围、原则、依据、评价标准值、评价指标与权重、评价基础数据与调整、评价标准与评价计分、评价结果与评价报告八项内容。

二、金融企业绩效评价的方法

（一）金融企业绩效评价的范围

金融企业绩效评价的范围包括：

1.执业需取得银行业务许可证的除政策性银行以外的国有银行、股份制商业银行、邮政储蓄银行、城市商业银行、农村商业银行、农村合作银行、信用社、新型农村金融机构、信托公司、金融租赁公司、金融资产管理公司和财务公司等。

2.执业需取得保险业务许可证的各类商业保险企业等。

3.执业需取得证券业务许可证的证券公司、期货公司和基金管理公司等。

4.各类金融控股（集团）公司、融资担保公司、金融投资管理公司以及金融监管部门所属的从事相关金融业务的企业等。

（二）绩效评价工作的原则

金融企业绩效评价工作应当遵循以下原则：

1.综合性原则。金融企业绩效评价应当通过建立综合的指标体系，对金融企业特定会计期间的财务状况和经营成果进行多角度的分析和综合评判。

2. 客观性原则。金融企业绩效评价应当充分考虑市场竞争环境，依据统一测算的、同一期间的国内行业标准值，客观公正地评判金融企业的经营成果。

3. 发展性原则。金融企业绩效评价应当在综合反映金融企业年度财务状况和经营成果的基础上，客观分析金融企业年度之间的增长状况及发展水平。

（三）绩效评价的依据

企业绩效评价的基础数据资料主要包括企业提供的年度财务会计报告及审计报告、关于经营管理情况的说明等资料。为确保评价基础数据的真实、完整、合理，企业应当按照重要性和可比性原则对评价期间的基础数据进行适当调整，组织实施单位根据被评价企业提供的调整说明和有关证明材料对调整事项进行确认。为确保绩效评价工作的客观、公正与公平，绩效评价工作原则上应当以社会中介机构按中国审计准则审计后的财务会计报告为基础，其中，财务报表应当是按中国会计准则编制的合并财务报表。

（四）绩效评价标准值

金融企业绩效评价标准值根据金融企业年度财务会计报告数据，运用数理统计方法，分年度、分行业统一测算并公布。根据金融企业的实际情况，财政部将金融企业划分为银行业、保险业、证券业和其他金融业四大类金融企业进行绩效评价。金融企业绩效评价结果作为评价金融企业绩效、确定金融企业负责人薪酬、加强金融企业经营管理的重要依据，应当反馈给金融企业及相关部门，并以适当形式予以公开。

（五）评价指标与权重①

1. 评价指标

金融企业的绩效评价指标具体包括：

（1）盈利能力指标。包括资本利润率（净资产收益率）、资产利润率（总资产报酬率）、成本收入比、收入利润率、支出利润率、加权平均净资产收益率六个指标，主要反映金融企业一定经营期间的投入产出水平和盈利质量。

（2）经营增长指标。包括（国有）资本保值增值率、利润增长率、经济利润率三个指标，主要反映金融企业的资本增值状况和经营增长水平。

（3）资产质量指标。包括不良贷款率、拨备覆盖率、流动性比例、杠杆率、资产减值准备与总资产比例、综合流动比率、综合投资收益率、应收账款比率、净资本与净资产比率、净资本与风险准备比率十个指标，主要反映金融企业所占用经济资源的利用效率、资产管理水平与资产的安全性。

（4）偿付能力指标。包括资本充足率、一级资本充足率、核心一级资本充足率、综合偿付能力充足率、核心偿付能力充足率、净资本负债率、资产负债率七个指标，主要反映金融企业的债务负担水平、偿债能力及其面临的债务风险。

2. 指标权重

金融企业绩效评价各单项指标的权重，按照不同类型的金融企业，依据指标的重要性和引导功能确定。

---

① 金融业绩效评价指标的统计口径与通常金融业的指标口径个别地方存在差异。

（1）银行类金融企业。银行类金融企业的盈利能力状况指标包括资本利润率、资产利润率、成本收入比，权重共为25%；经营增长状况指标包括（国有）资本保值增值率、利润增长率、经济利润率，权重共为20%；资产质量状况指标包括不良贷款率、拨备覆盖率、流动性比例、杠杆率，权重共为25%；偿付能力状况指标包括资本充足率、一级资本充足率、核心一级资本充足率，权重共为30%。见表14-1。

表14-1 **银行类金融企业绩效评价指标**

指标类型	具体指标	总权重
盈利能力状况指标	资本利润率	25%
	资产利润率	
	成本收入比	
经营增长状况指标	（国有）资本保值增值率	20%
	利润增长率	
	经济利润率	
资产质量状况指标	不良贷款率	25%
	拨备覆盖率	
	流动性比例	
	杠杆率	
偿付能力状况指标	资本充足率	30%
	一级资本充足率	
	核心一级资本充足率	

（2）保险类金融企业。保险类金融企业盈利能力状况指标包括净资产收益率、总资产报酬率、收入利润率、支出利润率，权重共为30%；经营增长状况指标包括（国有）资本保值增值率、利润增长率、经济利润率，权重共为25%；资产质量状况指标包括资产减值准备与总资产比例、综合流动比率、综合投资收益率、应收账款比率，权重共为20%；偿付能力状况指标包括综合偿付能力充足率、核心偿付能力充足率，权重为25%。见表14-2。

表14-2 **保险类金融企业绩效评价指标**

指标类型	具体指标	总权重
盈利能力状况指标	净资产收益率	30%
	总资产报酬率	
	收入利润率	
	支出利润率	
经营增长状况指标	（国有）资本保值增值率	25%
	利润增长率	
	经济利润率	
资产质量状况指标	资产减值准备与总资产比例	20%
	综合流动比率	
	综合投资收益率	
	应收账款比率	
偿付能力状况指标	综合偿付能力充足率	25%
	核心偿付能力充足率	

（3）证券类金融企业。证券类金融企业盈利能力状况指标包括加权平均净资产收益率、资产利润率、收入利润率、支出利润率，权重共为30%；经营增长状况指标包括（国有）资本保值增值率、利润增长率、经济利润率，权重共为20%；资产质量状况指标包括净资本与净资产比率、净资本与风险准备比率，权重共为25%；偿付能力状况指标包括净资本负债率、资产负债率，权重共为25%。见表14-3。

表14-3　　证券类金融企业绩效评价指标

指标类型	具体指标	总权重
盈利能力状况指标	加权平均净资产收益率	30%
	资产利润率	
	收入利润率	
	支出利润率	
经营增长状况指标	（国有）资本保值增值率	20%
	利润增长率	
	经济利润率	
资产质量状况指标	净资本与净资产比率	25%
	净资本与风险准备比率	
偿付能力状况指标	净资本负债率	25%
	资产负债率	

（4）其他类金融企业。其他类金融企业盈利能力状况指标包括资本利润率、资产利润率、成本收入比，权重共为45%；经营增长状况指标包括（国有）资本保值增值率、利润增长率、经济利润率，权重共为40%；偿付能力状况指标为资产负债率，权重为15%。见表14-4。

表14-4　　其他类金融企业绩效评价指标

指标类型	具体指标	总权重
盈利能力状况指标	资本利润率	45%
	资产利润率	
	成本收入比	
经营增长状况指标	（国有）资本保值增值率	40%
	利润增长率	
	经济利润率	
偿付能力状况指标	资产负债率	15%

3.指标计算

各项指标具体权重见分行业金融企业绩效评价结果计分表。各单项指标计分加总形成金融企业绩效评价综合指标得分。在评价时，金融企业“上年利润总额”为负数时，利润增长率指标按该指标在本行业中所占权数的一定比例取分。具体为：如果“本年利润总额-上年利润总额”为正数，且本年利润总额不为负数，得分取利润增长率指标权数的10%；如果“本年利润总额-上年利润总额”为正数，且本年利润总额为负数，得分取利润增长率指标权数的5%。否则，该指标得分为零。以上指标计算公式如下：

（1）盈利能力指标

①资本利润率（净资产收益率）=净利润/净资产平均余额×100%

净资产平均余额=（年初所有者权益余额+年末所有者权益余额）/2

②资产利润率（总资产报酬率）=利润总额/资产平均总额×100%

资产平均总额=（年初资产总额+年末资产总额）/2

证券类金融企业资产、负债不包括客户资产、负债。

③成本收入比=业务及管理费/营业收入×100%

④收入利润率=营业利润/营业收入×100%

⑤支出利润率=营业利润/营业支出×100%

⑥加权平均净资产收益率=$\dfrac{P}{E_0 + N_P \div 2 + E_i \times M_i \div M_0 - E_j \times M_j \div M_0 \pm E_k \times M_k \div M_0}$×100%

其中：P为扣除非经常性损益后归属于公司普通股股东的净利润；N_P为归属于公司普通股股东的净利润；E_0为归属于公司普通股股东的期初净资产；E_i为报告期发行新股或债转股等新增的、归属于公司普通股股东的净资产；E_j为报告期回购或现金分红等减少的、归属于公司普通股股东的净资产；M_0为报告期月份数；M_i为新增净资产下一月份起至报告期期末的月份数；M_j为减少净资产下一月份起至报告期期末的月份数；E_k为因其他交易或事项引起的净资产增减变动；M_k为发生其他净资产增减变动下一月份起至报告期期末的月份数。

证券类金融企业按照中国证监会的规定计算加权平均净资产收益率。以后变化，从其规定。

（2）经营增长指标

①（国有）资本保值增值率=（年末（国有）资本±客观增减因素影响额）÷年初（国有）资本×100%

②利润增长率=（本年利润总额-上年利润总额）/上年利润总额×100%

金融企业“上年利润总额”为负数时，如果“本年利润总额-上年利润总额”为正数，且本年利润总额不为负数，得分取利润增长率指标权数的10%；如果“本年利润总额-上年利润总额”为正数，且本年利润总额为负数，得分取利润增长率指标权数的5%。否则，该指标得分为零。

③经济利润率=（净利润-净资产平均余额×资金成本）/净资产平均余额×100%

资金成本系以年度内中国人民银行公布的一年期流动资金贷款不同利率的时间覆盖比例为权数计算的加权平均资金成本。

（3）资产质量指标

①不良贷款率=（次级类贷款+可疑类贷款+损失类贷款）/各类贷款余额×100%

银行类金融企业按照中国银监会的规定计算不良贷款率。以后变化，从其规定。

②拨备覆盖率=贷款减值准备/（次级类贷款+可疑类贷款+损失类贷款）×100%

银行类金融企业按照中国银监会的规定计算拨备覆盖率。以后变化，从其规定。

③流动性比例=流动性资产余额/流动性负债余额×100%

银行类金融企业按照中国银监会的规定计算流动性比例，以集团本外币口径填报。以后变化，从其规定。

④杠杆率=一级资本–一级资本扣减项/调整后的表内外资产余额×100%

银行类金融企业按照中国银监会的规定计算杠杆率。以后变化，从其规定。

⑤资产减值准备与总资产比例=年末资产减值准备余额/年末资产总额×1000‰

⑥综合流动比率=现有资产的预期现金流入合计/现有负债的预期现金流出合计×100%

保险类金融企业按照中国保监会“偿二代”的规定，计算未来一年以内的综合流动比率。以后变化，从其规定。

⑦ $\frac{\text{综合投资}}{\text{收益率}}=(\frac{\text{投资}}{\text{收益}}+\frac{\text{公允价值}}{\text{变动损益}}+\frac{\text{汇兑}}{\text{损益}}+\frac{\text{可供出售金融资产}}{\text{的公允价值变动净额}}-\frac{\text{投资资产}}{\text{减值损失}}-\frac{\text{利息}}{\text{支出}})/\frac{\text{资金运用}}{\text{平均余额}}\times 100\%$

保险类金融企业按照《保险公司经营评价指标体系（试行）》计算综合投资收益率。以后变化，从其规定。

⑧应收账款比率=（应收保费+应收利息+其他应收款）/资产总计×100%

⑨净资本与净资产比率=期末净资本/期末净资产×100%

证券类金融企业按照中国证监会的规定计算净资本与净资产比率。以后变化，从其规定。

⑩净资本与风险准备比率=期末净资本/各项风险准备之和×100%

证券类金融企业按照中国证监会的规定计算净资本与风险准备比率。以后变化，从其规定。

（4）偿付能力指标

①资本充足率=总资本净额/应用资本底线之后的风险加权资产合计×100%

②一级资本充足率=一级资本净额/应用资本底线之后的风险加权资产合计×100%

③核心一级资本充足率=核心一级资本净额/应用资本底线之后的风险加权资产合计×100%

银行类金融企业按照《商业银行资本管理办法（试行）》（中国银行业监督管理委员会令2012年第1号）的规定计算资本充足率、一级资本充足率和核心一级资本充足率指标。以后变化，从其规定。

④综合偿付能力充足率=实际资本/最低资本×100%

⑤核心偿付能力充足率=核心资本/最低资本×100%

保险类金融企业按照中国银保监会“偿二代”的规定，计算综合偿付能力充足率和核心偿付能力充足率。以后变化，从其规定。

⑥净资本负债率=期末净资本/期末负债×100%

其中：负债指对外负债，不含代理买卖证券款。

证券类金融企业按照中国证监会的规定计算净资本负债率。以后变化，从其规定。

⑦资产负债率=期末负债总额/期末资产总额×100%

其中：资产指自身资产，不含代买卖证券款对应的资产；负债指对外负债，不含代理买卖证券款。

上述各项指标，如无特殊说明，均按照合并报表的决算数据计算。

（六）评价基础数据与调整

1. 评价基础数据

金融企业绩效评价基础数据资料具体包括：

（1）金融企业的年度财务会计报告，其中，金融资产管理公司政策性业务尚未清算前，使用商业化数据进行考核。

（2）会计师事务所出具的审计报告，其中，金融企业不能提供会计师事务所出具的审计报告的，以该金融企业提供的、经财政部门认可的年度会计报表为依据进行考核，若以后发现所提供的财务数据不实，财政部门将追溯调整金融企业的绩效评价结果。

（3）关于金融企业经营情况的说明或财务分析报告。

2. 评价基础数据的调整

（1）调整的事项

为了确保绩效评价工作的真实、完整、合理，金融企业可以按照重要性和可比性原则对评价期间的基础数据申请进行适当调整，有关财务指标相应加上客观减少因素、减去客观增加因素。可以进行调整的事项主要包括：

①金融企业在评价期间损益中消化处理以前年度资产或业务损失的，可把损失金额作为当年利润的客观减少因素。

②金融企业承担政策性业务对经营成果或资产质量产生重大影响的，可把影响金额作为当年利润或资产的客观减少因素。

③金融企业会计政策与会计估计变更对经营成果产生重大影响的，可把影响金额作为当年资产或利润的客观影响因素。

④金融企业被出具非标准无保留意见审计报告的，应当根据审计报告披露影响经营成果的重大事项，调整评价基础数据。

金融企业申请调整事项对绩效评价指标的影响超过1%的，视为重大影响。

（2）发生客观调整因素，相应调整的绩效评价指标

金融企业发生客观调整因素，相应调整以下绩效评价指标：

①收入、成本发生变动时，相应调整资本利润率、净资产收益率、资产利润率、总资产报酬率、成本收入比、收入利润率、支出利润率、加权平均净资产收益率、（国有）资本保值增值率、利润增长率、经济利润率等。

②利润发生变动时，相应调整资本利润率、净资产收益率、资产利润率、总资产报酬率、收入利润率、支出利润率、加权平均净资产收益率、（国有）资本保值增值率、利润增长率、经济利润率等。

③资产发生变动时，相应调整资产利润率、总资产报酬率、（国有）资本保值增值率、不良贷款率、拨备覆盖率、流动性比例、杠杆率、资产减值准备与总资产比例、综合流动比率、综合投资收益率、应收账款比率、净资本与净资产比率、资本充足率、一级资本充足率、核心一级资本充足率、资产负债率等。

（3）对基础数据进行调整的说明材料

金融企业对基础数据进行调整的说明材料包括《金融企业绩效评价基础数据调整表》以及调整事项有关证明材料。调整事项主要适用于当年基础数据资料的调整，必要时也可调整以前年度事项，由金融企业申报。组织实施单位根据被评价金融企业提供的绩效评价基础数据资料和调整说明材料分别进行审查、复核和确认。《金融企业绩效评价基础数据调整表》的格式如表14-5所示。

表14-5　　金融企业绩效评价基础数据调整表

企业名称：____________________

调整事项 / 调整指标	指标账面值	调整事项	调整事项说明	指标调整后数值	指标确认值	备注
⋮	⋮	⋮	⋮	⋮	⋮	⋮

填报单位：__________________（盖章）	主要负责人：____________（签章）	总会计师或主管财务会计工作负责人：____（签章）
审查人意见：（签字）	复核人意见：（签字）	确认单位：（盖章）

注：调整事项说明有关证明材料附后。表中内容如篇幅较大，可附页说明。

（七）评价标准与评价计分

1.评价标准

（1）数据剔除

财政部根据中央管理金融企业和省级财政部门报送的快报资料，对金融企业数据进行筛选，剔除不适合参与测算的金融企业数据，保留符合测算要求的数据，建立样本库。被剔除的金融企业数据主要包括：

①根据评价指标的经济特性，不符合计算模型需要的数据，如计算相对值时分母和分子同时为负的数据。

②相关指标与正常金融企业相差很大，如正处于停业、托管或业务清算状态的金融企业数据。

③期初数或上年数不完整的金融企业数据。

（2）分行业测算金融企业绩效评价标准值

财政部根据金融企业绩效评价基础数据，分行业统一测算金融企业绩效评价标准值。金融企业经营多种业务的，以其主营业务为基础，确定评价指标适用的行业。标准值适用情况如下：

①除政策性银行以外的国有银行、股份制商业银行、邮政储蓄银行、城市商业银行、农村商业银行、农村合作银行、信用社等适用银行业标准值。

②各类商业保险企业适用保险业标准值。

③证券公司、期货公司和基金管理公司等适用证券业标准值。

④各类融资担保公司、新型农村金融机构、信托公司、金融租赁公司、财务公司以及金融监管部门所属的从事相关金融业务的企业等适用其他金融业标准值。

⑤金融控股（集团）公司、金融资产管理公司、金融投资管理公司等金融企业先按控股子公司（企业）持有金融业务许可证的类型分别确定所适用的行业标准值（无金融业务许可证的控股子公司（企业）适用其他金融业标准值），再按控股子公司（企业）各自得分及其平均净资产权重综合计算绩效评价得分。对阶段性持股子公司（企业）不进行单独评价。

（3）采用分段平均法测算每项财务指标的标准值

依据所建样本库中金融企业的数据，财政部采用分段平均法测算每项财务指标的标准值。具体步骤包括：

①测算样本的财务指标按照实际值从大到小（对于逆向指标，从小到大）进行排序。

②将排好序的样本，平均划分为五个部分，前25%的样本数据为第一段，前50%的样本数据为第二段，全部样本数据作为第三段，后50%的样本数据为第四段，后25%的样本为第五段。

③计算每一段样本财务指标的平均值，并将五段财务指标的平均值分别作为该财务指标的“优秀值”“良好值”“平均值”“较低值”“较差值”，对应五档评价标准的标准系数分别为1.0、0.8、0.6、0.4、0.2。

2.评价计分

（1）评价计分方法

评价计分是将金融企业调整后的评价指标实际值对照金融企业所处行业标准值，按照以下计算公式，利用绩效评价软件计算各项基本指标得分：

绩效评价指标总得分=$\sum$单项指标得分

单项指标得分=本档基础分+调整分

本档基础分=指标权数×本档标准系数

调整分=功效系数×（上档基础分-本档基础分）

上档基础分=指标权数×上档标准系数

功效系数=（实际值-本档标准值）/（上档标准值-本档标准值）

本档标准值是指上下两档标准值中居于较低的一档标准值。

考虑到金融企业的实际情况，金融基础设施企业的“资本利润率”和“资产负债率”指标按平均值取分，金融投资管理公司的“资产负债率”指标按平均值取分，政府性融资担保公司的“资本利润率”和“利润增长率”指标按平均值取分。

（2）加分项

金融企业发放较多涉农贷款、中小企业贷款，提供较多农业保险的，金融资产管理公司不良资产主业集中度较高的，给予适当加分，以充分反映不同金融企业的社会贡献。具体的加分办法如下：

①农贷款加分。金融企业提供的涉农贷款占比超过10%（不含，下同）加1分，超过15%加1.5分，超过20%加2分，超过25%加2.5分，超过30%加3分。其中，涉农贷款占比=年末涉农贷款余额/年末贷款余额×100%。

②中小企业贷款加分。金融企业提供的中小企业贷款占比超过20%加1分，超过25%加1.5分，超过30%加2分，超过35%加2.5分，超过40%加3分。其中，中小企业贷款占比=年末中小企业贷款余额/年末贷款余额×100%。

③农业保险加分。金融企业提供的农业保险市场占比超过10%加1分，超过15%加1.5分，超过20%加2分，超过25%加2.5分，超过30%加3分；金融企业提供的农业保险如市场占比在10%以下，但自身占比超过50%加1分，超过60%加1.5分，超过70%加2分，超过80%加2.5分，超过90%加3分。其中，农业保险市场占比=年度农业保险保费收入总额/全部财产保险公司年度农业保险保费收入总额×100%，农业保险自身占比=年度农业保险保费收入总额/年度全部财产保险保费收入总额×100%。

④不良资产主业集中度加分。金融资产管理公司不良资产主业集中度包括收入集中度和资本集中度，两项指标均超过60%加1分，均超过65%加1.5分，均超过70%加2分，均超过75%加2.5分，均超过80%加3分。其中，收入集中度=母公司营业收入（扣除分红、处置等来源于子公司的收入）/集团营业收入×100%；资本集中度=母公司所有者权益（扣除对子公司的投资成本）/集团归属于母公司所有者权益×100%。

以上在计算涉农贷款和中小企业贷款占比时，分子分母均采用境内口径；农业保险按保险监管部门规定的口径执行。

（3）扣分项

对被评价金融企业在评价期间（年度）发生的以下不良重大事项，予以扣分：

①重大事项扣分。金融企业发生属于当期责任的重大违规违纪案件、重大资产损失事项，发生造成重大不利社会影响的事件，或违反存款偏离等监管规定的，根据相关部门提供的处理处罚情况扣1～3分。正常的资产减值准备计提不在此列。

②信息质量扣分。金融企业不按照规定提供财务会计信息，或提供虚假财务会计信息，根据相关部门的处理处罚情况扣1～3分。金融企业财务快报与财务决算报表报送净利润数值增幅（减幅）超过10%扣1分，超过15%扣1.5分，超过20%扣2分，超过25%扣2.5分，超过30%扣3分。

对存在加分和扣分事项的，金融企业应当填写《金融企业绩效评价加减分事项表》（附2），财政部门与金融企业和有关部门核实，并根据核实情况据实调整。

（4）分行业设定绩效评价行业调节系数

①为平滑不同金融行业的年度经营状况，财政部根据金融企业报送的资料分行业设定绩效评价行业调节系数。

金融企业绩效评价分数（行业调节后）=本期绩效评价分数×行业调节系数

金融控股（集团）公司、金融资产管理公司、金融投资管理公司等金融企业在综合计算绩效评价得分后，采用其他金融业行业调节系数进行调节。

②为平滑不同年度绩效评价得分的明显波动，财政部根据金融企业报送的资料设定绩效评价年度调节系数。金融企业绩效评价年度调节系数以绩效评价年度平均得分为基础，综合考虑年度主要宏观经济指标和会计准则的变化，以及行业盈利状况等因素确定。

金融企业绩效评价分数（年度调节后）=金融企业绩效评价分数（行业调节后）×年度调节系数

金融企业绩效评价加减分事项表的格式如表14–6所示。

表14–6 金融企业绩效评价加减分事项表

企业名称：____________

加减分指标 / 加减分事项	加减分说明	加减分数	备注
加分事项：			
(一) 涉农贷款加分			
(二) 中小企业贷款加分			
(三) 农业保险加分			
(四) 不良资产主业集中度加分			
减分事项：			
(一) 重大事项扣分			
(二) 信息质量扣分			
审查人意见：（签字）	复核人意见：（签字）	确认单位：（盖章）	

注：加减分事项有关证明材料附后。表中内容如篇幅较大，可附页说明。

(八) 评价结果与评价报告

1.绩效评价结果

绩效评价结果是指根据绩效评价分数及分析得出的评价结论，以评价得分、评价类型和评价级别表示。

评价得分用百分制表示。年度调节后的金融企业绩效评价分数最高100分。

评价类型是根据评价分数对企业综合绩效所划分的水平档次，用文字和字母表示，分为优（A）、良（B）、中（C）、低（D）、差（E）五种类型。

评价级别是对每种类型再划分级次，以体现同一评价类型的不同差异，采用在字母后重复标注该字母的方式表示。

绩效评价结果以80、65、50、40分作为类型判定的分数线。

（1）评价得分达到80分以上（含80分）的评价类型为优（A），在此基础上划分为三个级别，分别为：AAA≥90分；90分 > AA≥85分；85分 > A≥80分。

（2）评价得分达到65分以上（含65分）不足80分的评价类型为良（B），在此基础上划分为3个级别，分别为：80分 > BBB≥75分；75分 > BB≥70分；70分 > B≥65分。

（3）评价得分达到50分以上（含50分）不足65分的评价类型为中（C），在此基础上划分为两个级别，分别为：65分 > CC≥60分；60分 > C≥50分。

（4）评价得分在40分以上（含40分）不足50分的评价类型为低（D）。

（5）评价得分在40分以下的评价类型为差（E）。

金融企业绩效评价指标及结果计分表如表14–7所示。

表 14-7　　　　金融企业绩效评价指标及结果计分表

评价内容		银行类		证券类		保险类		其他类		一	二	三	四	五	六	七	八	九	十
指标	权重（%）	指标	权数	指标	权数	指标	权数	指标	权数	实际值	本档标准值	上档标准值	功效系数	上档标准系数	上档基础分	本档标准系数	本档基础分	调整分	单项指标得分
盈利能力状况	25-45	资本利润率	10	加权平均净资产收益率	10	净资产收益率	10	资本利润率	15										
		资产利润率	5	资产利润率	10	总资产报酬率	10	资产利润率	15										
		成本收入比	10	收入利润率	5	收入利润率	5	成本收入比	15										
				支出利润率	5	支出利润率	5												
经营增长状况	20-40	（国有）资本保值增值率	10	（国有）资本保值增值率	10	（国有）资本保值增值率	10	（国有）资本保值增值率	20										
		利润增长率	5	利润增长率	5	利润增长率	10	利润增长率	10										
		经济利润率	5	经济利润率	5	经济利润率	5	经济利润率	10										
资产质量状况	20-25	不良贷款率	10	净资本与净资产比率	15	资产减值准备与总资产比例	5												
		拨备覆盖率	5	净资本与风险准备比率	10	综合流动比率	5												
		流动性比例	5			综合投资收益率	5												
		杠杆率	5			应收账款比率	5												
偿付能力状况	15-30	资本充足率	10	净资本负债率	15	综合偿付能力充足率	15	资产负债率	15										
		一级资本充足率	10	资产负债率	10	核心偿付能力充足率	10												
		核心一级资本充足率	10																

绩效评价指标总得分										
评价加分	涉农贷款		中小企业贷款		农业保险		不良资产主业集中度		小计	
评价扣分	重大损失		信息质量		其他事项		小计			
行业调节系数		年度调节系数		本期绩效评价分数						

2.绩效评价报告

金融企业绩效评价报告是根据评价结果编制、反映被评价金融企业绩效状况的文本文件。财政部门在收到金融企业的绩效评价材料后，按规定填列计算《金融企业绩效评价基础数据调整表》、《金融企业绩效评价加减分事项表》和《金融企业绩效评价指标及结果计分表》（附3、附4、附5、附6），并及时将金融企业绩效评价结果反馈给金融企业及相关部门。

此外，在对金融企业的绩效评价中，对工作要求与责任也做了明显区分。内容包括：

（1）中央管理金融企业应当于每年5月15日前，一式两份向财政部报送上一年度绩效评价的基础数据资料、对基础数据进行调整的说明等材料。地方金融企业向本级财政部门报送绩效评价材料的具体内容和时间要求，由省级财政部门确定。

（2）金融企业应当提供真实、全面的绩效评价基础数据资料，金融企业主要负责人、总会计师或主管财务会计工作的负责人应当对提供的年度财务会计报告和相关评价基础资料的真实性、完整性负责。金融企业在报送绩效评价材料中，存在故意漏报、瞒报以及提供虚假材料等情况的，由本级财政部门责令限期改正，并给予警告。

（3）中央管理金融企业和省级财政部门应当根据《金融企业国有资本保值增值结果确认暂行办法》（财政部令第43号）和财政部年度财务决算工作的安排做好（国有）资本保值增值结果的确认工作。

（4）财政部根据中央管理金融企业和省级财政部门报送的资料，于每年6月底前分别公布银行业、保险业、证券业和其他金融业四大类金融行业评价指标的标准值、行业调节系数和年度调节系数。

（5）省级财政部门应当遵循以上原则要求做好本地区金融企业的绩效评价工作，并于每年11月30日前，将本地区金融企业的绩效评价结果汇总报送财政部。财政部门的相关工作人员组织开展金融企业绩效评价工作时应当恪尽职守、规范程序、加强指导。对于在绩效评价过程中滥用职权、玩忽职守、徇私舞弊，或者泄露金融企业商业秘密的，依法给予行政处分。

（6）受托开展金融企业审计业务的机构及其相关工作人员应严格执行金融企业绩效评价工作的规定，规范技术操作，确保评价过程独立、客观、公正，评价结论适当，并严守金融企业的商业秘密。对参与造假、违反程序和工作规定，导致评价结论失实以及泄露金融企业商业秘密的，财政部门将责令不再委托其承担金融企业审计业务，并将有关情况通报其行业主管机关，建议给予相应处罚。

对于政策性金融机构的绩效评价由财政部另行制定。

第三节 金融企业绩效评价相关表格

为便于统计和计量，2016年版的金融企业绩效评价办法提供了相应的评价表格，本节包括相关表格的主要内容以及企业绩效评价相关表格的格式。

一、相关表格的主要内容

为了进行企业绩效评价，财政部发布了金融企业绩效评价的系列表格，包括银行类金融企业绩效评价结果计分表、保险类金融企业绩效评价结果计分表、证券类金融企业绩效评价结果计分表、其他类金融企业绩效评价结果计分表，以及金融企业绩效评价指标及结果计分表。

二、企业绩效评价相关表格的格式

企业绩效评价相关表格涵盖银行类金融企业、保险类金融企业、证券类金融企业以及其他类金融企业，由于评价指标的差异性，因此不同类别的金融企业评价表格的格式也有差异。

（一）银行类金融企业绩效评价结果计分表

银行类金融企业绩效评价结果计分表如表14-8所示。

表14-8　　银行类金融企业绩效评价结果计分表

企业名称：____________

评价内容		指标	权数	一	二	三	四	五	六	七	八	九	十
指标	权重（%）			实际值	本档标准值	上档标准值	功效系数	上档标准系数	上档基础分	本档标准系数	本档基础分	调整分	单项指标得分
盈利能力状况	25	资本利润率	10										
		资产利润率	5										
		成本收入比	10										
经营增长状况	20	（国有）资本保值增值率	10										
		利润增长率	5										
		经济利润率	5										
资产质量状况	25	不良贷款率	10										
		拨备覆盖率	5										
		流动性比例	5										
		杠杆率	5										
偿付能力状况	30	资本充足率	10										
		一级资本充足率	10										
		核心一级资本充足率	10										

<table>
<tr><td colspan="6">绩效评价指标总得分</td><td></td></tr>
<tr><td>评价加分</td><td>涉农贷款</td><td></td><td>中小企业贷款</td><td></td><td>小计</td><td></td></tr>
<tr><td>评价扣分</td><td>重大事项</td><td></td><td>信息质量</td><td></td><td>小计</td><td></td></tr>
<tr><td colspan="2">行业调节系数</td><td></td><td>年度调节系数</td><td></td><td>本期绩效评价分数</td><td></td></tr>
<tr><td colspan="2">审查人意见：
（签字）</td><td colspan="2">复核人意见：
（签字）</td><td colspan="3">确认单位意见：
（盖章）</td></tr>
</table>

（二）保险类金融企业绩效评价结果计分表

保险类金融企业绩效评价结果计分表如表14-9所示。

表14-9　　　　保险类金融企业绩效评价结果计分表

企业名称：________________

评价内容		指标	权数	一	二	三	四	五	六	七	八	九	十
指标	权重（%）			实际值	本档标准值	上档标准值	功效系数	上档标准系数	上档基础分	本档标准系数	本档基础分	调整分	单项指标得分
盈利能力状况	30	净资产收益率	10										
		总资产报酬率	10										
		收入利润率	5										
		支出利润率	5										
经营增长状况	25	（国有）资本保值增值率	10										
		利润增长率	10										
		经济利润率	5										
资产质量状况	20	资产减值准备与总资产比例	5										
		综合流动比率	5										
		综合投资收益率	5										
		应收账款比率	5										
偿付能力状况	25	综合偿付能力充足率	15										
		核心偿付能力充足率	10										

绩效评价指标总得分						
评价加分	农业保险				小计	
评价扣分	重大事项		信息质量		小计	
行业调节系数		年度调节系数		本期绩效评价分数		
审查人意见： （签字）		复核人意见： （签字）		确认单位意见： （盖章）		

（三）证券类金融企业绩效评价结果计分表

证券类金融企业绩效评价结果计分表如表14-10所示。

表14-10　　　　**证券类金融企业绩效评价结果计分表**

企业名称：________________

评价内容		指标	权数	一	二	三	四	五	六	七	八	九	十
指标	权重（%）			实际值	本档标准值	上档标准值	功效系数	上档标准系数	上档基础分	本档标准系数	本档基础分	调整分	单项指标得分
盈利能力状况	30	加权平均净资产收益率	10										
		资产利润率	10										
		收入利润率	5										
		支出利润率	5										
经营增长状况	20	（国有）资本保值增值率	10										
		利润增长率	5										
		经济利润率	5										
资产质量状况	25	净资本与净资产比率	15										
		净资本与风险准备比率	10										
偿付能力状况	25	净资本负债率	15										
		资产负债率	10										
绩效评价指标总得分													
评价加分										小计			
评价扣分	重大事项		信息质量							小计			
行业调节系数		年度调节系数						本期绩效评价分数					

审查人意见：	复核人意见：	确认单位意见：
（签字）	（签字）	（盖章）

（四）其他类金融企业绩效评价结果计分表

其他类金融企业绩效评价结果计分表如表14-11所示。

表14-11　**其他类金融企业绩效评价结果计分表**

企业名称：________________

<table>
<tr><td colspan="2">评价内容</td><td rowspan="2">指标</td><td rowspan="2">权数</td><td>一</td><td>二</td><td>三</td><td>四</td><td>五</td><td>六</td><td>七</td><td>八</td><td>九</td><td>十</td></tr>
<tr><td>指标</td><td>权重（%）</td><td>实际值</td><td>本档标准值</td><td>上档标准值</td><td>功效系数</td><td>上档标准系数</td><td>上档基础分</td><td>本档标准系数</td><td>本档基础分</td><td>调整分</td><td>单项指标得分</td></tr>
<tr><td rowspan="3">盈利能力状况</td><td rowspan="3">45</td><td>资本利润率</td><td>15</td><td></td><td></td><td></td><td></td><td></td><td></td><td></td><td></td><td></td><td></td></tr>
<tr><td>资产利润率</td><td>15</td><td></td><td></td><td></td><td></td><td></td><td></td><td></td><td></td><td></td><td></td></tr>
<tr><td>成本收入比</td><td>15</td><td></td><td></td><td></td><td></td><td></td><td></td><td></td><td></td><td></td><td></td></tr>
<tr><td rowspan="3">经营增长状况</td><td rowspan="3">40</td><td>（国有）资本保值增值率</td><td>20</td><td></td><td></td><td></td><td></td><td></td><td></td><td></td><td></td><td></td><td></td></tr>
<tr><td>利润增长率</td><td>10</td><td></td><td></td><td></td><td></td><td></td><td></td><td></td><td></td><td></td><td></td></tr>
<tr><td>经济利润率</td><td>10</td><td></td><td></td><td></td><td></td><td></td><td></td><td></td><td></td><td></td><td></td></tr>
<tr><td>偿付能力状况</td><td>15</td><td>资产负债率</td><td>15</td><td></td><td></td><td></td><td></td><td></td><td></td><td></td><td></td><td></td><td></td></tr>
<tr><td colspan="13">绩效评价指标总得分</td><td></td></tr>
<tr><td>评价加分</td><td colspan="2">不良资产主业集中度</td><td colspan="8"></td><td colspan="2">小计</td><td></td></tr>
<tr><td>评价扣分</td><td>重大事项</td><td></td><td colspan="2">信息质量</td><td colspan="6"></td><td colspan="2">小计</td><td></td></tr>
<tr><td>行业调节系数</td><td></td><td colspan="5">年度调节系数</td><td colspan="2"></td><td colspan="4">本期绩效评价分数</td><td></td></tr>
<tr><td colspan="2">审查人意见：
（签字）</td><td>复核人意见：
（签字）</td><td colspan="11">确认单位意见：
（盖章）</td></tr>
</table>

绩效评价结果全面反映了金融企业的经营管理水平、服务实体经济能力和履行社会责任情况。对金融企业绩效评价结果的公告有助于发挥信号传递效应，提升金融企业的综合管理水平，最终提升企业的价值，实现社会资源的优化配置，提升社会的管理效率。如2017年山东地方金融企业绩效评价结果公布，纳入此次评价范围的577家地方金融企业中，有99家企业被评为优秀（A级以上），其中22家被评价为AAA级地方金融企业，入

选优秀户数高于往年。

通过对金融企业的绩效评价，对于金融企业而言有助于其改进管理工作；对投资者而言会支持那些业绩良好的金融企业的发展；对监管机构而言，会有助于了解金融企业的发展变化情况，从而有效引导和提升金融企业的价值。

重要概念

绩效　绩效管理　金融企业绩效评价

复习思考

1. 企业绩效评价经历了哪几个发展阶段？每个阶段的评价主题是什么？
2. 企业绩效评价的方法都有哪些？
3. 金融企业绩效评价的目的是什么？不同类别的金融企业分别评价哪些主要内容？
4. 不同类别金融企业的绩效评价表格有哪些趋同和差异的方面？

操作练习

请结合某个金融企业的数据信息尝试着对其进行绩效评价。

参考文献

[1] 中华人民共和国财政部官网. 政策发布/政策解读/通知公告.

[2] 中国人民银行官网. 法律法规.

[3] 中国银行保险监督管理委员会. 2018年二季度银行业主要监管指标数据.

[4] 中国银行保险监督管理委员会官网. 政务信息，统计信息，政策法规，银保监会年报.

[5] 中国证券监督管理委员会官网. 政策法规，统计数据，信息披露.

[6] 中国银行业协会官网. 行业研究.

[7] 中国保险行业协会官网. 信息披露——保险公司年度信息披露，资金运用关联交易信息披露，重大关联交易信息披露，偿付能力信息披露，法律法规，保险业经营数据.

[8] 中国证券业协会官网. 法律法规，证券公司信息公示，证券公司经营数据，研究/出版物.

[9] 中国期货业协会官网. 投资者教育，政策法规，研究与出版中的统计数据.

[10] 中国证券投资基金业协会官网. 法律法规，统计数据，投资者教育，基金评价.

[11] 中国信托业协会官网. 法律法规，行业研发（行业数据、行业研究、信息披露），投资者教育.

[12]《证券公司监管法律法规汇编》编委会. 证券公司监管法律法规汇编 [M]. 北京：法律出版社，2014.

[13] Wind数据库、用益信托网、天天基金网、东方新财富网、凤凰网财经等网站信息.

[14] 王允平，关新红，李晓梅. 金融企业会计学 [M]. 5版. 北京：经济科学出版社，2017.

[15] 侯旭华. 保险公司财务报表分析 [M]. 上海：立信会计出版社，2005.

[16] 林秀香. 财务报告分析：应用视角 [M]. 大连：东北财经大学出版社，2017.

［17］弗里德森，等. 财务报表分析［M］. 刘婷，译. 4版. 北京：中国人民大学出版社，2016.

［18］张新民，钱爱民. 财务报表分析［M］. 3版. 北京：中国人民大学出版社，2014.

［19］鲁桂华. 看懂会计报表：从价值与信用入手［M］. 北京：机械工业出版社，2013.

［20］袁淳，张新玲. 财务报表分析［M］. 大连：东北财经大学出版社，2010.

［21］朱学义，李文美. 财务分析教程［M］. 北京：北京大学出版社，2009.

［22］黄世忠. 财务报表分析：理论 框架 方法与案例［M］. 北京：中国财政经济出版社，2007.

［23］瓦茨，齐默尔曼. 实证会计理论［M］. 陈少华，等，译. 4版. 大连：东北财经大学出版社，2006.

［24］张晓东. 中国上市公司财务报告人为操控的实证研究［M］. 大连：东北财经大学出版社，2012.

［25］张先治，陈友邦. 财务分析［M］. 7版. 大连：东北财经大学出版社，2014.

［26］招商银行2017年度报告.

［27］中国人寿2017年度报告.

［28］中信证券2017年度报告.

［29］安信信托2017年度报告.

［30］永安期货2017年度报告.

［31］博时基金2017年度报告.